야사로 보는
고려의 역사
2

야사로 보는 고려의 역사2

초판 1쇄 펴낸 날   2005. 3. 25

지은이 최범서 | 펴낸이 이광식 | 편집 곽종구 · 김지연 · 오경화 | 영업 박원용 · 조경자
펴낸곳 도서출판 가람기획 | 등록 제13-241(1990. 3. 24)
주소 (121-130)서울시 마포구 구수동 68-8 진영빌딩 4층
전화 (02)3275-2915~7 | 팩스 (02)3275-2918
전자우편 garam815@chollian.net | 홈페이지 www.garambooks.co.kr

ISBN   89-8435-215-2 (04910)
ISBN   89-8435-213-6 (세트)

서점에서 책을 살 수 없는 독자들을 위해 우편판매를 하고 있습니다.
수   협 093-62-112061 (예금주:이광식)
농   협 374-02-045616 (예금주:이광식)
국민은행 822-21-0090-623 (예금주:이광식)

정사보다 진솔하고 소설보다 재미있다!

야사로 보는
고려의 역사 2

| 최범서 지음 |

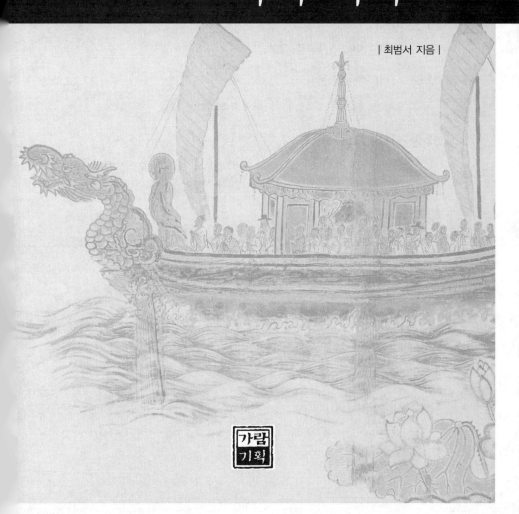

가람
기획

차례

1권 차례

신종시대 (1197~1204)

◉ 만적의 난

　고려 제20대 신종神宗은 50세가 넘어 보위에 올랐다. 이의민을 제거한 최충헌 형제는 명종을 내쫓고 명종의 동복동생인 평양공 왕민王旼을 임금으로 앉혔다. 신종의 이름은 탁晫, 자는 지화至華이다.

　신종은 왕위에 오르고 나서 곧 처음 이름 민을 탁으로 바꾸었다. 민이 금나라 황제의 이름과 같아서였다.

　신종은 즉위 전날 꿈을 꾸었다. 전혀 모르는 사람이 꿈에 나타나 이름을 '천탁'으로 바꾸라는 것이었다. 신종은 이름을 바꾸기로 하고 신료들에게 이름을 지어올리라는 영을 내렸다. 참지정사 최당이 '탁' 자로 이름을 지어올렸다. 신종은 기꺼이 탁자를 택했다. 이후 탁씨 성을 가진 백성들은 외가의 성을 따르도록 했다. 만약 본가와 외가의 성이 같으면 할머니나 외할머니의 성을 취하도록 했다.

　신종도 명종처럼 꼭두각시 임금이었다. 나랏일은 최충헌을 비롯한 그의 일파가 도맡아 했다. 정중부 이후 무부들이 권력을 독식해오는 바람에 고려 사회는 썩어갔고, 백성들은 권력의 횡포에 시달리고 굶주림에 떨고 있었다.

명종대에서 시작된 망이·망소이 형제의 민란을 비롯하여, 신종대에 들어와 최충헌의 종 만적萬積이 일으킨 난, 명주(강릉)에서 일어난 도적 떼가 삼척·울진을 함락시킨 난, 경주와 명주의 도적이 합작하여 일어난 난, 진주의 민란, 밀성의 관노 50여 명이 관아를 습격하고 운문의 난민들과 연합하여 일어난 난, 김해 하층민들이 호족들의 수탈을 참다 못해 일어난 난, 경주에서 이의민의 친척들과 아전들이 싸움을 벌여 방수·별장·통인들이 모조리 살해된 난 등 나라가 금방 결딴날 것 같은 분위기였다.

민란 가운데 명분도 있고, 규모가 큰 사건이 만적의 노비해방 운동이다.

신종 원년 5월, 온 산에 신록이 우거져 산천이 녹색 물감이 번진 듯했다. 북산北山에 나뭇가지를 모으러 다니는 사내들이 떼를 지어 오르내렸다. 이들 가운데 미조이昧助伊·연복延福·성복成福·소삼小三·효삼孝三 등이 끼어 있었다. 이들은 모두 양반들의 사노들이었다.

이들은 북산에서 송도를 내려다보며 깊은 한숨을 내쉬었다. 고래등 같은 기와집들이 즐비한 가운데 변두리 서민들의 집은 벌집처럼 구멍만 뚫린 듯이 보였다.

'우리는 언제 저런 기와집에서 살 수 있을까? 꿈을 뭐봐야 말짱 헛것이지만, 사람이 꿈 없이 살아갈 수 있겠는가?'

미조이는 이런 생각을 하고 있었다.

"야, 이쪽으로 모이거라!"

이때 효삼이 소리쳤다. 사내들이 영문도 모르고 모여들었다. 어느새 수백 명이나 모였다. 모인 사람들은 무슨 일인가 하여 숨을 죽이고 기다리고 있었다.

잠시 후 만적이 나타나 말했다.

"오늘 너희를 모이라 한 것은 우리의 억울한 사정을 호소하고 앞으로 살아갈 길을 모색하기 위해서이다."

"무얼 어찌해 보자는 말이냐?"

만적과 친한 소삼이 물었다. 만적이 소삼을 힐끗 곁눈질하고 나서 말을 이어갔다.

"지금 이 나라의 권력을 쥐고 있는 이들은 우리와 신분이 다를 바 없는 천한 집 출신들이다. 정중부가 문신들을 몰살시키고 정권을 잡은 이후 양반들은 조정에서 기를 못펴고 천출 출신들이 권력을 쥐고 있다. 이로 볼진대 임금·대신·장군이 되는 것에 따로 씨가 있는 것이 아니니라(왕후장상영유종호王侯將相寧有種乎). 우리에게도 기회가 주어지면 얼마든지 권력을 잡을 수 있느니라!"

"듣던 중 반가운 소리요!"

"그 말이 백번 천번 옳소!"

모인 사람들이 쌍수를 들어 환호했다. 만적은 의기양양해졌다.

"우리가 힘을 모아 지금 권력을 잡고 있는 자들과 싸워 대신도 되고 장군도 되고 임금이 되어야 하오!"

"와아! 뭉칩시다!"

"어떻게 하면 되오?"

"그 일을 이 자리에서 의논해보자는 것이오."

성복이 나서서 말했다.

"우리와 같은 처지의 인간들이 어디 한둘이오? 내 생각은 이달 17일 밤, 이곳에 모였다가 홍국사 뒤 보랑步廊을 통해 궁으로 들어가 궁전 안에 있는 우리와 같은 처지의 궁노들과 합세하여 궁 안의 대신·장수들을 없애고, 최충헌을 목을 베어버리고 우리의 세상을 만드는 것이외다. 그리고 각자 집으로 돌아가 주인을 처치하고 종문서를 불태워버립시다!"

"와아! 좋소!"

모두들 제 세상을 만난 듯이 좋아했다. 만적이 다시 나섰다.

"예전 광종 임금대에 노비안검법을 만들어 많은 종을 양민으로 만들어주었소이다. 헌데 성종대에 다시 종을 많이 만들어 똑같은 사람인데 우리를 사람 취급하지 않고 있소이다. 그 못된 임금들을 제사지내는 경령전景靈殿을 불질러버리고 우리가 조정을 장악하는 것이외다. 이 얼마나 신나는 일이오이까!"

"우리가 나라의 주인이 되자!"

"우리도 대신이 될 수 있다!"

"와아! 그날이 빨리 왔으면 좋겠다!"

사내들은 흥분하여 어쩔 줄을 모르고 기뻐했다. 만적이 목청을 높였다.

"그날 이곳에 모여 머리에 표시로써 수건을 쓰기로 하십시다!"

"좋소이다!"

이들은 굳게 약속하고 헤어졌다.

드디어 약속한 17일이 돌아왔다. 그러나 모인 사람들은 전날에 비해 숫자가 훨씬 적었다. 미조이가 실망하여 중얼거렸다.

"아니 되겠구나. 100여 명으로 궁궐을 점령하다니, 어림없지. 좀더 기다려보자."

아무리 기다려도 숫자가 불어나지 않자 순정順貞이란 자가 일어섰다.

"약속이 틀어졌다. 나는 가겠소."

"기다려라! 그냥 가면 어쩌자는 게냐?"

순정은 여러 사람의 눈총이 심해 엉거주춤 주저앉았다. 이들은 자정까지 기다렸다. 한 사람도 더는 늘어나지 않았다. 만적이 자리에서 일어났다.

"이 숫자로는 승산이 없소이다. 거사를 21일 밤으로 미루고 동지들을 설득해보십시다."

"연기하면 비밀이 새나가 일이 틀어질지도 모르오. 오늘 밤 단행해야 하오. 막상 거사를 하면 소문을 듣고 뛰쳐나올 수도 있소이다."

효삼이 강력히 주장했다. 만적이 고개를 저었다.

"승산이 없는 일을 왜 하오? 21일 밤에는 북산으로 올 것이 아니라 보제사에서 모이기로 하십시다. 그쪽에서 거사하는 것이 효과가 있을 것 같소이다!"

이들은 약속하고 밤길을 더듬어 산을 내려갔다. 순정은 집으로 돌아오며 생각에 잠겼다. 효삼의 말이 떠올랐다. '연기하면 아니 된다.' 불길한 마음이 들었다. 숫자가 먼젓번 모임보다 형편없이 줄어 누군가 포기하고 저 혼자 살자고 밀고할지도 모를 일이었다. 그렇게 되면 조기 두릅 엮이듯 엮어져 형장의 이슬로 사라질 것이었다. 순정은 더럭 겁이 났다.

순정은 주인집에 돌아와 동정을 살폈다. 자정이 훨씬 넘었는데도 주인은 사랑에서 불을 밝히고 책을 읽고 있었다. 주인은 율학박사律學博士 한충유韓忠愈였다.

주인이 밤늦게 고양이처럼 기어드는 순정을 불러들여 물었다.

"어디를 다녀오느라고 늦었느냐?"

"동무들과 어울리다가 그만 늦었나이다."

"어서 네 방으로 가 자거라!"

주인은 인자하고 부드러웠다. 다른 집 주인과는 판이하게 달랐다. 심하게 나무라거나 매를 드는 일도 없었다. 늘 인자한 얼굴로 종을 친자식처럼 대했다.

'우리 주인을 내가 어찌 죽이나?'

순정은 절대로 할 수 없을 것 같았다. 순정은 밤새도록 고민에 잠겨 잠을 이룰 수 없었다. 주인 편을 들자니 종의 신분인 동지들이 불쌍하고, 동지 편을 들자니 고맙기만 한 주인을 죽여야 했다.

날이 새자 순정은 사랑방으로 들어갔다. 주인이 막 잠에서 깨어 기지개를 켜고 있었다.

"박사님!"

순정은 불러놓고 말을 잇지 못했다. 온몸이 떨렸다.

"무슨 일이더냐?"

"박사님, 저…."

"말해보거라."

"소인 죽을 죄를 졌나이다. 죽여주시오소서."

"나를 죽일 음모라도 꾸몄단 말이더냐?"

"그러했나이다."

순간 한충유의 얼굴이 굳어졌다. 순정은 고개를 떨구고 자초지종을 죄다 털어놓았다.

"그랬구나. 너는 이제부터 내 말을 잘 따라야 하느니라. 아무 데도 가지 말고 집 안에 있어야 하느니라."

"그리하겠나이다."

한충유는 최충헌을 만나 이 사실을 알렸다. 역모사건이 백일하에 드러났다. 만적 이하 100여 명의 종들이 잡혔다. 이 사건으로 송도의 종들이 거의 씨가 말랐다.

순정은 동지들을 배반한 공으로 양민으로 승격하고 은 80냥을 상으로 받았다. 한충유도 벼슬이 승차되어 합문지후가 되었다.

자유의 몸이 되려고 노예해방을 꿈꾸던 만적은 순정의 배반으로 꿈을 이루지 못하고 수장되고 말았다. 당시의 사회적 여건으로 보아 노예가 해방 운동을 한다는 것은 꿈에도 생각할 수 없는 일이었다. 그러나 만적은 이를 어렵게 생각하지 않고 구체적인 계획을 짰던 것이다. 결국 실패로 돌아가고 말았지만 최충헌에게 적지 않은 충격을 주었다.

만적의 사건에 뒤이어 황주목사 김준거가 그의 아우 준광, 이적중과 더불어 최충헌 제거에 나서 황주에서 날랜 군사를 거느리고 개경으로 달려왔다. 최충헌은 이 사실을 미리 알고 이들을 잡아죽이고 가담자를 귀양 보내거나 노비로 삼았다.

최충헌은 신변에 위협을 느끼고 경호 조직을 갖추었다. 경대승이 설치했던 도방을 다시 두고, 문무관·한량·군졸들 가운데 힘이 센 장정을 골라 6번番으로 나누어 날마다 번을 바꾸어 숙직하게 했다. 그가 외출할 때는 6번이 합하여 호위하도록 했다. 그 위세는 마치 전쟁터에 나가는 장수 같았다. 이후 도방은 최씨 정권의 지주가 되었다. 당시 최충헌의 문객과 시종은 무려 3,000여 명이나 되었다.

희종시대 (1204~1211)

⊙ 위기를 기회로

고려 제21대 희종熙宗은 초명이 덕悳, 이름은 영㻩, 자는 불피不陂이다. 1200년 4월에 왕태자에 책봉되고, 1204년 1월 병상에 누운 신종의 선위를 받아 보위에 올랐다.

희종도 신종처럼 허수아비 임금에 지나지 않았다. 나랏일은 최충헌이 알아서 처리하고 임금은 재가만 해주면 되었다.

몽고에서는 칭기즈 칸이 일어나 그 위력이 거세어 만주벌판의 형세가 급변하고 있었다. 금나라가 차차 쇠약해지고, 전에 그들에게 굴복하던 거란족 가운데 야율유가耶律留哥라는 자가 옛날 거란을 재흥시킨다고 융안 근처에서 반기를 들고일어나 요왕이 되었다. 그후 야율유가는 몽고의 태조에게 붙었다. 고려도 주변 정세에 영향을 받지 않을 수 없었다. 최충헌은 정권을 쥐고 오로지 정적을 내치는 일에만 전념했다. 그렇게 되자 그를 죽이려는 자들이 도처에서 끊이지 않았다.

희종 7년 12월, 세상은 완전히 최충헌의 손아귀에서 놀아났다. 충헌은 가끔 희종에게 문안인사를 드리러 수창궁에 들렀다. 그럴 때마다 희종은 불안했다. 최충헌 일파의 전횡이 싫었고, 충헌의 안하무인이 두려웠다.

한 해가 저물어가는 그믐께, 최충헌은 장군 2명을 대동하고 희종을 뵈러 수창궁에 들렀다. 형식적이나마 예의를 갖추고자 한 뜻이었다. 그가 희종을 뵙고 물러서려 할 때였다. 옥좌 뒤에서 승려 수십 명이 뛰쳐나와 최충헌에게 몽둥이를 휘둘렀다. 창졸간에 습격을 받은 최충헌은 어찌할 바를 모르고 희종에게 매달렸다.

"폐하, 신을 살려주시오소서!"

희종은 들은 체도 하지 않고 안으로 사라져버렸다. 최충헌은 위기에 몰렸다. 승려들이 마구잡이로 몽둥이찜질을 가해왔다.

최충헌은 이미 갑년에 가까운 나이였으나 아직도 힘이 넘쳐났다. 닥치는 대로 두어 사람을 넘어뜨리고 도망쳤다. 그러나 궁궐에서 갈 곳이 없었다. 승려들이 몽둥이를 들고 끈질기게 따라붙었다.

최충헌은 이리저리 피하다가 지주사知奏使 방으로 뛰어들었다. 그 방에는 아무도 없었다. 그는 재빨리 골방으로 숨었다. 승려들은 최충헌을 놓치고 찾느라고 궁궐이 소란스러웠다.

상장군 김약진金躍珍과 정숙첨鄭叔瞻은 이 소식을 듣고 급히 궁 안으로 들어가 위기에 처한 최충헌을 구했다. 궁궐에서는 두 패로 갈려 싸움이 치열했다. 그러나 최충헌의 세력을 당할 수 없어 승려 100명이 잡혀 극형에 처해졌다.

최충헌은 영웅관에 교정도감을 설치하고 범인색출에 들어가, 귀법사의 승려와 청교역의 관리들이 음모를 주동했음을 밝혀냈다. 청교역리들은 혹독한 고문에 못 이겨 배후 세력으로 우복야 현기를 지목했다. 현기는 관기와 더불어 그의 세 아들과 함께 몰살당했다. 또 장군 김보남을 비롯하여 장수 9명이 공모자로 몰려 처형당하고 그 주변 인물들은 모두 섬으로 유배되었다.

최충헌은 이 일을 희종이 시킨 것으로 보고 강화도로 내쫓아버렸다.

그리고 옛 태자였던 명종의 아들을 임금으로 추대하여 즉위식을 거행했다. 이분이 강종康宗이다. 강종은 사람을 보내 폐태자비를 보제사에 불러와 왕후로 맞았다. 폐태자비는 명종이 쫓겨날 때 폐태자되어 자연히 태자비도 쫓겨났던 것이다. 태자비는 쫓겨난 지 십수년 만에 왕후가 되어 궁으로 되돌아왔다. 왕후는 벌써 50줄에 앉은 노인이었다.

오래간만에 다시 만난 강종 부부는 정이 더욱 깊었다.

"폐하, 꿈만 같사옵니다. 이제부터는 무슨 일이 닥치더라도 신첩을 버리지 마시오소서. 신첩은 갈 곳이 없는 몸이나이다."

"왕후는 무슨 말을 하는 게요? 짐에게 아무리 후궁이 많다고는 하나 어디 왕후만하겠소이까."

다시 만난 강종 부부는 벌써부터 앞일을 걱정하기 시작했다. 나라가 최충헌의 수중에 있기 때문이었다.

그동안 왕후의 몸에서 태어난 공주를 수녕궁주壽寧宮主로 봉했다. 옛날 태자비였던 사평왕후는 왕후가 되어 다시 옛날로 돌아간 듯 임금의 수중 들기에 여념이 없었다. 그러나 이제는 나이가 많아 자식을 생산할 수 없는 것이 한이었다. 강종도 이따금 한숨을 섞어 아쉬움을 나타냈다.

"수녕궁주가 사내였더라면…."

"마마, 후궁에서 낳은 아들을 태자로 삼으소서. 나라의 복록을 길게 하시는 왕손이면 어찌 신첩의 소생만을 말하오리이까."

"고마운 말씀이오."

그러나 강종 부부는 최충헌의 눈치를 봐야 하는 꼭두각시 주인일 뿐이었다.

⦿ 보조국사 지눌

불일보조국사佛日普照國師 지눌知訥은 호가 목우자牧牛子였다. 의종 12

년에 태어나 희종 6년에 입적했다. 동주(서홍) 출신으로 아버지는 정광우鄭光遇요, 어머니는 조趙씨였다. 8세에 종휘宗暉에게서 중이 되어 구족계九足戒를 받고 일정한 스승 없이 도를 구했다.

명종 12년에 승과僧科에 합격하고, 창평의 청원사淸源寺에서 스스로 깨달은 바가 있어 속세를 피해 도를 구하기 위해 하가산 보문사普門寺에 들어가 대장경을 열독하다. 이장자李長者의《화엄종론》을 얻고 더욱 믿음을 굳혔다.

신종 때에 지리산에 들어가 상무주암上無住菴에 숨어 있으면서, 바깥 세상과 인연을 끊고 내관內觀에 힘써 현묘한 데에 이르렀다. 송광산松廣山 길상사吉祥寺에서 1년 동안 승도를 데리고 법을 행하자 사방에서 불자들이 구름같이 모여들었다. 그후 백운정사白雲精舍 등 많은 절을 창건했다.

희종이 즉위하여 송광산을 조계산曹溪山, 길상사를 수선사修禪社라 고쳤다. 그는 승도를 소집하여 법복을 입고 당에 올라가 설법하다가 장을 잡은 채로 죽으니, 탑을 세워 감로甘露라 이름하고 국사國師로 추증되었다.

순천 송광사 11국사 가운데 제1세인 불일보조국사가 운수납자로 행각을 하던 때였다. 그는 깊은 산중에서 날이 저물어 하룻밤 쉴 곳을 찾고 있었다. 마침 스님은 숯 굽는 움막을 발견했다.

"누구 없소이까?"

움막 앞에서 스님이 인기척을 냈다. 숯막은 고요했다.

"아무도 안 계시오?"

그제야 부스럭거리는 소리가 나고 노인의 목소리가 들렸다.

"이 산중에 누구시오?"

"나는 지나가는 중이올시다. 날이 저물어 하룻밤 신세질까 하여 왔나이다."

노인은 뜻밖의 손님에 반색을 하며 맞았다.

"누추하오나 어서 드시오소서."

노인이 합장으로 스님을 맞았다.

"신세가 크오이다."

스님도 합장으로 주인을 대했다. 움막 안은 궁기가 그대로 나타나 있었으나 노인의 얼굴은 사슴처럼 순해 보였다.

"스님, 감자밖에 없나이다. 시장기나 면하시지요."

노인은 찐 감자를 내놓았다. 스님은 달게 먹었다.

"첩첩산중에서 노인장께서는 무엇으로 생업을 하시나이까?"

"감자나 심어 연명하고 숯을 구워 파나이다."

"혼자서 적적하시겠소이다."

"습관이 되어 괜찮나이다. 때로는 산짐승과 친구도 되고요."

"하오면 노인장, 소원이 있나이까?"

"이승에서야 무슨 소원이 있겠나이까. 내세에 혹여 다시 태어난다면 중국의 만승천자萬乘天子가 되고 싶나이다. 스님, 제 소원이 이뤄지겠나이까?"

"이뤄지고말고요. 평소에 선행을 쌓고 참선을 하면 소원을 이룰 것이나이다."

"참선 공부를 제게 가르쳐주오소서."

스님은 노인에게 참선하는 법을 가르쳐주었다. 노인은 그대로 실행에 옮겼다.

지눌 스님은 그뒤 길상사(송광사)에 주석하게 되었다. 그 당시 길상사는 이미 퇴락하여 거지들의 소굴이 되어 있었다. 하루는 스님이 거지들을 모아놓고 길상사 중창의 뜻을 밝혔다. 거지들은 비실비실 웃으며 스님을 골탕먹일 궁리를 했다.

"저 스님을 어떻게 골탕먹이지?"

"방법이야 무궁무진하지."

"당장 한번 해보세나."

거지들은 길상사 앞 냇가에서 물고기를 잡아 한 냄비 끓여놓고 먹다가 마침 그 앞을 지나는 스님을 불러 세웠다.

"스님께서 이 고기를 먹고 다시 산 고기를 내놓을 수 있다면 우리가 절에서 깨끗이 물러나겠소이다."

스님은 픽 웃고서 물고기를 맛있게 다 먹어치웠다. 그러고는 계곡에 가서 죄다 토해냈다. 그러자 물고기들이 다시 살아나 꼬리를 치며 물을 거슬러올랐다. 스님의 도력에 놀란 거지들이 그날로 절을 비워주었다.

지금도 송광사 계곡에는 그 물고기가 살고 있다. 지눌 스님이 토해낸 고기라 하여 토어吐魚 · 중택이 · 중피리라고 부른다.

스님은 길상사를 크게 중창하고 절 이름을 수선사로 바꾼 후 〈정혜결사문定慧結社文〉을 선포하여 선풍을 드날렸다.

세월이 흐른 어느 날이었다. 중국 천태산에서 16나한이 금나라 천자의 공양청장을 가지고 스님을 모시러 왔다. 스님은 거리가 너무 멀고 승려 신분으로 왕가에 가는 것도 좋지 않아 사양했다.

"큰스님께오서는 그저 눈만 감고 계시오소서. 우리가 알아서 모시겠나이다."

기필코 모셔가기로 작정한 나한들의 간곡하면서도 강경한 권유에 지눌 스님은 어쩔 수 없이 몸을 맡겼다. 스님은 조용히 눈을 감고 선정에 들었다. 순식간에 중국 천태산 나한전에 닿았다. 절에서는 백일기도를 회향하고 있었다. 법회가 끝난 뒤 대신들이 스님께 말했다.

"선사, 천자께오서 등창이 나서 고생하시는데 백약이 무효하나이다. 그리하여 이곳 나한님께 백일기도를 올렸더니 나한님들의 신통력으로 선사를 모셔왔나이다."

그 순간 스님은 옛날 산중에서 숯을 굽던 노인 생각이 뇌리를 스쳤다.

스님은 천자의 환부를 만지며 속삭였다.

"내가 하룻밤을 잘 쉬어만 갔지 그대의 등이 아픈 것을 몰랐구먼. 고생이 많네그려. 어서 털고 일어나시게."

그후 천자의 등창이 씻은 듯이 나아버렸다. 천자는 전생의 인연법을 신기하게 여겨 스님을 스승으로 모셨다. 스님은 사양했다. 빨리 고려로 돌아가야 했다.

"말씀은 고마우나 고국이 나를 기다리나이다."

"그냥 떠나시면 내가 섭섭하여 아니 되오."

천자는 사양하는 스님에게 보은의 기회를 청했다. 금관가사와 많은 보물을 공양하고 아들인 세자에게 스님을 시봉케 했다. 스님은 중국의 세자를 시봉으로 삼아 수선사로 돌아왔다.

스님과 함께 온 금나라 세자는 송광사가 자리한 조계산 깊은 곳에 암자를 짓고 수도에 전념했다. 후에 그 세자는 담당국사湛堂國師로 불렸다. 담당국사가 창건한 이 암자는 천자와 보조국사의 인연으로 천자암으로 불렸다.

그후 담당국사는 효봉·구산선사가 주석하던 지금의 삼일암에 내려와 영천수를 마시며 공부하여 사흘 만에 견성했다. 그리하여 그 방을 '삼일암'이라 이름지었고, 약수를 '삼일 천수'라고 불렀다.

지금은 조계산의 암자 중에서 송광사에서 가장 먼 거리에 있는 천자암 뒤뜰에는 보조국사와 세자가 금나라에서 짚고 와서 꽂아둔 지팡이에 뿌리가 내려 자랐다는 향나무 두 그루가 전설이 되어 거목으로 서 있다. 천자암은 불일국제선원의 모체라는 설도 있다.

보조국사는 희종 6년(1210) 3월, 우연히 병을 얻었다. 스님은 이레 후에 열반에 드실 것을 미리 알고 목욕하신 후 27일, 아침 법복으로 갈아입고 설법전에 나가 대중을 모았다. 그리고 법상에 올라 말했다.

"대중들이여, 무엇이든 물어보라. 내 마지막 설법이 되리라!"

한 제자가 물었다.

"선사, 옛날 유마거사께오서는 비야리 성에서 병을 보였고, 오늘은 선사께서 조계에서 병이 나셨나이다. 같사옵니까, 틀리옵니까?"

"허허, 너는 기껏 같고 틀리는 것만을 익혔더냐?"

스님은 주장자로 법상을 치고 나서 말했다.

"천 가지 만 가지가 여기에 있느니라!"

이 말을 끝으로 앉은 채 열반에 드셨다. 대중들이 이레 후에 다비했다. 얼굴이 생시와 같았고 수염이 자라 있었다.

송광사에서는 해마다 음력 3월에 지눌 또는 스스로 목우자라 불렀던 불일보조국사 종제를 봉행하며 그 유적과 가르침을 기리고 있다.

그가 입적한 후에 희종은 문신 김군수金君綬에게 비문을 찬수케 하여 비석을 세웠으나 병화에 없어지고 귀부龜趺만 남았다. 조선 숙종 4년 (1678) 백암栢菴 · 성총性聰 등이 중건하여 오늘에 이르고 있다.

강종시대(1211~1213)

⊙ 김취려와 운도산인雲道山人

강종康宗은 명종의 맏아들이며 의정왕후 김씨 소생이다. 초명은 숙璹, 개명은 정貞, 이름은 오噢, 자는 대화大華이다. 명종 때 태자로 책봉되었으나, 최충헌에게 명종이 쫓겨날 때 폐태자가 되어 강화도에 유배되었다. 최충헌이 희종을 폐위시키고 그를 옹립하여 고려 제22대 임금이 되었으나, 60세로 보위에 오른데다가 오랜 유배생활로 병든 몸이어서 재위 1년 8개월 만에 세상을 떠나고 말았다.

이 강종시대에 소년 김취려金就礪는 큰 뜻을 품고 자신이 갈 길을 모색했다. 어느 날 소년은 송악산 푸른 숲을 바라보며 중얼거렸다.

"산에도 사람에게도 이름이란 것이 있다. 내게도 이름이란 것이 있는데 그럭저럭 살다 죽으면 내 이름도 사라질 것이다. 허나 대장부로 태어나 보람 되게 살다 죽으면 내 육신은 썩어 없어질지라도 내 이름만은 송악산처럼 영원할 것이다. 헌데 문장으로 천하에 이름을 떨칠까, 아니면 말 달리는 무인이 되어 천하를 호령할까 망설여지는구나."

소년 취려는 골똘히 생각하다가 벌떡 일어섰다.

"대장부가 해볼 만한 일은 나라를 지키고 적을 물리치는 무장의 길이다. 내 기질도 그쪽이 아닌가 싶구나."

소년은 결심을 굳히고 무인의 길을 택하여 그날부터 무예를 익히기 시작했다. 송악산을 무예 연습장으로 삼아 말달리기, 칼쓰기, 창던지기, 활쏘기 등을 연마했다. 나무를 적으로 삼아 베고 찌르고 쏘고, 말을 타고 달리며 숲을 누볐다. 그의 무예 솜씨는 빠르게 진척되었다.

어느 날이었다. 그날도 송악산을 누비며 나무를 상대로 무예 연습에 열중이었다. 그런데 등뒤에서 야유하는 소리가 들려왔다.

"쳇! 그것도 솜씨라구. 애꿎은 나무들만 상처를 입고 있구면."

취려가 뒤돌아보니 자기 또래의 소년이 몽둥이를 손에 들고 비웃으며 서 있었다.

"너, 지금 나더러 한 말이더냐?"

"이 산에 너 말고 누가 또 있다더냐?"

"다시 한번 말해봐!"

"애꿎은 나무들만 상처를 입는다고 했다 왜?"

"야, 네가 뭔데 건방진 소리를 하는 게야!"

"야, 그 시시한 솜씨 그만두는 게 좋겠다."

"시시한 솜씨라고? 너는 얼마나 잘하는데?"

"나는 칼을 뽑았다 하면 단칼에 서너 그루의 나무를 벨 수 있다."

"흥! 큰소리치기는… 화가 나서 못 참겠다."

취려는 말에서 내려 소년에게 달려들었다. 소년은 콧방귀를 뀌며 재빨리 나무 뒤로 몸을 피했다. 취려가 쫓아가면 다른 나무로 숨고 또 쫓아가면 약을 올리면서 몸을 숨겼다. 민첩한 몸놀림이었다. 취려는 잽싸게 창을 던졌다.

소년은 창을 피하고 나서 솔방울 2개를 한 개씩 공중으로 던졌다. 그러자 이상한 일이 벌어졌다. 먼저 던진 솔방울과 나중에 던진 솔방울 사이에서 별안간 무지갯빛이 일어나 확 퍼졌다. 그 사이로 소년의 얼굴이 사방팔방에 나타나 취려를 놀려댔다.

취려는 오싹 한기를 느끼고 그 자리에 가만히 서 있었다. 소년이 나무랐다.

"야, 이 정도에 겁을 내면서 큰소리는."

취려는 그 소리가 너무 커서 깜짝 놀라 소년을 쳐다보았다. 그 순간 소년의 얼굴은 사라지고 갑자기 노인의 모습이 나타났다. 그제야 취려는 그 소년이 보통 사람이 아니라는 것을 알아차렸다. 취려는 무릎을 꿇었다.

"이놈이 미련하여 도사님을 몰라뵈었나이다. 무례를 용서하소서."

"일어나거라!"

노인은 말하고 나더니 들고 있던 몽둥이를 휙 던졌다. 몽둥이는 화살처럼 날아가 나무에 깊숙이 박혔다.

"가서 박힌 몽둥이를 뽑아오너라!"

취려가 다가가 몽둥이를 뽑으려고 안간힘을 썼으나 허사였다. 얼마나 깊이 박혔는지 꼼짝하지 않았다. 취려가 끙끙대는 것을 보고 노인이 소리쳤다.

"무얼 하는 게냐?"

"뽑히지 않나이다."

"그것 하나 뽑지 못한단 말이더냐!"

노인이 다가와 힘 하나 들이지 않고 몽둥이를 무 뽑듯 뽑아버렸다.

노인이 취려에게 부드러운 목소리로 물었다.

"병법은 읽었느냐?"

취려는 부끄러워 얼굴을 들지 못했다.

"병법에 크게 꺼리는 것이 다섯 가지가 있느니라."

"무엇이오이까?"

"그 하나로, 적을 가볍게 보는 것이니라."

"그래서는 아니 될 것 같나이다."

"그 둘은 진중에 여자를 들이는 것이니라."

"그것은 더더욱 아니 될 줄 아나이다."

"그 셋은 진중의 길흉을 점치는 것이니라."

"그것도 좋지 않을 듯싶나이다."

"그 넷은 여러 사람의 마음을 요동시키는 것이니라."

"그것도 이해할 수 있나이다."

"그 다섯은 거짓말을 하는 것이니라."

"그것은 절대로 아니 될 줄 아나이다."

"이 다섯 가지를 오기五忌라고 하느니라. 그중에서도 가장 중요한 것이 첫째 항목이니라. 적을 가볍게 보면 어찌 되겠느냐? 명심하거라. 너는 약간의 재주를 믿고 으스대더구나. 그래서는 크게 뜻을 이룰 수 없느니라."

취려는 부끄러워 노인 앞에서 무릎을 꿇었다.

"이놈이 미련한 탓이옵니다. 저를 거두어주시고 사람으로 만들어주시옵소서. 은혜 결초보은하겠나이다."

"너 혹여 5덕과 10과라는 말을 들어보았느냐?"

"들어보지 못했나이다."

"아니, 장수가 되겠다는 자가 5덕, 즉 다섯 가지 지킬 것과 10과, 즉 열 가지 버릴 것도 모르더란 말이더냐?"

"가르쳐주시오소서."

"다섯 가지 지킬 것은 충성·용맹·지혜·관용·믿음을 말하는 것으로, 5덕五德이라 하느니라."

"열 가지 버릴 것이란 무엇을 말하나이까?"

"게으른 것, 방자한 것, 급한 것, 참을성이 없는 것, 재물을 탐내는 것, 겁이 많은 것, 남을 의심하는 것, 남을 사랑할 줄 모르는 것, 남에게 의지하는 것, 앞뒤 헤아리지 못하는 것으로 10과+過라 하느니라."

"알겠나이다."

"네가 정녕 장수가 될 욕심이라면 이 정도의 기초는 알아두어야 할 게야."

"부디 이놈을 거두어 제자로 써주시오소서."

"나는 너를 거두어줄 형편이 못되느니라. 다만 한 가지 당부하고픈 것은 네가 장수가 되고 못되고는 오로지 네 자신에게 달려 있다는 것을 명심하거라."

"스승님, 이놈을 버리지 마시오소서."

취려가 간절하게 외치고 나서 얼굴을 들어보니, 노인은 온데간데없이 사라지고 없었다. 취려는 두리번거리며 노인을 찾았다. 그때 나뭇짐을 진 초동이 지나가다가 구시렁거리는 말처럼 한마디했다.

"이 친구, 운도산인을 찾는 게로군."

취려가 그 말을 듣고 초동에게 물으려고 다가갔다. 초동은 벌써 저만큼 가고 있었다.

"운도산인이라고 했소이까?"

"그래, 맞느니라!"

초동이 대답을 마치고 취려 앞에서 자취를 감추어버렸다. 취려는 귀신에 홀린 듯 사방을 두리번거리다가 꿈에서 깬 듯 정신을 차렸다.

운도산인은 그 무렵, 세상에 전설처럼 알려진 도승 정사대사였다. 그는 불법만을 깨우친 것이 아니라, 천문·지리·병서·점술 등에 능하여, 스님 중에 용이란 뜻의 '승중용僧中龍'으로 불렸다.

때마침 취려가 무술연습을 하는 곳을 우연히 지나다가 충고를 아끼지 않았던 것이다. 운도산인이 보기에 취려는 장차 나라의 재목감이었다. 그러나 워낙 기초가 부족한 터라 그 기초를 틔워준 것이다. 취려는 운도산인의 말씀을 가슴 깊이 새기고, 우선 마음을 닦는 데 힘쓰고 무예의 기량연마에 혼신의 힘을 다 쏟았다. 그 결과 그는 무과에 무난히 급제하여 조정에 나아갔다.

그 무렵 고려의 주변정세는 급변해가고 있었다. 고려 의종 때 몽고 사막에서 일어난 칭기즈 칸이 위력을 떨쳐 만주 벌판의 판도가 바뀌어 갔다. 금나라 세력은 쇠퇴하고, 금나라에 무릎 꿇은 거란족 가운데 야율유가가 옛 거란을 부흥시킨다는 명분을 내세워 융안에서 일어나 반기를 들었다. 그후 야율유가는 칭기즈 칸에게 항복해버렸다.

금나라 세력이 꺾이고 대요수국과 동진국이 새로 생겨나자 고려의 정세는 숨가쁘게 돌아갔다. 이들의 침입이 잦아 고려는 골머리를 앓고 있었다. 이런 와중에 몽고는 거란의 잔당을 친다는 명분을 내걸고 고려에 들어왔다.

강종이 1년 8개월 만에 승하하고 고종高宗이 보위에 앉았다. 고종 3년, 거란의 장수 아얼과 걸노가 군대를 몰고 압록강을 건너 쳐들어왔다. 고려 조정에서는 대책마련에 부심했다. 그 결과 장군 조충을 원수로, 김취려를 선봉장으로 삼아 출병시켰다.

거란과 맞선 원수 조충이 군막을 정비한 후에 여러 장수들을 모아놓고 작전회의를 열었다.

"거란의 두 장수는 용맹하기로 소문이 나 있소이다. 한판 승부를 걸어야 하오. 장군들의 의견을 듣고 싶소이다."

조충의 말에 선봉장 김취려가 나섰다.

"정면 대결로 나가서는 아군이 불리하나이다. 계교로써 적을 격파해야 하나이다."

"장군에게 계교가 있소이까?"

"소장에게 작은 꾀가 있나이다."

"말해줄 수 없겠소이까?"

"소장을 믿어주소서."

작전회의가 끝난 후 김취려는 조충에게 자기의 작전을 보고했다. 조충은 기뻐하며 술을 내놓았다.

다음날, 김취려는 병졸 2명을 차출하여 적진에 포로로 위장하여 보냈다. 김취려가 그들에게 적진에서 할 일을 알려주었다.

"너희에게 고려군의 동향을 물을 게야. 너희는 시치미를 뚝 떼고 이렇게 대답하라. '선봉장 김취려 장군을 비롯하여 여러 명의 장수가 갑자기 돌림병에 걸려 내사자 골짜기에서 치료를 받느라고 정신이 없고 병사들은 불안에 떨며 우왕좌왕이외다.' 알아듣겠느냐?"

김취려의 작전은 적중했다. 적장 아얼과 걸노는 포로 병사들의 말을 믿고 아얼이 군사를 이끌고 내자사 골짜기를 공격했다.

내자사 골짜기에는 김취려의 명령에 따라 화공이 기다리고 있었다. 뿐만 아니라 퇴로를 궁수들이 지키고 있었다.

아얼이 이끄는 군대가 내자사 골짜기에 모습을 드러냈다. 적군은 조용한 내자사 골짜기로 의심 한번 없이 깊숙이 들어왔다. 적군이 공격 범위 안에 들어오자 산자락에서 공격명령이 떨어졌다.

"공격하라!"

화공들이 일제히 화살과 솜뭉치에 불을 붙여 쏘고 던졌다. 놀란 적군들이 뒤돌아서 삼십육계 줄행랑을 놓았다. 이들을 궁수들이 기다리고 있었다.

"쏴라!"

마치 나무들이 활을 쏘듯 나무를 방패 삼아 궁수들이 일제히 활을 쏘아댔다. 거란군은 싸움 한번 제대로 해보지 못하고 무참히 쓰러졌다. 살아서 돌아간 자들도 넋을 잃어버렸다.

김취려의 작전은 대성공이었다. 이후 거란군은 기세가 꺾여 서너 차례 싸움을 걸어왔으나 번번이 실패했다.

거란군은 수적으로 우세했다. 내자사의 참패를 극복하고 계속해서 남하했다. 고려군은 수적으로 불리하여 거란의 군사를 막아내기에 역부족이었다. 드디어 거란군은 안동성을 본거지로 하여 원주와 예천까지 그 기세를 뻗쳤다. 싸움이 2년 여 계속되는 동안 고려는 몽고와 동진·금나라와 연합하여 거란을 치기로 했다.

조충과 김취려 장군이 이끄는 연합군은 거란의 주둔지 강동성을 포위한 채 달포 동안 치열한 공방전 끝에 함락시키고 말았다.

몽고는 이번 기회에 고려를 억압하려고 거란군을 물리친 후에도 돌아가지 않고 고려 임금에게 사람을 보냈다. 고려는 2년 여의 전쟁을 치르는 동안 피폐해져 몽고군을 막아 싸울 여력이 없었다. 강종은 김취려 장군을 불러 대책을 의논했다.

"폐하. 신이 몽고 진영에 들어가 합진이라는 자를 만나 담판을 짓겠나이다. 심려 마시오소서."

"장군이 그래만 준다면 무슨 근심이 있으리오."

취려는 몽고군 진지로 가며 운도산인이 한 말을 떠올렸다.

"앞으로 몽고의 합진이란 자와 만나게 될 것이니라. 그자는 지혜가 뛰어난 장수이므로 섣불리 계략을 썼다가는 오히려 낭패를 볼 수도 있느니라. 돌다리도 두드려보고 가는 마음으로 신중에 신중을 기해야 하느니라."

취려는 마음을 다잡아 먹고 몽고 진영에 찾아가 합진을 만났다. 합진은 늘 하던 대로 취려의 지혜를 시험해보려고 했다. 아무 말 없이 손가락으로 하늘을 가리켰다. 취려가 미소를 지으며 손가락 5개를 좍 폈다.

합진은 다시 손가락 3개를 폈다. 취려는 또다시 손가락 5개를 폈다. 이윽고 합진이 호탕한 웃음을 터뜨리며 취려의 두 손을 덥썩 잡았다.

"장군! 내 손짓이 무엇을 뜻하는지 다 아시고 응대한 것이지요?"

"알고말고요. 장군이 하늘을 가리킨 것은 하늘의 형상을 물은 것이기에 나는 둥글다는 뜻으로 답한 것이외다. 또 손가락 3개를 편 것은 삼강三綱의 대의를 물은 것이기에, 소장은 삼강의 대의가 오륜五倫이란 뜻으로 손가락 5개로 응답한 것이외다."

"대단하시오, 장군! 내 아직껏 장군처럼 지혜로운 사람을 보지 못했소이다. 사실인즉 내가 몽고로 돌아가지 않은 것은 고려를 속국으로 삼으려는 생각에서였소이다. 하지만 장군처럼 대인이 계시는 이 나라를 어찌 탐하겠소이까. 보아하니 장군께서는 나보다 연세가 높으신 것 같은데 지금부터 장군을 형님으로 모시겠나이다."

김취려 장군의 지혜로 고려는 잠시나마 전쟁을 피할 수 있었고, 몽고와 형제국의 동맹을 맺을 수 있었다.

고려는 후에 몽고와 수십 년간 처절한 전쟁을 치르면서 몰락의 길로 접어들게 되었다.

⊙ 짐승이라 부르면 부끄럽다만….

거녕居寧땅에 김개인金盖仁이란 사람이 살았다. 거녕은 지금의 전라북도 남원에 속한 땅으로, 남원에서 북쪽 40여 리 지점이다.

어느 날 개인이 외출을 했다. 개인의 뒤에는 늘 따라다니던 개가 뒤따랐다. 개인이 남원에서 볼일을 다 마치고 집으로 돌아오는 길에 주막에 들러 술을 거나하게 마셨다.

춘삼월 햇볕이 따스하고 잔디밭은 이불처럼 푹신했다. 개인은 잔디밭에 앉아 잠깐 쉬어간다는 것이 졸다가 그만 깊은 잠에 빠져들고 말았다. 그런데 어찌된 일인지 그만 잔디밭에 불이 붙고 말았다. 불길이 맹렬하게 타오르며 개인이 누운 곳으로 번지고 있었다. 위급함을 알게 된 개는 주인을 깨우려고 컹컹 짖기도 하고, 옷자락을 물어뜯거나 혀로 얼굴을 핥아보았으나 허사였다.

개는 주인을 깨울 수 없어 잔디밭 옆의 개울물로 달려가 온몸에 물을 흥건히 적신 후 개인이 누워 있는 주변에 물을 적셨다. 이 일을 반복하여 계속하다가 개는 그만 지쳐 쓰러져버렸다. 불길은 다행히도 개가 적셔 놓은 잔디를 넘지 못했다.

해가 서산으로 기울 무렵, 김개인은 잠에서 깨어났다. 주위를 둘러보니 자기가 누워 있던 자리만 둥그렇게 남아 있고 잔디밭이 온통 새까맣게 타 있었다. 옆에는 개인이 아끼던 개가 누워 있었다.

"이놈아, 그만 자고 가자!"

개인이 큰소리로 불러보았으나 개는 꼼짝하지 않았다.

"허허, 이놈 보게. 나보다 더 깊이 잠든 모양이로구나."

개인은 개에게 다가가 엉덩이를 걷어찼다.

"이놈아, 그만 일어나!"

개는 움직이지 않았다. 이상하게 여긴 개인이 개의 입에 귀를 대었다. 숨을 쉬지 않았다. 그제야 개의 죽음을 안 개인이 서럽게 울었다.

"나를 살리고 네가 죽었구나. 그놈의 술 때문에 아까운 네 목숨을 잃은 게야. 원통해서 어쩔 거나."

개인은 개의 죽음을 슬픈 노래로 지어 불렀다. 개의 충성이 온 나라에 퍼졌다.

개인은 개를 그 잔디밭에 묻고 막대기를 꽂아 표시해두었다. 그랬더니 막대기가 자라 큰 나무가 되었다. 사람들은 그곳 이름을 '개나무'란 뜻으로 오수獒樹(남원시)라 했다. 또 거기에 역이 있어 뒤에 오수역이라 했다.

이로 하여 고려 때에는 악부樂府 중에 〈개무덤 노래(견분곡)〉란 곡조까지 불렀다. 그뒤에 이 개를 두고 시를 지어 찬양했다.

　짐승이라 부르면 부끄러우면서
　버젓이 큰 은혜를 저버리누나
　임이 위태할 제 아니 죽으니
　무엇으로 개에게 비겨 말하리오

또 진양공晉陽公이란 자가 문객에게 부탁하여, 이 개의 전기를 써서 세상에 남의 은혜를 입고도 갚을 줄 모르는 사람들에게 읽히려고 이 이야기를 널리 퍼뜨렸다.

고종시대 (1213~1259)

⊙ 몽고의 침입

고려 제23대 고종高宗은 강종의 맏아들이자 원덕왕후 유씨 소생이다. 초명은 진瞋, 이름은 철轍, 자는 대명大明이다. 그는 아버지 강종이 강화 도에 유배되었을 때 안악현에 유배되었다. 강종 즉위 이듬해에 개경으 로 돌아와 왕태자에 책봉되고, 임종이 가까운 강종의 선위와 최충헌의 지지로 왕위에 올랐다.

고종시대에는 몽고의 제1·2차 침입과 강화도로의 천도, 그리고 각 지방에 왜구들의 노략질이 빈번하여 고려 조정을 괴롭혔다.

몽고는 주위의 여러 나라를 정복해나갔다. 그 힘에 밀려 거란족이 고 려 영토 안으로 들어왔다. 이들을 추격하여 몽고군이 자연스럽게 고려 로 들어왔다. 고려는 거란족을 쫓아내려고 군대를 동원했다. 고려군과 몽고군이 힘을 합쳐 거란족이 몰려 있던 강동성을 함락시켰다. 이때 몽 고의 요청으로 고려는 몽고와 형제의 의를 맺었다.

이후 몽고의 사신이 고려를 자주 왕래했다. 그때마다 몽고는 고려에 많은 공물을 요구했다. 고려는 불만이 쌓여갔다. 고종 12년, 몽고의 사신이 귀국길에 압록강변에서 피살되는 사건이 벌어졌다. 이를 꼬투리 삼아 몽고는 고려와의 외교를 끊어버렸다. 고려는 몽고의 침략을 예상했다.

고종 18년, 예상대로 몽고군이 고려를 침략했다. 고려는 몽고군을 막아낼 힘이 없었다. 그 무렵은 최충헌이 타계하고 아들 최우崔瑀가 정권을 잡고 있었다. 최충헌은 종청宗淸의 딸을 아내로 맞아 아들 우와 향珦을 얻고, 손홍윤孫洪胤의 처 임씨를 강제로 빼앗아 아들 성城을 얻었다. 그후 강종의 딸을 취하여 아들 구球와 선사禪師를 낳았다. 이와 같이 배다른 형제들이 많은 최충헌의 아들들은 골육상쟁의 기미마저 보였다.

상장군 지윤심·유송걸 등이 맏아들 우를 제쳐놓고 향을 받들었다. 우는 선수를 쳐서 지윤심과 유송걸을 처단해버렸다. 이로써 최우의 집권시대가 열렸다. 최우는 몽고의 침략에 대비책이 없었다.

몽고의 칭기즈 칸은 서역 정벌을 마치고 서하 지역을 정복하려다가 죽고, 그의 아들 태종이 즉위하여 금나라를 정복했다. 그리고 살리타이에게 군대를 주어 고려를 침략하도록 했다. 살리타이는 함신진咸新鎭을 포위했다. 놀란 성 안의 장군 조숙창은 살 길을 찾아나섰다. 그는 재빨리 항복하고 나서 이따위 소리를 했다.

"나는 옛날 조원수 충의 아들이외다. 일찍이 귀국의 합진 원수와 저의 선친은 형제를 맺은 사이외다."

조숙창은 성 안의 군사들에게 항복을 권했다.

"몽고군과 싸워봤자 개죽음을 당할 것이야. 항복하여 살 길을 찾기 바란다."

이리하여 몽고군은 화살 한번 쏘아보지도 않고 성을 차지한 후 철주鐵州에 이르렀다. 고려 낭장 문대文大를 잡아 성 안에 들여보낸 후 이렇게 외치도록 시켰다.

"진짜 몽고군이 왔다! 나가서 항복하라!"

그러나 문대는 시키는 대로 하지 않았다.

"가짜 몽고군이다! 맘 놓고 싸우자!"

그는 곧 몽고군에게 피살되었다. 판관 이희적은 끝까지 싸우다가 역부족이어서, 보급창고에 불을 지른 후 자결해버렸다. 그러나 홍복원은 성문을 열고 살리타이 앞에 나가 무릎을 꿇고 항복했다. 그리고 살리타이의 앞잡이가 되어 화살을 고려군에게 쏘았다.

몽고군은 철주를 점령한 후 귀주성龜州城을 에워쌌다. 귀주성 안에 김경손·김중온·박서 등과 정주·삭주·위주·태주 등의 수령들이 모여 항전을 전개했다. 남문을 지키고 있던 김경손이 수하 군사와 별초군에게 말했다.

"너희 가운데 죽어도 후회하지 않을 자만 나를 따르라!"

겨우 12명만이 그를 따랐다. 김경손은 12명의 결사대를 거느리고 성밖으로 나섰다. 이들을 보고 몽고군의 선봉장이 검은 기를 앞세우고 진격해왔다. 김경손은 강궁을 날렸다. 몽고군의 기수가 화살을 맞고 쓰러졌다. 12명의 결사대는 용기백배하여 적진으로 달려갔다.

몽고군은 12명의 결사대를 깔보았다. 12명의 결사대는 몽고군을 후퇴시킨 후 잽싸게 성 안으로 들어갔다. 김경손은 적의 화살에 어깨를 맞았다. 초전을 승리로 장식한 김경손은 성 안에서 싸움을 독려했다.

다음날부터 몽고군은 극성스러워졌다. 귀주성은 고립무원이었다. 몽고군은 구주성주에게 항복을 권하는 글을 화살에 매어 성 안으로 쏘았다. 아무런 반응이 없자 항복을 권유하러 위주부사 박문창을 보냈다. 박문창은 일찌감치 살리타이에게 항복했던 것이다.

"항복만이 살 길이외다. 항전은 무모하오. 어서 결정을 내리시오."

박서가 화가 나서 고함을 질렀다.

"이놈아, 그걸 말이라고 하는 게냐! 천하에 미물만도 못한 놈!"

박서는 단칼에 박문창의 목을 베어 성 밖으로 던져버렸다.

고려군이 완강하게 버티자 몽고군 300여 명이 북문을 공격했다. 몽고군은 큰 수레에 나무를 싣고 그 속에 숨어서 성문 앞까지 다가왔다.

김경손은 이 사실을 알고 쇠를 녹인 철물을 쏟아부었다. 몽고군은 견딜 수 없어 달아나버렸다.

몽고군은 고려군의 화살을 막으려고 누차樓車와 커다란 상자를 만들어 그 속에 숨어 성문 밖까지 가까이 다가와서 성 밑 땅을 파고 성 안으로 들어왔다. 적군이 거의 성 안으로 들어왔을 때 고려군은 성 밑 땅의 움직임을 알고 구멍을 내어 끓는 철물을 부었다. 그러는 한편 성 위에서 횃불을 마구 던져 적의 누차를 불태워버렸다.

이번에는 남문으로 적이 포를 쏘며 들이닥쳤다. 고려군도 큰 포차를 성 위에 내걸고 돌을 넣고 쏘아 적의 포차를 부숴버렸다.

어느 날 김경손 앞으로 적의 대포알이 날아왔다.

"장군님 피하소서! 대포알이 날아오나이다!"

김경손은 꼼짝하지 않았다. 대포알은 다행히도 터지지 않았다.

"왜 그리 위험한 일을 하셨나이까?"

"내가 대포알이 무서워 피하면 병사들의 사기가 떨어질 것이야."

부하들은 목숨을 걸고 김경손을 따랐다.

몽고군은 달포 동안 온갖 수단을 다 써서 귀주성 공략에 나섰으나 귀주성은 철옹성이었다. 몽고군은 귀주성을 포기하고 다른 성으로 가버렸다.

다른 성들은 얼마 버티지 못하고 성을 내주었다. 몽고군은 파죽지세로 개경 가까이 다가갔다. 몽고 사신이 고려 조정에 들어와 위협했다.

"고려가 우리의 말을 듣지 않으면 망할 것이외다. 투항할 사람은 즉시 투항하시오."

최우는 살리타이의 사신을 우대하며 망설이고 있었다. 몽고는 계속 사신을 보내 막대한 배상금을 요구했다. 고려는 살리타이에게 사람을 보내 강화를 청했다. 이러는 사이에 살리타이는 남쪽으로 내려가 각지에 다루가치(斷事官) 72명을 두고 고려땅을 다스렸다. 개경 부근만 남기고 몽고 군대가 장악한 곳은 모두 이 다루가치가 통치했다. 고려는 큰

대가를 치르고 몽고와 겨우 강화를 맺었다. 몽고군은 전리품을 챙긴 후 고려에서 철수했다. 이것이 제1차 몽고의 침략이다.

몽고는 사신을 보내 고려를 끊임없이 괴롭혔다. 사신이 고려 궁중에서 큰소리를 냈다.

"나는 고려의 국사를 보려고 파견 나왔느니라!"

그런가 하면 강화의 조건 외에 많은 공물을 요구하며 괴롭혔다. 게다가 또다시 몽고의 침략이 있을 것이라는 소문이 파다하게 퍼졌다. 고려 조정은 집권자 최우를 중심으로 중신들이 모여 대비책을 강구했다. 최우는 강화도로 천도할 것을 제의했다. 이 제의에 중신들은 최우가 두려워서 이의를 제기하지 않았다. 다만 참지정사 유승단兪升旦만이 천도의 불가를 말했다.

"만약 강화도로 천도한다면 육지의 장정들은 모두 전쟁터에서 희생당할 것이외다. 또한 노약자들은 몽고의 포로가 될 것이외다."

야별초의 지휘관 김세충이 승단의 의견에 찬성했다. 최우는 김세충을 충의에 따르지 않는 방해자라고 하여 곧 처단해버렸다. 그 누구도 천도를 반대할 수 없게 만들었다.

고종 19년 6월 16일, 조정을 강화도로 옮겼다. 약 10만의 개경 민가가 강제로 강화도로 옮겨갔다. 몽고는 고려의 천도를 불쾌하게 여겨 그해 가을 살리타이가 대군을 이끌고 두 번째로 침입해왔다. 몽고군은 일사천리로 고려땅을 휩쓸고 남쪽으로 내려가 강화도를 짓밟으려고 했다. 이때 몽고병에게 사로잡힌 어사 설신薛愼이 살리타이에게 충고했다.

"우리 나라 말에 다른 나라의 대관이 서울 이남의 강을 건너면 불행해진다는 설이 있소이다. 장군께서는 남쪽으로 내려가지 마소서."

살리타이는 코웃음을 쳤다.

"당신 나라에서 공연히 만든 말이외다. 남으로 내려가 강화도를 치겠소이다."

살리타이는 임진강을 건너 처인성處仁城(용인)까지 쳐들어왔다. 처인성의 조그만 암자에 난리를 피해온 스님 한 분이 있었다. 스님은 날마다 아침 일찍 일어나 부처님 앞에서 염불하고 낮에는 암자 뒤뜰에서 아무도 몰래 활 쏘는 연습을 했다.

살리타이는 처인성을 점령한 후 스님이 있는 조그만 암자 자현원自峴院 따위는 거들떠보지도 않았다. 어느 날 스님은 살리타이가 새벽에 산천의 형세를 보려고 자현원으로 올라오는 것을 보고 암자에 숨어 있다가 화살을 날렸다. 화살은 살리타이의 심장을 파고들었다. 살리타이는 외마디 비명을 지르고 통나무처럼 쓰러졌다.

몽고군은 살리타이가 죽자 철수해버렸다. 사실인즉, 몽고군은 강화도를 함락시킬 자신이 없었다. 육지의 싸움에는 강한 몽고군이었으나 수전水戰에는 한없이 약했다. 그들의 약점을 알고 최우가 강화도로 천도한 것이다.

살리타이를 죽인 김윤후金允侯 스님에게 고려 조정에서는 섭랑장攝郎將이라는 칭호를 주었다.

고려는 최우의 주도 아래 몽고와의 전쟁을 이끌어가는 한편 강화교섭도 늦추지 않았다. 몽고의 제2차 침략은 살리타이의 죽음으로 쉽게 끝났다. 그러나 전쟁이 완전 종식된 것은 아니었다. 몽고의 제1차 침입 후 고려는 30년 동안이나 몽고군의 말발굽에 시달려야만 했다.

고종 30년, 최우는 이름을 이怡로 고쳤다. 몽고군의 침략이 뜸해 강화도의 생활은 평화로웠다. 그리하여 그동안 열지 못했던 연등회를 개경에 있을 때보다 더 성대하게 열었다. 백성들도 모처럼만의 국가행사에 잠시 근심을 털어버리고 연등회에 구름처럼 모여들었다.

이 무렵, 육지에서는 삼별초三別抄가 뛰어난 활약을 보였다. 삼별초는 원래 최이의 집권 초기에 도둑이 들끓자 용사를 모아 매일 밤 도둑을 막기 위해 순찰과 단속을 맡은 야별초가 그 시초였다.

그후 전국적으로 도둑이 일어나자 그 기구를 확대하여 좌별초와 우별초로 나누었다. 또 몽고에 항전하다가 포로가 되었다가 도망쳐온 자들을 모아 신의군神義軍을 조직했다. 좌별초 · 우별초 · 신의별초를 일컬어 삼별초라 했다.

이들은 최씨 정권을 유지하기 위한 사병이었다. 그러나 경찰 · 전투 등의 임무를 수행했으므로 군대에 준한 조직이었다. 고려 조정이 강화도로 천도한 이후 몽고와의 항전은 이 삼별초에 의해 강행되었다.

고려의 대몽항쟁은 시간이 지나자 한계성과 모순을 드러냈다. 최씨 정권은 전쟁상태를 그대로 끌고나갔다. 그러나 더욱 강대해진 몽고는 계속 침입해왔고, 고려 농민의 힘은 약해질 대로 약해졌다. 게다가 안전한 피난처 강화도에서 향락을 일삼는 벼슬아치에 대한 농민들의 증오와 불신은 점점 커져갔다.

고려를 등지고 만주 쪽으로 떠나는 유민이 늘어나고 강화도로 들어오는 세금은 줄어들었다. 강화도의 귀족 관료들이 녹봉을 받지 못해 최씨의 창고에서 내주는 식량을 얻어먹을 정도였다. 이 와중에서도 고종 24년부터 강화도에서 대장경 초판이 만들어지기 시작했다. 고종은 당대의 대문장가 이규보李奎報에게 기고문祈告文을 쓰도록 했다. 전쟁 중에도 문화의 꽃은 피었던 것이다.

◉ 남매의 소송

고종 때 경상도 한 고을에 남매가 살았다. 남매의 어머니는 일찍 세상을 떠나고 아버지마저 여의었다. 아버지는 임종 전에 유언을 남겼다.

"내 모든 재산을 딸에게 주노라. 아들에게는 두루마기 한 벌, 관 하나, 신 한 켤레와 종이 한 권을 주노라."

그때 이미 딸은 시집을 갔고, 아들은 아직 소년이었다. 의지할 곳 없는 소년은 아버지의 죽음 앞에서 누나의 팔에 매달려 서럽게 울었다. 누나도 어린 동생을 안고 눈물을 흘렸다.

몇 달 후 누나는 아버지의 유언대로 친정 재산을 송두리째 가져가버렸다. 소년은 알거지가 되었다. 이런 소년에게 동네 노인이 말했다.

"애야, 아버지의 그 많은 재산을 어찌 한 푼도 받지 못했느냐?"

"아버지께서 임종하실 때 전재산을 누나에게 준다고 유언하셨나이다."

"그래도 그럴 수는 없느니라. 이 일은 송사함이 옳을 듯싶구나."

이 말을 듣고 소년은 누나가 괘씸해졌다. 아버지가 재산을 송두리째 가져가라고 했을망정 동생의 장래를 위해 조금은 떼어놓고 가야 옳지 않은가.

"어르신 말씀이 옳은 듯하나이다. 남매간에 이럴 수는 없나이다. 하루아침에 동생을 알거지로 만든 누나가 밉고 괘씸하나이다."

"그러니 송사를 하란 말이니라."

소년은 누나를 관가에 고발했다. 그러나 결과는 누나 편이었다. 죽은 자의 의사를 존중하여 유언에 따라 누나가 재산을 차지한 것은 옳다는 판결을 내렸다. 고을 사또가 바뀔 때마다 소년은 고발했으나 그때마다 패소했다. 소년은 거의 포기상태였다.

그 고을에 어느 해 안렴사按廉使로 내려온 손변孫抃이라는 이가 있었다. 손변은 이 남매의 송사 이야기를 듣고 남매를 불렀다. 그리고 남매에게 자초지종을 들었다. 틀림없이 유언에 따라 누나가 재산을 차지한 것이 확인되었다.

심사숙고한 손변이 말했다.

"두 사람은 내 말을 자세히 들을지어다. 대개 부모의 마음이란 자식이 열이면 열을 다 사랑하는 것이거늘, 하물며 달랑 남매를 둔 너희 아버지가 유독 딸만을 더 사랑했겠느냐? 더구나 아버지가 죽을 때에는 어미도 없었거늘, 만약에 아버지의 사랑에 두텁고 엷음이 있다면 아마도 아들을 더 사랑했을 것이니라. 헌데 천지에 어린 아들이 의지할 곳은 출가한 딸뿐이어서, 짐작컨대 재산을 자식에게 똑같이 나누어주면

행여나 장성한 딸이 어린 동생에게 지극한 사랑을 베풀지 않을까 염려되어서일 것이니라. 또 하나 아버지의 본심을 알 수 있는 증거는 아들에게 두루마기 한 벌, 관 하나, 신발 한 켤레, 종이 한 권을 준 그것이니, 어디 줄 것이 없어 하필이면 그런 것을 주었겠느냐? 이것은 아들이 성인이 된 후에 두루마기를 입고 관을 쓰고 신을 신고 그 종이를 사용하여 소장訴狀을 써서 관가에 송사하라는 뜻이었느니라. 이로 미루어보아 누나가 의지할 곳 없는 동생을 보호해야 할 것은 당연한 인정이고 이치이니라. 알아듣겠느냐?"

손변의 말에 남매는 감동을 받고 지난 일을 뉘우치고 흐느껴 울었다. 남매는 재산을 서로 더 가져가라고 양보했다.

"아우야, 네가 더 많이 가져가거라."

"아니야, 누나가 더 많이 가져야 해."

남매는 재산을 반으로 나누어 가졌다.

훌륭한 판결을 내린 손변의 본래 이름은 습경襲卿이었다. 과거에 급제한 후 천안부 판관으로 나갔다가 고종 때에 예부시랑에 올랐다. 그러나 그는 아무런 죄도 없이 먼 섬으로 귀양을 간 일도 있었다. 귀양에서 풀린 그는 안렴사가 되어 경상도에 나갔다가 남매의 송사 이야기를 듣고 지혜로운 판결을 내렸던 것이다.

그는 가는 곳마다 명판결로 이름을 날렸으나 더 큰 벼슬은 하지 못했다. 그 까닭은 부인의 집안이 지체가 낮아서였다. 부인이 그 사실을 알고 남편에게 말했다.

"영감, 나 때문에 벼슬길이 막혀서야 내 마음이 편할 리 있겠소이까? 부끄럽고 미안한 마음 그지없소이다. 청컨대 나를 버리고 지체 높은 훌륭한 집안의 규수를 얻어 새장가 드시오소서."

부인의 말은 진심이었다.

"내가 벼슬을 얻기 위해 30년 동안 고생을 함께한 당신을 버리라고? 더구나 자식까지 딸린 몸으로 망녕이 아니면 어찌 그런 말을 할 수 있더란 말이오!"

손변은 아내를 사랑하고 아끼는, 성품이 선하고 아름다운 사람이었다.

◉ 어지러운 세상

고려 조정이 강화도로 천도해 있을 때 최고의 권력가는 최이였다. 최이는 언제나 자기 좌우에 장사 2명을 두고 출입할 때 부액하게 했다. 부액을 맡은 장사 2명은 용모가 뛰어났다.

김준은 미천한 신분이었지만, 얼굴이 잘생기고 활을 잘 쏘고 기운이 장사여서 최이의 부액 담당 전전승지殿前承旨가 되었다.

최이가 가는 곳에는 언제나 김준이 따라붙었다. 임금을 뵈러 갈 때, 대신들과 국사를 의논할 때, 저잣거리를 구경나갈 때 김준은 최이 곁에 바싹 붙어 있었다.

최이는 첩이 헤아릴 수 없이 많았다. 밤에 첩의 집에 갈 때에도 김준이 따랐다. 최이가 잘 찾는 첩은 묘향妙香이라는 계집으로 인물이 빼어났다. 최이를 맞는 묘향의 애교 또한 일품이었다.

"대감, 나랏일에 그 얼마나 피곤하시옵니까? 어서 안으로 드시어 소첩의 안마를 받으시옵소서."

"언제 보아도 묘향이 뿐이니라. 허리를 시원하게 주물러주겠느냐?"

"어서 엎드리시오소서. 소첩이 마디마디 풀어드리겠나이다."

묘향은 최이를 엎드리게 하고 허리를 주물러주었다. 최이는 색기가 뻗쳐 바튼 신음소리를 냈다.

"대감, 궁 안에 여자 천지입죠?"

"애야, 영웅호색이란 말은 들어보았겠다?"

"하오면 대궐 안의 상감께오서도 영웅이시오이까?"

"그야, 내가 앉혀놓은 꼭두각시이니라."

"아주 밀어내고 대감이 그 자리에 앉으면 아니 되오이까?"

"쉬잇! 그런 말을 함부로 해서는 아니 되느니라!"

밖에서 김준은 최이와 묘향이 하는 수작을 다 듣고 있었다.

최이는 묘향의 방에서 나와 다른 첩을 찾아나섰다. 이렇게 최이는 하룻밤에도 여기저기 돌아다니며 첩의 치마폭에 안겼다.

어느 날 김준은 혼자서 묘향의 처소에 들었다. 최이는 대취하여 다른 첩의 방에서 곯아떨어져 있었다. 묘향이 김준을 반겼다.

"대감은 아니 오시나요?"

"곧 오시나이다. 소인더러 먼저 이곳에 가서 있으라고 하셨나이다."

김준은 묘향에게 마음이 끌렸다. 묘향을 건드렸다가는 목이 열 개라도 살아남지 못할 것이었다. 하지만 마음이 자꾸 묘향에게로 기울어 야릇한 미소를 띠었다.

"부인, 소인은 지금 시장하나이다. 먹을 것을 좀 주시구려."

"늘 대감을 모시느라 끼니를 거를 때도 있겠구려."

"대감께서 혼자 잡수시니 소인은 배가 고플 때가 많사옵나이다."

묘향은 싱긋 웃었다. 김준은 기생방 출입이 잦아 여자 다루는 솜씨가 능란했다. 묘향은 술상까지 차려내왔다. 묘향이 김준을 자세히 뜯어보았다. 잘생기고 기운깨나 있어 뵈는 몸이었다. 최이는 나이 50세가 넘은 늙은이요, 김준은 30세 전후의 청년이었다. 묘향의 마음이 흔들렸다.

"김 승지, 대감께서 어디 계시우?"

"미향美香의 방에서 취하여 세상 모르고 주무시나이다."

"대감께서 미향의 방에 자주 가시지요? 미향은 북쪽 계집으로 대감을 잘 녹이는 모양입디다."

"어떻게 녹인다는 말씀이나이까?"

"밤에 잠자리에서 녹이는 것이랍니다."

묘향이 김준을 쳐다보고 한쪽 눈을 찡긋했다.

"어찌 아오?"

"나야 늘 옆에 있지를 않으오."

"그래도 딴방이 아니오이까?"

"일이 벌어질 때쯤 그 방문 앞까지 간답니다."

"오, 그렇나이까? 나는 어떠하오?"

"좋지요."

묘향은 김준의 목을 안고 쓰러졌다. 한번 길을 튼 두 사람은 틈나는 대로 정을 통했다. 나중에는 결국 최이에게 들키고 말았다. 김준은 죽을 각오가 되어 있었다. 최이는 김준을 죽이지 않고 고성으로 귀양 보냈다.

김준은 서울로 올라오려고 여기저기 줄을 대었고, 묘향도 김준을 위해 열심히 노력하여 이태 후에 다시 제자리로 돌아왔다. 김준은 다만 낮에만 최이를 따랐다.

최이가 세상을 떠났다. 원로 대신 김경손·민희 등이 임금에게 정권을 되돌려주어야 한다며 조정의 여론을 모았다.

김준은 최양백 등과 모의하여 최이의 아들 최항을 옹호하며 반대세력을 제거했다. 최항이 최이의 뒤를 이어 최고 권력자가 되었다.

최항은 권력을 잡은 후 아버지의 첩 중 젊고 예쁜 여자는 자기가 차지하고 30여 명은 내보냈다. 그는 기생의 몸에서 태어나 잠시 중이 되어 능주綾州 쌍봉사에 머물다가 환속했다.

최항은 세속에 빠져 자기 집인 진양후 저택에 많은 첩을 두고 주색에 심취했다. 그중 화중花中이라는 첩을 사랑하여 7, 8년간 권력을 쥐고 호화롭게 살다가 병이 들어 죽게 되었다. 그는 명이 오래가지 못할 것을 알고 어느 날 전전승지의 부액을 받으며 후원에 나가 작은 정자에 올랐다. 봄기운이 가득한 후원에 낙화가 바람에 날리고 있었다. 그는 오래 살지 못할 것을 생각하고 지난 날을 회상하며 시 한 수를 읊었다.

복숭아꽃 향기 그윽한 집에
비단 장막에 서기 어리어 멀리 뻗쳤네
무심한 광풍 건듯 불어올제
낙화는 붉은 빗발처럼 앞내에 떨어지네

그는 단명구를 남기고 세상을 떠났다. 그는 죽으면서 선인렬·유능 등에게 아들 의誼를 부탁했다. 의는 최씨 정권 마지막 인물로서 최충헌의 증손이었다.

최의가 실권을 잡자 장인 거성원발巨成元拔과 최항의 첩 화중이 득세하게 되었다. 어느 날 최이의 첩이었던 묘향이 김준을 불러 속삭였다.

"세상은 빠르게도 바뀌는구려. 몸조심하지 않으면 위태롭사옵니다."

"나야 죽을 고비를 여러 번 넘겼거늘 또 죽을 일이 있을라고."

"전에는 내가 뒤에서 힘써주었으나 지금은 내게 힘이 없다오. 만약 김 승지가 잘못되면 내 목숨도 위태롭사옵니다."

묘향은 슬픈 눈으로 김준을 쳐다보았다.

"무슨 일이 생긴 게요?"

"지금 진양공이 전의 진양공의 첩 화중과 의기투합이 되어 있나이다. 그년을 조심하시오소서."

묘향은 불안한 표정이었다. 김준은 잠시 생각에 잠겼다.

"좋은 방법이 없겠소이까? 당신 꾀주머니를 열어보이구려."

김준이 말하고 묘향의 옆구리를 쿡 찔렀다.

"어이구 간지러워라. 대낮에 웬일이래요."

"남녀 상열지사에 밤낮이 따로 있남."

김준은 뻗치는 색기를 묘향에게 쏟아부었다. 묘향은 얼씨구나 하고 김준을 받아들여 요분질을 치면서 말했다.

"김 승지는 높은 데 앉을 생각이 없수?"

"왜 없겠어. 때를 만나지 못해서 이러고 있는 게야."

"기회는 만들면 되는 게 아니겠소?"

"묘향아, 주인을 없애고 나와 살자꾸나."

"새삼스럽게 함께 살기는…."

묘향은 흐뭇하여 온몸으로 김준을 녹였다. 오랜만에 맛보는 사랑의 진미였다.

최의는 원로 대신들을 싫어하여 기회만 있으면 축출했다. 그러던 중 대장 가운데 송길유가 남의 물건을 탐하여 도당都堂에서 문제가 되었다. 김준은 자기의 당이 없어질 것을 염려하여 구명운동을 벌였다. 이 일이 최의의 장인을 통해 최의의 귀에 들어갔다. 최의는 김준을 비롯하여 구명운동을 부탁받은 유경·유능을 불러 책망했다.

"너희를 심복으로 여겨 모든 것을 맡겼느니라. 이제 보니 너희가 파당을 지어 나쁜 짓 하는 자를 두둔하다니 말이 되느냐!"

김준 등은 엎드려 사죄했다.

이 일로 김준은 최의에게 신용을 잃고 점차 뒷전으로 밀렸다. 김준은 지난번 묘향과 한 이야기가 떠올랐다.

'최의를 없애는 방법밖에 길이 없다.'

김준은 동지들을 모았다. 박희실·이연소·유경·박송비·임연 등이 모였다.

"요사이 최의는 소인배들과 놀며 그들의 말을 믿고 있소이다. 소문에 따르면 가까운 시일 내에 우리를 없앨 계획을 세웠다고 하오. 이대로 있다가는 무슨 변을 당할지 알 수 없소이다."

김준이 말하고 모인 동지들을 둘러보았다. 박희실이 나섰다.

"앉아서 죽을 날만을 기다릴 수는 없소이다. 미리 선수를 쳐야 하오."

"좋은 계책을 말해보오."

김준이 물었다.

"4월 8일에 관등놀이를 할 터, 그 자리에서 제거해버리면 어떠하오?"

박희실의 말에 동지들이 찬성했다. 동지들의 모임에 끼었던 중랑장 이주는 이번 기회에 공을 세우고 싶어 친한 친구 최문본 · 최양백에게 달려갔다.

"이보게들, 우리가 언제까지 전전승지로 세월을 보내겠나. 우리도 장군이 돼봐야지 않겠나?"

이주가 최양백을 쳐다보았다.

"잘만 하면 장군도 될 수 있지."

"요새 김준이 역모를 꾸미고 있다네."

"뭐? 내 사돈이 역모를 꾸민다구?"

최양백이 깜짝 놀랐다.

"김준이 최의를 없애려고 동지들을 모았다네. 자네는 김준 편에 서겠나? 그러지 말고 우리 함께 최의에게 알려 장군이 되세나."

최양백이 손사래를 치며 말했다.

"이보게들, 고변은 안 될 말일세. 입 밖에 내지도 말게나."

이주와 최문본은 멀뚱해졌다. 최양백은 이들에게 다시 한번 입단속을 하고, 집으로 돌아오는 길에 사위인 김준의 아들 김대재를 만났다. 대재는 장인에게 은근히 거사를 알렸다.

"장인어른, 근자에 세상이 뒤숭숭하여 우리 아버지께서 거사하실 모양이니, 형세를 잘 보시오소서."

"나도 짐작은 하고 있느니라."

최양백은 김준의 거사가 확실한 것을 알고 혼자 공을 세우려고 즉시 최의에게 달려가 고변했다.

"역모사건이오!"

"뭐? 역모라고? 누구야?"

"김준이 역모를 모의한다고 하오."

이 말을 들은 유능은 사실 자기도 가담한 터라 정신이 아찔했다. 그는 정신을 가다듬고 정면으로 맞섰다.

"헛소문이오. 나도 그 소문을 듣고 알아보았으나 근거가 없었소이다."

"아니야, 고변자가 여러 명이니라. 아니 땐 굴뚝에 연기나는 것 보았느냐?"

최의는 역모를 믿고 있었다. 유능은 물러설 수 없었다.

"소인의 생각에는 아무 일 없을 듯하오이다. 하오나 무슨 일이 있으면 야별초 지유指諭 한종유를 불러 내일 아침 이일휴李日休를 시켜 치도록 하소서."

최양백은 이 말을 듣고 내일이면 큰 사건이 터질 것으로 알고 집으로 돌아왔다. 때마침 시집간 딸이 친정에 와 있었다. 최양백은 김준이 처형되면 아들인 사위까지 죽음을 당할 것 같아 딸에게 말했다.

"얘야, 이 밤으로 시집에 가서 남편을 데리고 오너라."

"어이하여 그런 말씀을 하시나이까?"

"차차 알아질 것이니라."

"대체 무슨 일이나이까?"

"이유는 묻지 말고 오늘 밤 안으로 진양공댁으로 들어오라고 해라."

최양백의 딸은 아버지의 급한 독촉에 시집으로 돌아가 남편 대재에게 아버지의 말을 전했다. 대재는 아내에게 곧 간다고 이르고 아버지를 만나 말했다.

"아버님, 사세 급하게 되었나이다. 아무래도 역모가 누설된 것 같나이다. 거사를 앞당기소서."

김준은 서둘렀다. 부하 별장 임연과 더불어 삼별초를 사청射廳으로 모았다. 한종유도 거기에 모여 우선 한의 목부터 베어버렸다. 그리고 임연에게 진양공댁에서 반란을 일으켰다고 선전하라고 일렀다. 임연은 대신들 집을 들락거리며 최의의 집에서 반란이 일어났다고 떠벌리고 다녔다.

"진양공댁 상공(최의)은 이미 세상을 떠났다. 무사들은 삼별초 사청으로 모여라!"

영문도 모르고 많은 무사들이 사청으로 모였다. 그중에는 김준 일파로 전에 모의할 때 참여한 유경·박송비 등도 있었다. 김준이 그들에게 물었다.

"일이 급하오. 누구를 상공으로 내세우면 되겠소?"

"추밀사 최온崔溫이 신망이 두텁소이다. 그를 모셔오도록 하소서."

김준은 최온을 모셔오도록 하고, 임연과 같이 야별초의 군대를 이끌고 최의의 집으로 쳐들어갔다. 그날 밤 유난히도 안개가 짙어 횃불을 들었으나 앞이 잘 보이지 않았다.

최의의 집은 군사들이 대문을 굳게 지키고 있었다. 그러나 안개가 짙어 서로의 얼굴을 분간하기 어려웠다.

김준과 임연은 야별초를 이끌고 뒷문 담을 뚫고 최의의 집으로 쳐들어갔다.

새벽녘에 안개가 개었다. 김준은 최의의 처소로 갔다. 최의의 장인이 칼을 빼들고 문 앞에 버티고 서 있었다. 야별초 군사들이 달려들었으나 기운이 장사인 최의의 장인 거성원발 하나를 당해내지 못했다.

야별초 지유 오수산이 겨우 원발의 칼을 받아내며 쳐들어갔다. 원발은 중과부적이어서 최의를 업고 담을 넘으려고 했다. 하지만 최의는 몸집이 커서 담을 쉽게 넘을 수가 없었다. 원발은 할 수 없이 최의를 다시 업고 방으로 들어가 사위를 다락에 숨겨놓고 방문 앞에 버티고 섰다.

오수산이 가슴에서 비수를 꺼내어 원발에게 던졌다. 비수는 원발의 이마에 꽂혔다. 원발은 휘청거리며 담을 넘어 달아났다. 야별초 군사들이 원발의 뒤를 쫓았다. 그는 강가까지 달아났다가 야별초 군에게 피살되었다.

다른 군사들은 방으로 들어가 다락에서 최의를 찾아내 죽였다. 그제서야 대문 앞을 지키던 병사들이 들이닥쳤으나, 이미 주인이 죽은 뒤여서 그 자리에 주저앉아버렸다.

김준은 밀고한 최상백과 최의에게 계교를 알려준 유능을 죽여버렸다. 유능의 죽음은 억울한 죽음이었다. 역모를 숨기기 위해 내일 한종유에게 모의자들을 잡아오도록 하라고 일렀으나 속셈은 그것이 아니었다. 그 밤으로 김준에게 알려 거사토록 하려 했으나 김준을 만나는 데 실패하고 억울한 죽음을 당한 것이다.

이로써 최씨 4대 60년의 무단정권 시대가 막을 내렸다. 김준이 고종을 뵈었다.

"폐하, 이제부터는 친히 국사를 돌보시오소서."

왕정복고를 건의한 것이다.

"짐을 위해 경들이 수고했구려."

"폐하, 최씨 정권은 생민을 도탄에 빠뜨리고 굶주림에 떨게 했나이다. 태창의 곡식을 풀어 백성을 구휼하시오소서."

"그러하리다."

왕정복고가 이루어졌지만 형식뿐인 복고였다. 최씨 대신 김준이 권력을 쥐고 전횡을 일삼았다.

고종은 문신 유경을 승선으로 임명하여 문무관의 임명과 국가의 기밀을 맡겼다. 그러나 유경은 김준과 임연이 무서워 그러한 일을 그들에게 넘겨주었다.

고종 다음 원종元宗이 몽고에 다녀온 후에 왕은 김준을 해양후海陽侯에 봉하고 전날 최이 때와 같이 대우했다. 무신들의 정권장악은 아직까지 끝나지 않았다.

◉ 추상 같은 지방장관 김지대

고종 4년 거란족 금산·금시가 병사를 거느리고 압록강을 건너 강동성을 함락했다. 조정에서는 조충을 원수로 삼아 토벌작전에 나섰다. 이

때 병사로 뽑힌 청도 사람 김지대金之岱가 있었다. 인물이 출중하고 학문이 뛰어나고 뜻이 깊었다.

당시의 풍속은 병사들이 전쟁터에 나갈 때 방패 머리에 이상한 짐승을 그려 새기는 습관이 있었다. 김지대는 의미 없는 그림을 그리기보다는 시 한 수를 써서 붙였다.

나라의 근심은 신하의 근심이오
어버이의 걱정은 아들의 걱정일세
어버이를 대신하여 나라의 은혜를 갚으면
충성과 효도를 한꺼번에 닦는 것이리

조충은 병사들을 점검하다가 김지대를 보고 특별하게 여겨 눈여겨보았다.

그 이듬해 강동성을 되찾은 조충은 지공거가 되어 조정으로 돌아왔다. 김지대도 과거에 급제하여 전주사록全州司錄이 되어 전라도로 내려갔다. 그는 그곳에서 외롭고 불쌍한 백성을 돌보고, 지방에서 세도 부리는 자들을 누르고 백성이 편안하게 살 수 있도록 노력했다. 그 마을 백성들의 칭송이 자자했다.

최충헌의 아들 최이의 집권시대에 이러한 지방관은 매우 드물었다. 최이의 서자로 만전萬全이란 자가 중이 되어 전라도 진도珍島의 한 절에 머물며, 제 아비의 권세를 믿고 횡포를 부렸다. 만전은 무리까지 거느리고 섬 백성을 괴롭혔다. 이들을 다스릴 지방관은 하나도 없었다.

그 무렵, 김지대가 전라도 안찰사가 되어 전라도를 순행했다. 먼저 한 일이 도둑떼를 모조리 잡아 옥에 가두고 죄의 경중을 가렸다. 김지대는 친히 옥을 검열했다. 옥에 갇힌 죄수들을 친히 점검하는데, 한 여자가 아는 체를 했다. 아무리 봐도 모르는 여인이었다.

"사또 나으리, 저를 모르시나이까? 벌써 20여 년 전 저의 아버님께오서 사또님께 부탁한 일이 있사온데 그 일을 기억하시는지요?"

여인은 안타까워 소리내어 울었다.

"울지 말고 차근차근 말해보오!"

"저는 억울하나이다. 옥에 갇힐 까닭이 없나이다."

김지대는 옛날의 기억을 더듬다가 비로소 여인이 말한 20여 년 전의 일이 기억났다. 20여 년 전 김지대가 젊은 시절 성 밖에 점 잘 치는 이가 있다고 하여 친구들과 놀러간 적이 있었다. 그 점쟁이는 김지대를 입에 침이 마르도록 칭찬하고, 안으로 들어가 그의 딸을 불러내 뜰 아래에서 절을 시키고 딸에게 말했다.

"이분은 뒷날 귀인이 될 분이니라. 너는 이분의 은혜를 입을 일이 있을 것이니 잘 보아두어 마음에 새기도록 하여라!"

김지대는 깜짝 놀라며 그 여자를 자세히 뜯어보았다.

"네가 정녕 그 점쟁이 딸이란 말이더냐?"

"그러하나이다."

"용하기도 하구나. 네가 나와 이런 인연으로 만날 줄을 네 아비가 미리 알고 있었다니 신기하구나."

김지대는 그 여자의 뒷조사를 해보았다. 누가 무고하여 억울하게 도둑으로 몰려 잡혀왔던 것이다. 김지대는 그 여자를 석방하고 무고한 자를 대신 옥에 가두었다.

도둑사건을 마무리 짓고 이번에는 만전의 횡포사건에 손을 댔다. 만전은 백성을 괴롭힌 것만이 아니라, 관청에 청탁을 넣어 이권에 개입한 일이 부지기수였다. 김지대에게도 멋모르고 청탁이 들어왔다.

어느 날 김지대는 만전의 소굴인 진도의 절에 가보았다. 안찰사의 행차에도 만전은 콧대가 높아 방에서 나와보지도 않고 무시했다.

김지대는 각오한 일이어서 불쾌하게 여기지 않았다. 절을 한 바퀴 돌아보았다. 바다가 보이는 정자가 그림같이 지어져 있고, 정자에 피리·거문고 등의 악기가 갖추어져 있었다. 김지대는 악기 다루는 솜씨가 보통이 아니었다. 피리로 몇 곡조 처량하고 쓸쓸한 노래를 부르고 거문고로 비장한 곡을 탔다.

만전은 그 음악을 듣고 마음이 변하여 방에서 나와 안찰사를 맞았다.

"이 몸이 좀 불편하여 자리에 누워 있었는지라 안찰사께서 오신 것을 미처 몰랐나이다."

만전은 술상을 내어 김지대를 대접했다. 전에 없던 일이었다. 김지대는 만전의 대접을 싫어하는 내색 없이 흔쾌히 받아들였다. 만전은 술자리에서 김지대에게 몇 가지 청을 넣었다. 김지대는 군말 없이 처리해주었다. 그러자 만전이 또 청을 넣었다.

"그 일은 내가 행영行營에 돌아가서 천천히 처리하겠소이다. 내게 통지를 다시 보내주소서."

만전은 그러마고 했다. 김지대는 절을 떠나 행영으로 돌아왔다. 며칠 후 만전의 무리 가운데 제일 악한 놈이 통지를 하러 거들먹거리며 안찰사의 행영에 나타났다. 김지대는 추상 같은 명령을 내렸다.

"저놈을 잡아 오랏줄로 묶어라!"

김지대는 놈의 죄상을 일일이 문초했다.

"저놈은 나라와 백성을 괴롭힌 놈이다! 놓아주면 그 해가 만인에게 미칠 것이니 묶은 그대로 바닷물에 던져버려라!"

추상 같은 명령에 전라도 여러 고을의 폐단이 사라졌다.

그후 만전이 중의 탈을 벗고 환속하여 이름을 항이라 고치고 아버지 최이의 뒤를 이어 권세를 쥔 것은 김지대 사건이 있은 지 9년 뒤였다.

최항은 김지대의 지난 일을 생각하면 즉시 잡아다가 족치고 싶었으나 쉽게 건드리지 못했다. 워낙 청렴결백한데다가 조그마한 허물도 없었기 때문이다. 어느 시대나 정직하고 올곧은 삶은 통하는 법이다.

◉ 전란 속의 효자 김천

　고려 조정이 몽고군에게 육지를 내어주고 강화도에 천도하여 평화로운 생활을 누리고 있을 때 고려 백성은 몽고군에게 숱한 시달림을 당하고 때로는 목숨을 잃었다.

　고종 말년, 강원도 명주땅에 김천金遷이라는 효자가 살고 있었다. 천의 어릴 때 이름은 해장海壯이었다. 해장은 어려서부터 용모가 빼어나고 풍채가 의젓하여 마을 사람들의 귀여움을 독차지했다. 게다가 효성이 지극하고 예절이 바른데다가 형제간의 우애마저 남달랐다.

　부모님이 병석에 누우면 해장은 밤낮을 가리지 않고 간호했다. 어머니는 호장 벼슬의 김자릉의 딸로서 역시 호장 벼슬의 아버지 김종연에게 시집을 왔다. 어머니는 어려서부터 규방에서《소학》《효경》등을 읽은 유식한 현모양처였다.

　해장의 집안은 늘 웃음이 떠날 날이 없었다. 해장의 할아버지 때부터 물려받은 많은 전답으로 집안 살림이 넉넉했다.

　명주땅에서 딸 가진 집에서는 해장을 사윗감 제1호로 쳤다. 해장을 사위로 맞으려고 딸 가진 집에서는 하루가 멀다하고 매파를 보내왔다.

　해장의 집에서는 촉선땅 고진사의 둘째 딸을 며느리로 맞이하게 되었다. 길일을 택해놓고 잔치준비에 모두 정신 없이 바쁘게 일하고 있었다.

　그해 가을도 저물어가는 어느 날이었다. 해장의 어머니가 작은 아들 덕린德麟을 데리고 평창의 친정에 다녀오다가 때마침 침입해온 몽고병에게 붙잡히고 말았다. 몽고병은 고려의 아녀자와 아이들을 잡아다가 저희 나라 종으로 삼았다.

　이 소문을 들은 해장의 집에서는 어머니와 동생이 죽은 줄 알고 닷새 앞둔 혼인을 3년 뒤로 미루고 상복을 입었다. 3년상을 치른 후에야 혼례를 치를 수 있었다. 그동안 해장은 바깥 출입을 삼가고 집 안에 틀어박혀 죄인처럼 지냈다.

혼례를 치렀지만 해장은 신혼재미는커녕 비통하기만 했다. 아버지는 어머니를 잃은 충격으로 몸져 누워버리고 새색시는 새색시대로 맥이 빠져 있었다.

해장이 혼인한 그해부터 해마다 흉년이 들고 아버지마저 오랫동안 병석에 누워 있어 어느새 살림이 줄어들기 시작했다. 엎친 데 덮친 격으로 해장이 친구 빚보증을 서주었다가 잘못되는 바람에 할아버지가 물려준 전답이 거덜나고 말았다. 해장은 평생 해보지 않던 농사일에 매달리며 아버지 병시중을 들었다. 그는 겨우 입에 풀칠하는 신세로 전락해버렸다.

어머니가 몽고병에게 끌려간 지 15년이 되었다. 어느 날 밤 해장은 해괴한 꿈을 꾸었다. 생전 나타나지 않던 어머니가 꿈에 나타나 해장의 이름을 애타게 부르는 것이었다.

"해장아, 나다! 어미를 모르겠느냐?"

해장은 깜짝 놀라 잠에서 깨어 방문을 열고 밖으로 뛰쳐나갔다. 어머니의 모습은 보이지 않고 보름달이 휘영청 처마 끝에 걸려 있었다.

'아무래도 심상치 않구나. 어머니께서 살아 계실지도 모르겠구나…'

이런 생각으로 해장은 밤을 꼬박 지새웠다. 해장이 몸을 자꾸 뒤척이자 아내가 눈을 뜨고 해장에게 물었다.

"꿈이라도 꾸셨나이까?"

"좋은 꿈 같은데, 꿈은 꿈일 뿐인 모양이오."

"황금덩이라도 만져보셨나이까?"

"그보다 더 좋은 꿈이외다. 어머니를 뵈었소이다."

"어머님을요?"

"살아 계시는 것 같소이다. 꿈이 어머니의 생존을 예시해준 것 같소이다."

"15년 동안이나 소식이 끊긴 분이나이다. 깊이 생각하시다가 상처라도 받을까 걱정이나이다."

그후 해장은 볼일이 있어 명주 장터에 나갔다. 일을 보고 돌아오는 길에 정선에 사는 친구 김순金純을 만났다.

"해장이, 마침 잘 만났네그려. 그렇잖아도 자네를 만나러 가던 길일세."

"무슨 일로 나를?"

"급한 일이네."

"대체 무슨 일이야?"

"놀라지 말고 내 말을 듣게나. 자네 어머님이 살아 계시네."

"그것이 정말인가?"

"몽고땅에 살아 계시다네."

해장은 며칠 전 꾼 꿈이 생각났다. 참으로 신통한 일이었다.

김순이 해장에게 편지를 주며 말했다.

"정선 쪽에서 경주로 넘어오는 주막에서 점심을 먹었다네. 몽고에서 왔다는 습성習成이라는 사람이 갑자기 명주땅 김천을 아는 사람이 있느냐고 외치는 것이었네. 나는 귀가 번쩍 틔어 자리를 박차고 일어나 내가 김천의 친구라고 했다네. 그랬더니 몽고에 있는 자네 어머님의 편지를 갖고 왔다는 게야. 나는 그 편지를 빼앗다시피 하여 자네를 만나러 가던 길이었네."

"고맙네, 친구!"

김천과 김순은 길가 풀밭에 앉아 편지를 읽었다.

"해장아, 어미는 살아 있으나 죽은 목숨과 같구나. 가족들이 보고 싶어 그나마 목숨을 부지하고 있느니라. 나는 동경(몽고의 수도)에서 조금 떨어진 북주라는 곳의 장長씨 집 노비로 있느니라. 낮에는 김매고 밤에는 방아 찧고 하루도 쉴 새 없이 일하지만 배가 고파 피골이 상접해 있느니라. 네 동생도 살아서 역시 남의 집 종이 되어 있느니라. 전쟁에 패한 백성의 비참한 실정을 글로 어찌 너에게 전할 수 있을지 암담하구나. 너를 한 번만 보고 눈을 감으면 원이 없겠노라. 네 아내도 맞이했겠지? 모두 다 보고 싶지만 꿈에서나 갈 수 있는 내 나라 내 고향이니라. 바란들 무슨 소용이겠느뇨…."

해장은 돌아가신 줄로만 알았던 어머니의 편지를 보고 나서 대성통곡을 터뜨렸다. 이 가혹한 운명을 어떻게 헤쳐나가야 할지 설움만이 북받칠 따름이었다.

"이보게, 기운을 내게나. 이제 어머님을 찾아 길을 떠나야 하지 않겠는가?"

"암, 떠나야 하고말고…."

장담은 했으나 기가 막힐 노릇이었다. 가난뱅이로 전락하여 땡전 한 푼 없었다. 돈이 있어야 어머니를 속량贖良해올 수 있었다. 그렇다고 손을 놓고 마냥 기다릴 수도 없었다.

해장은 부지런히 일하여 돈을 모으는 한편, 친척과 친구들에게 도움을 청했다. 이렇게 1년 모은 돈이 100냥쯤 되었다. 해장은 우선 개경으로 올라갔다. 금나라로 가는 길을 알아보기 위해서였다. 몽고에 가는 월국장(여행권)은 천도한 강화도에 가서 받아야 했다. 그러나 몽고와 고려 사이가 원만치 못해 월국장이 나오기는 힘들었다. 무역상 외에 일반 백성은 하늘에서 별 따기만큼 어려웠다.

해장은 몽고에 들어갈 방법을 백방으로 알아보고 일단 집으로 돌아왔다. 그럭저럭 또 몇 해가 지나갔다. 해장은 다시 개경으로 올라가 몽고로 들어갈 방법을 알아보았다. 뾰족한 수가 없었다. 해장은 개경에서 여기저기 기웃거렸다.

그러던 어느 날, 효록孝祿이라는 스님을 만났다. 스님은 조정과도 통하는 역량 있는 불제자였다. 효록 스님에게 넋두리 삼아 자기의 처지를 하소연했다. 스님은 인정이 많고 통이 컸다. 해장을 몽고에 들여보내려고 백방으로 알아보았다. 때마침 효록의 형이 사신으로 몽고에 가게 되었다. 해장을 사신 일행에 끼워주었다. 그리하여 해장은 어머니의 편지를 읽은 후 6년 만에 몽고로 가게 되었다.

해장은 몽고 동경에 닿아 유柳씨의 객사에 묵었다. 그리고 효록의 형 충연으로부터 고려인 공명孔明을 소개받았다. 공명은 해장을 북주로 데리고 가서, 어머니를 종으로 부리고 있는 요좌要左의 집을 찾아주었다. 두 사람은 주인을 만나려고 집 앞에서 서성거렸다. 때마침 한 노파가 그 집에서 나와 쓰레기를 버리고 있었다.

"여기가 요좌씨 댁 맞아요?"

"그렇소만, 댁들은 뉘시우?"

노파는 굽은 허리를 펴고 두 사람을 흐린 눈으로 번갈아보았다. 해장은 누더기를 걸친 노파를 쳐다보며 측은하여 눈물을 흘렸다.

"우린 고려에서 온 사람이라오."

공명이 노파에게 말하고 주인이 집에 있는지 물었다.

"주인은 외출 중이오. 무슨 일로 고려인이 여기를 왔소이까?"

"고려 사람을 찾으러 왔소이다."

"오, 나도 고려인이외다. 나는 고려 명주땅 호장 김자릉의 딸이오. 내 남편은 호장 김종연이고, 내 아들은 김천이라 하오."

"어머니! 제가 해장이나이다!"

해장은 노파를 와락 껴안았다. 노파는 눈을 꿈뻑거리다가 해장의 얼굴을 손으로 더듬었다. 두 줄기 눈물이 주름살 사이로 흘러내렸다.

"네가 정말 내 아들 해장이더냐? 네가 어떻게 이곳까지 왔더란 말이냐?"

노파는 목 놓아 울었다. 모자는 얼싸안고 땅을 치며 통곡했다. 옆에서 지켜보던 공명도 눈물을 훔쳤다. 모자가 해후한 후 해장은 어머니와 헤어져 객사로 돌아왔다.

며칠 후 해장은 요좌의 집에 찾아가 속량비로 100냥을 내놓고 어머니를 풀어달라고 사정했다. 요좌는 돈을 힐끔 보더니 머리를 살래살래 흔들었다.

"일 없어! 속량 못해!"

함께 간 공명이 아무리 여러 말로 간청해보았으나 요좌는 냉정했다. 해장은 눈물을 흘리며 객사로 돌아왔다.

요좌는 돈을 더 받으려고 어머니를 풀어주지 않았다. 돈만 많이 주면 당장 어머니를 모셔갈 수 있었으나 해장은 그럴 수가 없었다.

해장은 서변에 가서 동생 덕린을 만나보았다. 형제는 실컷 울고 신세타령만 할 뿐, 속량할 일이 막연했다. 후일을 기약하며 한맺힌 작별을 하고 동경 객사로 돌아온 해장은 그만 병석에 누워버렸다. 해장은 며칠을 앓아 누워 있다가, 이대로 주저앉을 수는 없다고 결심을 새로이 했다. 기운을 차려 장문의 진정서를 써서 동경 총관부에 올리고 소식을 기다렸다. 며칠이 지났다. 총관부에서는 아무런 소식이 없었다. 시름에 겨워 설핏 잠이 들었다가 깨어난 해장은 베갯머리에서 이상한 편지를 발견했다. 해장은 의아한 마음으로 그 편지를 뜯어보았다.

"이 적은 돈이나마 보탬이 되었으면 하나이다. 당신의 효심에 감복했나이다."

편지와 함께 100냥짜리 수표가 들어 있었다. 해장은 자기를 도와준 이가 객사 주인집 외동딸 혜랑惠娘임을 알았다. 혜랑은 객사 주인 유씨 소실의 외동딸이었다. 혜랑은 해장의 빼어난 용모와 효심에 감동하고 있었다. 그리하여 도와주고 싶어 100냥짜리 수표를 해장의 머리맡에 놓아두었던 것이다.

때마침 총관부에서도 해장에게 들어오라는 기별이 왔다. 해장은 총관부에 달려가 눈물을 흘리며 그간의 사정을 죄다 이야기했다. 관원은 요좌에게 보내는 서찰을 써주었다. 그리고 약간의 여비와 역로驛路 관원에게 편의를 봐주라는 증명서까지 만들어주었다.

해장은 그 길로 요좌의 집으로 달려가 관원이 써준 서찰을 주고 혜랑이 준 돈 100냥을 합해 200냥을 요좌에게 건넸다. 요좌는 서찰을 보며 고개를 끄덕였다. 그리고 200냥을 받은 후에 어머니를 속량해주었다. 해장은 어머니를 모시고 객사로 돌아갔으나 문전박대를 당했다. 주인

유씨가 혜랑의 일을 알고 해장을 객사에 들어오지 못하게 했다.

해장은 어머니를 모시고 덕린을 찾아갔다. 셋이서 신세타령을 늘어놓으며 또 한바탕 울었다.

"덕린아! 조금만 참아라! 이 형이 꼭 데리러 오마. 돈이 마련되는 대로 달려올 테다. 그때까지 몸 성히 잘 있어야 되느니라!"

"어머님을 모시고 가는 것만도 천만다행이나이다."

"얘야, 희망을 버리지 마라. 이 어미가 희망을 버리지 않았기에 네 형을 만나지 않았느냐. 너도 곧 속량될 것이니라."

어머니는 덕린을 부둥켜안고 서럽게 눈물을 흘렸다.

해장은 동생을 몽고땅에 놓아두고 어머니만을 모시고 귀국길에 올랐다. 덕린의 애처로운 모습이 눈에 밟혀 해장은 눈앞이 흐려졌다.

귀국길은 몽고에서 귀국하는 사신 일행을 따라 동경을 떠난 지 2개월 만에 명주땅에 도착했다. 명주에서는 해장이 돌아온다는 소식을 듣고 해장의 아버지가 병든 몸을 주스르고 멀리까지 마중을 나왔다. 헤어진 지 22년 만에 부부가 다시 만났다. 부부는 손을 잡고 하염없이 흐르는 눈물을 닦을 생각도 하지 않았다.

해장은 마을 사람들을 모아놓고 잔치를 벌였다. 그러나 즐거운 시간도 잠시였다. 몽고땅에 두고 온 덕린을 잊지 못해 해장의 가족들은 우울한 나날을 보냈다.

해장이 몽고에서 어머니를 모시고 돌아온 지 5년이 지났다. 그동안 해장은 덕린의 속량비를 마련하려고 온갖 노력을 다했다. 그런데 그해 봄, 몽고 옷차림의 중년 사내와 처녀가 해장의 집에 나타났다. 바로 덕린과 혜랑이었다. 혜랑은 자기 집을 나와 덕린의 속량비를 물고 함께 고려땅 명주로 온 것이다. 해장의 부인은 혜랑을 자매처럼 대했다. 그제서야 해장의 집에 평화가 찾아왔다.

◉ 효자 서능

전라도 장성 땅에 서능徐陵이라는 사람이 살고 있었다. 그는 일찍이 아버지를 여의고 늙은 어머니를 모시고 지냈다. 그는 형제 하나 없는 혈혈단신이었다.

서능은 벼슬길에 나가지 못할 처지도 아니었으나, 오로지 어머니를 위하여 청운의 꿈을 접고 자식 된 도리를 다하려고 애썼다.

어느 해 몹시 추운 겨울 날이었다. 서능의 어머니는 목에 커다란 부스럼이 나더니 병세가 날로 악화되어 생명이 위태롭게 되었다. 서능은 지리산에서 왔다는 의원을 모셔다가 어머니의 병을 보였다.

"어머니는 지금 위독하오. 병을 치료하려면 생개구리 한 마리가 요긴한데 큰일이외다."

의원은 안타까워했다. 서능이 기가 막혀 대꾸했다.

"이 엄동설한에 어디 가서 생개구리를 구한다는 말이외까? 아마도 하느님이 이놈에게 불효의 죄를 주려고 이 같은 병을 어머님께 주셨나 보오이다. 이 일을 어찌하면 좋으리까?"

서능은 울음을 터뜨렸다. 진맥을 한 의원도 속수무책이라는 생각이 들었다. 의원이 서능을 달랬다.

"울지 마오. 생개구리가 없다고 해서 약을 못 만드는 것은 아니외다. 다른 약재로 약을 만들어보겠소이다."

의원과 서능은 집 앞 느티나무 밑에 작은 솥을 걸고 약재를 구해다가 솥 안에 넣고 불을 피워 약을 다렸다. 서능은 약솥을 한시도 떠나지 않고 정성껏 불을 지폈다. 약물이 알맞게 졸아들 무렵이었다. 잎이 다 떨어진 앙상한 느티나무 가지에서 무엇인가 이상한 것이 가지에서 떨어져 솥 안으로 들어갔다.

두 사람은 깜짝 놀라 솥 안을 들여다보았다.

"오, 생개구리가 아니오이까?"

"생개구리요, 생개구리가 틀림없소이다."

"오, 하느님이 무심하지는 않았나이다."

"여보, 당신의 효심에 감동하여 하느님이 주신 신약神藥이니, 이제는 어머님의 병을 걱정할 것 없소이다."

의원은 자신 있게 말했다. 의원의 말대로 약발이 잘 들어 어머니의 병이 씻은 듯이 나았다. 그후 어머니는 천수를 다 누리고 90세에 세상을 떠났다. 순전히 서능의 효성 덕이었다. 효심은 하늘도 감동시킨다는 말은 오늘날에도 유효하지만, 벼슬까지 팽개친 효자가 과연 오늘날에도 남아 있을지 의문이다. 세태가 세태인 만큼 효의 근본은 다르지 않지만, 그 방법론은 시대에 맞게 달라야 된다고 주장하는 사람들이 많아 혼란스러운 세상이다.

⊙ 고려 태자와 쿠빌라이

고려는 몽고에 더는 저항할 수 없어 태자가 몽고로 굴복하러 들어갔다. 40여 명의 수행원이 태자를 따랐다. 거의 한 달이나 되어 태자는 만주 호천虎川(태자하)을 건너 고려로 쳐들어오는 송길宋吉을 만났다. 태자는 송길에게 값진 선물을 주며 말했다.

"장군! 내가 황제를 뵈러 가는 길이니 더는 우리 백성을 괴롭히지 마오."

"황제는 어이하여 뵈러 가오?"

"항복하러 가는 길이외다."

송길은 고개를 끄덕이고 철수해버렸다.

한편, 강화로 천도한 고종은 외성과 내성을 헐어버리고 몽고의 말을 듣는 척했다. 그러던 중 고종이 재위 45년 10개월 만에 세상을 떠났다. 태자가 고려를 떠난 지 2개월쯤 되어 당한 일이었다.

고려는 일시에 주인이 없는 무주공산이 되었다. 고종의 태손만이 홀로 남아 있었다. 할 수 없이 태손이 태자가 돌아올 때까지 대리로 국사를 처리했다.

몽고에서는 때때로 사신을 보내 고려 조정이 강화도에서 나왔는지 감시의 눈을 늦추지 않았다. 태자 일행은 중간에 여러 가지 난관이 있었으나 북경으로 들어갔다. 때마침 황제 현종이 조어산釣魚山에 있었으므로 태자는 그곳으로 가야 했다. 태자 일행은 당나라 현종이 양귀비와 놀던 장안 교외 온천장인 청화궁淸華宮을 거쳐 육반산六槃山까지 갔을 때 몽고 황제가 세상을 떠났다는 부음을 들었다. 태자는 더 가지 못하고 행세를 관망했다.

황제의 동생 쿠빌라이(홀필연:세조)가 다음 황제로 유력하다는 소문이 나돌았다. 태자는 쿠빌라이가 머무는 남쪽으로 내려갔다가 양양襄陽 근처에서 쿠빌라이를 만났다. 태자는 연각 사모에 소매가 넓은 자색 조복을 입고 서각띠에 상아홀을 갖고 폐백을 드리고 쿠빌라이를 만났다.

"먼 곳에서 오느라 고생이 많았소이다. 당태종 이래로 심복시키려 했으나 마음대로 되지 않았소이다. 이제 태자가 직접 찾아왔으니 하늘의 뜻이 아니겠소?"

쿠빌라이는 태자를 반갑게 맞아주었다. 그리고 태자의 손을 잡고 큰 겔(집)에 들어가 상을 주었다. 태자는 쿠빌라이의 넓은 도량에 한숨 놓았다.

쿠빌라이는 태자를 대동하고 몽고의 수도 개평부로 갔다. 개평부에서는 태자를 황족처럼 대해주었다. 태자는 불편한 점이 한 가지도 없었다.

이 무렵, 본국에서 고종이 승하했다는 소식이 들려왔다. 쿠빌라이는 태자를 위로해주고 즉시 고려로 돌아가라고 배려해주었다. 그리고 다루가치 속리대束里大를 수행원으로 딸려 보냈다. 태자는 만 1년 여 만에 귀국하여 개경으로 돌아왔다. 이로써 몽고와의 싸움이 끝난 것이다. 참으로 쓸쓸한 고려 조정과 산천이었다.

원종시대 (1259~1274)

⊙ 김준과 임연

원종元宗시대는 무신정권의 말기이자 원나라의 고려 복속정책이 본격화되던 시기였다. 고려 조정은 자연히 왕실 중심의 친몽파와 무신들이 이끄는 반몽파로 갈라졌다.

원종은 고종의 맏아들이자 안혜왕후 유씨의 소생으로, 이름은 식植, 자는 일신日新이다. 몽고와의 화의조약에 따라 고종을 대신하여 몽고에 가 있다가, 아버지의 부음을 듣고 귀국하여 제24대 임금이 되었다. 이때 나이 41세였다.

고려의 실권자는 김준과 임연이었다. 이들은 무신들로서 무신정권의 말기 증상을 보여주었다.

김준은 최씨 정권의 첩실이 자기를 구해준 인연이 있어 그녀와 놀아났다. 첩실은 김준이 자주 자기의 처소에 오는 것이 반가웠으나 김준의 처가 눈엣가시였다. 첩실의 방에서는 한밤중에도 김준과 첩실의 밀어가 끊이지 않았다.

"대감! 이만하면 살 맛이 나지 않으오이까?"

"아닐세. 아직도 바라볼 곳이 있다네."

"너무 욕심 내지 마소서. 나도 이제 늙어가나 보옵니다."

"이제 정실로 들어앉힐까?"

"그랬으면 오죽 좋으련만, 욕심 부리지 않겠나이다."

"조금만 기다리게나."

방문 밖에서 김준의 본처가 보낸 첩자가 엿듣고 있었다. 김준의 본처는 첩실을 없애려고 자기 집에 자주 드나드는 무당 요부인을 불러 상의했다.

"요부인, 우리 집 대감 뒤에 요물이 많은 것은 알고 있겠지? 어찌 처치하면 좋으리까?"

"이곳은 진양공이 있던 자리라 그러하나이다. 다른 곳으로 이사하소서."

"이사하면 해결될까?"

"이사하면 이 요가 다 없애겠나이다."

김준의 처는 남편에게 이사를 가자고 졸라댔다. 김준은 할 수 없이 아내의 말에 따라 겨울공사를 시작하여 새집을 지었다. 백성들은 한겨울에 부역으로 끌려나와 불평불만이 많았다. 집짓기에 1년 여 세월이 흘렀다. 대궐 같은 집이었다.

김준은 이사할 때 임금까지 초대하여 입주식을 성대하게 거행했다. 김준의 아내는 대궐 같은 큰 집임에도 만족할 줄 모르고 집이 작다고 투덜거렸다.

김준은 첩실을 새집으로 들이려 했다. 본처가 무당 요부인을 내세웠다.

"그런 일이라면 요부인에게 물어보시오소서."

김준이 요부인에게 물었다. 요부인의 대답은 뻔했다.

"새집에 옛날 요귀가 들어오면 망하나이다."

김준은 집안이 망한다는 말을 듣고 첩실을 그대로 놓아두었다. 본처는 기회를 보아 자객을 보내 첩실을 죽여버렸다. 김준은 화가 나서 정실부인의 택주宅主라는 칭호를 거두도록 임금께 간청했다.

김준의 부하 임연은 추밀부사로 있을 때 부친의 세력을 믿은 김준의 아들 대제에게 토지를 빼앗긴 일이 있었다. 임연은 불쾌했으나 끽소리도 못했다.

임연은 진주鎭州(진천) 사람으로, 눈은 벌의 눈같이 둥글고 목소리는 승냥이같이 여러 가지 소리를 낼 수 있었다. 또 힘이 장사여서 한주먹에 몇 사람을 때려눕힐 수 있고, 추녀를 잡고 지붕으로 뛰어오를 수 있을 정도로 날쌨다.

임연은 장군 송언상의 졸개로 들어갔다가 장군이 죽은 후에 고향 진천으로 내려갔다. 때마침 몽고군이 쳐들어와, 군사경험을 살려 의용군을 조직하여 몽고군과 싸웠다. 이 일이 조정에 상주되어 대장직을 맡게 되었다. 이때부터 시골에서는 대장으로 이름을 날렸다.

임연은 새 부인을 얻어 살림을 차렸다. 부인의 인물이 고와 마을 사람들의 눈요깃거리가 되었다. 마을의 임효후라는 이는 집안에 재력이 있고, 권세에 줄을 대어 세도를 부렸다. 임효후가 임연의 부인에게 눈독을 들였다. 어느 날 임효후는 임연이 없는 틈을 노려 부인을 간통했다.

임연이 이 사실을 알고 임효후의 부인을 간통해버렸다. 임효후가 이 사실을 알고 임연을 협박했다.

"네 이놈! 남의 부인을 간통하고도 살기를 바라느냐! 너를 고발하여 죽이겠다!"

"너는 무사할 줄 아느냐! 너나 나나 피장파장 아니냐!"

두 사람 사이에 시비가 벌어졌다. 임효후는 관에 줄을 대어 임연을 잡아가게 했다. 지방관이 내용을 알아보고 임연을 내보내려고 했으나, 임효후 측에서 거세게 나와 할 수 없이 임연을 사형에 처하려고 했다.

김준이 이 사실을 알고 임연을 사내답게 여겨 위기에서 구해주었다. 임연은 그길로 서울에 올라왔다. 김준은 임연을 자기 밑에 두고 낭장을 시켰다. 임연은 감격한 나머지 김준을 아버지라고 불렀다. 이들은 서로 부자 같았다.

김준이 최의를 없앨 때 임연이 크게 활약하여 벼슬이 추밀부사에까지 올랐다. 그후에도 김준 밑에서 충성을 다했으나, 김준의 아들과 다툰 후로 관계가 서먹서먹해졌다.

그후 임연의 처가 종을 죽였다는 말을 듣고 김준이 말했다.

"그 계집 형편 없구나. 전에는 간통했다더니 이제는 종마저 죽이다니, 법으로 다스려야겠다!"

임연이 김준의 말에 비방했다.

"자기 마누라는 사람을 안 죽였남. 첩실을 누가 죽였남? 똥 묻은 개가 겨 묻은 개 나무라는 격이구나."

김준이 권력을 쥐고 행패를 부릴 때, 낭장 강윤소가 원종에게 임연을 극구 칭찬했다.

"폐하, 조정 중신들은 모두 김준에게 아부하오나 오로지 임연 한 사람만은 아부하지 않나이다. 참으로 충신이나이다."

강윤소는 임연에게 가서 눈치를 살폈다.

"임 추밀부사, 지금 나라가 위태롭소이다. 바로 충신이 나올 때이옵나이다. 권신을 없애야 하지 않겠소이까?"

"왕명이 내려진다면 그까짓 김준이나 동생 김충 따위는 한 칼에 목을 베어 바치겠소이다."

강윤소는 즉시 대궐에 들어가 원종을 만나 김준 제거의 영을 내리라고 주청했다. 원종은 김준이 두려워 감히 영을 내리지 못했다.

임연은 원종의 영을 기다렸으나 소식이 없자, 환관 최은에게 독촉하도록 부탁했다. 최은 역시 겁을 먹고 원종에게 말을 하지 못했다. 임연이 최은을 위협했다.

"내 말이 네 귀에 들어갔거늘 네가 차일피일 미루다가 발각되면 너도 죽을 줄 알라!"

최은은 마지못해 원종에게 주청하여 영을 받아냈다.

임연은 몽고 사신을 전별할 때 김준을 없애려고 궁에 몰래 들어가 숨어 있었으나, 그날 김준 일당은 궁에 들어오지 않았다. 일이 이렇게 되자 원종은 불안했다. 원종은 최은과 김경을 김준에게 보내 궁에 들어오라고 했다. 김준은 좌우에 수십 명의 군사를 거느리고 궁에 들어왔다. 김준의 아우 김충도 따라왔다.

최은의 안내로 김준은 원종의 침전까지 들어왔다. 안에서 원종이 말했다.

"짐이 몸이 불편하도다. 선방으로 나가 기다리도록 하오."

김준이 막 돌아설 때 임연의 부하들이 달려들어 김준을 찔렀다. 김준이 쓰러지며 임연을 보고 소리쳤다.

"네 이놈! 너를 살려준 아비도 몰라 보느냐!"

"대의를 위해 하는 일이외다!"

임연은 김준의 목을 쳤다. 김충도 임연의 칼에 목이 달아났다. 이제 임연의 세상이 되었다. 그는 옛날 최충헌의 고지故智에 따라 왕을 폐하고 왕제 온溫을 세웠다. 그러나 6개월 후 몽고의 사신 흑적黑的이 와서 간섭하는 바람에 원종을 다시 세울 수밖에 없었다.

이 무렵은 몽고가 고려에 내정간섭하여, 쿠빌라이의 명령을 받고 원종과 임연의 아들 임유간이 몽고 조정에 들어가 그간의 사연을 자세히 고했다. 그 결과 임유간은 억류되었다.

임연은 몽고에 저항하려고 준비하다가 분통이 터져 세상을 떠나고 말았다. 임연의 아들 임유무가 아버지의 뜻을 계승하여 몽고에 저항했다.

한편, 몽고에 갔던 왕과 세자는 몽고병의 호위를 받으며 귀국했다. 장차 싸움이 일어날 징조가 보이자 즉시 임유무더러 개경으로 이사하라는 영을 내렸다. 유무는 듣지 않았다. 군사를 모아 교동을 지키고 몽고에 대항하려고 했다. 그러던 중 임연의 사위 홍문계와 송송례가 유무에게 복종하는 체하다가, 유무와 유무의 장인 이응렬을 잡아 개경으로 보냈다.

이로써 유무의 항몽의 꿈은 수포로 돌아가고 고려는 혼란에 빠졌다.

⊙ 경창궁주 유씨

고종은 몽고의 침략에 맞서 수도를 강화도로 옮기고 항전하고 있었다. 강화에 들어온 지 30여 년, 백성은 살 길이 막막했다. 고종은 할 수 없이 태자를 몽고에 보내 복속관계의 강화를 맺으려고 했다.

고종 46년 봄, 강화도에도 예외 없이 봄은 찾아왔다. 태자궁에서는 태자와 새로이 맞이한 경창궁주慶昌宮主가 석별의 아쉬움을 달래고 있었다. 궁주는 오랫동안 보지 못할 태자에게 수심이 가득한 얼굴로 말했다.

"태자마마 먼 길을 떠나시는데 궁궐은 조용하지가 않사옵나이다. 신첩은 장차 어찌 하오리까?"

"궁주, 걱정 마오. 위로 상감마마가 계시온데 무엇이 걱정이오?"

"그래도 걱정이나이다."

"무엇이 걱정이오?"

"신첩은 나라가 어찌 돌아가는지 알 수 없사오나 권력을 잡은 무신들이 어찌 나올지 걱정이나이다."

"염려 마오. 저토록 고생하는 백성을 하루라도 빨리 몽고의 공포에서 해방시켜주고 싶소. 몽고와 화친하러 가는 마당에 무신들이 어찌하겠소?"

"부왕께오서는 연만하시옵고 노환마저 계시니 내일 일이 어찌 될지 모르오이다. 만에 하나 태자마마께오서 대궐을 비웠을 때 부왕께오서 승하하신다면 무신들이 무슨 일을 꾸밀지 두렵사옵나이다."

"궁주, 너무 쓸데없는 걱정을 하시는 것 같구려."

이때 부왕이 태자를 찾는 전갈이 왔다. 태자는 의관을 갖추고 즉시 부왕 고종을 뵈었다. 고종 좌우에 권신 김준·임연 등이 등대하고 있었다.

"태자, 일이 급하게 되었도다. 지체 말고 내일 즉시 몽고로 떠나거라!"

"분부 거행하겠나이다."

이튿날, 태자는 몽고로 떠났다. 경창궁주는 태자가 떠난 후 불단佛壇을 만들어놓고 태자 일행이 무사히 돌아오기를 기원했다.

태자가 몽고로 떠난 지 2개월 후에 고종은 대장군 유경柳璥의 집에서 눈을 감았다. 빈전으로 유경의 집을 임시로 쓰기로 했다. 이러한 불의의 변은 고려 건국 이래 처음 당하는 일이었다. 당황한 사람은 권신들뿐만이 아니었다. 궁주는 어찌할 바를 몰랐다. 옥좌는 잠시도 비워둘수 없고, 권신들과 부화뇌동의 무리는 때를 만난 듯이 설쳐댔다.

김준은 이참에 자기의 권력기반을 튼튼히 구축하려고 중신들을 모았다.

"나라에 임금이 하루라도 자리를 비워서는 아니 되오. 고종께오서 승하하셨으니 즉시 새 임금을 세우도록 서두릅시다."

누구 하나 대꾸하는 사람이 없었다. 김준의 눈치를 살피며 침묵을 지켰다. 잠시 후 임연이 나섰다.

"장군의 말씀이 백 번 옳사옵니다. 즉시 후계자를 선정하도록 하십시다."

중찬中贊 허공許珙이 한마디했다.

"태자마마께오서 몽고에 계시니 왕족 중에 어느 분이 대섭代攝하는 것이 옳을 듯하오. 장군의 의향은 어떠신지요?"

"아무리 태자가 있다 해도 몽고에서 언제 회정할지 모르는 일이외다. 태자의 아우이신 안경공安慶公을 세우는 것이 나라의 장래를 위해 좋은 일로 여겨지오. 여러분의 뜻은 어떠하오?"

잘못된 결정이었으나 아무도 반대하지 않았다. 그 누구도 김준의 권력에 도전하지 못했다. 이때 경창궁주가 불쑥 나타났다.

"막중한 국사에 태자비로서 나서는 것이 온당치 못한 줄은 아오나,

태자께오서 멀리 떠나셔서 회정하지 않은 터에 하늘이 무너지는 일을 당하였으니, 태자께오서 회정하실 때까지 태자비로서 섭정코자 하오. 여러 대신들의 의향은 어떠하오?"

대신들은 눈이 휘둥그레졌으나 역시 아무 말이 없었다. 장군 유경이 선뜻 나섰다.

"아니 될 말씀이외다. 태자가 아니 계시오면 태손太孫께오서 섭정하는 것이 법도에 맞나이다. 고려 200년 이래로 왕후나 태자비가 섭정한 예는 없나이다. 태손께서 임시로 섭정하는 것이 옳은 줄 아오."

여러 대신들은 그제서야 용기를 내어 유경에게 힘을 실어주었다.

"태손이 섭정해야 하오!"

이로써 태손이 섭정하게 되었다. 이 태손이 후일 충렬왕忠烈王으로서 몽고 세조의 부마가 된다. 태손은 태자비의 소생이 아니라, 전 태자비 김씨의 소생이었다.

이듬해 태자가 강화도로 돌아왔다. 나라의 형편이 크게 달라져 있었다. 그전까지만 해도 조정에 항몽 세력들이 많았으나, 태자가 귀국한 후부터는 친몽 쪽으로 돌아서는 중신들이 많아졌다.

태자는 정식으로 등극하여 원종이 되었다. 원종은 오랜 기간 동안의 강화도 생활을 청산하고 개경으로 옮겼다. 원종은 권신 김준과 임연 등을 어찌 다룰지 늘 노심초사였다.

왕비가 된 경창궁주는 자기의 소생 순안공順安公을 태자로 삼으려고 원종을 졸랐다. 원종에게는 전왕비 김씨의 소생 거距가 있었다. 순안공이 영특하여 왕이 될 재목인 줄은 알지만, 적자 승계 원칙을 준수하려면 태자는 거가 되어야 했다.

"왕비, 순안공이 영특한 줄은 아오만…."

"무엇이 문제이오이까?"

"부왕께서 이미 태손을 정하신 터라 바꾸기가 힘드오."

"그 일은 옛날에 있었던 일이옵나이다. 종사를 위해 누구를 태자로 삼아야 옳은지 마마께오서 잘 아시지 않으오이까?"

"그야 짐도 아오만."

"마마께오서는 태손을 태자로 정하실 의향이 있으신 것 같사오나, 태손의 외가는 권신의 집이 아니오이까? 권신이 조정을 좌지우지하면 나라가 어찌 되는 줄은 마마께오서 잘 아실 터, 어찌하여 망설이나이까?"

"짐도 그런 생각이 드오만, 태자 문제를 신하들이 들어줄지 난감하오."

"마마, 그런 걱정일랑 접어두시고 순안공으로 후사를 정하겠다는 신표를 남겨주시오소서."

왕비는 미리 준비해둔 지필묵을 꺼내놓았다. 원종은 못 이기는 체하고 종이에 이렇게 썼다.

"짐의 천수 후에 후사를 순안공에게 부탁하노라."

왕비는 이 신표를 은밀한 곳에 감추었다. 왕비는 궁중에 차차 세력을 뻗어나갔다. 왕비를 중심으로 소위 순안공파를 만들어갔다. 이러는 가운데 태손이 몽고 조정에 불려들어갔다. 임금과 왕비는 장차 나랏일이 어찌 될지 몰라 전전긍긍이었다. 이때 몽고 조정에서 사신이 나와 태손을 황제의 부마(사위)로 정한다는 전갈을 보냈다.

고려 조정은 또 한바탕 뒤숭숭했다. 태손이 황제의 부마가 되다니, 이제는 고려 조정을 마음껏 뒤흔들겠다는 속셈이 아닌가. 왕비는 장차 순안공의 앞날이 묘연해져 눈앞이 캄캄했다.

왕비는 태손이 고려에 돌아오기 전에 순안공을 정식으로 태자로 삼으려고 대책을 세웠다. 우선 권력자 임연과 의논했다. 일개 병사 출신인 임연은 권력을 쥐고 왕비와 마주앉아 음모를 꾸미기에 이르렀다.

"임 장군, 요사이 몽고 소식을 들었나이까?"

"들었나이다. 소신의 생각으로는 태손을 볼모로 잡아둘 것 같나이다."

"볼모라니요?"

"이제는 다시 고려땅으로 돌아오지 못할 것 같나이다."

"장차 고려 왕실이 어찌 된다는 말씀이오이까? 태자가 없으면 누가 대통을 잇는단 말이외까?"

"사직에 관여할 바는 아니오나 다른 왕자가 있지 않나이까."

"오늘 장군을 만나자고 한 것은 바로 후사문제이나이다. 몽고에 간 태손 대신 순안공을 태자로 내세울 생각은 없나이까? 조정 중신들은 몽고에 간 태손만을 무작정 기다릴 것이 아니라, 지금 있는 왕자 중에서 태자를 고르도록 해야 할 것이외다."

"지당하옵신 분부이오나, 어명이 있기 전에는 말을 꺼내기가 어려울 것이나이다."

"장군께오서 진정 고려를 위하신다면 내일이라도 상감마마를 뵈옵고 순안공을 태자로 세우라고 주청해주소서."

"마마의 분부대로 하겠나이다."

왕비와 임연 사이에 공모가 이루어졌다.

그런데 이번에는 몽고에서 태손이 나온다는 소문이 파다하게 퍼졌다. 볼모로 잡혀 영원히 잡혀 있을 줄 알았던 태손이 돌아오면 태자문제가 복잡해질 것이다. 왕비에게는 청천벽력의 소식이었다. 왕비는 어떻게든 태손의 귀국길을 막아야 했다. 막지 못하면 태자로 정하지 못하도록 해야만 했다.

왕비는 답답한 나머지 점을 쳐보기로 했다. 강화도에서 신통력을 지녔다는 눈먼 중 종동終同을 궁 안으로 불러들였다. 종동은 야심가였다. 어떻게든 왕실과 연을 맺으려고 백방으로 노력한 끝에 기회가 온 것이다.

왕비는 종동을 은밀한 처소로 불러들였다. 종동이 왕비에게 큰절을 올리고 말했다.

"소신은 앞이 보이지 않아 불경스러운 일이 많사오니, 황공하오나 널리 해량해주시오소서."

"그런 염려는 말라! 내가 묻는 말에 두려움 없이 대답하라."

"하문하시오소서."

"다른 일이 아니라 너도 들어서 알겠느니라. 몽고에서 태손이 여자를 데리고 온다는데 앞날이 어찌 될지 점괘를 뽑아보거라!"

종동은 궐 밖에서 왕비의 야심을 들어서 알고 있었다. 왕비의 마음에 쏙 드는 점괘를 뽑아 비위를 맞추었다.

"왕비마마 태손의 앞길은 매우 불길하나이다."

"어찌하여 불길하다는 말이더냐?"

"제아무리 몽고 황제의 명령에 따라 새로이 공주를 아내로 맞이했다 하더라도, 이곳에는 태손비가 있어 몽고 공주와 태손비가 서로 질투할 게 뻔한 이치인지라 불길하지 않을 수 없나이다."

"그래서 어찌 되느냐?"

"서로 질투하면 끝이 불길하여 몸이 견뎌내지 못하니 어찌 되겠나이까?"

"순안공의 앞날이 어떨지 점괘를 뽑아보거라!"

종동은 순안공이 왕비 소생임을 알고 있었다.

"왕비마마, 운수대통할 수이나이다. 순안공께오서는 잠룡괘가 나왔나이다. 장차 대통을 이을 것이나이다."

왕비는 입가에 미소를 머금었다. 기쁘기 한량없었다.

"네 점괘가 신통하구나. 그렇지 않아도 권신 임연과 결탁하여 왕위를 노리고 있느니라. 이것을 네가 알아맞혔느니라."

왕비는 그래도 미심쩍어 종동을 떠보았다.

"지금 태손이 자연히 태자가 되거늘 어떻게 보위를 잇는단 말이더냐? 네 점이 아무래도 거짓 같구나"

"마마, 소신의 점은 거짓이 없나이다. 왕비마마 앞에서 거짓이라니요, 목숨 걸고 말씀드리건대 틀림없는 점괘이나이다."

"하지만 믿을 수 없구나. 며칠 후에 태손이 돌아올 것이니라. 오는 즉시 부왕의 자리를 넘겨줄 형편이 아니더냐?"

"황공하오나 그럴 일이 없사옵니다. 아무리 몽고놈들이 고려 조정을 흔든다 해도 폐하가 생존하고 계시온대 어찌 보위를 빼앗겠나이까?"

"만약 네 점대로 되지 않을 때는 어찌 되겠느냐?"

"다시 좋은 도리가 있나이다."

"그것이 무엇이냐?"

종동은 머뭇거렸다. 이야기를 꺼리는 눈치였다.

"꺼릴 것 없느니라. 구중궁궐 깊은 곳의 말은 민간과는 달라 밖으로 새나가지 못하느니라. 네 소신껏 말하라!"

"소신의 목이 달아날 일이오니 왕비마마께 어찌 기휘하겠나이까. 다름이 아니오라 저주로써 임금의 자리를 바꾸도록 하겠나이다."

왕비는 종동에게 후한 재물을 주었다.

원종 15년 6월, 임금은 병으로 몸이 점차 쇠약해져갔다. 왕비의 마음은 초조해졌다. 임금에게 후사를 정하라고 몇 차례 간청했으나 원종은 확답을 주지 않았다.

임연은 왕비의 사주를 받아 원종의 어심을 알고자 좌우에 시립했다. 왕비가 근심 띤 얼굴로 말했다.

"상감마마, 천추 후에 종사를 어찌하오리까?"

"왕비는 걱정 마오. 대장군 임연이 있으니 종사를 위해 좋은 방향으로 의논하오."

임연이 거들었다.

"상감마마, 태손은 멀리 몽고에서 온다는 소문만 무성할 뿐 여태껏 아니 오시니, 순안공을 태자로 삼으심이 어떠하겠나이까?"

"짐의 뜻도 장군과 같으오. 허나 몽고에서 무슨 말이 나올지 알 수 없어 망설이는 거외다."

순안공 왕위 계승문제는 순조롭게 해결되었다. 그후 며칠 뒤 원종이 제상궁提上宮에서 승하했다. 조정에서는 추밀원부사 기온奇薀을 몽고에 보내 임금의 부고를 전하고 순안공이 보위를 잇는다고 전했다. 일은 간단히 마무리될 듯싶었다.

순안공과 모후 경창궁주는 기온이 몽고에서 돌아오기 전이어서 임시나마 왕태후와 왕으로서 원종의 장례를 치르려고 분주하게 움직였다. 그러나 2개월 후에 몽고에 갔던 사신 기온이 돌아오고 태손이 원종을 잇는 정식 임금이 되어 고려로 돌아오게 되어 있었다. 순안공과 왕비는 딱하게 되었다.

몽고에서 돌아온 태손이 몽고의 비호 아래 고려의 임금이 되었다. 뒤를 이어 몽고의 공주가 왕비가 되어 고려로 돌아왔다. 고려 조정이 두 임금을 놓고 싸울 조짐이 보였다. 그러나 몽고에서 인정하지 않는 임금은 소용이 없었다. 몽고의 공주는 이런 사정을 잘 알고 있었다. 공주는 몽고에 사람을 보내 순안공을 물리치라고 청했다.

2개월 동안 임금 노릇을 한 순안공은 결국 대궐에서 쫓겨났다. 남은 문제는 왕태후 유씨였다. 쫓겨날 운명이었으나, 신왕의 어머니가 되므로 쉽게 다룰 수는 없었다.

임연은 사정이 확 바뀌자 새 임금 앞에 나가 왕태후를 모함했다.

"마마, 왕태후 유씨는 자기의 소생 순안공을 마음대로 임금으로 삼았사옵나이다. 그 죄가 크므로 폐서인하도록 하옵소서."

임연은 하루아침에 태도를 바꾸어 왕비 유씨와 모의한 사실을 숨기고 자기의 살 길을 찾아 선수를 쳤다. 왕태후 유씨는 그날로 폐서인되어 궁에서 쫓겨나 백성으로 전락해버렸다. 왕태후는 궁을 나와 점주點州땅으로 발길을 돌렸다. 권력에는 적과 동지가 따로 없었다. 임연의 배반을 뼈아프게 가슴에 새기고, 자기로 하여 순탄하게 한평생 지낼 수 있었던 순안공이 잘못된 것이 가슴에 사무치고 눈에 밟혔다. 그래서 잘되면 공신, 잘못되면 역적이란 말이 권력 주변에서는 딱 들어맞는 말이다.

⊙ 떠도는 삼별초

삼별초는 최씨 집권 시대에 최이가 도둑을 막기 위해 야별초로 편성한 군대이다. 그후 몽고와의 항전을 거치면서 외적을 막는 데 큰 공을 세웠다. 삼별초는 개경 환도의 불만이 도화선이 되어 저항운동을 일으켰다. 몽고의 내정간섭에도 불만이었지만, 왕실과 문신들에 대해서도 몽고에 대한 적개심 못지않았다.

임금과 문신들은 삼별초의 저항을 못마땅하게 여겼다. 몽고와 화해 협약을 체결한 입장이어서 조정은 삼별초의 해산을 강력히 요구했다. 김지서가 삼별초의 명부를 가져가자 삼별초에서는 무슨 일이 일어날지 무척 어수선한 분위기였다. 게다가 뜬소문이 심상치 않았다. 삼별초의 명단을 몽고에 넘겨준다거나 삼별초가 처참하게 도륙당할 것이라는 설이 파다했다.

이때 배중손裵仲孫이 나섰다.

"몽고병이 재차 쳐들어와 백성들을 도륙하려 한다. 나라를 위해 싸우고자 하는 사람은 모두 궁으로 모여라!"

배중손은 삼별초를 설득했다. 배중손은 원종 때에 벼슬길에 올라 장군이 되었다. 그는 삼별초를 지휘하며 임연의 무신정권에 종사한 철저한 항몽파였다. 삼별초는 고려의 군대였으나, 당시 무기력하기만 했던 부병府兵과는 달리 정선된 병사로 조직된 특수부대였다. 그들은 역대 무신정권 실권자들의 특혜를 받은 앞잡이들이었다. 그리하여 삼별초는 고려의 무신정권이 몽고와 항전할 때 그 중심세력이기도 했다.

몽고에 대한 적개심이 강한 삼별초가 개경에 환도하여 몽고에 항복하려는 원종의 친몽정책에 반기를 든 것은 당연한 일이었다. 원종은 개경으로의 환도를 결정한 후 삼별초를 해산하고 그 명부를 압수했다. 이에 배중손이 삼별초의 봉기에 불을 댕겼다.

배중손은 강화도 연안의 진鎭을 폐하고 섬사람들의 탈출을 봉쇄하는 한편, 무기고에서 병기를 꺼내 군졸들에게 나누어주고 성을 굳게 지키도록 했다.

배중손은 왕족 승화후承化侯 온溫을 내세워 왕으로 삼고, 관부를 설치하여 새로이 관리를 임명했다. 이 새로운 정권은 원종의 개경 정부에 정면으로 도전하는 신정부였다. 원종의 개경 정부가 문신을 중심으로 하는 강화파라면, 배중손의 강화도 정부는 무신을 중심으로 한 항몽파였다.

배중손의 삼별초 저항에 적극 대처한 몽고는 두련가 휘하의 3,000명의 군사에게 비상체제를 갖추게 하고 언제든지 출동할 수 있는 태세를 갖추게 했다. 당시 강화도에는 많은 문무 지배계급과 그들의 가족이 머물고 있었다. 또 많은 물자와 선박이 남아 삼별초에게는 여유 있게 항쟁할 수 있는 여건이 갖추어져 있었다. 그러나 배중손은 강화도를 버릴 수밖에 없었다.

원종이 몽고와 결탁한 이상 그대로 강화도에 눌러앉아 항쟁을 계속하기는 어려운 실정이었다. 배중손은 섬에 있는 모든 배를 징발하여 재물과 사람을 싣고 강화도를 출발하여 남쪽으로 내려갔다. 그들은 강화도의 서북 구하리 부근에서 출발하여 전라도 진도珍島에 이르기까지 무려 74일이 걸렸다. 진도로 곧바로 간 것이 아니라, 서남 해안도서를 경략하면서 내려갔기 때문이다.

삼별초가 남하하는 동안 개경에서는 서경에 있던 김방경金方慶을 초토사로 임명하여, 60여 명의 고려군과 몽고 송만호宋萬戶 등이 1,000여 명의 군사를 거느리고 삼별초군을 추격했다. 삼별초의 배들이 남양 앞바다 영흥도에 정박중이라는 보고를 받고 김방경이 추격하려고 하자 몽고의 송만호가 두려워했다.

당시 고려 조정은 정규군조차 없어 몽고군에 의지할 수밖에 없는 처지였다. 삼별초의 거점인 진도는 신라 때에는 장보고가, 고려 초에는 왕건이 후백제 봉쇄작전 등으로 중요하게 여겼던 요충지였다. 삼별초는 주변의 30여 섬을 휘하에 두고 해상왕국을 이루었다. 이쯤 되자 몽고에서도 삼별초를 가볍게 볼 수 없었다.

김방경이 전라도 초토사로 임명되고, 몽고에서는 아하이阿海를 안무사로 임명하여 홍다구洪茶丘 등과 출전하도록 했다. 그러나 몽고군은 해전에 약해 뒤로 처졌다.

이 무렵, 삼별초군에서 도망쳐온 자가 김방경을 모함했다.

"김방경이 배중손과 내통하고 있다!"

김방경은 즉시 개경으로 압송되었다가 혐의가 풀려 다시 전선으로 돌아갔다. 몽고에서는 아하이 대신 흔도炘都가 새로 파견되었다.

김방경은 진도 건너편에 진지를 구축했다. 그리고 삼별초군의 움직임을 계속 주시했다. 삼별초군은 1,000여 척이나 되는 배의 표면에 울긋불긋 용과 맹수를 그려놓아, 멀리에서 보면 마치 용과 맹수가 물속에서 춤을 추는 듯한 위압감을 주었다.

삼별초군은 도참설을 믿었다. 그들은 용손이 12대에 끝나고 남쪽으로 재경帝京을 세운다는 도참은 자신들을 빗대어 예언한 것이라고 아전인수식의 해석을 내리고 배에 그러한 그림을 그려놓았던 것이다.

삼별초군의 동향을 감시하던 김방경은 결전의 날을 잡아 총공세를 폈다. 삼별초군도 만만찮았다. 전함으로 김방경을 에워싸고 공격을 퍼부었다. 김방경은 위기에 몰렸다. 삼별초군이 김방경의 지휘선으로 뛰어들었다. 김방경은 바다로 몸을 던졌다. 다행히도 장군 양동무가 몽고군을 끌고와 구해주었다.

삼별초군의 사기는 드높았다. 고려 · 몽고 연합군과 싸워 매번 승리를 거두었다. 삼별초군은 연합군을 대수롭지 않게 여겼다. 마음만 먹으면 연합군을 언제든지 쳐부술 수 있다는 자만심에 빠졌다.

원종 12년 5월 15일, 총공격전이 벌어졌다. 김방경 · 흔도 · 홍다구가 3군으로 나누어 삼별초군을 3면에서 공격해들어갔다. 방심하고 있다가 불의의 습격을 받은 삼별초군은 사력을 다해 싸웠다. 그러나 병력이 분산되고 몽고군이 화포·화창火槍 등 신무기를 사용하여 공격하자 패배하고 말았다. 삼별초군의 거점 진도가 허망하게 함락되었다. 배중손은 이 싸움에서 전사하고 말았다.

김방경은 삼별초군이 끌고갔던 남녀 1만여 명과 전함 수십 척, 쌀 4,000석, 그리고 많은 재화를 거두어 개경으로 보냈다.

삼별초군의 임금으로 추대된 승화후 온과 배중손의 아들 환桓의 목이 떨어졌다. 이로써 삼별초군은 일단 소탕된 셈이었다. 그러나 삼별초군의 남은 무리들이 김통정金通精의 인솔하에 제주도로 들어갔다. 그들은 진용을 재정비하여 최후의 저항을 벌였다.

김통정은 배중손의 일당으로 삼별초를 지휘하던 장수였다. 삼별초군은 제주도에 성을 쌓고 방비를 튼튼히 한 후 싸울 준비를 갖추었다. 또한 삼별초군은 본토 연안을 침공하여 지방관리를 살해하고 배를 빼앗는 등 거세게 기세를 몰아갔다. 그들은 해적처럼 약탈행위를 일삼았다.

당시 몽고는 하루속히 일본 정벌을 서둘러야 할 입장이었다. 그리하여 삼별초군을 빠른 시일 내에 소탕해야 했다. 그러나 제주도 공격이 매우 어려워 처음에는 회유책으로 김통정을 구슬렸지만 이에 응하지 않자 제주도 총공격에 나섰다.

원종 14년, 고려·몽고 연합군은 진도를 공격할 때와 같이 3군으로 나누어 4월에 제주도 상륙작전에 들어갔다. 삼별초군은 연합군의 기습작전에 미처 방어할 새도 없이 무너지고 말았다. 그들은 본거지를 잃고, 김통정은 70여 명의 잔류병을 이끌고 한라산 속으로 숨어들었다. 그러나 견디다 못해 김통정은 스스로 목을 매달아 죽음을 택했다. 이로써 몽고의 지배에 반대하여 일어난 고려 무인 정신의 발로인 삼별초 최후의 아성은 완전히 괴멸되고 말았다.

고려시대에는 거란·여진·몽고 등이 끊임없이 침입해왔다. 그때마다 문신들은 그들과의 강화를 주장했다. 그러나 무신들은 화의를 반대하고 불굴의 정신으로 외적을 물리쳤다. 따라서 삼별초의 저항은 고려

무신의 전통적인 자주독립 정신을 발현한 획기적 거사라고 볼 수 있다.

⊙ 남편과 아들을 망친 여인

임연의 아내 최씨는 처녀 때부터 음탕한 기질이 있었다. 임연과 혼인한 지 얼마 지나지 않아 임효후에게 강간당했다고 알려졌지만, 최씨가 원한 것일 수도 있었다. 임연의 처와 정방政房 3걸로 일컬어지는 허공 사이에 얽힌 이야기가 전해온다.

허씨 집안은 고려의 명문 거족 중의 하나였다. 허공은 추밀부사 허수許遂의 아들이다. 그는 과거를 앞두고 글공부에 전념했다. 8월 한가위 대명절인데도 허공은 글공부를 게을리할 수 없었다.

그는 한밤중에 잠시 바람을 쐬러 밖으로 나왔다. 뜰을 거닐다가 달빛이 너무나 아름답고 교교하여 문득 마루에 놓여 있는 거문고 생각이 났다. 그는 마루에 올라 달을 벗삼아 신라의 선비 백결 선생이 지었다는 '방아타령'을 제 나름대로 흉내냈다. 명절날 떡을 빚을 쌀이 없어 거문고로 떡방아 찧는 소리를 신나게 들어 아내를 위로했다는 백결 선생의 방아타령. 허공은 이 한가위 명절에도 떡을 먹지 못하는 백성이 많을 것이라는 생각을 하며 '쿵더쿵 쿵쿵' 거문고로 방아를 찧었다.

방아타령을 마음이 흐르는 대로 한 곡조 타고 나서 허공은 방으로 들어가 책을 읽었다. 정신이 맑고 기분이 상쾌하여 글공부가 전에 없이 잘 되었다. 그런데 난데없이 밖에서 '쿵' 하고 물건 떨어지는 소리가 들렸다.

허공은 바깥으로 눈길을 돌렸다. 달 그림자를 밟고 무엇인가 움직이고 있었다. 그 물체는 허공의 방문 앞으로 다가오고 있었다. 허공은 갑자기 무서운 생각이 들어 머리카락이 곤두섰다. 정신을 바짝 차리고 그림자를 노려보았다. 분명 사람이었다. 방문 앞에 그림자가 서서 고개를 푹 숙이고 있었다.

"게 누구냐? 한가윗날 도둑이더냐?"

"용서하시오소서. 이웃집 소녀이나이다."

허공은 마음을 놓았으나 기분은 언짢았다. 이 밤중에 담을 뛰어넘어 온 처녀가 결코 예뻐 보이지 않았다.

"대체 어인 일이오?"

"소녀, 도련님의 거문고 소리와 글 읽는 소리에 취하여 달빛을 밟아 저도 모르게 담을 넘었나이다."

"소녀는 글을 아는가?"

"귀동냥은 했사옵니다."

"허허, 무식한 것도 아닌데, 그만한 분별력도 없더란 말인가!"

"부끄럽사옵니다."

처녀는 고개를 떨어뜨렸다. 허공은 방문을 열지도 않은 채 처녀를 물리쳤다.

"내 뜻을 알았으면 물러가시오!"

처녀는 머리를 하늘로 두르고 짙은 한숨을 쉬고 나서 방 쪽으로 고개를 숙여 보이고 그 자리를 떠났다. 그 모습을 지켜보던 허공은 무슨 생각이 들었는지 방문을 열고 나가 처녀를 불렀다.

"잠깐 마루로 오르시오!"

"예? 정말이나이까?"

처녀가 반색을 하며 마루에 올랐다.

"처자를 그냥 보내려다가 선물을 주어야겠다 싶어 부른 것이외다."

허공의 손에는 회초리가 들려 있었다. 처녀는 눈이 휘둥그레져 허공을 원망의 눈길로 바라보았다.

"다시는 허황된 마음을 품지 않도록 종아리를 맞아야겠소이다."

"꼭 그래야만 도련님의 직성이 풀리시겠나이까?"

"오해 마시오. 내 직성을 풀자는 게 아니외다. 내 회초리가 약이 되었으면 하오. 어서 맞을 준비를 하시오!"

허공이 위엄서린 목소리로 말했다. 처녀는 종아리를 걷고 눈부시도록 하얀 속살을 내밀었다. 허공은 눈을 지그시 감고 처녀의 여린 종아리에 매질을 했다. 처녀는 울음을 꾹 참고 따끔한 매질을 견뎌냈다.

몽고군이 또다시 쳐들어왔다. 벌써 여섯 번째의 침략이었다. 고려 조정은 강화도로 천도하여 몸을 웅크리고 있었다. 육지로 나와 싸울 용기와 병력을 상실한 채 강화섬에서 조정을 지키며 저항하고 있었다. 몽고군이 들이닥치면 죽어나는 것은 백성들이었다. 그들에게 만신창의가 되지 않으려면 어디든 숨어야만 했다.

처녀의 아버지 최호장崔戶長도 개경을 떠나 충청도 진천 산골로 피난을 갔다. 허공은 강화도로 들어갔다.

처녀는 허공과의 비밀을 간직한 채 진천 사람 임연과 혼인했다. 이 임연이 바로 김인준(김준)을 없애고 실권을 잡은 그 사람이다. 임연이 권력을 잡은 해는 고종 45년이었다.

허공은 고종 말년에 장원급제하여 벼슬길에 올랐다. 그후 원종 초에는 벼슬이 합문지후를 거쳐 호부시랑에 이르렀다. 이때부터 허공은 임연을 알게 되었다. 임연은 허공의 인품과 재주를 높이 샀다. 그러나 허공은 임연을 반역자로 보고 상대하지 않으려고 했다.

임연은 문벌 집안과 사귀려고 애를 썼다. 진천의 보잘것없는 사내가 힘센 것 하나로 권력의 최정상에 올랐으나 미천한 신분이어서 한이 많았다. 임연은 명문세가들을 우익으로 만들려고 온갖 수단방법을 강구했다.

그에게는 장성한 아들이 있었다. 후에 아버지의 뒤를 이어 권력을 잡았으나 삼별초의 저항에 스스로 목숨을 잃은 아들이 임유무였다. 임연은 아들을 장가보내려고 명문가의 규수를 물색했다. 어느 날 밤, 임연의 아내 최씨가 아들의 혼사문제를 꺼냈다.

"장군, 권력 좋다는 게 뭐유? 유무의 색시감 하나 번듯한 집안에서 못 데려온단 말이에요?"

"그게 쉽지 않소이다. 마땅한 규수를 알아야지 않겠소이까?"

"마땅한 규수를 모르다니요. 명문 귀족들은 죄다 고자에다 석녀랍니까?"

"말이 심하구려. 천하의 임연 마누라 입에서 그리 심한 말이 나오다니오!"

"사돈 남 말하고 있소이다. 당신은 뭐 그리 고상하시오이까?"

"그만! 내 듣자니 이응렬의 소저가 얌전하다는 말을 들었소만, 어디 그 집안이 명문 축에 드오?"

"장군! 명문 거족이라면 어느 정도의 집안을 쳐주는 것이오이까?"

"이 나라에서 허 시랑 집안을 으뜸으로 치오."

"허 시랑 집이라고요?"

최씨 부인은 허공을 알고 있었으나 짐짓 모르는 체했다.

"허 시랑 공珙 집안은 공암孔巖 허씨로 대대로 높은 벼슬을 한 명문이라오."

"허 시랑 댁에 규수가 있다고 들었나이다. 당장 매파를 보내겠나이다."

"신중하게 해야 하오. 혼사는 권력으로 밀어붙인다고 되는 게 아닐뿐더러 그래서도 아니 되오."

"아니 장군! 진천 씨름꾼으로 되돌아간 것이오이까? 신중이 다 뭣이오이까. 지체없이 서둘러야 하오이다."

"섣불리 서두르다가는 일을 그르칠 수 있소이다."

임연은 벌써부터 허공의 딸이 출가할 나이가 되었다는 것을 알고 있었으나 선뜻 나서지 못했다. 그만큼 허공을 어렵게 여겼다.

"만약, 그 집에서 혼사를 반대하면 상감께 알려서라도 꼭 성사시켜야 하나이다."

아내의 성화에 임연은 한번 부딪쳐보기로 작정했다. 그리하여 허공의 집으로 매파를 보냈다. 허공은 기가 막혔다. 무력으로 권력을 잡았다고 분수를 모르고 명문가에 매파를 보내다니, 모욕이 아닐 수 없었다. 일언지하에 거절해버렸다.

"가서 이르게. 아직 미령하여 혼사를 치를 수 없다고."

허공은 매파에게 온건하게 말했다. 매파가 간 뒤에 허공은 울분을 토했다.

"아무리 혼탁한 세상이지만, 역적 놈이 감히 사돈을 맺자고? 내가 벼슬을 그만둬야겠구나."

허공의 집에서 보기 좋게 거절당한 임연은 화를 꾹 눌렀다. 권력으로 되는 일이 아니라는 것을 새삼 실감했다.

며칠 후 임연은 허공을 직접 만나 통혼을 해보았다.

"매파에게 알려드렸사온데 임 장군께서는 잘못 알고 계시는 것 같사옵니다. 내 여식은 아직 출가시킬 나이가 아니나이다."

완곡하게 거절당한 임연은 부아가 났으나 참을 수밖에 없었다. 아내가 일러준 최후의 수단이 남아 있었다. 임연은 그 길로 입궐하여 원종 임금에게 주청했다.

"상감마마, 신에게 불초자식이 있사온데 이미 장성했나이다. 신이 허공의 딸과 혼사를 맺고자 하였사온데 거절당했사옵니다. 신의 체면이 말이 아니옵고, 혹여 허공이 신에게 반감을 품고 있는지 의심스럽나이다. 마마께옵서 허공에게 분부를 내리시어 혼사가 이뤄질 수 있도록 통촉하여주시오소서."

"짐더러 중매를 서라 이 말이오?"

"영을 내려주시오소서."

원종은 기가 찼다. 그러나 한마디로 거절할 수는 없었다. 임연의 권세가 하늘을 찌르고 땅을 울리는 격이었다. 임금도 수 틀리면 하루아침에 바꿔버릴 실권자였다.

"장군의 뜻 잘 알겠소. 권유해보리다."

원종은 영을 내리겠다는 것이 아니라 권유해보겠노라고 빠져나갈 길을 열어두었다.

임연은 이제는 다 된 일이라고 기뻐하며 집으로 돌아왔다. 임연은 아내에게 큰소리쳤다.

"상감께서 허공에게 말한다고 했소이다. 혼사는 이미 다 된 것이나 다름없소이다."

"장군! 잘하셨나이다. 역시 장군이시오."

최씨는 기뻐하며 임연에게 교태를 부렸다.

원종은 며칠 후 허공을 만난 자리에서 말했다.

"경에게 혼기 찬 여식이 있소?"

"그러하옵나이다."

"임연이 통혼하자고 했다고 들었소만…."

"신이 거절했나이다."

"임연을 몰라서 그리했소? 경의 일신에 화가 미칠까 걱정이오."

"비록 화를 입을지언정 어찌 적신賊臣의 집에 딸을 맡길 수 있겠나이까."

"경의 마음 모르는 바 아니오. 현명하게 해결하기 바라오."

"심려를 끼쳐 송구하나이다."

허공은 집으로 돌아와 바삐 딸의 혼사를 서둘렀다. 임연이 또다시 귀찮게 굴기 전에 다른 곳과 정혼을 해버리고 싶었다. 그전부터 마음에 두고 있던 평장사 김전의 아들 김병과 성혼시켜버렸다.

이 소문을 듣고 임연은 드러내놓고 불쾌한 심정을 드러냈다. 허공을 없앨 기회를 노리는 임연이었다.

원종 10년 6월, 임연은 정변을 일으켰다. 삼별초군을 이끌고 안경공 창의 집으로 가서 문무백관 입회하에 안경공을 옹립한 후 궁궐 정전으로 모셨다. 때마침 원종은 별궁인 진암궁에 있다가 이 소식을 접하고 어찌할 바를 몰랐다. 이때 좌부승지 이창경이 들어와 신왕의 어명을 집행했다. 원종은 비가 억수로 내리는 궁궐을 걸어나와 왕비와 함께 송악산 밑 작은 별궁으로 옮겼다. 임연은 자기의 반대당을 모조리 처치해 버렸다.

이때 허공은 아내의 상을 당해 고향 공암에 내려가 있었다. 허공이 만약 조정에 있었더라면 임연의 손에 죽었을 것이다.

허공은 아내의 상을 무사히 마치고 개경으로 향했다. 공암을 떠나 통진에 이르러 임연의 정변소식을 들었다. 강 하나만 건너면 개경이었다. 개경에서는 죽음이 기다리고 있었다. 임연이 가만두지 않을 것이었다. 허공은 심각하게 고민한 후 대장부답게 개경으로 들어가는 것을 택했다.

개경은 평화로워 보였다. 허공은 개경 집에 도착하여 사랑채에 머물며 여독을 풀고 있었다.

며칠 후 임연의 집에서 사람을 보냈다. 허공은 올 것이 왔다며 체념했다. 각오를 단단히 하고 임연의 집으로 갔다. 죽더라도 장부답게 한번 따져보리라 결심했다.

그런데 임연의 부하들이 허공을 체포하는 것이 아니라 정중히 맞이하는 것이었다. 임연은 툇마루까지 나와 허공의 두 손을 잡고 방으로 모셨다. 자리에 앉은 후 임연이 말했다.

"조정일이 바빠 허 시랑 댁에 문상하지 못했소이다. 이같이 오신 연후에야 인사드리게 되어 매우 송구스럽소이다. 시랑께서 너그러이 해량하소서."

임연이 일어나 공손이 절을 했다. 허공이 맞절을 하고 나서 말했다.

"국사에 바쁘신 몸, 먼 시골까지 어찌 오시겠나이까. 염려하신 덕에 장례를 무사히 마쳤나이다."

임연은 화제를 바꾸어 자기를 도와달라고 말했다.

"지금 조정이 매우 어지럽사옵니다. 시랑 같은 분이 기둥이 되어 국사를 바로잡아야 하나이다. 바라옵건대 나라를 위해 진충보국하시오소서. 적으나마 힘이 되어 드리겠나이다."

허공은 몸 둘 바를 모르고 쩔쩔맸다. 그때 사랑방 문이 열리고 전갈이 왔다.

"안으로 듭시라는 마님의 분부시나이다."

임연이 일어서며 권했다.

"소찬을 준비했사오니 안으로 드소서."

허공은 더더욱 어리둥절해졌다. 친한 사이도 아니거늘 안방으로 들이는 것이 참으로 이상했다. 허공은 결례라며 극구 사양했으나, 임연이 막무가내로 끌다시피 하여 안방으로 들어갔다.

안방에 들어가서도 실랑이가 벌어졌다. 임연이 상좌인 아랫목에 허공을 앉히려고 했다. 허공은 사양하느라고 진땀을 뺐다. 결국 허공이 아랫목에 앉아 교자상을 받았다. 산해진미가 상에 가득했다. 임연이 술을 따라 권했다.

"허 시랑, 이 주안상은 허 시랑을 위해 마련된 것이나이다. 맘껏 드소서!"

"무슨 말씀이신지요?"

허공은 술맛이 날 리 없었다. 바늘방석이었다. 임연이 권하는 대로 술을 몇 잔 받아 마셨다. 머리가 혼란스러웠다. 그때 뒷방문이 스르르 열리고 곱게 차려 입은 귀부인이 나타나 허공에게 공손히 절을 올렸다. 허공은 얼떨결에 맞절을 했다.

"제 내자이옵니다."

임연이 말했다. 그러자 부인이 일어나 다리를 슬쩍 보여주었다. 지난날의 회초리 자국이 두어 군데 남아 있었다.

허공은 20여 년 전 한가윗날 밤이 떠올랐다.

"허 시랑께오서는 천한 저를 알아보지 못했을 것이나이다. 하오나 이 몸은 허 시랑을 잊지 않았나이다. 그날 밤 시랑의 말씀 뼈에 사무쳤나이다."

"그런 일이 있었나이다. 하오나 악한 마음으로 회초리를 댄 것이 아니오니. 부인, 용서하소서."

"아니옵니다. 저는 시랑의 그 매질로 바른 여자가 되었나이다. 그때 시랑이 아니었으면 아마 논다니가 되었을지도 모르옵니다. 오늘에야 은혜를 갚게 되어 기쁘기 한량없나이다."

"공연히 마음 아프게 해드려 송구하나이다."

"아니옵니다. 지난번에 시랑의 따님을 상감마마께 상주해서라도 주십사하는 의견은 제가 낸 것이옵니다. 시랑의 덕을 사모한 나머지 훌륭한 며느리를 얻어 가문을 빛내 보고자 욕심을 부린 것이나이다. 무례를 용서하소서."

"미안하게 되었나이다. 널리 해량하시오소서."

허공은 20여 년 전의 감회가 어려 술을 제법 많이 들이켰다. 임연 부부와 자정이 넘도록 정담을 나누다가 임연의 만류를 뿌리치고 집으로 돌아왔다. 그러고는 자기가 꿈속을 헤매고 다니지나 않았는지 허벅지를 꼬집어보았다.

허공은 나중에 자기 집에서 자란 처제의 딸과 정을 통해 사헌부에서 이 사실을 알고 탄핵했다. 허공은 임연을 사귀면서부터 이성을 잃어가고 있었던 것 같다.

그후 임연은 몽고의 간섭으로 자기가 세운 안경공 창을 폐위시키고, 울화병이 나서 죽고, 아들 임유무는 송송례 등에게 거리에서 잡혀 참형되었다.

최씨 부인은 아들이 죽은 후에 화려하게 차리고 진기한 보물을 몸에 숨겨 도망치려다가 이웃 여자들에게 붙잡혔다. 머리채를 붙잡힌 채 뺨을 얻어맞고 비단옷이 갈기갈기 찢겨졌다. 정신 없이 미나리밭으로 도망치는 그녀에게 아이들이 달려와 기왓장을 던졌다. 그후 최씨 부인은 몽고병에게 붙잡혀 둘째 아들 유간, 셋째 유거, 넷째 유제와 함께 몽고로 끌려갔다. 그녀는 남편과 아들을 망친 여인으로 후세 사람들의 입에 오르내렸다.

충렬왕시대 (1274~1308)

◉ 제국공주齊國公主

원나라 세조의 부마가 된 충렬왕忠烈王은 원종의 맏아들이자 정순왕후 김씨 소생으로, 이름은 거昛이다. 고종이 죽자 몽고에 가 있던 아버지 원종을 대신하여 임시로 국사를 처리했다. 그후 원나라에 입조하여 연경에 머물렀으며, 세조의 딸 홀도로게리미실 공주에게 장가들어 세조의 부마가 되었다. 원종이 죽자 귀국하여 고려 제25대 임금이 되었다. 이때 임금의 나이 39세였다. 고려는 이때부터 원나라 속국으로 전락해버렸다.

1274년 5월, 원나라 궁에서 혼례식이 거행되었다. 신랑은 39세의 장년이었고, 신부는 16세의 이팔청춘이었다. 혼례식은 몽고식으로 거행되었다. 대례당에는 비단휘장을 사면으로 둘러쳤고 그 아래에서부터 등불을 줄마다 달아놓아 매우 휘황찬란했다. 넓은 당 안에는 북쪽에 높은 단을 모아놓고 가운데에 큰 촛불을 켜놓았다. 천장으로부터 사면 벽에 오색 등불을 달아놓아 사람의 얼굴에까지 오색이 아롱졌다.

뜰 아래에서 몽고의 피리소리가 구성지게 울리고, 39세의 늙은 신랑이 고려 대신들의 호위를 받으며 들어섰다. 신랑은 황제 앞에 나아가 국궁 자세로 섰다. 뒤이어 궁녀들의 호위를 받으며 앳된 신부가 몽고식 관을 쓰고 들어섰다. 신랑은 문 쪽으로 다가가 신부인 공주 앞에 국궁하고 신부를 모셔왔다. 높은 단 위에 황제 내외가 앉아 있었다. 신랑과 신부는 단 위에 올라 나란히 섰다.

스님이 혼례를 집전했다.

"상제시여! 새로운 부부에게 만복을 누리도록 하시오소서."

신랑과 신부를 인도하여 황제 내외의 단 앞에 세웠다. 스님은 신랑에게 무슨 말인지 중얼거렸다. 신랑이 신부를 얼싸안고 단 위에서 한 바퀴 돌았다. 반갑다는 표시였다.

신랑 신부가 스님을 향해 무수히 절을 하고 나서 서로 손을 잡고 절했다. 그러고 나서 신랑이 신부를 안내하여 황제 내외 앞에 나가 절하고 사은했다. 스님은 다시 신랑 신부를 인도하여 여러 황족에게 인사시켰다. 신랑과 신부는 서로 손을 잡았다가 놓고 국궁했다. 밖에서는 음악이 빠른 곡조로 연주되었다. 신랑이 신부를 안내하여 신부를 수레 뒤에 올려 앉힌 후 내려와 마차 채를 쥐고 섰다. 마차가 떠나자 신랑은 채를 붙든 채 따라갔다. 이것으로 식이 끝났다.

나이 많은 신랑은 고려의 태자로서 이미 부인과 아들 딸이 있었으나 모두 궁주로 강등되고, 새로이 원나라 제국공주를 맞이하여 정실 왕후로 삼았다.

고려 원종이 승하하자 원나라는 태자를 임금으로 책봉하고 고려로 내보냈다. 고려에 돌아와 바로 즉위식을 거행했다.

몽고의 사신들은 전처럼 고려의 임금을 업신여기지는 않았으나, 그래도 다루가치는 여전히 임금에게 절을 하지 않았다. 원나라에서 온 사신이 이 모습을 보고 다루가치를 질책했다.

"어찌하여 절하지 않는 것이외까? 고려왕은 천자의 부마외다."

"공주가 옆에 계시면 절하겠나이다."

공주가 원나라에서 나온다는 기별이 왔다. 충렬왕은 멀리 평원군까지 마중나갔다. 공주의 일행이 들어서자 임금은 공주에게 다가가 몽고식으로 손을 잡고 읍했다.

공주가 상냥하게 말했다.

"오랫동안 뵙지 못해 죄송하나이다."

제국공주는 고려의 산천에 홀딱 반해버렸다. 몽고에서는 보지 못한 풍경이었다. 개경이 가까워올수록 산천은 더욱 아름다웠다.

"오, 고려는 산천이 수려하나이다."

공주는 산천에서 눈을 떼지 못하고 연거푸 감탄했다. 충렬왕은 그러한 공주가 천진하고 귀엽게 보였다.

"공주, 아름다운 산천은 하루아침에 만들어지는 것이 아니라오. 아주 먼 옛날부터 강토를 사랑하는 선조들이 가꾸어놓은 것이라오."

"대왕께서도 산천 가꾸기를 좋아 하시나이까?"

"공주가 협조만 잘해준다면 고려의 산천은 더욱 아름다워질 것이오."

"협조 많이 하겠나이다."

임금과 공주는 정다운 이야기를 나누며 개경으로 입성했다. 제국공주를 보려고 개경 백성들이 국청사國淸寺 앞까지 나와 길 양쪽으로 죽 늘어서 있었다.

임금과 공주가 나타나자 백성들이 열렬히 환영했다. 이제는 몽고와 싸우지 않아도 된다는 안도감에서 백성들은 몽고의 공주를 환영했다. 공주는 백성들의 따뜻한 환영에 환한 미소로 답했다.

공주는 고려의 궁 안으로 들어갔다. 공주를 따르는 몽고의 궁녀가 많아 외롭거나 두렵지 않았다. 오히려 고려의 새롭기만 한 궁궐 풍습이 신기하기만 했다.

제국공주가 고려에 시집오는 바람에 조정에는 몽고풍이 불어닥쳤다. 대신들이 몽고식 조복을 입고 머리를 제두변발하는 이가 많아 마치 몽고 조정과 같았다.

이듬해에 제국공주는 왕자를 생산했다. 고려 조정은 큰 경사로 알고 축하 분위기였다. 충렬왕은 공주의 노고를 많은 보물을 주어 치하했다.

고려는 차차 몽고를 닮아갔다. 관청 이름을 원나라와 같이 고치고 제후국으로 자처했다. 고려에 중대한 일이 있으면 원나라에 문의하여 결정했다. 자연스럽게 원나라와 고려는 서로 왕래가 빈번해졌다.

공주가 왕자를 낳자 전 왕후인 정화궁주는 연회를 열어 공주의 왕자 생산을 축하했다. 이 연회 장소를 놓고 충렬왕이 속셈을 드러냈다. 정화궁주의 궁인들이 동상방東廂房에 연석을 꾸미자 충렬왕이 알고 발끈했다.

"어이하여 정침에 연회석을 마련하지 않고 동상방에 꾸미느냐?"

궁인들은 두말 없이 정침에 연회석을 꾸몄다. 이것을 보고 공주의 몽고 궁인들이 정화궁주와 공주 사이를 이간질했다.

"공주마마, 정침 평상에 연회 자리를 마련한 것은 공주마마와 정화궁주를 같은 자리에 앉게 하기 위함이나이다."

제국공주는 화를 냈다.

"나와 궁주가 같은 지위에 있다는 말이더냐?"

공주는 질투심이 많고 물욕도 많았다. 고려 각지 사찰에 있는 좋은 물건들을 자기 소유로 만들었다. 제국공주는 정화궁주보다 높은 자리에 앉았다. 정화궁주가 공주 앞에 꿇어앉아 축하의 술을 권했다.

충렬왕은 옆에서 한 잔 더 올리라고 궁주에게 눈짓을 보냈다. 이것을 본 공주가 파르르 화를 냈다.

"대왕께서는 어찌하여 나를 흘겨보시나이까? 정화궁주가 꿇어앉아 술을 권하는 것이 못마땅해서 그러시나이까?"

공주는 벌떡 일어나 연회장을 나가면서 쏘아붙였다.

"축하연이고 나발이고 그만두어라!"

충렬왕은 당황하여 공주의 노여움을 풀어주려고 애썼다.

"공주, 노여움을 거두고 연회장으로 들어가십시다."

공주는 마지못해 다시 연회장으로 들어왔다. 정화궁주는 임금이 딱해 보여 한마디했다.

"까다로운 시어머니보다 더하는구려. 폐하께오서 걱정되시겠나이다. 딸 같은 애한테 내가 질투할까 봐서요?"

충렬왕은 빙그레 웃었다.

공주가 다시 자리에 앉자 궁주는 석 잔째 잔을 올렸다. 그제서야 공주는 화를 풀고 궁주에게 잔을 건넸다. 이날은 연회석에서 환담을 나누며 보냈다.

공주는 충렬왕의 사냥터까지 따라다니며 일일이 간섭했다. 어느 날 충렬왕은 충청도로 사냥을 떠나며 공주를 임진강까지 데리고 나갔다. 공주가 매몰차게 항의했다.

"마마, 나랏일은 뒷전이고 사냥이 급하오이까?"

충렬왕은 공주의 비위를 맞추느라고 전전긍긍이었다. 공주는 임금을 안내하는 윤수尹秀에게 쏘아붙였다.

"사냥감도 없는 곳으로 임금을 모시느냐? 아무것도 없지를 않느냐!"

공주는 다시 대신 조인규를 몰아붙였다.

"백성들은 임금의 수렵 때문에 고생이 많소이다. 호종하는 자도 고생이 막심하오. 어서 환궁하도록 하시오!"

충렬왕은 환궁하고 말았다. 임금은 몹시 화가 났으나 공주에게 쥐어살며 숨을 죽였다.

그날 밤 임금은 스산한 마음을 달래려고 궁중 가무단을 불렀다. 공주는 피로하다는 핑계를 대고 나오지 않았다. 임금은 공주가 없어 자유롭게 마음껏 놀며 나중에는 춤까지 추었다. 그런데 웬일로 공주가 머리를 싸매고 무도장에 나타났다. 무도장은 찬물을 끼얹은 듯 조용해졌다.

"마마, 풍악과 연회로 나라를 다스린다는 말을 듣지 못했나이다."

공주는 한마디 내뱉고 돌아가버렸다.

"무도는 그만두라!"

충렬왕은 공주의 침전으로 들어갔다. 공주는 임금을 앉혀놓고 나랏일에 간섭했다.

"마마, 듣자옵건대 궁내의 궁료宮僚를 동경부사로 보낸다는데 그것이 참말이오이까?"

"그렇소이다."

"동경은 마마의 외가댁이 맞사옵니까?"

"그렇소이다."

"하오면 자기 집에서 부리던 종을 지방의 수령으로 내려보내도 좋나이까? 궁료가 언제부터 지방 수령으로 내려갔나이까?"

"부왕인 원종 때부터요."

"그렇다면 대왕께서는 진짜 원종의 아들이나이다."

공주가 비꼬아도 임금은 바보같이 웃음으로 흘려버렸다.

공주는 공녀貢女에도 관심이 많았다. 원나라에 들어갈 때는 충렬왕이 말려도 듣지 않고 공녀들을 뽑아 데리고 갔다.

"공주, 공녀는 데리고 가지 마오. 백성들의 원성이 하늘을 찌르오."

"마마, 원나라에서는 사람을 바치는 것이 귀한 선물이나이다."

어느 해 임금과 공주가 원나라를 향해 떠나 금교역에 닿았다. 서해도 안렴사 유서는 임금 일행을 소홀히 대접했다. 임금은 유서를 불러 꾸중을 내렸다. 유서는 다음날 봉주에 기별하여 공주 일행을 융숭히 대접하라고 일렀다.

임금 일행은 봉주에서 묵었다. 금교와는 전혀 다르게 진수성찬이 차려져 있었다. 임금은 음식을 맛있게 먹은 후 유서를 불러 칭찬하고 상을 내렸다.

"지난번 금교역에서 과인이 화를 낸 것은 잘못이오."

원나라의 속국이 된 뒤부터 고려 임금은 황제의 칭호인 짐에서 과인으로 낮춰 칭했다. 과인은 제후국 임금의 칭호였다.

"아니옵나이다. 지난번에는 신이 불민하와 미처 헤아리지 못했나이다. 죽을 죄를 졌나이다."

"아니오, 과인의 잘못이오."

임금과 유서의 대화를 공주가 가로챘다.

"마마께오서는 금교역에서는 화를 내시더니 이곳 봉주에서는 칭찬이 과하나이다. 마마, 우리에게 진수성찬을 차려주자면 백성들이 그 얼마나 피땀을 흘리겠나이까."

"공주의 말이 옳소."

"마마, 백성과 함께 먹고 입을 줄 알아야 나라가 잘되는 법이나이다."

"공주, 알았으니 그만두오."

충렬왕은 민망하여 어찌할 바를 몰랐다. 유서는 공주의 말에 감명받았다. 공주의 말대로만 하면 나라는 잘될 것이었다.

임금 일행은 압록강을 건너 원나라 땅으로 들어섰다. 원나라에서는 임금 일행을 맞으러 압록강까지 접반사가 나와 있었다. 임금 일행이 도착하는 고을마다 극진히 보살폈다. 원나라 황제가 사랑하는 공주를 위해 베푸는 배려였다.

계주에 닿자, 원나라에 와 있던 세자가 마중나와 있었다. 공주를 보자 한달음에 달려와 품에 안았다.

"어머니!"

"오, 세자야!"

세자의 나이 벌써 17세였다. 이제 어른이 다 되어 있었다.

세자는 원나라 황제가 내린 보물을 어머니에게 바치고 함께 여사로 들어갔다. 임금은 뒤처져 따라들어갔다. 소식을 듣고 인근 지방관들이 달려와 노고를 위로하고 선물을 바쳤다.

북경에 닿은 임금 일행은 홍군상의 집에 여장을 풀고 다음날 황궁으로 들어갔다. 원나라 세조는 병환이 깊어 누워서 공주 내외를 맞았다.

"네 얼굴을 보는 것도 마지막일 것 같구나."

세조는 눈물을 흘렸다.

"아바마마, 그 무슨 모진 말씀이오이까? 마음 약한 말씀 거두시오소서."

세조는 사위를 보고 훈계를 늘어놓았다.

"멀리서 오느라 고생이 많았도다. 고려는 잘 다스리고 있느냐? 백성을 사랑하고 아부하는 자를 멀리해야 하느니라. 고려 백성은 불쌍하느니라. 너무 시달리게 해서는 아니 되느니라."

"폐하, 황은이 망극하여이다."

다음날은 원나라 태자궁에 들러 고려에서 가져간 값진 선물을 주었다. 태자는 답례로 환영연을 열어주었다. 이 연회에는 고려의 수행원들도 참석했다.

임금은 황제의 병문안이 목적이어서 귀국을 서두르려 했으나, 황제의 병이 위급하여 머무를 수밖에 다른 도리가 없었다. 한 달 뒤 세조가 세상을 떠났다. 충렬왕은 공주와 더불어 양과 말을 제물로 바치고 정가신에게 제문을 짓도록 하여 올렸다. 황궁에서는 고려 사람들을 무상출입하도록 배려해주었다.

세조의 장례를 치른 후 새로이 등극하는 성종의 즉위식에 참석하기 위해 충렬왕 일행은 상도로 떠났다. 상도는 사막지대로 봄이 되어도 삭풍이 매서웠다. 다만 사람이 사는 곳에만 수초와 버드나무가 푸릇푸릇 봄소식을 알리고 있었다. 저녁이면 어디선가 호적胡笛 소리가 은은하게 들려왔다.

상도에 닿은 충렬왕은 새 황제에게 공물을 바치고 하표賀表를 올렸다. 원나라의 만조백관도 차례로 하표를 올리고 만세를 불렀다. 즉위식이 끝난 후 장막 안에서 연회가 열렸다. 높은 단 위에 황제가 앉고 그 다음에 제후왕과 부마들이 앉았다. 고려 충렬왕은 일곱 번째 서열이었다.

장막 밖에서는 각 나라에서 모인 하인배들이 여러 가지 음식을 배불리 먹었다.

며칠 후 충렬왕은 황제에게 여러 가지 안건을 상주했다.

"폐하, 탐라는 본래 고려의 땅이나이다. 전 황제께오서 동녕부를 돌려주신 것처럼 돌려주시오소서. 하옵고 그동안 잡혀온 고려인을 돌려주시옵고 공주에게 봉책해주시오소서."

황제는 그 자리에서 충렬왕의 요구를 들어주었다. 이로써 삼별초난 이후 몽고에 점령당한 탐라는 다시 고려에 반환되었다.

충렬왕은 좋은 성과를 거두고 귀국하여 또다시 사냥에 몰입했다. 공주는 그럴 때마다 성화였다.

"마마, 제발 사냥을 줄이고 국사에 전념하시오소서."

"이보시오 공주, 놀러 나가는 것이 아니외다. 장단 지방에 호랑이가 출몰하여 백성들이 호환에 떨고 있다는 게요. 임금이 되어서 백성들이 죽어간다는데 그대로 보고 있을 수만은 없소이다."

"하오시면 호랑이만 잡아오시오소서."

공주는 알면서도 속아주는 체했다.

임금은 도라산 아가씨를 데리고 장단 도라산으로 놀러 나갔다. 이 도라산 아가씨는 임금이 도라산에 갈 때마다 데리고 가는 까닭에 생긴 이름이었다. 임금은 환갑이 넘었는데도 호색이었다. 도라산 아가씨와 임금은 작은 암자에 들러 마주 앉았다.

"마마, 공주마마가 그토록 두려우시나이까?"

"두렵긴… 누가 두렵다더냐?"

"하옵시면 신첩을 궁에 들이지 않으시고 어이하여 이런 데서 만나는 것이오이까?"

"그거야, 궁에 여자가 좀 많으냐. 이렇게 호젓이 만나는 것이 즐겁지 않으냐?"

"공주가 무서워서 그러는 것이나이다."

"에잇, 고얀지고."

충렬왕은 도라산 아가씨와 재미를 보고 환궁했다. 공주가 마중나와 물었다.

"마마, 호랑이를 잡으셨나이까?"

"허허… 호랑이란 놈이 과인을 알아보고 무서워 나오지 않았소이다."

"오호호… 마마의 높으신 덕에 미물도 감복했나 보옵나이다."

공주가 빈정대도 충렬왕은 아무 말 없이 공주의 침전으로 들었다. 백성들은 이런 말로 공주를 빈정댔다.

"장단 호랑이보다 궁 안에 있는 여우가 더 무섭다더라."

충렬왕의 세자는 20세가 되었다. 북경에 머물며 성종의 형 진왕晉王 감마랄甘麻剌의 딸 보탑실련寶塔實憐 공주와 혼인날을 정했다는 전갈이 왔다.

충렬왕은 아들의 혼인식을 보기 위해 공주와 함께 수행원 240여 명을 거느리고 북경으로 떠났다. 수행원 외에 딸린 종자가 600여 명이었다. 또 말만 해도 1,000여 마리였다. 한 달이 채 못 되어 북경에 도착했다.

혼인날, 진왕의 궁에서 식을 올렸다. 바로 그 자리에서 연회가 벌어졌다. 순수한 고려식 연회였다. 음악도 고려 음악이었다. 몽고 사람들은 흥이 나서 덩실덩실 춤을 추었다.

다음날부터는 각 왕후 궁에서 연회가 열렸다. 먼저 태후궁에서 열렸다. 태후는 고려 세자를 위해 양 700마리, 술 500동이를 하사했다. 황제도 친히 나와 축하해주었다. 계속해서 이어지는 연회는 한 달 동안 계속되었다.

고려왕이 떠난다고 하자 여러 곳에서 전별연을 열어주었다. 술에 취한 충렬왕은 한바탕 고려의 춤을 추고 공주는 노래를 불렀다.

공주는 아들 혼인으로 하여 무려 9개월이나 고려의 궁을 비웠다. 고려에 돌아와 여장을 풀고 바로 수녕궁으로 작약꽃을 구경하러 나갔다. 여러 가지 색깔의 작약꽃이 만발한 수녕궁은 그야말로 꽃밭이었다. 작약꽃에 코를 대고 향기를 맡았다.

해가 기울어지면서 공주는 오슬오슬 한기를 느꼈다. 기침을 두어 번 콜록거렸다. 시녀가 임금의 행차를 알렸다.

"공주마마, 상감께오서 신효사로 행차하신다 하옵니다."

"오, 그런가?"

공주가 따라나섰다. 그날 저녁에 단오절 행사가 있었다. 신효사에서는 밤에 청사초롱을 달고 백포장을 치고 그 안에서 그네를 탔다.

공주는 구경하다가 몸에 오한증이 심하여 서둘러 환궁했다. 기침이 잦았다. 공주의 병은 백약이 무효였다. 어떤 약을 먹어도 차도가 없고 병이 점점 깊어만 갔다.

공주는 끝내 병상에서 일어나지 못하고 39세의 아까운 나이로 눈을 감고 말았다. 이 소식이 원나라에 전해지자, 세자가 고려에 나와 어머니의 죽음에 의문을 품었다. 혹여 궁궐의 총비들이 저주하여 죽지 않았나 조사했다. 그 결과 도라산 아가씨가 피살되었다. 제국공주는 치열하고 열정적인 삶을 살다간 여인이었다.

◉ 숙창원비 김씨

제국공주가 39세로 세상을 떠나자, 몽고에서 돌아온 세자 장璋은 그날로 임금의 자리에 앉고, 아버지 충렬왕을 수일왕壽逸王으로 봉하여 편안하게 지내도록 했다. 원나라에서 이런 조치를 취한 것이다. 세자 장은 충선왕忠宣王이 되었다.

충선왕은 완전히 몽고인이 되어 있었다. 어려서부터 원나라 궁중에서 자라 고려 말도 전혀 모르고 풍속도 알지 못했다. 원나라 세조의 외손으로 호화로운 생활을 하던 몸이었다. 충선왕은 자기 어머니가 피살되지나 않았나 의심을 품고 뒷조사에 나섰다.

고려의 학자이며 내관인 김양감의 딸은 일찍이 최문崔文에게 시집갔으나 채 1년도 못 되어 홀몸이 되었다. 그녀는 갈 곳이 없어 궁에 들어와 제국공주의 처소에서 일을 보며 청상의 슬픔을 달랬다. 충선왕은 노비를 조사한 후 공주궁의 여인들을 모조리 조사해보려고 했다.

어느 날 밤 충선왕은 어머니 제국공주를 생각하며 공주의 처소였던 경성궁慶成宮에 나가 이곳저곳을 살펴보았다. 어머니의 체취가 물씬 풍기는 듯하여 코허리가 찡했다. 어머니와의 상봉은 몇 해 만에 겨우 한 차례씩 이루어졌지만 천륜의 정은 잊을 수 없었다. 어머니가 쓰시던 물건을 보니 어머니 생각이 간절했다. 충선왕의 눈에 눈물이 고였다.

충선왕은 울적한 심사를 달래보고자 어머니의 몸종이었던 몽고 여자 소니小尼를 불렀다. 왕과 소니는 몽고말로 대화를 나누었다.

"공주 궁에 그전부터 있었던 다른 여자는 없느냐? 혹여 출입하던 여자라도 있거든 과인이 물어볼 말이 있으니 불러오너라!"

소니는 뒷방으로 건너가 청상과부 김씨를 데리고 들어왔다. 김씨는 고개를 숙인 채 임금에게 큰절을 올렸다.

"고개를 들라!"

몽고말로 말했는데도 김씨가 고개를 들며 미소를 띠었다.

"몽고말을 아느냐?"

"조금 아옵나이다."

충선왕은 소니를 내보내고 김씨에게 물었다.

"언제 공주궁에 들어왔느냐?"

"1년 남짓 되었나이다."

"어디서 몽고말을 배웠느냐?"

"공주마마께 배웠나이다."

충선왕은 김씨를 의심하고 심문했으나 차차 의심이 사라지고 애틋한 마음이 들었다.

이 무렵 고려 상류층에서는 몽고말을 유창하게 구사하는 것을 자랑으로 여겼다.

고요한 방 안에 임금과 김씨만 있는 시간이 많아지자 두 사람은 가까워졌다. 청상으로 지내던 김씨는 오랫동안 그리던 사내의 한을 풀었다.

다음날 왕은 김씨를 친정으로 보냈다. 김씨는 오라버니 김문연의 집으로 갔다.

임금은 김씨를 품에 안아보고 침상 솜씨에 반해, 뒷조사는 때려치우고 밤이 되면 김문연의 집을 찾아갔다. 열흘 후 임금은 김씨를 숙창원비로 봉했다. 숙창원비는 궁중에 무상출입이었다. 충선왕은 숙창원비의 말이라면 무조건 들어주었다. 숙창원비는 아름답게 몸치장을 하고 임금에게 교태를 부리며 늘 그림자처럼 따라다녔다. 충선왕은 언짢은 일이 있으면 숙창원비한테 물었다.

충선왕은 숙창원비의 거처로 오라비 김문연의 집 뒤에 대궐 같은 집을 지어주었다. 이로부터 김문연의 벼슬이 올라가고 그의 일족이 모두 출세가도를 달렸다.

숙창원비는 욕심이 채워지지 않아 임금에게 하소연을 늘어놓았다.

"마마, 신첩은 언제쯤 공주마마와 같이 호화로운 생활을 하게 되나이까?"

"공주와 같은 생활을 하지 못해 한이 되느냐?"

"그러하나이다."

"허허, 이만하면 족하지 않느냐?"

"이 작은 집에 무엇이 있나이까? 예전 공주마마의 궁전에는 서역에서 들어온 값진 보물이 산처럼 쌓이고, 공주마마의 몸에서는 늘 사향 냄새가 진동했나이다. 뿐만이 아니오라 새빨간 연지는 수도 없이 많았사온데, 이 처소에는 대체 무엇이 있나이까?"

"그러한 재물이 갖고 싶은가?"

"신첩은 일국의 후궁으로서 너무 초라하다는 말씀이나이다."

"알았노라. 내일 당장 보물을 갖춰 보내겠노라."

다음날 서역에서 들여온 보물이 숙창원비의 처소로 바리바리 들어왔다. 숙창원비의 입이 귀 밑까지 벌어졌다. 그뿐만이 아니었다. 충선왕은 원나라 황태후에게 사신을 보내 숙창원비에게 꾸꾸(고고姑姑: 몽고 부인에게 하사하는 관명)라는 명칭을 하사해주도록 했다. 꾸꾸의 명칭을 받은 것은 고려 여자로서는 숙창원비가 처음이었다.

꾸꾸의 관명을 가지고 온 사신 함영후와 왕유는 임금께 칙서를 전했다. 충선왕은 이 소식을 알리기 위해 친히 숙창원비의 처소로 가서 사실을 이야기해주고, 날마다 꾸꾸연회를 베풀라고 영을 내렸다. 꾸꾸연회가 열린다는 소식에 임금과 숙창원비에게 아첨하는 대신들이 앞다투어 숙창원비의 처소로 몰려들었다.

꾸꾸연회를 처음 시작하는 날이 4월 8일이었다. 후원에는 채색등이 수백 개 달리고 앞뜰에는 몽고식 집을 만들어놓았다. 입구에는 황색 수정발을 드리우고 전후좌우에는 비단으로 수놓은 장막을 쳐 몽고사신을 맞기에 만반의 태세를 갖추었다.

칙사 왕유는 황태후의 조칙을 갖고 숙창원비의 처소로 왔다. 칙사가 들어오자 그윽한 아악소리가 흘러나왔다. 임금은 면류관에 홍포를 입고 칙사를 따라갔다. 숙창원비는 몽고식 옷차림으로 얼굴에 미소를 띠고 칙사를 맞이했다. 칙사가 별실에 들어가 정좌한 후 임금이 숙창원비에게 말했다.

"오늘은 몽고식으로 성장하고 조칙을 받드는 날이니, 이제부터는 몽고식으로 인사를 해야 하느니라."

숙창원비는 알아차리고 임금에게 안겼다. 임금은 원비를 번쩍 들었다. 원비의 몸에서 나는 향기는 임금도 처음 맡아보는 것이어서 황홀해졌다.

잠시 후 비단휘장 안으로 들어선 칙사는 조칙을 공손히 들고 서 있었다. 좌우에 서 있던 신료들이 일제히 일어서 고개를 숙였다. 칙사가 조칙을 읽어내려갔다.

"숙창원비 김씨에게 꾸꾸의 관명을 봉하노라. 이후 더욱 임금을 도와 임금께 충성을 다할 것이며, 그 이름을 길이 빛내도록 하라! 대원제국 황태후."

조칙을 황색보에 싸서 원비에게 건네고, 별함에서 비취·옥·수정·마뇌 등으로 장식한 화관을 꺼내 원비의 머리에 얹어주었다. 신료들이 국궁하고 축하의 만세를 외쳤다.

"원비마마 만세!"

식을 마친 후 후원에서 연회가 벌어졌다. 저녁이 되자 후원의 꽃등에 불이 밝혀지고, 연회석 좌우에 화산火山이 만들어져 불이 켜졌다. 화산은 종이로 산같이 만든 것으로 종이 안에 사람이 들어가 수백 개의 초에 일시에 불을 켜놓은 것이었다. 꽃등의 불, 화산의 불, 연회석 안 촛대의 불, 모든 등이 일시에 켜지는 순간 하늘의 초승달도 무색할 정도였다.

원나라에서 가져온 적포도주가 은잔에 가득 부어져 붉은 술이 불빛에 더욱 붉게 보여 사람들의 얼굴까지 붉게 만들었다. 원비의 얼굴에 도화색이 피어 옆에 있는 임금의 마음이 설레었다. 원비는 칙사에게 술을 따라 권하고 나서 임금께도 권했다.

원래 임금은 글을 좋아하고 풍류를 즐겼다. 칙사 왕유는 몽고인이 아니라 한인으로 음악에 조예가 깊었다. 취흥이 도도해지자 연회석이 무르익어갔다. 칙사 왕유가 거문고를 탔다. 거문고 소리에 맞춰 임금이 노래 부르고 원비가 춤을 추었다.

이러한 연회는 하루에 끝나지 않았다. 연사흘을 계속 이어졌다. 다음날부터 개성 백성들이 연등놀이를 구경하려고 모여들었다. 원비는 백성 가운데 노인을 불러들여 술을 내렸다. 노인들은 감격하여 만세를 외쳤다.

"숙창원비 만세!"

뒤에서 이 광경을 지켜보던 칙사가 임금에게 말했다.

"고려에는 참으로 좋은 풍속이 있나이다."

"무엇을 말하는 게요?"

"여민동락與民同樂이외다."

다음날에는 박연폭포에서 연회가 열렸다. 신록이 우거진 성거산·천마산을 관통하고 내려온 계곡물은 많은 옥 같은 돌 사이로 흘러 박연폭포를 만들었다. 폭포 아래에 연회석을 마련하고 임금 일행은 맑은 물에 잔을 씻어가며 취하도록 마셨다. 이후에도 임금과 원비의 놀이는 화려했다. 보다 못해 중찬 홍자번이 임금께 유흥을 삼가라고 주청했으나 소용없었다.

홍자번은 그 당시 명신료였다. 입궐하여 임금에게 여러 가지 국사를 상주하고 나오는 길에 좌복야 정가신을 만났다.

"이보오 좌복야, 상감께서 숙창원비에게 마음을 준 뒤 연회가 너무 잦지 않소이까? 대감은 어찌 생각하오?"

"알 수 없는 일이외다. 지난번 수일왕의 상표上表를 원나라에 올린 것이 잘못되어, 대감께서도 아시는 바와 같이 소생은 근신 중이어서 뭐라고 말씀드릴 수 없나이다."

"대감의 뜻을 묻는 것이외다."

"소생의 생각으로도 상감의 유흥이 지나친 것 같나이다."

"세상에 꾸꾸연회를 사흘씩이나 열다니, 놀랄 일이외다. 유흥을 자제시킬 방법이 없겠소이까?"

"이럴 때 허공 대감 같으신 분이 계시다면 임금께 비유를 써서 말씀드리면 즉시 마음을 돌리실 터인데… 소생으로서는 역부족이나이다."

"상감께서 숙창원비에게 단단히 홀린 모양이오."

"앞날이 걱정이외다. 더구나 수일왕의 좌우에 소인배들이 몰려 무슨 궁리를 하는지 모르나이다. 그자들이 알면 터무니없는 소문을 퍼뜨릴 것이외다."

"그러지 않아도 수일왕에게 아부하여 온갖 꾀를 부린다는 소문이외다."

정가신이 홍자번 가까이 다가서며 목소리를 낮췄다.

"대감, 숙창원비의 소식 들으셨나이까?"

"무슨 일이 있나이까?"

"기막힌 소식이 들리나이다."

"무슨 소식이오?"

"글쎄, 수일왕 좌우에 있는 잡배들이 몹쓸 소문을 내고 다닌다 하나이다. 다른 것이 아니오라 숙창원비가 일찍이 수일왕 침전에 든 적이 있다 하나이다."

"그야 제국공주 처소에 있지 않았소이까?"

"그것이 아니오라 숙창원비가 수일왕의 후궁이었다는 뜬소문을 내고 있다 하나이다."

"고얀 소문이외다. 그 무서운 제국공주가 자기 처소에 있는 여자가 수일왕과 가깝게 지내도록 내버려두었겠나이까? 그랬다면 숙창원비의 목이 10개라도 남아나지 않았을 게요."

"그러니 딱한 노릇이나이다."

"그런 거짓말이 나돌면 큰일이외다."

두 대신은 임금과 나라를 위해 걱정이 태산 같았다. 그러나 좋지 않은 소문은 걷잡을 수 없이 퍼져나가 나중에는 임금의 귀에까지 들어갔다. 그 무렵 정가신이 별안간 자살해버렸다. 이 사건은 수일왕 좌우에 있는 무리들에게 좋은 기회가 되었다. 난데없이 터무니없는 소문이 나돌았다.

"정가신이 임금께 숙창원비와 수일왕의 관계를 아뢰었다가 임금의 노여움을 사서 사사되었단다!"

"홍자번이 임금께 아뢰다가 쫓겨났다!"

임금은 이러한 소문에 화를 냈다.

"고려 조정에는 불칙한 신하들이 많도다. 부자 사이를 이간시키는 소인배가 구더기처럼 꿈틀대는구나."

임금은 모국이 싫어졌다. 그래도 혹시나 하는 마음으로 원비를 의심했다. 임금은 그날 밤 원비의 처소로 갔다. 원비는 전과 다름없이 임금을 대했다. 임금은 의심을 씻어버렸다.

"수일 내로 원나라에 다녀오겠네."

불쑥 말을 꺼내자 원비는 깜짝 놀랐다.

"무슨 일이 생긴 것이오이까?"

"대단한 일은 아닐세. 원나라에 잠깐 다녀올 일이 있다네. 원나라를 떠나온 지도 오래되었고."

"원나라가 그립사옵니까?"

"북경의 서재 생각이 나는구먼."

"아주 가시는 것은 아니나이까?"

"그대를 두고 아주 가다니. 갔다가 바로 오거나 그대를 데리고 갈 것이야."

"신첩이 원나라를 구경하게 되겠나이까? 어서 그날이 왔으면 좋겠나이다."

그동안 수일왕 좌우에 있는 무리들이 원나라에 밀고하여 충선왕이 부왕의 후궁을 삶아 죽였다거나 부왕의 처소에는 그림자도 비치지 않은 불효자라고 중상모략했다. 원나라에서는 처음에 반신반의했다가 너무 말이 많아지자 사신을 보내 충선왕의 입조를 독촉했다.

충선왕이 아무런 영문도 모르고 원나라로 향하여 금교역에 닿았을 때 원나라 사신이 옥새를 빼앗아 수일왕에게 전했다. 충선왕은 원나라에 들어가 고려에 나오기를 꺼려했다. 숙창원비는 충선왕을 기다리며 근신했다.

⊙ 명문가의 공녀들

원나라에서 명문가의 딸을 바치라고 성화였다. 공녀를 요구할 때마다 고려에서는 일반 백성들의 딸을 차출하여 보냈다. 원나라에서 이 사실을 알고 이번에는 권세가의 집안에서 여자를 뽑아 보내라고 압력이 들어왔다.

충렬왕 2년에는 원나라에서 신부군新附軍 500여 명을 장가보낸다며 고려의 낭자 500명을 보내라고 사신을 보냈다. 고려에서는 '과부처녀 추고별감'의 정랑正郎 김응문 등 5명이 각지에서 과부를 차출하여 겨우 기십 명을 보냈다. 원나라에서는 독촉이 빗발쳤다. 고려에서는 겨우 반을 채워 보냈다.

원나라에서 공녀를 뽑아간다는 소문이 나면 모두 딸을 숨기는 바람에 할 수 없이 한밤중에 딸이 있는 집을 덮쳐 강제로 잡아가는 일이 허다했다. 심지어는 원나라에 처녀를 보낸다며 임금이 금혼령까지 내린 적이 있었다.

이번에는 제국공주의 아버지 세조가 궁인으로 쓰겠다며 고려의 명문 거족의 딸을 요구해왔다. 제국공주도 이 일에 관심이 많았다. 명문가의 딸을 충렬왕과 제국공주가 직접 심사했다. 그리하여 우선 20여 명의 처녀를 뽑고 다시 심사를 하여 4, 5명을 선발할 셈이었다.

이런 특별한 선발에는 지원자도 많았다. 원나라 황제에게 딸을 바치고 벼락출세를 노리는 중신들이 자발적으로 지원했던 것이다. 홍문계의 딸이 원나라 세조의 궁인宮人으로 뽑히게 되었다.

홍문계는 남양 홍씨로 당시 명문 거족이었다. 그는 추밀원부사직까지 지냈고, 권력자 임연의 사위였다. 홍은 장인이나 처남 임유무와는 뜻이 맞지 않아 거리를 두고 지냈다.

홍은 어떻게든 딸을 원나라로 보내지 않으려고 백방으로 노력했으나 일이 잘 풀리지 않았다. 홍은 친구 한사기를 찾아가 의논했다.

"이번에 내 여식이 황제의 후궁을 뽑는 데 운 나쁘게 걸려들었다네. 이 일을 어찌하면 좋은가?"

"아니 경사가 아닌가? 오히려 영광이거늘 어찌 그러는가?"

"자네는 공녀를 찬성하는가?"

"이보게, 황제의 후궁일세. 자네의 앞길이 훤히 트였네그려."

"답답한 소리 말게나. 나는 보내고 싶지 않으이. 차라리 딸년 머리를 깎아 절간으로 보내겠네."

"이 사람, 큰일 날 소리를 하는구먼. 만약 그랬다가 제국공주가 알면 큰일 나네."

홍문계는 한사기를 만나러 온 것을 후회했다. 한은 원나라의 공녀 차출에 긍정적이었다. 대부경 박유 같은 자는 공녀 찬양론자였다. 고려에 남자가 적고 여자가 많으니 여자를 수출하라고 주장하여 조정 안팎의 지탄을 받았다.

홍문계는 딸의 머리를 깎아 절로 보냈다. 아무도 모르게 한 일이었으나 세상에 비밀은 없었다. 제국공주가 이 사실을 알고 즉시 홍문계를 문초했다.

"일국의 재상이 황명을 거역하다니 불충이로다! 외딴 섬으로 귀양 보낼지어다!"

제국공주는 그래도 분이 풀리지 않아 홍의 딸을 잡아들였다. 공주가 친히 심문했다.

"네 정녕 원나라에 가지 않겠다고 했느냐?"

"그러하나이다."

"왜 싫다는 게냐?"

"소녀, 몽고말도 모르고 개경과 너무 멀리 떨어지는 것은 싫사옵니다."

"네 머리를 네 아비가 깎았더냐?"

"아니옵나이다. 소녀 스스로 깎았나이다."

"네 아비짓이라고 들었느니라."

"결코 아니옵나이다. 소녀, 비구니가 되고자 결심했나이다."

"네 정녕 죽고 싶어 거짓말을 하느냐."

"소녀, 거짓말을 모르오이다."

공주는 고문을 가했다. 소녀의 웃옷을 잡고 철편으로 내리쳤다. 소녀는 소리 한번 지르지 않고 버티었다.

"지독한 년이로고. 아비가 깎았다고 자백할 때까지 족쳐라!"

홍 소저는 모진 고문에 온몸이 성한 데가 없었다. 아버지를 살리기 위해 끝까지 모진 고문을 버텨냈다. 공주는 홍 소저의 마음을 읽고 측은지정을 느꼈다.

'네가 아비를 아끼는 마음을 내가 왜 모르겠느냐. 하지만 너는 내 명을 거역했으니 그대로 둘 수는 없느니라.'

공주는 홍 소저를 풀어주지 않고 궁 안에 두었다.

홍문계는 귀양 조치가 내려졌다. 하지만 대신들이 공주의 처소로 달려가 선처해달라고 청하여 겨우 귀양을 면할 수 있었다.

홍 소저가 궁 안에서 1년 여 동안 머무는 동안 머리가 다 자랐다. 공주가 홍 소저를 불렀다.

"네 효심이 지극하여 살려둔 것이니라. 이제 머리가 다 자랐으니 황제의 시녀가 아니라 원나라 장군의 아내가 되어라!"

공주는 원나라 사신 아고태에게 홍 소저를 원나라로 데려가도록 했다. 홍 소저는 결국 원나라 장군의 아내로 팔려갔다. 그뒤 홍문계는 공주가 죽은 후 명덕태후의 아버지로서 부원군이 되었다.

제국공주는 홍문계의 딸을 아버지 세조에게 바치려다가 실패하고, 경원 이씨의 딸을 골라 차신車信에게 단단히 부탁하여 원나라로 보냈다. 공녀 10여 명이 함께 갔는데, 이 소저가 가장 아름답고 재주가 있었다. 일행은 말을 타고 북으로 갔다.

원나라 땅을 밟는 순간, 돌아올 기약이 없어 공녀들은 눈물을 흘렸다. 산수가 낯설고 만나는 사람들이 달랐다.

공녀들은 북경에 도착한 후 궁정 밖에서 묵으며 궁에서 기별이 올 때까지 기다렸다. 궁에서는 공녀들에게 몸단장을 신경쓰라는 특별주문이 있었다. 상장군 차신이 공녀들에게 말했다.

"너희는 황제를 뵙게 될 것이야. 잘 보이도록 신경을 써서 몸단장을 하여라. 황제에게 잘못 보이면 나까지 벌을 받게 되느니라."

며칠 후 공녀들은 으리으리한 황궁으로 들어갔다. 공녀들은 황홀하여 넋이 나갔다. 안내자는 고려인으로 고려 말을 썼다. 공녀들은 안내를 받아 지정 장소에서 황제를 기다렸다.

잠시 후 황제 폐하 납신다는 내관의 말에 공녀들은 자리에서 일어나 3배의 절을 올렸다. 황제는 곤룡포를 입고 나와 옥좌에 앉았다. 내관이 황제에게 고려에서 공녀들이 왔다고 고했다. 황제는 기쁜 눈치였다. 공녀 한 사람씩 황제 앞에 불려나갔다.

황제는 얼굴을 들여다보고 몸을 만져보기도 하고 걸음걸이를 보기도 하고 말솜씨를 보기도 했다. 그 결과 이 소저 하나가 뽑혀 황제의 궁인이 되었다. 다른 궁녀들은 이 소저의 시녀가 되었다. 시녀들은 적당한 기회에 각기 대신들에게 나누어줄 것이었다.

황제는 상장군 차신에게 후한 상을 내렸다.

이 소저는 그날로 처서(婕婿)의 직함을 받았다. 이 처서는 황제의 총애를 받았다.

원나라 황제는 북경에만 머무르지 않고, 상도上都·화림和林 등지로 돌며 나랏일을 보았다.

이 처서는 황제를 따라 화림으로 갔다. 화림은 사막지대로 수초 보기가 힘들었다. 이 처서는 함께 온 시녀가 아니었다면 견디기 힘들 만큼 화림은 삭막했다.

화림의 궁은 북경에 비해 초라했다. 몽고식 집으로 낯설고 불편했다. 집 안에 들어가면 공기가 따뜻해서 사는 데는 불편이 없었다. 황제는 이 처서에게 몽고말·노래·춤을 배우라고 일렀다.

"고려에 있을 때 무엇을 배웠느뇨?"

"비파를 뜯었나이다."

"어디 한 곡 타보아라!"

이 처서는 망설임 없이 능숙한 솜씨로 고려곡인 수심 어린 노래를 뜯었다. 황제는 비파곡을 듣고 고개를 끄덕였다.

"조금은 처량한 곡이로고."

"황공하여이다."

이후 이 처서는 화림에 머물렀다. 황량한 사막은 봄이 와도 봄 같지 않았다. 늘 서북풍이 불어 이 처서의 가슴을 후벼놓았다. 여름이면 물과 풀이 있는 곳을 찾아 양떼를 몰고 다니는 유목민들이 보이고 때때로 다른 나라의 사신이 왔다.

황제는 매우 검소한 생활을 했다. 방 안에 장식이라고는 아무것도 없었다. 다만 서역에서 들어온 연지와 향이 있을 뿐이었다. 음식은 양고기와 젖, 젖으로 만든 것뿐이었다. 어쩌다가 서역에서 가져온 주먹만한 호도는 그 맛이 일품이었다.

저녁이면 세조가 이 처서의 방에 가끔 들렀으나, 세조는 호색이 아니어서 자주 오지 않았다. 세조는 이 처서를 위해 연회를 베풀어주기도 했다.

그동안 화림에 만안궁萬安宮을 지었고, 다시 그 옆에 페르시아 식의 높은 돔 궁전과 몽고식의 포包 등이 즐비하게 들어서 제법 도시 냄새를 풍겼다.

황제가 몽고 정장 차림을 하고 부하 10여 명의 옹위를 받으며 포로 만든 넓은 전각 안으로 들어섰다. 오늘은 이 처서의 궁 안에서 연회를 여는 날이었다. 이 연회는 꾸꾸연회로 총희 이 처서에게 하사하는 연회였다.

둥근 포 궁궐 안 한가운데 탁자를 놓고, 그 위에 온갖 몽고식 요리가 차려졌다. 연회 시작을 알리는 선포식을 황제가 직접 했다.

"오늘 이 처서에게 꾸꾸연회를 배푸노라!"

"황은이 망극하여이다."

이 처서가 황제 앞으로 바짝 다가가 손을 잡았다. 황제는 곱고 부드러운 이 처서의 손을 어루만져주며 환한 미소를 띠었다.

뜰 아래에서 몽고 음악이 울려퍼졌다. 호적과 피리소리가 고음으로 처량하게 들렸다.

황제가 이 처서에게 술을 마음껏 마셔도 좋다고 허락했다. 이 처서는 황제가 은잔에 따라주는 붉은 포도주를 단숨에 마셨다.

"오늘 꾸꾸연회에 쓸 화관을 짐이 직접 머리에 얹어주겠노라!"

황제는 시녀의 손에서 화관을 받아 이 처서의 머리에 얹어주었다. 화관에는 은방울이 여러 개 매달려 있었다. 이 처서가 절을 할 때마다 은방울 소리가 났다.

이 처서의 양볼이 도화색으로 물들었다. 포도주가 훈훈히 온몸을 적셨다. 황제는 취기가 돌아 정신이 유쾌해졌다.

"이 처서, 네가 좋아하는 비파로 고려곡을 한 곡 타보도록 하라!"

이 처서는 황제에게 절을 올리고 비파로 소군원昭君怨의 곡을 탔다. 옛날 한나라의 왕소군이 사막지대에 있는 선우禪于에게 시집가는 장면을 표현한 곡으로 슬픔이 담긴 사연이었다. 황제는 소군원의 곡에 맞추어 노래를 불렀다. 시녀들은 노래에 맞춰 춤을 추었다. 넓은 원형의 궁 안에서 노래와 춤이 한데 어울리고 음식과 술이 넘쳐, 궁궐 안의 모든 사람들이 영광스러운 꾸꾸연회를 찬양하며 먹고 마시고 흥겨워했다.

양염부는 〈원궁사元宮詞〉를 지어 이 처서를 칭송했다.

북쪽 화림 넓은 포 원형 안에
고려의 처서 더욱 아름다워라
황제가 소군의 노래 부를 때
화사한 비파곡 처량하구나

이 처서가 황제의 귀여움을 받고 있다는 소식이 고려에 전해지자, 고려 처녀들 가운데 원나라의 공녀로 팔려가기를 원하는 이가 늘어났다.

그런 부류의 사람 중에 홍원사弘園寺의 진전직眞殿直 장인형은 원나라에서 공녀를 뽑는다는 소식을 눈이 빠지게 기다리고 있었다. 그의 딸도 원나라 황궁을 꿈꾸며 허황된 꿈에 빠져 있었다.

충렬왕 6년에 원나라 평장사 아호아는 제국공주에게 간청하여 고려의 미녀를 원했다. 때를 기다리던 장인형이 딸을 불렀다.

"원나라 대신이 후실을 구한다는 소문이더구나. 네 생각은 어떠하느냐?"

"아버님께오서 바라던 일이온데 소녀가 싫다 할 까닭이 없나이다."

장인형은 공주궁으로 들어가 주청했다.

"공주마마, 신의 딸이 미색이 남에게 빠지지 않고 바느질도 뛰어나 원나라 대신의 배필로 뒤지지 않을 듯하옵나이다. 헤아려주시옵소서."

공주에게 공녀를 자청한 것은 장인형이 처음이었다. 공주는 원나라에 들어갈 때마다 공녀 몇 명씩을 데리고 갔으나 지원하는 사람은 하나도 없었다. 공주는 장인형의 주청이 반갑기도 하고 의심이 들기도 했다. 혹시 딸이 불구가 아닌지 불안했다.

"딸의 나이가 몇 살인고?"

"방년 18세이온데 숙성하옵나이다."

"궁으로 데려오너라."

장인형은 서둘러 집으로 돌아와 딸을 불렀다.

"네 소원이 풀리게 되었느니라. 곱게 차려입고 이 아비를 따르거라."

딸은 기쁨을 감추지 못하고 환하게 웃었다. 몸단장을 곱게 한 후 아버지를 따라 공주궁으로 들어갔다. 제국공주는 그들을 반갑게 맞이했다. 공주는 몽고차를 대접했다. 장인형 부녀는 뜻밖의 환대에 어리둥절했다.

"모두 가기 싫어하는 곳을 네가 자원해서 가겠다니 그 뜻이 참으로 가상하느니라. 황제 나라에 가면 크게 우대받을 것이야."

"황공하여이다 마마."

"네 아버지의 벼슬이 무엇이라 했느냐?"

옆에서 기다리던 장인형이 넬름 받았다.

"홍원사 진전직이나이다."

"품계가 몇 품이더냐?"

"품계가 없나이다."

"나라를 위하는 충신의 벼슬이 너무 낮구나."

공주는 무슨 생각에선지 임금을 불러 장인형에게 당장 낭장 벼슬을 주라고 강요했다. 충렬왕은 공주의 말에 따랐다. 장인형은 딸이 원나라에 가기도 전에 정6품 무관 벼슬을 얻었다. 그의 딸은 집에 돌아가지 않고 공주궁에서 몽고 귀족 부인으로서의 심신을 닦았다.

그후 공주는 중랑장 강유지에게 장 소저를 원나라로 데려가라고 일렀다.

고려의 사신이 장 소저를 데리고 원나라에 들어가 아호마의 처소로 갔다. 아호마는 원래 페르시아 사람으로, 원나라 중서성의 평장정사를 거쳐 좌승지를 지낸 자로서 재물을 밝혀 거만의 재산을 모았다. 그의 집은 궁궐 같고 언제나 수백 명의 군사들이 지키고 있었다.

고려 사신이 장 소저를 데리고 아호마의 저택으로 가자, 문지기들이 공손히 맞았다. 바깥 대문에서부터 여러 개의 문을 통과한 후에 후원의 거처방으로 안내되었다. 거기에는 벌써 고려에서 들어온 공녀들이 기다리고 있어 장 소저는 안심이 되었다.

아호마는 장 소저를 얼싸안고 기뻐했다. 그리고 저녁에 간략한 혼인식을 치르겠다며 몸치장에 신경쓰라고 당부했다.

"오시느라 고생이 많으셨나이다. 평장사 저택에서 함께 있게 되어 반갑나이다."

공녀가 반갑게 맞아주고 머리부터 만져주었다. 아호마는 장 소저의 태도를 주의 깊게 지켜보았다.

"나도 무척 반갑답니다. 언제 오셨나이까?"

"원나라에 온 지 벌써 5년째라오."

"이곳에만 계셨나요?"

"아니외다. 여기저기 떠도는 신세라오. 이곳 사람들은 데리고 살다가 싫증이 나면 자기 부하들에게 넘겨버린답니다."

장소저의 마음이 불안해졌다. 버림을 받아 본국으로 되돌려 보내지나 않을까 걱정이었다.

"그동안 몇 군데나 다니셨나요?"

"서너 군데 다니다가 오늘 소저가 온다는 소식 듣고 신부 단장시키러 온 것이라오."

"신부 단장을 많이 시켜주었나요?"

"이집에서 단장시켜 준 것만도 10여 명이 넘는다오."

장 소저는 가슴이 무너져내렸다. 자기도 당하지 않으리라는 보장이 없었다.

장 소저는 곱게 단장하고 저녁에 아호마의 처소로 갔다. 그곳에는 혼인식 준비가 되어 있었다. 화촉을 밝혀놓고 큰 상에 음식이 가득했다.

잠시 후 아호마가 성장하고 나와 장 소저의 절을 받고 나서 친히 술을 부어주었다. 소저가 받아 마시고 잔을 건넸다. 이렇게 세 번 한 후 신부의 방으로 들어갔다. 방 안에 희미한 촛불이 깜박이고 있었다. 기골이 장대한 아호마가 시종들을 거느리고 들어와 장 소저의 화관을 벗기고 널찍한 침대로 안고 갔다. 시종들은 어느새 나가고 없었다.

첫날밤을 치른 후 다음날부터는 정해준 방에서 고려의 시종들과 그곳 이야기를 하며 하루하루를 보냈다.

장 소저는 불안한 나날을 보냈다. 한 달 후 아호마가 장 소저에게 물었다.

"듣자하니 너는 고려의 천인이라 하더라. 그 말이 사실이더냐?"

"아니오. 아버지는 중랑장 벼슬을 지낸 분이나이다."

"무슨 소리냐? 너는 고려의 왕족이 아니질 않느냐?"

"왕족은 아니오나 사족士族이나이다."

"나는 왕족을 원했느니라. 제국공주가 내게 거짓말을 했구나. 에잇!"

아호마는 왕족이 아니라며 트집을 잡았다. 아호마는 원래 교활하고 탐욕스러운 자였다. 그는 장 소저를 기어이 고려로 돌려보냈다. 장 소저의 호화로운 꿈은 꿈으로 끝나버렸다.

◉ 풍류 남아 충렬왕

원나라는 일본 침략을 두 차례나 단행했다. 충렬왕 7년에 원나라의 일본 침략에 9,000척의 함선과 사공 1만 6,000명, 군량 11만 석, 군사 1만 명을 고려에서 부담했다. 몽고군·한군·고려군의 연합군 15만 명이 현해탄을 건넜으나, 갑자기 불어오는 폭풍을 견디지 못해 회군하고 말았다. 이로써 원나라의 두 번째 일본 침략은 실패로 돌아갔다. 그로 인해 고려는 출혈이 심했다. 피폐할 대로 피폐한 고려 조정은 정치·경제면에서 원나라에 의지하지 않을 수 없게 되었다.

충렬왕은 천성이 호탕하고 활달했다. 예술적 기질이 농후하여 한번 탐닉하면 끝장을 보는 성격이었다.

충렬왕은 원나라 세조의 부마가 되어 제국공주를 왕후로 맞아들였다. 그는 공주와 혼인한 후 아버지 원종이 승하하자 원나라에서 고려로 돌아와 보위를 이어받았다.

원나라 세조는 딸을 고려로 보내면서 탈홀脫忽을 시켜 공주를 고려까지 데려다주도록 했다. 탈홀은 먼저 개경에 도착하여 흰 염소 기름으로 부정을 몰아내고 공주가 오는 길을 닦아주었다. 고려에서도 정성을 다해 제국공주를 맞았다. 경성전慶成殿 원성부元成府 응선궁膺善宮은 제국공주의 처소요 낙원이었다. 얼마 후 제국공주는 이곳에서 아들을 낳았다. 이 왕자가 후에 충선왕이다.

고려는 겉으로는 평화로운 시절이 온 것 같았다. 호탕한 기질을 타고
난 충렬왕은 단조로운 궁중생활에 싫증을 느끼기 시작했다. 백성을 다
스리는 일 따위는 그의 성미에 맞지 않았다.

충렬왕은 팔도에 영을 내려 악공과 재인才人을 모으고, 기녀 가운데
목소리가 뛰어난 여인을 서울로 올려보내도록 했다. 충렬왕은 이들을
통해 지루한 일상에서 탈출하고 싶었던 것이다.

그뿐만이 아니었다. 서울 장안의 무녀·관비들 가운데 신분에 관계
없이 가무에 뛰어난 사람을 뽑아 궁중으로 데려왔다. 이렇게 모은 사람
들에게 모두 호화로운 몽고옷을 입히고, 머리에는 말꼬리로 만든 벙거
지를 만들어 씌워 춤을 추게 했다. 한편으로는 계집들을 사내 복색으로
갈아입히고 한 무리를 짓게 하여 새로 지은 가사를 부르게 했다.

쌍화점雙花店에 쌍화 사러 갔더니
회회回回(회회인) 아비 내 손목을 쥐더이다
이 말씀이 이 점 밖의 나며들며
조그마한 새끼광대 네 말이라 호리라
더러둥셩 다리러디러 다리러디러 다로러 기리러 다로러
그 자리에 나도 자러 가리라
그 잔디 같이 덤거츠니 없다(이하 생략)

궁궐에서 부르기에는 점잖은 노래가 아닌데도 충렬왕은 즐기며 기뻐
했다.

이 노래의 제목은 〈쌍화점〉이며, 지은이는 승지 오잠吳潛이었다. 오잠
은 이 노래를 직접 지휘했고, 배우는 남장별대였다. 그리고 관람자는 충
렬왕이었다. 쌍화점은 음탕한 노래로 이런 노래가 성하면 나라가 망한
다는 가설이 있는데, 고려가 기울기 시작한 것은 이 충렬왕 때부터였다.

어느 날 당대의 명기 적선래滴仙來가 궁중에서 〈태평사太平詞〉라는 새

로운 노래를 불렀다. 늘 참신하고 흥미로운 것만을 찾는 충렬왕의 비위를 맞추기 위해 적선래가 용기를 내어 발표하고 충렬왕의 눈치를 살폈다. 당연히 기뻐할 줄 알았는데 충렬왕은 얼굴에 노기를 띠었다. 충렬왕이 자리에서 벌떡 일어났다.

"그 노래를 어디서 배웠느냐?"

적선래는 기가 질려 얼른 대답이 나오지 않았다. 잔뜩 주눅이 들어 움츠리고 있는데, 충렬왕은 푸르락붉으락한 얼굴로 적선래에게 물었다.

"네가 요즘 딴데 마음을 두고 어느 놈과 배가 맞았더란 말이더냐! 이실직고하렸다."

적선래는 기가 막혔다. 떨면서 겨우 하소연 한마디를 하고 고개를 들지 못했다.

"네 이년! 그 노래를 누가 지었느냐! 냉큼 대답하지 못할까. 그 노래를 들으니 글을 잘하는 선비가 아니고서는 짓지 못할 터, 네가 그런 놈하고 놀아났다는 증좌가 아니더냐."

적선래는 속으로 피식 웃었다. 분명 충렬왕의 질투였다. 적선래는 가벼운 마음으로 대답했다.

"전하, 이 노래는 제 오라비 되는 김원상과 박윤재가 합작한 것이오며, 이 새 노래로 전하를 즐겁게 모시라고 하와 불렀사오니 부디 노여움을 푸시오소서."

충렬왕은 당장 노여움이 풀렸다.

"오, 그랬더냐? 재사들이로구나. 내 그들을 불러 좋은 벼슬을 내리겠노라."

김원상은 통례문기후가 되고 박윤재는 우부승지의 벼슬을 얻었다. 충렬왕의 노래 사랑을 알 수 있는 대목이다.

충렬왕이 원나라에 다니러 갔을 때였다. 원나라 세조는 사위가 음악에 조예가 깊다는 말을 듣고 고려의 음악을 청했다.

충렬왕은 대장군 송방연과 송염 등을 시켜 〈쌍연곡雙燕曲〉을 부르게 했다. 이들은 망설이지 않고 노래를 불렀다. 충렬왕은 흥에 겨워 덩실 덩실 춤을 추었다.

충렬왕은 환락에 젖어 살다가 나중에는 가무에도 싫증을 느꼈다. 그는 가는 곳마다 창우희倡優戲 · 주유희侏儒戲 · 나례儺禮 등의 기악잡희를 벌였고, 때를 가리지 않고 팔관회나 연등회를 열었다.

알고 보면 충렬왕의 이 모든 놀이는 제국공주를 즐겁게 해주려는 사랑의 발로였다. 충렬왕이 있는 곳이면 어느 곳이건 제국공주가 함께 있었다. 충렬왕은 제국공주를 기쁘게 해주려고 사냥을 자주 나갔다. 임금의 눈에는 오로지 제국공주뿐, 백성은 들어오지 않았다. 백성이 일궈놓은 논밭을 매사냥 한다며 모두 망쳐놓았다. 신하들이 잘못을 주청하면 이러한 어처구니없는 말을 했다.

"논밭을 폐하라! 다른 땅을 일구도록 하면 될 게 아닌가."

백성의 희생은 이뿐만이 아니었다. 사냥 나가는 길목에 더러운 민가가 즐비하다 하여 모조리 헐고 백성을 몰아낸 적도 있었다.

충렬왕의 이러한 일을 누가 막을 수 있겠는가. 불평분자가 나타나면 쥐도 새도 모르게 원나라로 잡혀가 노비가 되었다. 백성들은 원나라 노비가 되기 싫어 입을 봉하고 지냈다. 고려는 이미 원나라의 속국이었다.

그러나 충렬왕의 환락에도 한계가 있었다. 그 무렵 원나라는 정동征東의 구실로 고려에 자기네 기반을 튼튼히 하려고 했다. 그리하여 파견된 것이 다루가치였다. 몽고말로 장관이란 뜻이었다. 다루가치는 정동행성에서 고려 왕조를 정치적으로 완전 장악해버리려고 했다.

다루가치는 고려왕을 제 밑에 두려고 했다. 그러나 원나라 세조의 뜻은 아니었다. 그는 평화로운 관계를 유지하며 고려를 복종시키려고 했다. 세조는 다루가치의 횡포를 보고받고 충렬왕 12년에 '정동중서성 좌승상 의전부마 고려국왕征東中書省 左丞相 依前駙馬 高麗國王'이란 직함을 내려 충렬왕을 정동행성의 최고장관의 자리에 앉혔다. 그러나 명분상의 직함일 뿐, 다루가치의 횡포는 변함이 없었다. 죄인이라도 잡을라 치면 죄인과 같이 정동행성에 임금을 불러 면전에서 심문하는 것이었다.

충렬왕은 이 치욕적인 처사에 호탕한 성격이 차차 위축되어갔다. 제국공주의 태도도 예전과는 달랐다. 자주 다루가치와 만나고 충렬왕에게 다루가치의 흉내를 내며 임금을 실망시켰다. 그런가 하면 공연히 짜증내는 일이 많아지고 궁주들과 말썽을 일으켰다. 충렬왕이 꾸중을 내리면 원나라로 돌아가겠다고 엄포를 놓았다.

'네가 고려를 멸시하고 나를 깔보는구나.'

충렬왕은 이런 생각을 하며 비감에 젖었다. 제국공주를 사랑하여 한평생 원나라의 비호 아래 평화를 누리며 환락에 젖어 살려던 꿈이 차차 깨지고 있었다.

충렬왕은 공주에게 무조건 굴복해보았다.

"공주, 요사이 짜증이 늘고 내게 쌀쌀맞은 것 같소이다. 내게 허물이 있으면 말해보오. 허물을 고치고 공주의 마음을 즐겁게 해주리다."

"상관 마소서."

공주가 한마디로 잘라버렸다.

"나는 공주의 남편이자 이 나라의 임금이오. 공주의 심기가 편치 않거늘 내 마음이 편하겠소이까? 말해보오, 공주."

"상관 마시라니까요."

공주의 태도는 쌀쌀맞고 교만했다.

충렬왕은 제죽공주가 미워졌다. 공주가 좋고 원나라가 좋아 백성들의 지탄을 받아가며 변발을 하고 몽고 복색에다 몽고 풍습을 익혀 살고 있거늘, 공주의 변심은 충렬왕을 자괴스럽게 만들었다.

충렬왕은 모든 시름을 잊으려고 온갖 놀이에 빠져들었다. 그림자처럼 따르던 제국공주는 어느 때부터인가 따르지 않았다. 기녀들을 불러 가까이하고, 성색聲色이 고운 계집을 궁중에 잡아두고 놓아주지 않았다. 제국공주에게서 마음이 떠난 임금은 순종적이고 다소곳한 고려 여인에게 눈을 돌렸다.

이러한 사실을 원나라에서 알고 다루가치에게 명하여 충렬왕의 태도를 감시하도록 했다. 충렬왕은 아무도 모르는 사이에 자신이 환락에 빠진 것도 모른 채 차차 무너지고 있었다. 그것은 곧 고려가 기울고 있다는 것을 암시하는 것이었다.

⊙ 마팔국의 태자비

제국공주가 충렬왕 15년 7월에 원나라에 들어가면서 동지밀직사사 채인규蔡仁揆의 딸을 공녀로 데리고 들어갔다. 채 소저는 용모가 아름다울 뿐만 아니라, 덕성마저 갖추고 있었다.

제국공주를 호위하고 간 사람은 대장군 장순룡으로 채인규와 친한 사이였다. 그는 친구의 딸을 공녀로 데리고 가며 마음이 쓰라렸다.

"애야, 부모를 떠나는 네 심정 뭐라 위로할 말이 없구나. 기왕지사 이렇게 된 일, 고려와 원나라 사이가 화평하게 지낼 수 있게끔 노력하려무나. 고려가 잘되려면 너희의 노력이 절실한 때이니라."

"아저씨, 염려 놓으셔요. 말씀대로 처신을 잘할 것이나이다."

장순룡은 가는 동안 채 소저를 잘 보살펴주었다. 채 소저는 원나라에 들어가 황제를 뵙고 정해준 장소에 머물다가, 몇 달 후 당대의 재상 상가桑哥에게 출가했다. 세조가 신하에게 상으로 하사한 것이다.

상가는 재주가 비상한 자로서, 서장西藏에서 들어온 색목인色目人이었다. 그는 원나라에 들어온 이후 몽고어·한어·고려어를 구사했다. 그런데 위인이 재주는 있으나 교활했다. 세조는 그의 재주를 높이 샀다. 좌승상에 올라 세조를 지근 거리에서 모셨다. 위인은 교활한 자여서 자기의 스승 단파국사丹巴國師까지 시기하고 모함했다.

그는 세조를 위해 재정수단을 발휘하여 교초交鈔(지폐)를 남발하고 소금과 철의 세금을 올려 일시에 재정을 크게 늘렸다. 그러나 재정의 위급만을 보충하여 후에 큰 파탄을 맞아, 마침내 그는 처형되고 말았다.

채 소저는 상가에게 시집가 1년 만에 과부가 되고 말았다. 상가를 여의고 비관에 젖어 있을 때, 마팔국馬八國(인도)의 왕자 포하리가 원나라에 들어왔다. 세조는 채 소저의 앞날을 불쌍하게 여겨 포하리에게 출가시켰다.

마팔국은 더운 나라였다. 해마다 한 차례씩 조공하기 위해 원에 사신을 보냈다. 또 원나라와 무역을 하며 열대지방의 산물과 원의 차·비단 등속과 고려의 공녀를 사갔다.

포하리를 따라 여러 날 만에 마팔국에 도착한 채 소저는 온갖 과일이 흔전만전한 것을 보고 그나마 마음이 놓였다. 낯선 곳이지만 사랑하는 태자와 함께 지내게 되어 위안이 되었다.

이 나라에도 정치적인 변화가 무상하여 싸움이 벌어졌다. 태자 포하리를 따르는 세력과 국왕을 따르는 자들 사이에 벌이는 권력다툼이었다.

어느 날 포하리는 고민에 싸여 태자궁으로 돌아왔다. 채비蔡妃는 태자를 반가이 맞았다.

"태자마마, 무슨 일이 있사오이까?"

"아무래도 이곳을 떠나야 할 것 같소이다. 나더러 원나라의 앞잡이라며 공격이 심하오."

"그러시다면 서둘러 떠나시지요."

"그대와 함께 떠날 생각이라오."

채비는 마팔국에 온 지 3, 4개월 만에 다시 원나라를 향해 떠났다. 북경에 돌아온 태자 내외는 황제를 배알했다. 황제가 반가이 맞아주었다.

"오, 태자비가 왔구나. 그동안 고생이 심했겠구나."

"황은에 감격하나이다."

"마팔국이 부자간의 싸움이 치열하다고 들었느니라. 어느 정도이더냐?"

"신은 모르오이다."

태자는 아무 말이 없고 채비가 대답했다.

"너희는 천주泉州에 가서 살도록 하라!"

태자는 황제의 명에 따라 천주로 내려갔다. 이곳은 당나라 때부터 서양과 무역하던 지역이었다. 아라비아, 페르시아, 인도 사람들이 모여사는 곳으로 국제적인 도시였다. 마팔국의 태자는 이곳에서 무역에 종사했다.

태자와 채비는 모두 자기 나라를 버린 셈이었다. 누구를 원망하지도 않고 바쁘게 살아갔다. 태자는 인도 등 여러 나라의 물건을 사서 원나라 사람들에게 팔고, 원나라 물건을 사두었다가 인도 등 여러 나라 사람에게 팔면서 넉넉한 생활을 꾸려 나갔다. 태자비는 아무런 불편 없이 살았으나, 때때로 향수병에 시달려 멀리 동쪽 하늘을 바라보며 태자에게 하소연하듯 말했다.

"태자마마, 고국이 그립사옵니다. 고려에 기별할 수 없겠나이까?"

"그야 어려운 일 아니외다."

"정말 될 수 있는 일이오이까?"

"내가 사람을 고려 임금에게 보내겠소이다."

"그리해주소서."

태자는 고려에 사신을 보냈다. 고려 조정에서는 그동안 소식이 끊겼던 채인규의 딸 소식에 깜짝 반겼다. 태자는 고려에 푸짐한 선물까지 보냈다. 은실로 만든 모자, 금으로 수놓은 상자, 침향沈香, 서양목西洋木 등 고려에서는 처음 보는 물건이었다.

조정에서는 선물을 떼어 채인규 집에 보냈다. 채인규는 천주에서 온 사신을 자기 집으로 초청했다.

"천주에서 태자 내외가 어찌 살고 있소이까?"

"아주 잘살고 있나이다."

"천주로 언제 갔소이까?"

"한 3년 되나이다."

"그동안 고생이 많았겠구려."

"아니오이다. 마팔국은 부자 나라이옵니다. 처음부터 고생은 없었나이다."

"태자에게 소생은 없소이까?"

"공주님을 한 분 두셨나이다."

채인규는 딸의 소식을 듣고 한시름 놓았다.

고려 조정에서는 답례로 천주의 태자에게 사신을 보내고 값진 물건을 선물했다. 채씨 집에서도 따로 사람을 보내 딸의 소식을 자세히 알아오도록 했다. 이처럼 고려 공녀들은 각국에 팔려 국위 선양에 한몫을 하기도 했다.

◉ 농민들의 저항

충렬왕이 세자로 있을 때 몽고난이 말기여서 풍기가 몹시 문란했다. 조정에서는 국고가 비어 백성을 쥐어짰으며, 권력을 쥔 자들의 수하들이 백성의 물건을 토색질하는 일이 허다했다.

충렬왕은 세자 시절 당시 개성의 일류 화공靴工 김준제의 집에 몰래 드나들었다. 세자의 몸으로 신발장이 같은 천민의 집에 드나드는 일은 있을 수 없는 일이었다. 세자는 좋은 신을 만들어 신고 싶은 생각이 있었지만 그보다는 화공의 아내가 개성에서 제일가는 미인이라는 소문이 나 있어서였다. 화공이 집에 있을 때 세자는 그의 아내에게 차마 말도 붙여보지 못했지만, 화공이 집을 비운 날에는 세자는 안방까지 들어갔다.

"세자마마, 이런 누추한 곳에 어인 행차이시나이까?"

화공의 처가 반색을 하며 반겼다. 궁에서 궁녀들을 수없이 상대해보았지만 화공의 처만큼 예쁜 여인은 하나도 없었다.

"신을 직접 맞추러 왔소이다."

"세자마마의 신은 화방靴房에서 만들어 바치지 않나이까? 이런 곳까지 오시니 황공하옵나이다."

화공의 아내가 세자의 비위를 맞추었다.

마침내 화공의 부인은 남편을 버리고 세자궁으로 들어갔다. 얼마 후 화공의 부인은 딸을 낳았다. 세자가 의아하게 여겨 따져물었다.

"벌써 아기를 낳다니, 어찌된 일이냐?"

"무슨 말씀이오이까? 왕손이 틀림없나이다."

"8개월 만에 아기를 낳는 법도 있느냐?"

"그야 모르는 일이오나 왕손임에는 틀림없나이다."

세자는 자기의 딸이 아니면 더욱 창피한 일이어서 덮어두었다.

한편, 이영주李英柱란 자가 중 노릇을 하다가 어느 백성의 딸을 마음에 두고 왕래하던 중 아들을 낳았다. 이때부터 중 노릇을 때려치우고 무뢰배와 어울려 돌아다녔다. 세자는 사냥을 좋아해 무뢰배와 어울려 사냥도 하고 함께 놀았다. 때로는 이들을 세자의 처소에까지 끌어들여와 활쏘기를 하는 등 놀이를 즐겼다.

여러 차례 세자궁에 드나든 이영주의 눈에 화공의 처가 낳은 딸이 눈에 띄었다. 이 딸은 어머니를 닮아 인물이 빼어났다. 딸은 자랄수록 사치를 좋아했다.

이영주는 세자의 딸을 구슬려 자신의 수중에 넣었다. 이영주는 임금의 사위가 된 셈이었다. 세자는 그 딸이 자기의 핏줄이 아님을 알고 있었다. 이영주는 차마 자기가 부마라고는 하지 않고 국서國壻라고 했다.

충렬왕이 즉위했다. 이영주는 낭장이 되어 궁궐을 무상 출입하며 권세를 부리고 남의 물건을 빼앗아 부자가 되었다. 백성들은 그의 착취를 영주난英柱難으로 칭했다.

그후 영주는 인물추고별감이 되어 인사권을 갖게 되었다. 그는 임금에게 아첨하여 어떻게든 재물을 긁어모으려고 했다.

"전하, 국고가 나날이 줄어들고 있나이다. 까닭인즉슨 대신이나 내료內僚들이 각 지방에 자기의 토지를 두고도 세금을 물지 않아서이나이다. 이러한 것이 국가의 재정을 좀먹는 것이오니, 이런 자들을 철저히 조사하여 은이나 포布를 바치도록 하시오소서."

"맞는 말이로다. 나라의 대신이란 자가 모두 세금을 포탈하다니, 말이나 되는가. 그런 자들을 모조리 적어올리도록 하오."

이영주는 대신들의 이름을 죄다 적어올렸다. 충렬왕은 당대 현관들의 이름이 죄다 적혀 있어, 영주를 의심하고 그를 국문하려고 했다. 무고죄로 다스리려는 것이었다.

이 소문이 퍼지자 이영주를 죽이려는 자들의 목소리가 커졌다.

"이영주는 여러 현관들을 무고했나이다. 살려두어서는 아니 되오!"

충렬왕은 그를 궁에서 쫓아내는 선에서 사건을 마무리했다.

얼마 후 이영주는 안집사安集使로 나가 각 지방을 돌면서 예쁜 여자 5명을 골라 충렬왕에게 바쳤다. 충렬왕은 이영주를 옛날처럼 믿게 되었다.

충주에 사는 정향丁香이란 자는 지방 토호로서 은을 많이 갖고 있었다. 이영주는 그를 잡아다가 족쳤다.

"네 이놈! 시골의 한낱 백성이 그 많은 재물을 어떻게 모았느냐. 나라의 재산을 훔친 게 아니더냐?"

"아니오이다."

"아니긴 뭐가 아니더냐?"

"결단코 훔치지 않았나이다."

"닥치거라! 잘못되면 죽어나갈 수 있느니라."

이영주의 엄포에 정향은 재산을 다 내놓고 그것도 모자라 은 30근을 남에게 빌려서까지 바치고 겨우 풀려났다.

충렬왕의 배경만 있으면 누구든 백성을 괴롭히고 수탈을 일삼아 인심이 흉흉했다. 특히 이영주가 심했다.

영월은 산골로서 산림이 우거져 이 산림을 밑천으로 생활을 넉넉히 꾸려갈 수 있었다. 농사꾼 강윤명은 살림이 윤택하여 생활하는 데 걱정이 없었다. 때마침 현령 이순이 새로 부임해와 지방의 부자들을 골라 재산을 긁어모으기에 여념이 없었다. 처음에는 부자들만을 상대했으나, 나중에는 일반 백성을 상대로 가렴주구를 일삼았다. 이대로 가다가는 영월 백성이 모조리 거지가 될 판이었다.

강윤명은 억울한 백성을 규합하여 현령을 쫓아낼 음모를 꾸몄다. 현령은 나중에는 자기가 부리는 자들까지 착취했다. 그중에는 역리驛吏들도 있었다. 역리는 나라에서 얼마간 떼어준 역둔토驛屯土를 경작하며 살아갔다. 지방의 역리는 하는 일이 별로 없고 사는 형편이 괜찮았다. 강윤명은 역리들을 선동하여 농민들과 함께 일어나자고 선동했다. 때마침 안집사 이영주가 충청도를 돌고 강원도로 들어온다는 소문이 퍼졌다. 강윤명은 이 소식을 듣고 친하게 지내던 역리를 찾아가 의논했다.

"소식 들었소? 이번에 안집사로 오는 자는 국서라며 세력이 대단하다오. 그자가 오면 우리는 다 죽게 되오."

"그보다도 현령이란 자가 더 무섭소이다."

"임금의 명을 받고 오는 자라 그자가 더할 게 아니겠소?"

"안집사란 지방 수령이 백성을 잘 보호하는지 살피러 다니는 자요. 우선 우리를 못살게 구는 현령부터 처치해야 하오."

"순서가 그렇소이까?"

"당연하지. 현령을 어찌한담?"

"우선 그에게 당한 백성을 모아야 하오."

"우리 말을 들으려고 할지 모르겠소."

"나라에서 나온 권농사라며 백성을 모으면 어떻겠소이까?"

"그것도 먹히지 않을 것이오. 권농사니 뭐니 하는 작자들에게 여러 번 속아 믿지 않을 것이오."

"그러면 이렇게 하십시다. 원나라에서 나온 사신이라고 속여 백성을 모아 현청으로 쳐들어가십시다."

"좋소이다. 원나라 사신이라면 통할 것 같소이다."

봄철이 되어 농민들은 농사를 시작하려고 해도 씨앗조차 없어 걱정이었다. 이 무렵, 안집사가 오느니 원나라에서 황제의 사신이 농촌을 둘러보러 오느니 하는 소문이 나돌았다. 역리와 강윤명이 짜고 소문을 퍼뜨린 것이다.

현청을 습격하자는 날이 왔다. 강윤명은 몽고옷을 입고 원나라 사신으로 변장했다. 역리들이 그를 에워싸고 영월 현청으로 향했다. 농민들이 떼지어 구경나왔다.

역리 한 사람이 큰 기를 들고 나와 소리쳤다.

"원나라 사신이시다!"

산골짜기에서는 이러한 행차가 처음이었다. 현청 가까이 가서 강윤명은 말 위에서 따라온 농민들에게 말했다.

"듣자하니 이 고을 현령 이순이란 자가 잔학무도한 자라 들었다. 황제의 명으로 그놈의 목을 베어야겠노라! 농민들도 따를지어다."

역리 하나가 외쳤다.

"여러분! 사신의 말씀을 잘 들으셨소이까? 우리를 착취한 현령을 죽여야 하오!"

"옳소!"

"그놈을 진작 죽여야 했소!"

구경꾼들이 금세 폭도로 변했다. 일시에 현청으로 몰려갔다. 3문이 부서지고 동헌 뜰에 농민들이 꽉 들어찼다. 현청 이속들은 어느새 도망치고 현령 혼자 남았다. 현령은 숨을 곳을 찾아 도망쳤다. 그러나 도망칠 곳이 없었다. 농민들의 손에 잡혀 개 끌리듯 동헌 뜰로 끌려나왔다. 강윤명이 호통쳤다.

"너는 이곳 현령으로서 백성을 보살피기는커녕 착취를 일삼았다. 네 죄 죽어 마땅하도다!"

현령 이순은 그 자리에서 목이 달아났다. 현령이 죽은 후에야 강윤명은 자신의 신분을 드러냈다. 원나라 사신이 아니라 영월 농사꾼이었다.

"현령을 없앴으니 마저 없앨 놈이 있다."

"그놈이 누구더냐!"

"안집사인지 바깥 집사인지 하는 놈이다. 그놈이 지나는 지방은 어찌나 긁어모으는지 풀 한 포기 남지 않는다 하더라!"

"그런 놈은 없어져야 한다!"

영월 농민들은 안집사 이영주를 잡겠다고 나섰다. 한 농민이 혼자 이영주를 죽이겠다고 숙소로 몰래 잠입했다가 그만 잡히고 말았다.

이영주는 관군을 이끌고 영월에 들어가 반란 농민을 색출하여 잡아들였다. 농민들은 겁을 먹고 숨어버렸다. 이로써 영월 농민반란은 끝나고, 세력을 잡은 자의 행패는 줄어들지 않았다.

여기저기에서 농민들이 저항하면 조정에서 초토사를 보내 진압하고 주동자를 처단했다.

전주全州에 대문大文이란 농민이 있었다. 그의 족속은 100여 명이나 되고 살림도 넉넉했다. 이영주는 대문의 소식을 듣고 이 집을 착취하려고 덤벼들었다. 그는 도관都官의 좌랑으로 있는 이순신을 매수했다. 이순신은 권세에 빌붙기를 능사로 아는 자였다. 이영주에게 붙어 대문의 족속 전부를 노비로 만들어 그에게 바쳤다.

이영주는 노비문서를 가지고 전주 대문의 집으로 갔다.

"네 집안은 노예의 집이다. 이제부터 너희는 공물을 내게 바쳐야 되느니라!"

"그 무슨 망발이오? 우리의 조상은 발해의 왕이외다. 고려 태조 대왕 때부터 왕족의 예우를 받았소이다. 종이라니 당치도 않소이다."

대문이 반항했다. 이영주가 종문서를 내보이며 호통쳤다.

"이 문서를 보라! 너희는 태조 대왕 때 죄인이 되어 노적奴籍에 올려져 있느니라."

대문은 너무 억울하여 개경으로 올라와 왕부王府에 호소했다.

당사관 조인규는 이영주의 짓인 줄 알고, 충렬왕에게 도관의 좌랑 이순신과 이영주가 짜고 노비문서를 만든 것이라고 고했다.

이영주와 이순신은 그 즉시 파직당했다. 그 당시 권력을 쥔 자들은 이영주와 다를 바 없었고, 여기저기에서 착취당한 사람들의 저항이 끊이질 않았다.

◉ 팔마비

충렬왕 때 최석崔碩이 승평부昇平府(지금의 순천) 부사로 3년 동안 근무하며 백성을 자기 자식처럼 사랑하고 보살폈다. 그는 3년 임기가 끝나 조정의 비서랑 벼슬을 받아 개경으로 올라가게 되었다.

승평부 백성은 마치 부모와 이별하는 듯 최석을 보내지 않겠다고 앙탈을 부렸다. 그러나 백성의 힘으로는 어쩔 수 없는 노릇이었다.

그 무렵 이 고을 풍습이 부사가 갈리면 말 일곱 필을 선물하는 관례가 있었다. 이번에도 예외 없이 최석에게 말 일곱 필을 바쳤다. 최석은 백성들의 마음만을 받기로 하고 사양했으나 막무가내였다.

최석은 할 수 없이 백성들이 준 말 일곱 필을 개경으로 끌고 온 후 다시 승평부로 되돌려보냈다. 승평부 백성은 그 말들을 받지 않았다. 사람을 시켜 다시 개경 최석의 집으로 가져갔다. 최석은 그들의 성의는 고마웠으나 받을 수 없을 뿐더러 오해마저 하고 있었다. 승평부에 있을 때자기가 기르던 말이 망아지를 낳았는데 그 망아지를 데리고 올라왔다. 그것을 보고 승평부 백성이 자기를 탐욕스럽게 여기지 않았나 싶었다.

"딱한 백성이로고. 내가 승평부에 있을 때 내 말이 망아지 한 마리를 낳아 그 망아지를 그대로 데리고 왔거늘 그것을 보고 백성들이 나를 탐욕스런 자로 아는구나. 그래, 따지고 보면 너희 고을에서 얻은 망아지라 내 것이 될 수는 없겠구나. 망아지마저 보낼 터이니 더는 물리지 말고 받아두어라."

혼자 구시렁거리며 되돌려온 말 일곱 필과 망아지까지 말 여덟 필을 승평부로 보냈다. 백성들은 할 수 없이 그 말들을 받아놓고 칭찬을 아끼지 않았다.

"참으로 청렴한 목민관이었소. 이런 분이 어디에 또 있단 말이오. 이런 어른의 송덕비를 아니 세워드리고 누구를 세워드린단 말이외까."

승평부 백성들은 돈을 모아 송덕비를 세우고 '팔마비八馬碑'라고 불렀다. 그뒤부터 부사가 떠날 때 말을 선물하던 풍습이 사라졌다.

우리 나라에서 송덕비가 생긴 것은 이 팔마비가 처음이다. 지금도 전라남도 순천시에 가면 팔마비가 그대로 남아 있다.

⊙ 신랑이 뒤바뀐 사연

충렬왕 때 개경에서 멀지 않은 강화도에 진평산陳平山이란 사람이 있었다. 선대에 사환仕宦 벼슬을 한 인물이어서 재산도 넉넉했다. 다만 슬하에 아들이 없고, 늘그막에 소방小房이라는 딸을 보았다. 소방은 총명하고 얼굴도 고왔다. 13세에 이미《사서삼경》을 떼고, 서화와 바느질에도 솜씨가 빼어났다. 양반집 규수로서 어디 내놓아도 빠지지 않았다.

진평산은 사윗감을 고르며 따지는 것이 많았다. 딸이 출중한 인물이어서 그럴 만도 했다. 어느새 소방의 나이 17세가 되었다.

이 무렵, 황해도 해주에 하윤옥河允玉이라는 총각이 살았는데, 미목이 수려하고 학식이 풍부했다. 인근에서 칭찬이 자자한 인물이었다. 아버지는 상장군에까지 올라 몽고 난리에 흡만의 군사를 상대로 싸우다가 전사했고, 어머니는 그보다 일찍 세상을 떠났다. 그리하여 늙은 종 하나를 데리고 가난한 살림을 꾸리며 살고 있었다. 다행히도 육촌 형 하윤경이 부자여서, 윤옥은 그 집 사랑에서 숙식을 하며 글공부에 매달렸다. 윤경은 윤옥보다 한 살 위였다. 윤경은 글공부를 싫어하고 생김새마저 추했다. 얼굴은 검고 광대뼈가 불거져나온데다가 애꾸눈이요 매부리코였다. 그래도 눈은 높아서 천하일색이 아니면 장가들지 않겠다고 큰소리쳤다.

윤옥의 동네에 윤경의 돈을 빌려 포목점을 하는 우대성이라는 사람이 있었는데, 그는 가끔 강화도에 나가 장사를 했다.

어느 해 봄이었다. 대성이 강화도에 가서 물건을 팔고 오는 길에 강화도 특산 건시乾柿를 한 접 사가지고 와서, 윤경의 집에 선물로 주고 세상 돌아가는 이야기를 나누었다.

대성은 대화를 나누다가 자연스럽게 진평산네 딸 이야기를 꺼냈다.

"총명하고 아름답다고 평판이 나 있는데, 진평산이 사위를 너무 까다롭게 골라 여태껏 시집을 못 가고 있다오."

윤경은 이 말을 듣고 부쩍 달아올랐다.

"아니, 뭐가 그리 까다롭소?"

"말도 마시오. 얼굴은 두목지杜牧之 같아야 하고, 문장은 이태백이 아니면 어림도 없답니다."

"사내가 사내구실 잘하고 마누라 밥 굶기지 않으면 그만이거늘 뭐 그리 따진다오?"

"그러니 시집을 못 보내는 게지요."

이튿날 윤경은 대성의 포목점에 가서 중매를 서달라고 졸랐다.

"어느 곳 규수에게 중매를 서달라는 겝니까?"

"아, 어제 말한 강화도 그 규수에게 중매를 서주오."

대성은 어이가 없어 웃음이 나왔다.

"다른 집 규수라면 몰라도 진평산네 규수는 내 힘으로는 어려울 것 같소이다. 다른 이를 보내시지요."

"어찌 꽁무니를 빼는 게요!"

"다름이 아니오라 진평산의 성질이 괴팍하여 사윗감을 자기가 직접 보고 마음에 들어야 딸을 주겠다고 하니 성공할 가능성이 없다는 것이외다."

"그런 이유라면 크게 문제 될 게 없소이다. 첫째 우리집은 해주에서 제일가는 갑부요, 둘째 내 인물이 못생긴 편이 아니고, 셋째 내게 고질병이 없으니 이만하면 훌륭한 사윗감이 아니오?"

대성은 윤경이 너무나 뻔뻔스러워 그만 웃음이 터져버렸다.

"도련님 얼굴이 못생긴 편은 아니오나 이 세상에는 도련님보다 잘생긴 남자가 너무 많아서 걱정이외다. 만약 진평산이 선을 본다면 내 생각으로는 성사되기 어려울 것 같아 드리는 말씀이외다."

윤경은 바락 성을 냈다.

"당신 말대로라면 과녁을 맞추지 못할까 봐 활도 쏘아보지 못하겠구려. 맞고 안 맞고는 쏴봐야 아는 것 아니겠소? 그러지 말고 내일이라도 강화도에 나가 진평산을 만나보고 나의 뛰어난 인품과 재주를 말해보오."

윤경이 강압적으로 나왔다. 대성은 몹시 속이 상했으나, 장사 밑천을 대주는 전주錢主여서 마지못해 그러마고 대답했다.

이튿날 대성은 강화로 떠났다. 윤경이 부두까지 나와 노자로 은 닷냥을 주고 심복 막동이를 붙여주었다. 사흘 만에 강화에 닿은 대성은 곧바로 진평산의 집으로 가서 중매 서러 온 뜻을 밝혔다.

"신랑감은 어느 댁 도련님이외까?"

"해주 하州 녹사錄事댁 맏자제이옵니다. 재산은 해주에서 제일 부자이며 문벌 또한 귀댁과 비슷하나이다."

"나이는 몇이며, 학문·문장은 어떠하오?"

"방년 19세이며, 학문과 문장은 말할 것 없이 높고 뛰어나나이다."

"헌데 과거는 봤소이까?"

"3년 전에 부친상을 당하여 애석하게도 보지 못했나이다."

대성은 윤경의 심복 막동이가 옆에 있어 부러 허풍을 떨지 않을 수 없었다.

"당신 말대로라면 훌륭한 신랑감이외다. 허나 내 눈으로 직접 보기 전에는 결정할 수 없소이다. 선을 보게 해주오."

"하오나 하 녹사댁 도련님은 늘 서재에 틀어박혀 글공부만 하는 터여서 경솔하게 움직일 것 같지 않나이다."

"그렇다면 내가 해주로 가면 되겠소이다."

대성은 가슴이 뜨끔했다. 선을 보지 않고 혼인을 성사시켜야만 가능성이 있지, 선을 보이면 아마 진평산이 화를 낼 것이었다. 그뿐 아니라 우대성은 거짓말쟁이·허풍선이로 몰려 큰 봉변을 당할 판이었다.

"그러실 것 없나이다. 나이도 젊지 않으시거늘 험한 물길을 어찌오시겠나이까? 제가 도련님을 모시고 와서 선을 보도록 하겠나이다."

대성은 진평산 집에서 하룻밤 묵고 막동이와 함께 해주로 돌아왔다. 윤경은 대문 밖에 서서 기다리고 있다가 대성을 반갑게 맞았다.

"어찌 되었소?"

대성은 진평산과 주고받은 말을 그대로 전했다.

"진평산이 기어코 도련님을 뵙자고 하나이다. 어찌하면 좋으리까?"

윤경은 한참을 생각하다가 입을 열었다.

"내게 한 가지 계책이 있소이다."

"무엇이오이까?"

"내 육촌 동생 윤옥이 있지를 않소? 윤옥을 내 대신 선을 보게 하는 것이외다."

대성이 듣고 보니 묘안이었다. 윤옥이라면 어디다 내놓아도 빠지지 않는 신랑감이었다.

"참으로 좋은 계책이외다. 윤옥 도련님이라면 지평산도 입을 벌릴 것이외다."

그날 저녁, 윤경은 사랑 대청에 주안상을 차려놓고 윤옥과 마주앉았다.

"형님, 공밥 먹는 것만도 미안한데 웬 주안상이옵니까?"

"동생에게 특별히 부탁이 있다네. 꼭 좀 들어주게나."

"형님께 신세를 지고 있는 몸이나이다. 내 힘이 닿는 일이라면 성심 성의껏 돕겠나이다."

윤경은 윤옥에게 술을 권했다. 술잔이 몇 순배 오고 간 후에 윤경은 자초지종을 이야기하고 한마디 덧붙였다.

"일이 성사되면 자네에게 후한 사례를 잊지 않겠네."

"형님, 혼인은 인륜지대사이옵니다. 속임수를 쓰다가 만약 발각되는 날에는 우리 두 사람은 물론이거니와 가문이 몰락할 수도 있나이다."

"그것은 염려 말게나. 속임수를 쓴다 할지라도 혼인식만 끝나면 그만 아닌가. 설혹 그전에 발각된다 하더라도 중매쟁이 대성이와 당사자인 나의 책임이지 자네는 관계가 없는 일이 아닌가."

윤옥은 내키지 않았으나 윤경이 딱하고 신세지는 몸이어서 승낙하고 말았다.

이튿날, 비단옷으로 말쑥하게 차려입은 윤옥이 대성·막동이와 함께 강화도로 떠났다. 강화도에 도착한 일행은 진평산 집으로 곧장 갔다. 진평산은 윤옥을 보고 그만 한눈에 반해버렸다. 자기가 찾던 인물이었다.

"이 청년이 하 녹사댁 자제요?"

"그렇사옵니다."

우대성이 말을 받았다.

"과연 듣던 대로요. 금년 19세라고? 그래 이름이 무엇인가?"

"하윤경이옵니다."

윤옥이 목례를 했다.

진평산은 인물과 풍채는 이만하면 훌륭하다 싶어 학문을 알아보려고 딸 소방을 가르치는 선생을 불렀다. 고희를 넘긴 할아버지가 유관을 쓰고 사랑으로 들어왔다.

"이 청년이 전에 말한 하 녹사댁 자제랍니다."

윤옥이 일어나 선생에게 큰절을 올렸다. 선생은 주인의 뜻을 알고 이 것저것 물어보았다. 윤옥은 막힘없이 대답했다. 선생은 입에 침이 마르도록 칭찬했다. 옆에서 지켜보던 진평산은 기뻐서 춤이라도 추고 싶은 심정이었다. 즉시 주안상을 내오라고 하여 주객이 취하도록 마셨다.

어느덧 날이 저물어가고 있었다. 진평산은 하룻밤 묵어가라고 붙잡았으나, 윤옥은 실수라도 하여 자신의 신분이 탄로날까 두려워 그만 자리를 털고 일어났다.

진평산은 우대성을 옆방으로 데리고 가서 말했다.

"자네가 중간에서 아무쪼록 혼인이 성사되도록 힘써주오."

"여부 있겠나이까."

"신랑감을 직접 만나고 오니 하나도 흠잡을 데 없소이다."

"그러기에 선을 보실 필요없다 하지를 않았나이까."

"성사가 되면 내 자네에게 후하게 사례하리다."

윤옥 일행은 해주에 돌아와 윤경에게 혼인이 성사되었다고 말했다. 윤경은 기뻐서 일행에게 축하연을 베풀어주었다. 그리고 말굽 열 다섯 덩이를 세 사람에게 다섯 덩이씩 상으로 주었다.

다음날 서둘러 택일을 하여 진평산 댁에 보냈다. 혼인날짜가 다음달 초사흗날로 잡혔다.

우대성은 혼인날이 가까워오자 은근히 걱정되었다. 대성은 윤경을 찾아가 어떻게 대처할 것인지 물었다.

"내가 친히 가서 대례를 치르고 친영을 할 것이오."

윤경이 태연하게 말했다. 우대성은 기가 찼다.

"아니, 어쩌려고 그러시오? 혼인날 딴 사내가 나타나면 신부 집에서 어떻게 나오겠나이까? 누구를 죽일 작정이시오?"

"그렇다고 가짜가 갈 수는 없지. 신부와 첫날밤을 치를 터인데 어찌 가짜를 보낸단 말이오!"

"혼인식을 할 때까지는 가짜를 내세우고 첫날밤을 치를 때 도련님이 들어가서 불을 끈 다음에 신부를 덮쳐버리면 그만 아니오이까? 내 말대로 하시오소서."

당시 고려 풍속은 신랑이 신부 집으로 가서 초례를 치르는 즉시 신부를 데리고 신랑 집으로 와서, 사당과 부모에게 헌신례를 드린 후에 신랑 집에 신방을 꾸미고 사흘을 지내게 되어 있었다.

윤경은 대성을 보내고 윤옥을 불렀다.

"이보게 윤옥이, 기왕지사 이렇게 된거 신부 집에 신랑으로 가서 혼례를 치르고 오게나."

"혼례는 선보는 것과는 다르오이다. 도의상 그럴 수는 없나이다."

"자네 말이 맞는 말이네만, 신랑이 선 본 사람이 아니고 다른 사람이면 어찌 되겠는가. 첫날밤만 내가 치르면 그만 아닌가? 봐준 김에 끝까지 봐주게나."

윤경이 매달리는 바람에 윤옥은 어쩔 수 없이 또 승낙해버리고 말았다.

혼인날이 다가오자 윤경은 큰 배 다섯 척에 일행을 태워 강화도로 보냈다. 막동이를 따로 불러 비밀이 누설되지 않도록 여러 하인들을 단속하라 이르고 일을 무사히 끝내면 큰 상을 내린다고 약속했다.

신랑 일행이 강화에 도착하자, 우대성은 사처를 잡아 일행을 머물게 한 후 진평산 집에 연락했다.

이튿날 풍악을 선두로 예물을 지고 청사초롱을 든 100여 명의 하인에게 에워싸여 신랑이 화려한 대례복을 입고 가마 위에 앉아 신부 집으로 향했다. 길가에 늘어선 구경꾼들이 신랑의 준수한 용모에 칭찬이 자자했다.

신부 집에서 혼인식을 마치고 신랑은 동각으로 인도되어 여러 빈객들 옆에서 큰 상을 받았다. 이날 진평산은 너무 기쁜 나머지 손님을 상대로 대취했다.

그런데 화창하던 날씨가 한낮이 지나 갑자기 흐려지더니 태풍이 불고 비가 억수로 퍼부었다. 신랑 일행은 해주로 떠나지 못하고 태풍이 멎기를 기다렸다. 그러나 그날 밤 내내 태풍이 휘몰아쳐 배를 띄울 수가 없었다. 어쩔 수 없이 신랑 일행은 신부 집에서 하룻밤 묵었다.

진평산을 비롯하여 여러 빈객들이 머리를 맞대고 상의하여 어차피 태풍으로 신랑 집에 갈 수 없게 되었으니 길일吉日을 헛되이 보낼 것이 아니라 신부 집에서 사흘을 보내게 하자는 데 의견을 모았다.

윤옥은 놀라서 필사적으로 반대했지만 여러 사람의 공론을 막을 수 없었다. 우대성은 술이 고주망태가 되어 쓰러져 인사불성이었다. 윤옥은 신부 집에 마련된 신방에 들지 않으려고 온갖 꾀를 내었으나 허사였다. 신부 집에서 강제로 신방에 넣어버렸다. 윤옥은 신방에 감금당해 운명에 맡기는 수밖에 도리가 없었다.

이윽고 신부가 성장을 한 채 몸종들의 부액을 받으며 신방에 들어섰다. 윤옥은 한눈에 반해버렸다. 진평산이 사윗감을 신중히 고른 이유를 알 만했다. 신부는 나무랄 데 없는 미색인데다가 총기가 넘쳐 보였다. 그러나 윤옥에겐 그림의 떡이었다. 신부는 육촌 형 윤경의 아내였다.

신부는 옷을 벗겨주기를 다소곳이 앉아 기다리고 있었다. 윤옥에게 신부의 모습이 가련하게 보였다. 윤옥은 이를 악물고 버텼다. 절대로 손을 대서는 안 될 육촌 형수였다. 첫날밤을 옷을 입은 채로 꼬박 지새웠다.

이튿날도 태풍은 여전했다. 윤옥은 또다시 신방으로 인도되었다. 이날 밤 역시 옷을 입은 채로 방 한쪽 구석에서 쪼그리고 앉은 채 보냈다.

사흘째 되는 밤이었다. 소방은 이틀 밤을 신랑이 자기를 멀리하는 것을 보고 실눈을 뜨고 신랑의 동정을 살폈다. 신랑은 이따금 한숨을 쉬며 신부에게 눈길 한번 주지 않았다. 신부는 곰곰이 그 까닭을 생각해 보았다. 도무지 알 길이 없었다.

사흘째 되는 날도 신랑 신부는 아무 일 없이 밤을 보냈다.

태풍은 완전히 멎어 있었다. 신랑은 해주로 돌아갈 길을 서둘렀다.

진평산은 상객으로 여러 하인을 거느리고 배에 올랐다. 막동이는 이 사실을 알리려고 빠른 배를 타고 먼저 떠났다.

윤경은 사흘을 밤잠을 설치며 초조하게 기다리고 있었다. 먼저 돌아온 막동이가 그간의 사정을 보고했다. 윤경은 말문이 막혀버렸다.

"사흘 밤을 함께 보냈더란 말이더냐?"

"네에, 한방에 있었으나 신부를 손끝 하나 건드리지 않았다 하나이다."

윤경은 화가 치밀어올라 막동이의 뺨을 후려쳤다.

"이 천치 같은 놈아! 그 말을 나더러 믿으란 말이더냐? 천하일색과 한방에서 자는 데 건드리지 않을 사내가 이 세상 어디에 있겠느냐! 네가 말렸어야지. 그런 것 하나 못 말리고 와서 무슨 개수작이냐!"

막동이가 아무리 설명해도 윤경은 믿지 않았다. 윤경은 사정없이 주먹을 날리며 막동이를 때렸다. 막동이는 죽는다고 비명을 지르며 땅바닥에 뒹굴었다.

신랑 일행이 해주에 도착했다. 윤옥은 먼저 육지로 올라와 마중 나온 윤경에게 다가갔다. 윤경은 윤옥의 멱살을 잡고 주먹으로 후려갈겼다.

"천하에 의리 없는 새끼야! 이러고도 네가 사람이냐!"

윤경이 윤옥을 개 패듯 때렸다.

뒤따라온 진평산이 이 광경을 보고 놀라 윤경의 팔을 잡고 말렸다. 윤경은 그제서야 윤옥을 놓아주었다.

진평산은 수상쩍어 윤경의 하인을 붙들고 따져 물었다. 하인은 기왕 지사 밝혀진 일이라며 죄다 털어놓았다. 진평산은 화가 나서 우대성의 멱살을 잡고 마구 후려갈겼다.

"이 협잡꾼 놈아! 네 놈이 내 딸의 신세를 망치려고 이따위 짓을 벌였느냐! 내 손에 죽어라!"

진평산은 하인을 시켜 우대성의 사지를 꼼짝 못하게 묶은 다음 짚고 왔던 박달나무 지팡이로 닥치는 대로 갈겼다.

신부 집 하인들도 분을 참지 못해 100명이 일제히 달려들어 윤옥을 때린 윤경을 때리려고 했다. 여기에 윤경의 하인들이 주인을 보호하려고 몽둥이를 들고 맞섰다. 바닷가 흰 모래밭에서 수백 명이 패싸움을 벌였다.

때마침 그곳을 지나던 서해도 안무사가 이 광경을 보고 포졸을 보내 잡아오도록 했다. 포졸들이 나타나자 양가의 하인들이 뿔뿔이 달아나 버리고, 진평산·윤경·윤옥·대성만이 남았다. 네 사람은 해주 관아로 압송되었다.

안무사가 직접 심문을 했다. 진평산이 그간의 사건을 빠짐없이 이야기했다. 안무사는 우대성을 족쳤다. 우대성은 거짓말을 할 수가 없었다. 모든 사실을 시인했다.

윤경 또한 대성이 모든 사실을 시인한 터여서 거짓말로 둘러댈 수가 없었다.

세 사람의 진술을 듣고 난 안무사는 마지막으로 윤옥을 불렀다.

"너는 글을 읽은 선비로서 어찌 이런 일을 저질러 남의 집 귀한 딸을 농락했느냐?"

"결단코 소생의 본의가 아니었나이다. 육촌 형이 너무도 간곡히 부탁하여 인정상 박절히 거절할 수 없어 이리 되었나이다."

"그렇다면 어찌하여 신방에서 신부와 사흘씩이나 함께 잤더냐?"

윤옥은 혼례를 치른 후부터 태풍에 묶인 사정을 말하고, 신부 집 사람들의 강권으로 어쩔 수 없이 신방에 들어간 경위를 설명했다.

"설사 여러 사람이 강권했을지라도 끝까지 사양했어야 옳지 않느냐?"

이때 듣고 있던 윤경이 안무사에게 동정을 구할 양으로 입을 열었다.

"지당하신 분부이옵나이다. 저놈은 처음부터 음흉한 생각을 품었던 게 분명하나이다."

"네 이놈! 입 닥치거라!"

윤경은 찔끔하여 고개를 숙였다. 안무사가 윤옥을 심문했다.

"네가 끝까지 사양하지 않은 것은 사심이 있었던 게 아니더냐?"

"소생은 끝까지 사양했사오나 여러 사람이 강제로 신방에 넣는 바람에 어쩔 수 없었사옵니다. 하오나 사흘 밤을 지내는 동안 신부의 몸에 손가락 하나 대본 일이 없나이다."

안무사는 큰소리로 웃었다.

"옛날에 유하혜柳下惠라는 도학군자가 여자를 품에 안고서도 범하지 않았다는 말이 있느니라. 허나 너같이 혈기방장한 청년이 사흘 밤이나 꽃 같은 색시와 한방에서 자면서 건드리지 않았다니, 믿을 수가 없도다."

"이 일은 진평산님에게 물어보시면 알 것이나이다."

"신랑이 사흘 동안 옷을 벗지 않고 잔 것은 사실이나이다."

진평산이 딸의 종들에게 들은 바 있어 증언했다.

안무사는 윤옥의 말을 믿게 되었다. 안무사가 진평산에게 물었다.

"두 신랑 가운데 누구를 택하겠는가?"

"이미 가짜와 혼인식을 치렀고, 비록 육체관계는 없었으나 사흘을 한방에서 지내 부부로서의 의가 맺어진 셈이오니 가짜 신랑을 사위로 삼겠나이다."

윤옥이 사양했다.

"소생이 대리 신랑이 된 것은 형을 위함이요 사심이 있었던 것이 아니옵니다. 이제와서 신부를 취한다면 사흘 밤이나 옷을 벗지 않은 뜻이 물거품이 되고, 동시에 세상 사람들은 소생의 처음 뜻을 의심하게 될 것이나이다. 소생은 결코 명령에 복종할 수 없나이다."

"네가 이미 두 번이나 사람을 속였으니 법으로 따진다면 범죄자라고 볼 수 있느니라. 만약 신부를 거절한다면 본관은 부득불 너에게 죄를 줄 수밖에 없느니라. 그러니 내 말에 따르라!"

윤옥은 더 이상 사양할 수 없었다. 윤경이 안되어 보였지만 어쩔 수 없었다.

"안무사의 명에 따르겠나이다."

사건이 깨끗이 해결되었다. 윤경은 막대한 재산을 날리고, 진평산은 마음에 드는 사위를 얻었다.

윤옥은 진평산의 데릴사위로 들어갔다. 후에 막대한 재산을 물려받아 벼락부자가 되었다. 신부 소방과는 금실 좋기로 소문이 났다. 윤옥은 여기에서 그치지 않고 글공부를 열심히 하여 과거에 장원급제한 후 높은 벼슬에 올랐다. 참으로 억세게 운이 좋은 사내였다.

충선왕시대 (1298, 1308~1313)

⊙ 계국공주

충렬왕의 셋째 아들이자 제국공주의 소생인 충선왕忠宣王의 이름은 장璋, 자는 중앙仲昴이다. 몽고식 이름으로는 익지례보화, 원나라 세조 쿠빌라이의 외손자이다. 3세의 나이로 세자로 책봉되고 1298년 충렬왕 이 태상왕으로 물러나 24세의 나이로 고려 26대 왕위에 올랐다. 그러나 왕비 계국공주薊國公主와의 불화로 그해 8월 왕위에서 쫓겨나 원나라로 압송되었다가, 1308년 7월 충렬왕의 뒤를 이어 복위되었다.

충렬왕 22년 10월 원나라의 서울 북경 황궁에서 고려의 왕자 장과 황 실 진왕 감마랄의 딸 보탑실련이 화촉을 밝혔다. 원나라 황제 성종을 비 롯하여 황실의 친척, 고려에서 들어간 충렬왕과 제국공주도 주인격으 로 이 혼인식에 참석하여 양국이 태평성대를 누리도록 두 사람의 전도 를 축하했다. 혼인은 몽고식으로 거행되고, 연회는 고려식으로 음식을 차렸다. 원나라 사람들이 제일 좋아하는 고려 음식은 고려 궁중에서 특 별히 즐기는 유밀과였다. 고려 궁중에서 숙수熟手가 원나라에 들어가 연회음식을 장만했다.

음악도 고려 음악을 연주했다. 아악이 황궁에 울려퍼지자 원나라 대신들은 황홀한 듯 음악을 감상했다. 연회가 끝난 후 충렬왕은 세자 충선과 새며느리 계국공주를 데리고 원나라 세조의 황후인 황태후에게 인사 올리러 융복궁隆福宮으로 들어섰다.

세자는 융복궁 황태후의 외손자였다. 늙은 황태후는 외손 내외의 손을 잡고 기쁨을 감추지 못했다. 황태후 궁에서도 세자 내외를 위한 연회가 열렸다. 순전히 몽고식으로 양고기와 양젖으로 만든 술이 나왔다. 이러한 연회는 한 달 동안 계속되었다. 두 사람의 장래를 축복하는 뜻에서 여기저기에서 연회를 베풀어주었다.

다음해 5월, 세자의 어머니 제국공주가 고려 궁중 수녕각壽寧閣에서 작약꽃을 감상하다가 병이 들어 갑자기 세상을 떠났다. 부고를 받은 세자는 급히 고려로 돌아왔다. 이때는 고려가 원나라에 복속된 상태라, 공주가 죽으면 아무리 임금이 살아 있을지라도 왕위에 있을 수 없어 보위를 세자 충선왕에게 물려주었다. 충렬왕은 태상왕으로서 수일왕이 되어 덕자궁德慈宮에서 할 일 없이 지냈다.

고려에 들어온 충선왕비 계국공주는 모든 것이 생소하기만 했다. 믿는 것은 오로지 충선왕뿐이었다. 충선왕은 몽고 황궁에서 자라 고려 궁궐에 대해 아는 것이 없었다. 고려 궁궐의 기풍, 음식, 궁인들이 생소하기만 했다. 충선왕은 계국공주를 맞기 전에 조인규趙仁規의 딸과 혼삿말이 있었다. 조인규의 딸은 궁중에 들어와 임금의 좌우에서 시중을 들었다. 충선왕의 마음이 조비趙妃에게 쏠렸다. 계국공주는 임금과 조비가 가까워지자 자신의 신세를 원망하기에 이르렀다.

계국공주가 임금에게 말했다.

"상감마마, 요사이 국사에 소홀하신 것 같사옵니다. 원나라 황상께오서 소녀더러 임금을 도와 선정을 베풀도록 하라 이르셨나이다. 하온데 마마께서는 국사는 돌보지 않고 잉첩(시중드는 첩)의 처소에 박혀 계시니 어찌 임금의 도리라 하겠나이까?"

충선왕은 계국공주의 말을 귓등으로 흘려버렸다.

"공주는 국사에 관여하지 마오. 국사는 임금인 내가 맡은 것이거늘 공주가 나설 자리가 아니오."

계국공주는 화가 치밀어 파르르 떨었다.

"고려를 누가 돕고 있나이까? 권신들의 손아귀에 들어간 나라를 누가 구해주었나이까? 우리 황상께서 구해주지 않았소이까? 상감은 벌써 황은을 잊었단 말이외까?"

"고려가 재생한 지도 30년이 넘었소이다. 재생지은을 입에 담을 때가 아니외다. 나는 고려만을 잘 다스리면 되오이다."

"어찌 고려국을 잘 다스린다고 말할 수 있나이까? 후궁의 방에 처박혀 있는 임금이 무슨 수로 나라를 잘 다스리겠소이까!"

"닥치시오!"

충선왕은 화가 치밀어 악을 썼다. 계국공주의 눈에 눈물이 고였다. 공주와는 처음부터 뜻이 맞지 않았다. 어쩔 수 없이 맺어진 인연이었다. 충선왕은 되도록 계국공주와 함께하지 않으려고 피하는 실정이었다.

충선왕은 자리를 박차고 방을 나와버렸다. 계국공주는 슬픔이 복받쳐 등을 들썩거리며 슬피 울었다. 시녀들은 당황하여 공주를 위로했다. 오로지 임금 하나만을 의지하고 고려에 온 공주로서는 견디기 힘든 일이었다. 임금과 공주가 싸웠다는 소문이 덕자궁의 충렬왕 귀에 들어갔다. 복위를 노리던 충렬왕 주변 신하들이 충렬왕에게 간했다. 승지 송린이 나섰다.

"태상왕 전하, 기회가 왔사옵나이다. 제국공주께서 승하하신 후 금상의 왕위까지 계국공주가 차고 앉아 조정을 뒤흔들더니 드디어 금상과 다투었다 하옵나이다. 아마도 원나라에서 이번 일을 그냥 넘기지 않을 것이나이다. 사람을 원나라 좌승상 아홀태阿忽台에게 보내 사유를 알리는 것이 좋을 듯하나이다."

태상왕은 보위에 미련이 있었으므로 고개를 끄덕였다.

한편, 충선왕의 사랑을 차지한 조비는 궁궐에 자기 세력을 펴기 위해 아버지 조인규를 사도시중司徒侍中 광정원참사光政院參事에 앉히고 서·연·후 등 친정 동기들에게 벼슬을 주어 궁궐을 활보하도록 했다. 이러한 사정을 안 계국공주는 고려 궁궐에서 잘 모르는 위글 문자로 장문의 편지를 써서 원나라에서 데리고 온 철리에게 주어 원나라 황제에게 올리도록 했다.

원나라에서는 이 편지를 보고 아리회·홍중희·양염룡 등 단사관斷事官을 파견하여 조인규를 비롯, 그의 처·아들·딸·조비 등을 심문했다. 조인규는 단사관에게 당당히 말했다.

"이보시오, 단사관! 구중궁궐의 일을 어찌 고려의 관원이 참견할 수 있다고 보오?"

옳은 말이어서 단사관은 조인규를 물리고 부인을 심문했다. 부인도 당당했다.

"내 딸이 궁궐에 들어간 후 임금과 공주 사이가 금실이 좋지 않자 공주가 엉뚱하게도 내 딸 조비에게 뒤집어씌워 쫓아내려고 벌인 일이나이다. 조비에게는 잘못이 없나이다."

"무슨 말인가! 조비가 임금과 공주 사이를 떼어놓으려고 온갖 비방을 다 쓴다고 들었다. 원나라 황제께서도 그리 알고 계시다. 거짓말하면 어찌 되는지 모르는가!"

단사관은 부인을 무참히 국문했다. 부인은 견디다 못해 그들이 하는 말에 시인하고야 말았다. 결국 조인규 일가는 멀리 귀양을 가고 단사관 일행은 충선왕과 공주를 모시고 원나라로 떠나버렸다. 태상왕은 다시 복위되었다. 충렬왕은 다시 원위치로 돌아와 풍류를 즐기고 사냥놀이를 하며 세월을 보냈다.

서흥후 왕전王琠은 신종의 고손자로 일찍부터 원나라 북경에 들어가 있었다. 왕손인데다가 잘생겨 북경에서 꽤 알려져 있었다.

충렬왕은 북경에 들어간 충선왕이 다시 고려에 나오지 못하도록 음모를 꾸몄다.

한편, 충선왕과 계국공주는 원나라에 들어와서도 금실이 좋지 않아 별거생활에 들어갔다. 그 사이 충선왕은 몽고 여인을 얻어 화목하게 지냈다. 계국공주의 마음은 갈가리 찢어졌다. 아버지 진왕마저 세상을 떠나 넓은 진왕저에서 홀로 깊은 시름에 잠겨 지냈다. 이 무렵에 나타난 사람이 미모의 왕손 왕전이었다.

왕전은 금색찬란한 몽고옷을 입고 머리에는 몽고 모자를 쓰고 있었다. 공주는 처음부터 왕전에게 호감을 느꼈다. 왕전은 공주 앞에 읍하고 서서 유창한 몽고말로 말했다.

"공주마마께 문안드리나이다. 신 고려 종실 왕전이나이다."

"오랜만에 고려의 종실을 대하니 내 마음이 고려에 있는 듯 반갑나이다. 종친 중에서도 지친이시니 더욱 반갑나이다. 가끔 공주전에 놀러오소서."

"황공하옵나이다."

"일가끼리 서로 서먹하게 지내는 것은 궁중예절이 까다로워서 그런 것이나이다. 아버님께서 돌아가시고 나 혼자 있으니 종종 왕래하시어 고려의 이야기를 나누시지요."

"황공하오신 분부시나이다."

그렇게 왕전과 공주는 친해졌고, 두 사람 사이에 왕래가 빈번했다.

충렬왕을 따라온 왕유소·송방영·한신·송린 등은 임금 부자를 이간질하기 위해 원나라 황실에 있는 고려인 환관 이복수에게 뇌물을 주어, 황실과 통하고 황태후를 배알하게 되었다. 왕유소가 황태후에게 말했다.

"충선왕은 부왕께 불효자로 황상 폐하가 내치셨사온데 조금도 반성하는 기미가 없고 여전히 부왕께 불효하나이다. 전날 부왕이 충선왕 처소에서 나오다가 넘어져 앞니가 부러졌사온데 충선왕은 돌보지 않았나이다. 자식 된 도리로 어찌 이럴 수 있단 말이옵니까! 그후에 충선왕은 깨달은 바 있어 머리를 깎고 입산수도코자 한다 하옵나이다. 황태후 폐하께오서 허락해주시오소서. 하옵고 종실 왕전은 위인이 영특하오니 널리 쓰시면 이로울 것이나이다. 통촉하여 주시오소서."

황태후는 거절했다. 이런 일은 황태후 소관이 아니라는 이유였다.

왕유소 등은 우승상 타라한과 좌승상 아홀태에게 왕전에게 계국공주를 개가시키도록 권했다. 우승상 타라한이 핀잔을 주었다.

"그것이 될 말이오? 당치도 않소이다."

왕유소 등은 끈질기게 황태후를 공략했다.

"마마, 충선왕은 이미 부자지도에 어긋난 인물이나이다. 자식 된 도리를 못하는데 어찌 임금 노릇을 할 수 있겠나이까."

"왕전이 왕의 아들인가?"

"그러하오이다. 임금의 친자는 아니오나 왕과 가까운 종실의 아들이나이다."

"내가 황상에게 말해보도록 하겠네."

왕유소는 일이 다 된 것처럼 충렬왕에게 아뢰었다. 충렬왕은 이때부터 왕전을 계국공주의 처소로 자주 보냈다.

공주도 왕전을 기다리는 지경에 이르렀다. 고려의 대신들은 나라의 장래를 위해 이를 말렸으나 왕은 우유부단했다.

추문이 금세 북경에 퍼졌다. 충선왕은 불쾌하여 계국공주의 처소에 발길을 끊어버렸다. 공주도 충선왕을 기다리지 않았다. 옆에 왕전이 있어 행복하기만 했다.

고려와 원나라의 궁궐을 싸고도는 불미스러운 일이 간사한 무리들에 의해 조종되었다. 공주는 충선왕을 증오한 나머지 보란 듯이 왕전을 끼고 단꿈을 꾸었다.

충선왕도 공주와는 이미 마음으로 청산했으나 부자 사이가 나빠져 두려웠다. 간신배들을 잡아가두었으나 황실의 벼슬아치들이 간신배들의 뇌물을 받고 며칠 후 석방시켜버렸다.

이런 가운데 충렬왕 33년 원나라 성종이 세상을 떠나자 신황제를 영입하기 위해 북경 황실에서는 회의가 열렸다. 회의는 쉽게 끝나지 않았다. 서로 자기 편의 황제를 세우려고 세력 다툼이 며칠씩 계속되었다. 성종의 아들파와 조카파가 한 치의 양보도 없이 맞섰다. 충선왕은 원나라 황실의 한 사람으로서, 성종의 조카 회령왕懷寧王 편에 서서 황제에 오르도록 했다.

원나라 황궁 세력이 확 바뀌었다. 충선왕은 공신이 되어 심양왕瀋陽王에 봉작되었다. 자연히 고려 조정은 충선왕 쪽으로 세력이 기울었다. 충선왕과 충렬왕 주변에서 임금 부자를 이간질하던 왕규·송방영을 잡아 북경 문명문 밖에서 목을 베어버렸다.

이제 남은 문제는 왕전과 공주의 처벌이었다. 공주는 원나라 종실이므로 원나라에서 처벌할 문제였다. 고려에서는 감히 손을 댈 수 없었다. 왕전은 충렬왕의 체면을 보아 관대하게 처리하려 했으나, 충선왕을 따르는 신하들이 후일을 경계해야 한다면서 극형을 주장했다. 왕전은 참형을 당했다.

계국공주는 왕전의 죽음 소식을 듣고 자기에게도 운명의 날이 가까워옴을 느꼈다. 그러나 아무런 일도 일어나지 않았다.

충선왕이 고려로 들어갔다는 소식이 전해졌다. 계국공주는 모든 것이 꿈처럼 눈앞에서 사라지고 있었다. 고려로 다시 들어갈 수 없어 진왕저에서 길고 지루한 세월을 보냈다.

충선왕과 조비가 다시 만나 옛정을 북돋우고 조인규 일가가 방면되어 기지개를 켜고 있다는 소식을 들은 계국공주는 가슴이 쓰리고 아플 따름이었다. 그뒤 충선왕 4년에 계국공주는 원나라에서 보화 53냥을 가지고 고려에 들어왔으나 부부는 여전히 금실이 좋지 않았다. 후에 원나라에서 죽었으나 시신은 고려에서 장사지냈다.

⊙ 고려의 무당

원래 무당은 신을 섬기는 자라 하여 고대에서는 존중했으나, 차차 그들의 행사가 미신에 빠져 그 신용도가 떨어져갔다. 고려는 건국 때부터 도선국사의 도참설을 믿어 산천에 제사지내고 천변지이가 있을 때는 천지신명에게 기도를 올렸다. 또 나라에서 기우祈雨할 때면 무당을 수시로 불렀다. 이렇게 궁중에서 보호하여 무당의 생활은 넉넉했다. 그들의 집에는 제석帝釋을 비롯하여, 사방 벽에는 오방五方 장군상을 얼룩덜룩 채색하여 장식하고 28수宿와 9요曜(일월성진日月星辰, 성명星名)를 표시하여 천지 자연물을 존중하는 뜻을 밝혔다. 그들은 병을 고칠 뿐 아니라, 사람들의 길흉화복까지 점쳐주었다.

사람들은 이러한 무당들의 한마디 말을 신의 말로 여기고 무엇이든 바쳤다. 이 때문에 무당이 늘어가고 때로는 요언妖言이 퍼져 사람들이 겁을 집어먹게 되면 으레 무당을 찾아가 굿을 하고 물건을 주고 왔다.

옛날 업현의 현령 서문표는 물귀신에게 처녀를 시집보내야 그 고장에 탈이 나지 않는다고 하여, 근동에서 시집가지 않은 여자를 구해다가 물속에 집어넣어 물귀신을 장가보낸다는 말을 듣고, 무참하게 희생되는 처녀가 불쌍하여 무당을 물에 처넣어 그러한 피해를 없앴다. 이런 것을 보면 무당은 남의 것을 거저먹는 존재일 뿐만 아니라, 유언비어와 참언을 퍼뜨려 세상을 불안하게 하는 불평분자들인 셈이었다. 따라서 무지한 백성들의 피해가 컸던 것이다.

특히 개성 근처의 산에는 산신에게 제를 지낸다고 하여, 그날이면 성내 백성들이 구경을 나와 산에서 남녀가 어울려 놀았다. 전에는 국가에서 산신에게 제를 올리던 것을 세속이 변해갈수록 무당이 산신을 맡아 지냈으나, 나중에는 공경公卿이나 사대부, 혹은 서인庶人들도 산에 올라가 산신제를 지냈다. 이밖에도 날씨가 가물면 산신제 지내러 간다고 송악산에 올라가 제사지내며, 여러 사람들이 제를 지낸 음식을 먹고 놀면서 풍기를 문란시키는 일이 많았다. 그들 사이에는 일종의 종합체적인 사회로서, 무당의 남편이 박수가 되고 다시 그의 딸이 큰 무당의 대를 이었으며, 수양녀를 길러 대를 잇기도 했다.

개성에서 가장 영검이 있다는 송악산사松岳山祠·팔선궁八仙宮·용수 산사龍首山祠 등 세 산사는 국가적으로 숭봉했다. 이곳 무당은 다른 곳의 무당보다 격이 높아, 세력을 얻어야 산사에서 무당 노릇을 할 수 있었다. 송악산사는 집이 다섯 채나 있고, 성황당·대왕당·국사당·고녀당 姑女堂으로 나누어 있었다. 나라에 큰일이 있을 때는 여기에서 큰 굿을 했다. 이럴 때면 전국의 무당이 모여들어 며칠씩 뚱땅거리며 놀았다.

충선왕 때 폐신嬖臣 강융姜融은 내부령內府令까지 올라가 득세했다. 그의 조부는 진주의 관노 출신이었다. 그러나 강융이 벼락출세하여 자기 누이를 송악산사의 우두머리 무당으로 삼았다. 송악산사 같은 곳의 무당은 강융 같은 세력가를 끼지 않으면 해먹을 수 없었다.

비록 관노 출신의 후손이지만 이만하면 무당으로서 출세한 것이었다. 이곳을 노린 대호군 김직방金直邦은 자기와 친한 무당을 그곳에 보내 강융의 누이를 몰아내려고 했다. 강융은 그 사실을 알고 송악산사의 출입을 제한시켰다. 김직방은 여러 차례 강융에게 졸라 무당을 교체하려고 했으나 먹혀들 리 없었다. 김직방은 화가 나서 떠들어댔다.

"강융이 네 이놈! 너는 관노 출신이 아니냐. 이 교만한 놈아, 좋은 자리라면 무당까지 죄다 해먹을 작정이더냐."

강융은 상대하지 않았다. 그의 누이는 여전히 송악산사의 우두머리 무당으로 재물을 모았다.

팔선궁은 송악산 꼭대기에 위치해 사람들이 오르내리기가 불편했다. 그러나 경치가 빼어나 사람들의 발길이 끊이지 않았다.

국정이 문란하고 사회가 어지러워질수록 무당들이 판을 치고, 하층민들까지 자기 자신의 안위를 위해 무당을 찾았다. 그리고 복채는 자기의 형편에 따라 내놓았다. 지도자층은 미신 타파를 부르짖으면서도 국가적인 행사 때는 무당을 불러 굿을 하는 이율배반적인 행동을 취했다.

세상이 불안하고 멸망의 길을 재촉할수록 무당이 성하다는 것은 역사가 증명하고 있다. 충선왕 이후 무당을 찾지 않는 이가 없을 정도였다. 그러기에 학자 안향安珦은 당시의 세상을 시로써 표현해놓았다.

> 향등 켜져 있는 곳마다 부처님께 빌고
> 장구 북 피리소리 나는 곳은 굿하는 곳일세
> 오직 공부자를 위하는 대성전에는
> 온 뜰에 가을풀 쓸쓸한데 사람 하나 없구나

이 얼마나 황폐해져가는 세태인가. 안향은 고종 때 태어나 충선왕의 아버지 충렬왕 때까지 활약한 명신이요 학자였다. 안향은 이러한 사회를 바로잡으려고 원나라에서 성리학을 들여와 민심을 일신시키고자 했으나, 상류사회의 일부에 영향을 미쳤을 따름이었다.

충렬왕 때 안향이 상주판관으로 내려갔다. 무당 3명이 요신을 받들어 백성을 속이고 있었다. 이 무당은 바리공주를 모시고 일종의 복화술腹話術을 쓸 줄 알았다. 사람들을 만나면 무당이 큰소리쳤다.

"길을 비켜라! 공주께서 행차하시니라."

복화술로써 교묘하게 소리를 냈다. 그 소리가 마치 공주가 말하는 것 같았다. 사람들은 정말 공중에서 신이 말하는 것으로 알고 길가에 엎드려 빌었다.

"미물 같은 백성이나이다. 감히 바리공주님의 행차를 방해하겠나이까. 눈에 보이지 않아 죽을 죄를 졌나이다."

"나는 너희의 고생을 구제하러 온 것이니라. 복을 빌도록 하라."

백성들은 깜빡 속아 무당을 찾아가 복을 빌며 쌀·피륙 등을 내놓았다. 무당은 수입이 늘자 욕심을 부렸다. 합천에서부터 시작하여 여러 고을을 돌았다. 심지어 수령들도 이 무당들에게 속아 그들을 보호해주고 명령에 복종했다.

안향은 상주에 닿아 이 무당들을 잡아가두려고 벼르고 있었다. 무당들은 그런 줄도 모르고 상주 동헌 앞뜰에 들어와 복화술로 안향을 꾸짖었다.

"어이하여 그대는 마중을 나오지 않았느냐!"

이 소리가 가느다랗게 공중에서 들려왔다. 육방 관속들은 공중에서 나는 소리인 줄 알고 땅에 납짝 엎드렸다.

"너희가 지금 죄를 저지르고 있는 줄 모르느냐! 어서 바리공주님의 사처를 정해드려라."

역시 공중에서 들리는 소리였다.

안향은 개성에서 이러한 무당의 부류가 있다는 말을 들었다. 안향은 무당의 입술을 눈여겨보았다. 공중에서 말이 나올 때마다 무당의 입술이 바르르 떨었다. 안향은 즉시 사령을 불러들여 호령했다.

"너희는 무엇을 하고 있느냐! 어서 저 요사스러운 무당을 옥에 가두어라!"

관속들은 벌벌 떨며 명령에 따르지 않았다.

"판관 나으리, 큰일 나나이다. 신을 건드리면 앙화를 입사옵니다."

"잔말 말고 어서 가두어라!"

안향이 거듭 호령을 해도 관속들은 움직이지 않았다. 무당이 호통을 쳤다.

"판관 놈이 감히 신에게 거역할 셈이더냐! 죽일 놈이로다."

이 말도 여전히 공중에서 나왔다. 전보다 무당의 입술이 더 떨렸다. 안향이 화를 내며 명령을 내렸다.

"공중에서 나는 소리가 아니니라! 무당의 입에서 나오는 소리니라. 즉시 잡아가두어라!"

관속들은 그래도 믿지 않았다. 오히려 판관에게 애원하는 것이었다.

"판관 나으리, 신에게 노여움을 사지 마소서!"

"무당들이 요사스러운 짓을 해도 내 눈은 못 속이느니라!"

안향은 큰소리로 관속들에게 잡아넣으라고 명령을 내렸다. 그제야 형리들이 달려들어 떨리는 손으로 무당 3명을 오랏줄로 묶어 옥에 가두었다. 무당들은 옥에 갇혀서도 큰소리였다.

"어리석은 판관 놈아, 네가 죽을 날이 가까이 오고 있구나. 멍청한 놈."

"무당들이 다시는 요사스러운 말을 하지 못하도록 굶겨라!"

안향이 명령을 내렸다. 무당들은 처음 당하는 일이어서 어찌할 바를 모르고 쩔쩔맸다.

무당들은 밥을 먹지 못해 배가 고파 죽을 지경이었다. 살아나갈 궁리를 해보았으나 판관이 속을 것 같지 않았다. 더 이상 배고픔을 참지 못한 무당들은 초주검이 되어 판관 앞에 나왔다.

"나으리 잘못했나이다. 살려주소서. 쉰네들의 혹세무민한 죄 태산 같나이다. 한 번만 용서해주소서."

무당들은 드디어 굴복하고 말았다.

"풀어주면 다른 고을에 가서 다시는 속이지 않겠느냐? 너희가 죄를 뉘우치고 다짐하면 살려주마."

"다시는 혹세무민하는 말과 행동은 하지 않겠나이다. 너그러이 용서해주소서."

안향은 관대하게 처리하여 옥에서 풀어주었다. 영남 일대를 떠돌며 백성을 우롱하던 요물들은 자취를 감추어버렸다. 그러나 사회는 갈수록 무당을 선호하고 무당들은 그러한 백성을 상대로 호황을 누렸다.

⊙ 조비의 사랑과 한

충렬왕 18년 세자 원이 17세의 나이로 오랜만에 고려에 들어왔다. 어린 시절에 어머니 제국공주와 같이 원나라의 서울 북경에 들어가 황실에서 자라, 고려말도 잘 모르고 고려의 풍속도 전혀 몰랐다.

어머니 제국공주는 아들의 손을 잡고 다정하게 말했다.

"많이도 컸구나. 이제는 헌헌장부가 다 되었으니 어서 장가를 들어야겠구나. 그동안 황제를 모시고 글공부를 많이 했더냐?"

"네, 부지런히 했나이다. 황상 폐하께오서 때때로 어머님 말씀을 하셨나이다."

"너도 이제부터는 각오를 단단히 해야 할 것이니라. 위로는 대원제국의 황제를 받들고 아래로는 고려의 억조창생을 잘 다스려야 하느니라."

"어마마마의 말씀 명심하겠나이다."

"고려 궁중에는 아직도 대원제국에 은근히 적개심을 품고 있는 무리가 있느니라. 이 점을 각별히 유념해야 할 것이니라."

제국공주는 아들의 얼굴을 뚫어지게 쳐다보다가 다시 말했다.

"이제는 황상께 아뢰어 몽고의 공주를 아내로 맞도록 해야겠구나."

"어마마마, 소자는 고려의 여인을 취하고자 하옵나이다."

"그야 우리 마음대로 할 수 없는 일. 황상의 맘에 달린 것이니라. 네뜻은 알겠다만 그래도 될지 모르겠구나."

"소자는 어느 때부터인가 고려 여인을 동경해왔나이다."

"그것이 피라는 것이니라. 세자 마음대로 빈嬪을 고를 수 있느니라."

제국공주는 은근히 걱정이 되었다. 세자가 고려 여인을 총애하여 황제가 정해주는 몽고 배필을 저버리지 않을까 염려되었다.

고려 조정에서는 세자를 환영한다며 날마다 환영연을 열었다. 대신 가운데 조인규는 충렬왕의 충신으로 왕의 곁에서 시중했다. 제국공주도 신임하는 조인규는 궁중에서 세력을 잡고 있었다.

어느 날 조인규의 집에서 세자를 위한 환영연이 열렸다. 인규의 딸 조 소저도 어머니를 도와 음식 장만에 열심이었다.

저녁때쯤 세자가 나타났다. 조인규는 세자 일행을 후원으로 안내했다. 고려 상류가정의 후원 별당은 호화롭게 꾸며져 있었다. 오늘은 세자를 위한 날이어서 몽고식 의자를 준비했다. 조인규는 여러 차례 몽고에 다녀와 세자와는 구면이었다. 인규는 부인과 함께 뜰 아래로 내려와 세자를 맞았다.

"세자 저하, 누추한 곳에 왕림하시어 영광이나이다. 어서 안으로 드시오소서."

"크기만 한 원나라 대신의 집보다 아담한 고려 대신의 집이 마음에 드오."

"황공하나이다."

"이 후원은 더욱 마음에 드오."

"하오나 고려 음식이 세자마마의 입에 맞으실지 걱정이 되나이다."

"기름진 몽고 음식보다야 담백한 고려 음식이 내 구미에 맞소이다."

"천만다행이나이다."

세자는 서툰 고려말로 말을 하느라고 무던히 애를 먹었다. 세자는 신통하게도 몽고말을 함부로 쓰지 않았다.

환영연에는 조인규의 딸도 나와 어머니의 뒤에 서 있었다. 때때로 심부름을 하며 세자를 훔쳐보았다. 얼마 후 조 소저는 아버지의 인도를 받으며 세자 앞에 나가 공손히 절을 올렸다. 세자는 몽고식 인사로 조소저의 손을 잡고 흔들었다. 얼굴이 새빨개진 조 소저는 어쩔 줄 몰라 쩔쩔맸다. 고개를 숙이고 다소곳이 앉아 있는 조 소저의 가슴은 울렁거리고 세자의 부드러운 손길의 여운이 남아 이따금 진저리를 쳤다. 매끈한 손, 부드러운 감촉, 한번 더 잡혀보고 싶은 세자의 손길이었다.

다음날 세자는 후궁에 홀로 앉아 있었다. 지난밤 일이 주마등처럼 떠올라 머릿속이 복잡했다. 조인규네 집에 다시 한번 가보고 싶었다. 조인규와 세상 돌아가는 이야기도 나누고 고려 대신들의 가정을 자세히 살펴보고도 싶었다. 그러나 세자의 체면상 불쑥 말을 꺼내기가 주저되었다.

화창한 봄이 지나고 녹음이 우거지는 여름으로 접어들었다. 궁궐 뒤 북창문北昌門 밖 시냇물이 궁담을 끼고 흘러내렸다. 세자는 시녀 몇을 거느리고 산책길에 나섰다.

북창문 뒷산을 중턱쯤 올라 성을 내려다보았다. 궁궐이 우뚝 솟아 백성의 집과 대조를 이루고 계곡 아래 여기저기에 대신들의 집이 큼지막하게 차지하고 있었다. 세자는 이만하면 한 나라의 수도로서 족하다는 생각이 들어 고개를 끄덕였다. 세자가 한 곳을 보고 시녀에게 물었다.

"저어기 경성궁 아래로 보이는 집이 누구의 집인지 아느냐?"

"마마, 잘은 모르오나 조 대감, 인규의 댁 같나이다. 근래에 중찬 벼슬에 오르면서 집을 크게 증축했다 들었나이다."

"그러한가? 조 중찬의 세력이 만만치 않다더니, 집을 보니 과연 그런가 보구나."

"그러하옵나이다."

"어떻게 하여 큰 세력을 키웠다 하더냐?"

"공주마마의 신임이 두터워 그리 되었다 하옵나이다."

"응, 그러느냐?"

세자는 조 소저를 떠올렸다. 한번 다시 만나고 싶었다.

"시녀는 듣거라. 네가 먼저 내려가 조인규 집에 내가 행차하겠노라고 전하라!"

"분부대로 거행하겠나이다."

그날 저녁, 조인규의 후원 별당에 세자와 조 소저 두 사람이 만나 지난 일을 이야기했다. 세자는 고려말을 구사하느라고 애를 먹었다.

"조 소저, 지난번 환영연은 성대했소. 음식도 더없이 뛰어났소. 듣자 하니 그 음식을 조 소저가 장만했다 하더이다. 그 말이 참말이오?"

"부끄럽사옵니다. 세자마마의 입에 맞을지 몰라 노심초사하여 만든 음식이랍니다. 이렇게 칭찬해주시니 몸 둘 바를 모르겠나이다."

세자는 조 소저의 마음이 음식 솜씨보다 곱다는 것을 금세 알 수 있었다. 마음에 쏙 드는 규수였다.

"고려 귀족의 딸들도 원나라 귀족의 딸에 뒤지지 않으니 그 얼마나 좋은 일이오."

세자는 조 소저의 두 손을 덥석 잡았다. 조 소저가 깜짝 놀라 세자를 쳐다보았다. 그 눈을 세자가 놓치지 않고 쳐다보았다. 구슬처럼 맑은 눈동자에 양볼은 발그레 젖어 있고, 눈썹은 곱게 다듬어져 실낱 같고, 이목구비가 조화를 이룬 얼굴은 한 점의 티도 없었다. 조 소저는 생긋 웃어 보였다.

"조 소저, 고려에서는 그 누구도 따를 수 없는 아름다운 미모에다 마음씨인 것 같구려."

"과찬이시나이다."

"아니오. 원나라 천지에도 조 소저만한 인물은 없소이다."

세자는 지금 곧장 조 소저를 동궁으로 데리고 가고 싶었다. 그러나 예절을 중히 여기는 터여서 바로 데려가기는 어려울 것 같았다. 그렇다고 자고 갈 수도 없었다. 세자는 애타는 마음을 누르며 조 소저와 속삭이는 것으로 만족해야만 했다.

그뒤부터 저녁이면 세자가 홀로 조인규 집으로 찾아왔다. 조인규는 자기의 딸을 세자비로 삼을 욕심으로 어전에 나가 아뢰었다.

"전하, 세자께오서 성장하셨나이다. 속히 세자비를 간택하시오소서."

"과인이 어찌 세자비를 마음대로 정할 수 있단 말이오. 황제의 허락 없이는 불가능하오."

"그것은 원나라 공주를 모시는 일이옵니다. 하오나 세자궁에 어찌 비빈이 없겠나이까. 어진 빈어嬪御를 간택하시어 들이시오소서."

임금 옆에 있던 제국공주가 나섰다.

"좋은 말이오. 허나 세자의 춘추 왕성하지 않아 빈어를 들이기는 이른 것 아니오?"

"그렇지 않사옵니다."

"내 들으니 조 중찬 댁에 훌륭한 규수가 있다던데 경의 뜻을 알고 싶소."

"신의 딸은 배운 것이 없어 세자의 빈어로는 부족한 듯싶사옵니다."

"겸손하시구려. 세자가 경의 집에 여러 차례 들러 규수와 정담을 나눴다는 말을 들었소이다. 경이 허락한다면 일은 순조로울 것이오."

"황공하여이다. 어찌 거역하겠나이까."

혼사는 일사천리로 진행되어, 그해 7월 길일을 택하여 조 소저가 동궁으로 들어와 가례는 성립되었다.

세자가 고려에 들어와 조비를 얻고 원나라에 들어간 것을 원나라에서는 전혀 모르고 있었다. 세자는 신혼의 정이 가시기도 전인 8월에 북경으로 들어갔다. 홀로 남은 조비는 세자가 귀국하기만을 눈이 빠지게 기다리고 있었다.

충렬왕 24년 세자는 고려 제26대 임금이 되어 고려로 돌아왔다. 고려 조정에서 기쁜 마음으로 맞은 이는 조비뿐이었다.

세자인 충선왕은 원나라 황제의 명으로 계국공주를 왕비로 맞아 함께 고려로 돌아왔다. 조비는 천 길 낭떠러지로 떨어지는 듯한 심정이었다. 그러나 어찌해볼 수 없었다. 원나라 공주에게 남편의 사랑을 빼앗긴 조비는 궁에서 처신하기조차 어려웠다.

어느 날 충선왕이 조비의 처소에 불쑥 나타났다. 아무런 예고도 없이 찾아온 것이다. 조비는 감격하여 충선왕의 손을 잡았다.

"상감마마, 얼마 만이옵니까?"

"조비! 미안하오. 과인을 많이 원망했을 게요. 아무리 임금이라 할지라도 마음대로 할 수 없는 몸이라오. 조비, 이해하구려."

충선왕은 조비의 등을 어루만져주며 위로했다. 조비는 그저 고마울 따름이었다.

"마마, 용안이 초췌해 보이나이다. 심려되는 게 있으신지요?"

"특별한 일은 없소마는 어지러운 고려 조정이 걱정되는구려."

"아무래도 원나라의 간섭이 많아 고려 조정과 갈등이 심하겠나이다. 하오나 옥체를 보전하시오소서."

"조비, 걱정해주어 고맙소이다."

"신첩이 할 수 있는 일이라면 무슨 일이든 하겠나이다."

"아직은 이르오. 내가 조비와 혼례를 올리고 바로 원나라에 들어간 것은 세자가 어명을 거역하고 고려에서 마음대로 혼인했다는 밀고가 들어가서요. 원나라에 들어간 후 고려로 돌아오려고 무던히 애썼으나 어느새 6년이란 세월이 흘렀소이다. 나는 지금 마음에도 없는 원나라 여자를 왕비로 맞아 데리고 온 것이오. 내 미음 이시겠소?"

"그 마음 어찌 모르오리까?"

"조비를 생각하는 내 마음 항상 연연하여 원나라에서 고려에 오는 사신들에게 여러 차례 서신을 보냈으나 한 번도 회답을 받지 못했소이다. 어찌 된 일이오?"

"마마, 신첩은 마마께오서 황황히 원나라로 떠나신 후 서신은커녕 소식 한번 접하지 못하고 지냈나이다."

그제서야 충선왕은 원나라 조정에 농락당한 줄 알고 한숨을 내쉬었다.

"과인의 짐작이 맞은 게요. 과인도 조비가 편지를 받고도 답을 하지 않을 까닭이 없다 여겼소."

충선왕과 조비는 옛정을 되살렸다. 하룻밤을 꿈속에서 보낸 충선왕은 다음을 기약하고 조비의 처소를 떠났다. 그후에도 충선왕은 원나라에서 데리고 온 계국공주는 소홀히 대하고 조비를 자주 챙기다가 나중에는 아예 밤마다 조비의 처소로 거둥했다. 계국공주는 충선왕의 마음을 돌리려고 여러 가지 궁리를 했다.

조정에서는 왕과 공주 사이를 이간질하는 간신들이 나타났다. 쓸데없는 유언비어를 퍼뜨려 조비를 모략했다.

"조비는 구미호의 음부를 갖고 있단다. 왕이 그것 때문에 홀딱 반하여 조비에게 꼼짝 못한다더라."

"충선왕이 원나라에서 사향을 구해다가 조비에게 주어 임금이 조비를 떠나지 못한단다."

"조비가 계국공주를 없애려고 여러 종류의 약을 쓴다더라."

"조비가 밤마다 무당에게 시녀를 보내 공주를 저주하고 있다더라."

이러한 말들이 궁중에 퍼지자 계국공주는 충선왕에게 노골적으로 불만을 터뜨렸다.

"상감마마, 나랏일은 돌보지 않고 밤마다 조비의 처소를 찾으니 어찌 임금의 도리라 하겠나이까!"

아버지 충렬왕은 제국공주에게 꼼짝하지 못했으나 충선왕은 달랐다.

"공주는 간섭하지 마오!"

딱 잘라 말했다. 공주가 발끈했다.

"나는 황명을 받고 고려에 왔나이다. 간섭하지 말라니 말이 되옵니까?"

충선왕은 몹시 불쾌했다.

"아무리 공주가 황명을 받고 고려에 왔다 할지라도 내정간섭은 할 수 없소이다. 나는 세조 황제의 외손이외다. 원나라 제국을 건설하신 세조의 외손을 그 누가 감시한단 말이오. 나는 공주보다 신분이 높다는 것을 명심하시오."

"무엇이 높다는 말씀이옵니까?"

"그만두시오. 더는 말하기 싫소이다."

충선왕은 밖으로 나가버렸다. 공주는 화가 끓어올라 즉시 원나라 황제에게 충선왕의 잉첩 조비를 원나라 공녀로 주라고 상주했다.

조비의 처소에 풍파가 일었다.

원나라에서 나온 다루가치들은 조비의 친정을 에워싸고 조인규와 아내를 옥에 가두고, 조비의 행실을 조사한다며 법석을 떨었다. 조인규는 영문도 모른 채 아내와 함께 원나라로 잡혀갔다.

홀로 남은 조비는 여러 형제들과 한 치 앞을 내다볼 수 없는 장래를 걱정하고 있었다. 얼마 후 조비까지 원나라로 잡혀들어갔다.

충선왕은 원나라가 하는 짓에 분노하고 있던 중 조비까지 잡아가자 더는 참을 수 없었다. 임금의 자리를 팽개치고 원나라 북경으로 들어갔다. 때를 맞추어 원나라에서도 충선왕을 폐위한다는 조칙을 내렸다.

충선왕은 북경에서 조비를 찾아 나섰다. 뇌물을 써서 수소문 끝에 조비를 찾을 수 있었다. 우여곡절 끝에 재회한 충선왕과 조비는 북경 서쪽 근교인 옥천산玉泉山 아래를 걷고 있었다.

"마마, 언제 다시 고려로 가게 되옵니까?"

"아직은 모르나 꼭 가게 될 것이오."

"계국공주는 어찌 되옵니까?"

"큰 변동 없이는 공주가 다시 고려로 가기는 어려울 게요."

두 사람은 송도의 봄을 기다리고 있었다.

충숙왕시대 (1313~1330, 1332~1339)

⊙ 복국공주와 경화공주

고려 제27대 충숙왕忠肅王은 충선왕의 둘째 아들이자 몽고녀의 비 야
속진也速眞의 소생으로, 이름은 만卍, 자는 의효宜孝, 몽고식 이름은 아자
눌특실리이다. 1313년 7월 원나라 심양왕직을 고수하던 충선왕의 선위
를 받아 보위에 올랐다. 그때 나이 20세였다.

1330년 2월, 몸이 허약해져 세자 정禎에게 선위하고 상왕으로 물러
앉았다가, 그해 7월 원나라에 가서 머물렀다. 그후 아들 충혜왕이 나랏
일은 뒷전으로 돌리고 주색에 빠져 음탕한 짓을 일삼았다. 원나라에서
충혜왕을 폐위시키고 1332년 2월 충숙왕을 복위시켰다. 그는 1333년 3
월 몽고 여자 경화공주慶華公主를 데리고 고려로 귀국했다.

충숙왕은 고려말을 한마디도 못했다. 재위 3년에 원나라에 들어가 영
왕營王 야광티무르의 딸 복국공주濮國公主를 왕비로 맞아 고려로 돌아왔
다. 공주는 영리하여 어린 임금을 잘 보살폈다.

충숙왕에게는 이미 덕비 홍씨가 있었다. 임금은 덕비를 몹시 사랑했
다. 복국공주는 이 일을 트집 잡았다.

"상감께오서 후궁을 깊이 마음에 두면 좋지 못하오. 선왕의 일을 돌이켜보소서."

"공주는 괘념치 마오."

충숙왕은 공주의 말을 일소에 부쳐버렸다.

원나라에서는 충숙왕을 폐위시키고 심양왕 고를 왕으로 삼으려는 계획을 세웠다. 이러한 낌새를 눈치챈 충숙왕은 원나라에 들어가 영향력 있는 원나라 대신들에게 뇌물을 뿌렸다. 사태를 겨우 수습하고 돌아온 충숙왕은 아들 충혜왕에게 잠시 양위하고 물러났다.

얼마 후 충혜왕이 행실이 부정하다는 이유로 충숙왕을 다시 복위시키라는 황제의 조칙이 내려졌다. 충숙왕을 지지하는 원나라 대신들의 입김이 작용했던 것이다. 충숙왕은 다시 보위에 올랐다.

충숙왕은 원나라에 다녀오는 길에 젊고 아름다운 경화공주를 데리고 나왔다. 그러나 충숙왕은 복위 8년 만에 세상을 떠나고 말았다. 경화공주는 영안궁永安宮 깊숙이 틀어박혀 충숙왕과의 짧았던 사랑을 음미하며 세월을 보냈다. 바깥 출입을 삼가고 오로지 충숙왕의 명복을 빌었다.

◉ 신씨 형제

충숙왕 때 평산 사람 신현申賢과 신즙(申諿)은 형제로 역학자 역동易東 우탁禹倬의 문인이었다. 이들은 역학뿐만이 아니라, 새·짐승의 말을 알아듣고, 귀신과 사물邪物을 퇴치하는 능력을 지닌 형제였다.

신현이 소년 시절에 아우 신즙과 함께 산중 절간에서 공부하고 있을 때의 일이다. 하루는 신현이 건너편 언덕을 바라보았다. 고목나무 위에서 까마귀 한 마리가 지저귀고 있었다. 신현이 신즙에게 물었다.

"너 지금 까마귀가 무슨 말을 하고 있는지 알아듣겠느냐?"

"까마귀 말을 어찌 알아듣는담? 형은 알아들우?"

"저놈의 까마귀가 지금 수풀 속에 고기가 있다고 말하고 있다."

"설마…."

"가서 볼래?"

형제는 절 너머 언덕으로 달렸다. 앞서 달려가던 동생이 질급을 하고 멈춰섰다.

"형, 저기 저것 좀 봐."

"응? 뭐가 보이느냐?"

"저기 수풀 속에 시체가 있어."

"거 봐라. 까마귀가 고기가 있다고 친구들을 부르더라."

까마귀의 먹이는 신현 형제의 나이 또래로 17, 18세 되어 보이는 시체였다. 옷이 찢기고 얼굴에 피멍이 들어 있는 것으로 보아 피살된 것 같았다. 형제가 그곳을 막 뜨려는데 죽은 소년의 부모가 나타나 울부짖었다.

"어느 무지막지한 놈이 내 아들을 죽였느냐? 어이구 원통해라! 암만해도 저기 저놈들 소행 같구나."

엉뚱하게도 화살이 형제에게로 돌아왔다. 형제는 부모에게 붙잡혀 관가로 끌려갔다. 꼼짝없이 범인으로 몰리게 되었다.

"어제부터 우리 아들이 보이지 않아 찾아나섰다가 사찰 맞은편 언덕 아래 수풀에서 시체를 발견했나이다. 아마 저놈들이 죽여서 수풀에 갖다버리고 달아나던 중이었나 보옵니다."

죽은 아들의 아버지가 현령에게 말했다. 현령은 형제를 물끄러미 쳐다보고 고개를 갸우뚱거렸다. 아무리 봐도 살인범 같지는 않았다.

"너희가 죽였느냐?"

"아니옵니다."

"어찌하여 그곳에 있었느냐?"

"제가 어려서부터 새와 짐승의 말을 연구해 알아듣게 되었나이다. 아침부터 절간 맞은편 언덕에서 까마귀가 울어대어 들어봤더니, 수풀에 고기가 있다고 친구들에게 알리는 것이었나이다. 동생에게 말을 했더니 믿지 않아 현장에 가서 확인하던 차에 붙잡혀 왔나이다."

"네 이놈! 너희를 순진하게 보았더니 그게 아니었구나. 어디서 허튼 수작이더냐. 네 말을 나더러 믿으라구?"

"믿어주시옵소서."

"사람이 새·짐승 말을 알아 듣다니, 말이 되는 소리더냐."

"제 형의 말이 맞사옵니다. 믿어주소서."

"아니 되겠다. 저놈들을 끌고오너라."

현령은 동헌으로 올라 천장에 있는 제비집에서 새끼 두 마리를 몰래 끄집어내어 소매 속에 감추었다. 그리고는 신현 형제를 불러 새끼를 잃고 죽어라고 울어대는 어미 제비를 가리키며 물었다.

"저 제비가 무슨 말을 하는 게냐?"

신현은 어미 제비의 소리를 한참 동안 듣고 있었다.

"어서 말해보아라!"

"사또 나으리, 제비가 하는 말이 고기로도 못 먹고 털도 못 쓸 어린 새끼를 잡아다가 무엇 하려느냐고 울부짖나이다."

현령은 깜짝 놀랐다. 정말 새의 말을 알아듣는 게 분명했다.

"너희의 말이 거짓이 아니었구나."

현령은 소매에 감춘 새끼를 제비집 속에 넣어주고 신현 형제를 풀어주었다.

어느 날 신현 형제는 절 불이문 문루에서 글을 읽고 있었다. 때마침 스님들은 모두 마을에 내려가 돌아오지 않았다. 빈 절에 어둠이 찾아왔다. 실낱 같은 등잔불이 누마루 한쪽에서 희미하게 빛을 뿜었다.

숲속에서 밤새 우는 소리가 적막을 깼다.

"형!"

"왜?"

신즙이 형 곁으로 다가왔다.

"무서우냐?"

"형은 아무렇지도 않은 게야?"

"대장부가 밤을 무서워하다니… 무서워 마라."

"이토록 적적하고 깜깜한데 무섭지 않은 형이 이상한 게야."

형제가 속삭이는 사이에 숲에서는 괴상한 소리가 들려왔다.

"히히히… 시싯 시싯 시싯…."

"형, 이게 무슨 소리야?"

신즙이 형의 가슴에 파고들었다. 신현도 머리끝이 쭈뼛해졌다.

"꽈앙 꽈앙… 뚜뚜 뚜디닥 닥닥…."

신현이 귀를 기울이고 알아보려 했으나 알 수 없는 소리였다.

"즙아, 벼락이 떨어진대도 꿈쩍하지 않는 것이 사내 대장부이니라."

신현은 태연히 글을 읽었다.

'사람이 지성을 다하면 능히 천지만물의 성질을 움직일 수 있다' 는 글이었다.

괴이쩍은 소리는 여전히 계속되었다. 그뿐만이 아니었다. 저편 요사채 마루 끝으로 솟아오른 희미한 그림자가 눈에 띄었다. 장승같이 크고 야차같이 보이는 그림자가 이쪽을 쳐다보는 것 같았다.

"형, 저기 보여?"

"응, 보고 있다."

"도둑일까?"

"아니, 사람은 아닌 것 같다."

"도깨비? 귀신?"

"히히히 하는 소리를 저것이 내는가 보다."

형이 벌떡 일어났다. 동생이 등불을 들고 따라나섰다. 마음을 도사려 먹고 형제는 괴물체를 향해 다가갔다.

"으악!"

형제는 주춤 물러섰다. 괴물체는 시체였다. 머리는 산발이고 살가죽이 찢기고 눈은 찌그러지고 팔다리가 뒤틀린 시체가 흐늘거리며 입을 실룩거렸다.

형제는 이를 악물었다.

"즙아, 어떡하면 좋겠느냐?"

"형, 무엇을 어떡해?"

"내가 아랫마을에 다녀올 테니 네가 저 시체를 지키고 있겠느냐? 아니면 내가 시체를 지키고 있을 테니 네가 마을에 다녀올 테냐?"

"무엇 하려고?"

"아랫마을 초상집에서 시체를 잃어 버리고 야단법석이 나 있을 게다. 시체가 절에 있다고 알려주어야 할 게 아니냐?"

"날이 밝으면 가서 알려주지 뭐."

"날이 밝으면 시체가 없어질 게다."

신즙은 선택하지 않으면 안 되었다. 시체를 지키느냐, 마을에 가느냐, 두 가지 다 심란하고 어려운 일이었다. 그러나 시체를 지킬 엄두가 나지 않았다.

"형, 내가 마을에 다녀올게."

신즙이 아랫마을로 내려가고 신현은 시체를 지켰다. 심야에 시체인지 뭔지 모를 물체가 괴이쩍은 소리를 내며 신현과 정면대결을 벌이고 있었다. 신현은 심신을 가다듬고 주문을 외었다. 신현의 정기正氣 앞에 사물邪物은 꺾일까? 긴장된 순간이었다. 곧 닭이 울 무렵이 되었다.

"히히히…시익 시익 시익…."

괴이한 소리가 한 번 크게 들리더니 슬그머니 사라졌다. 그와 동시에 곤두서 있던 시체가 마루에 꽝 소리를 내며 쓰러져버렸다.

때를 맞추어 동네 사람들이 횃불을 들고 와자지껄 떠들며 절 안으로 들어오고 있었다. 신즙은 마을 사람들을 시체가 있는 요사채로 안내했다. 상주가 쓰러진 시체를 확인했다.

"무슨 조화로 아버지가 여기까지 와서 이런 몹쓸 꼴로 계시옵니까?"

상주가 울면서 말했다. 시체는 상주의 부친이었다. 초저녁 무렵 부친이 세상을 떠나 병풍으로 가려놓았다. 한밤중에 시체를 보려고 병풍을 걷었는데 시체가 온데간데없이 사라져버린 것이었다. 넋이 나간 초상집에 신즙이 도착했던 것이다.

"예전에도 마을에서 이러한 괴변이 일어난 일이 있었으나, 시체가 절에 온 것은 처음일세. 이보게 젊은 서생, 이 시체가 마을 초상집 것이라는 걸 어찌 알고 동생을 보냈는가?"

마을 사람이 신현에게 물었다. 신현은 묻는 말에 대답하지 않고 엉뚱한 말을 했다.

"앞으로 마을에서 이러한 일이 나지 않도록 할 터이니 제가 하는 일에 시비를 걸지 말아주십시오."

마을 사람들은 시체를 수습하여 절을 떠났다. 신현은 아우를 데리고 마을로 내려갔다. 그리고 마을을 샅샅이 살펴보았다. 한군데에 동산 같은 가시덤불이 있고, 덤불 가운데에 무당들이 수시로 굿을 하는 신당神堂이 있었다.

신현 형제는 이 신당에 횃불로 불을 질렀다. 불길이 치솟자 마을 사람들이 모여들었다. 신현이 마을 사람들에게 말했다.

"이 덤불이 다 타도록 빙 둘러서서 지키십시오!"

신당과 덤불이 한나절 가량 걸려 다 타고 났을 때 괴이한 일이 벌어졌다.

"캭!"

괴상야릇한 소리가 들리고, 불에 탄 신당 자리에서 서북쪽 하늘로 한 줄기 빛이 붉게 뻗쳐나가는 것이었다. 신현이 모인 사람들에게 탄식을 내뿜고 나서 말했다.

"마을에서 여태껏 생긴 괴변은 모두 이 신당 속에 숨어 사는 불여우 짓이었나이다. 뿐만 아니라, 요전에 관가에까지 우리를 잡아가게 한 사건도 실은 불여우가 소년을 죽여 수풀 속에 던진 것이나이다. 그리하여 수백 년 묵은 불여우를 퇴치하려고 신당에 불을 놓은 것인데, 암놈은 죽고 수컷은 멀리 달아난 것 같사옵니다. 그놈 때문에 앞날이 걱정이나이다."

그뒤부터 마을에서 괴이쩍은 사건이 사라졌다.

그후 신현 형제는 우탁의 문하에서 신현은 역학·천문·지리·물리 등에 밝은 통리군자通理君子가 되고, 신즙은 형에 미치지는 못했으나 의약醫藥·복서卜筮에 밝은 학자가 되었다.

신즙이 조정에 나가 원나라 사신으로 가게 되었다. 아우를 전송하는 신현이 무슨 생각에서인지 입맛을 쩝쩝 다시며 말했다.

"이보게, 자네가 원나라에 들어가면 혹시 액운을 당할지도 모르네. 그 액막이로 이 글이나 한 줄 외어가지고 가게나."

신현은 자기가 지은 글을 동생에게 주었다.

설타음순시욕동(雪打吟脣詩慾凍)

매표가선곡생향(梅飄歌扇曲生香)

눈송이가 읊조리는 입술을 때리니, 시는 얼어붙으려 하고

매화꽃이 노래하는 부채에 나부끼니 곡조엔 향기가 나도다

이 글을 마음에 새기고 원나라에 들어간 신즙이 연경의 객사에서 묵고 있을 때였다. 하루는 문 밖에 나서자 삭풍이 불고 눈발이 날리고, 마당 가에 매화꽃이 피어 있었다. 문득 형이 일러준 글귀가 생각이 나서 나직이 읊조리며 마당을 거닐었다.

"설타음순시욕동… 매표가선곡생향."

그때 객사 아랫집에서 풍채가 훤칠한 노인이 나와 신즙에게 인사를 청했다.

"내 들으니 신작神作의 글을 읊으시던데, 그 글을 내게 파시오."

"팔고사고 할 것 없이 노인장께서 들으신 대로 마음대로 읊으시구려."

"그럴 수는 없소이다. 신이 붙은 글은 공짜로 듣고 읊는 법이 없소이다. 글값을 내고 그 글을 사겠소이다."

노인이 자기 집으로 들어가 글값이라며 삽살개 한 마리를 끌고 나왔다. 사자 낯짝같이 생기고 눈에서 불이 번쩍거리는 것이 용맹스러워 보이는 삽살개였다.

"비록 삽살개일지라도 신작의 글값이 될 만한 영특한 놈이니 섭섭하게 여기지 말고 받으시오."

"글쎄, 괜찮소이다."

"그대의 관상을 보건대 며칠 후 큰 화를 당할 사기邪氣가 어렸소이다. 혹여 이 삽살개가 도움이 될지 모르오."

신즙은 노인이 간곡히 권하는 바람에 삽살개를 받았다.

"노인장께서 제 앞길을 아시나 본데 자세히 알려주시오소서."

신즙이 간곡히 청했으나 노인은 자세한 이야기는 피했다.

"내 조상은 고려인이오. 나는 고려 사람을 보면 남다르게 보이오. 내 말을 새기고 어디를 가든 그 개를 꼭 데리고 다니시오."

신즙은 귓등으로 흘려버릴 말이 아닌 것 같아 노인의 말을 마음에 새겼다. 신즙은 어디를 가든 삽살개를 소매 속에 넣고 다녔다.

그즈음, 원나라 황궁에 괴변이 생겼다. 원나라 황제에게 40세 된 과부 공주가 있었다. 황제는 이 공주를 애지중지했는데 갑자기 공주가 원인 모를 병에 걸렸다. 날이 갈수록 얼굴이 노래지고 해소기침을 하며 몸이 꼬챙이처럼 말라갔다. 게다가 정신이상까지 생겨 밤이나 낮이나 자기의 침소에는 사람도 얼씬 못하게 했다. 시녀건 궁인이건 누구든 보기만 하면 욕설을 퍼붓고 두들겨패는 것이었다. 혼자서 껄껄대고 웃거나 개처럼 낑낑대거나 여우 우는 소리를 냈다.

황실에서는 백방으로 의원을 불러 약을 쓰고 무당을 불러 굿을 하기도 했다. 조금도 차도가 없었다. 공주의 병을 고칠 방법이 없었다. 공주가 입을 열면 무지막지한 말이 나왔다.

"사람의 간을 먹고 싶어 미치겠다!"

어느 도사에게 공주의 증세를 이야기하자 그 도사도 공주와 같은 말을 했다.

"공주의 병을 낫는 데는 사람의 간밖에 없소이다."

원나라 황실에서는 비밀회의를 열고 사람의 간을 얻을 방책을 의논했다. 한 내시가 의견을 말했다.

"폐하, 지금 연경에 와 있는 고려 사신 신줍의 의술이 뛰어나다 하옵나이다. 그에게 공주마마의 병을 보여주고 고친다 하면 천만다행이거니와, 고치지 못한다 하면 그의 간을 바치도록 하면 어떠히겠니이까?"

"좋은 생각이로다."

황제는 자기 나라 사람을 희생시키고 싶지 않은 터에 내시의 의견을 좋다구나 받아들였다.

신줍은 음모가 도사려 있는 줄도 모르고 공주의 병을 진찰하러 황궁에 들렀다. 신줍의 넓은 소매 속에는 삽살개가 들어 있었다.

황후가 지정한 내관과 여의女醫가 신줍을 안내하여 공주의 침전에서 장막을 사이에 둔 측실側室로 들어갔다. 사람을 보면 발광하는 공주여서 신줍이 함부로 나타날 수 없었다. 공주의 병이 늘 발작하는 한밤중까지 신줍은 측실에서 동정을 엿보았다.

한밤중이 되자 공주가 발작을 일으켰다. 공주가 공허하게 웃는 웃음소리가 들렸다. 잠시 후 낑낑거리는 개소리가 나고, 뒤이어 여우 우는 소리가 들렸다. 신줍은 장막을 살짝 들추었다. 찬란한 공주의 침실이 보였다.

공주의 얼굴을 훔쳐보았다. 기침을 하며 몸을 뒤틀고 개처럼 낑낑거리는 공주의 얼굴에는 화창한 봄날씨 같은 홍도빛이 떠오르고 있었다.

'도무지 알 수 없는 병이로다.'

신줍은 난감했다. 눈치를 챈 내관이 신줍의 표정을 보고 눈살을 찌푸렸다. 신줍은 곧 죽어야 할 몸이었다.

그런데 공주가 느닷없이 개소리를 크게 내는 것이었다. 신즙의 옷소매 속에서 강렬한 불줄기가 뻗쳐나왔다.

"으르렁 으르렁 우웅 웅…."

무섭게 울부짖는 삽살개였다. 이어 사자 낯짝을 한 삽살개가 소매 속에서 튀어나와 공주의 침전으로 달려들어갔다. 침실은 금세 아수라장이 되어 버렸다.

거울이 깨지고 병풍이 쓰러지고 방장이 떨어지고 비단 이불이 갈기갈기 찢겼다.

공주의 입에서 캑캑거리는 소리가 들리고 삽살개가 으르렁거렸다. 눈에서 불덩이가 튀는 삽살개의 으르렁거리는 소리가 높아갔다. 공주에게 붙어 캑캑거리는 놈은 불여우였다. 두 놈의 대결이 치열해지자 공주는 까무러치고 침실은 난장판이 되었다.

마침내 삽살개가 불여우를 물어 죽이고 말았다. 드디어 공주의 병이 무엇인지 밝혀졌다. 치료할 필요도 없이 공주의 병은 씻은 듯이 나았다.

원나라 공주의 병은 5, 6년 동안 독수공방에서 불여우와 동침하여 생긴 병이었다. 이 여우는 옛날 신현이 마을 신당을 불사를 때 중국으로 도망친 그놈이었다. 신현 형제는 중국에까지 이름을 떨쳤다.

◉ 이름 모를 공녀의 절개

충숙왕 때 원나라에 공녀로 팔려간 이름 모를 한 여인이 타리부화渫里不花의 첩이 되었다. 타리부화는 당시 황제의 숙위로서 황궁에서 생활하고 있었다. 얼마 후 그는 황명을 받고 요양행성 평장정사遼陽行省平章政事로 나갈 때 본처는 물론 첩실인 고려 여인도 데리고 갔다. 본처는 따로 집을 지어 살도록 하고 첩실은 관청 내아에서 살았다. 사람들은 고려에서 온 여자라 하여 고려댁으로 불렀다.

요양은 고려로 통하는 길로 고려 사람들의 왕래가 빈번했다. 고려댁은 늘 고국의 소식을 들었고, 부모님도 때때로 요양에 모셔다가 만났다.

고려댁은 송도에서 사는 저잣거리 사람이었다. 딸이 요양을 맡은 타리부화의 첩이 되어 딸을 통해 아버지는 무역을 시작했다. 고려에서 가져가는 물건은 주로 인삼이었다. 인삼은 한인들이 좋아하여 요양에 가져가면 불티나게 팔렸다. 요양에서는 고려 상류층이 좋아하는 비단을 가져와 팔았다. 순조롭게 무역이 이루어져 친정집은 생활이 폈다.

고려댁은 음식 솜씨가 뛰어나 남편의 사랑을 듬뿍 받았다. 친정 아버지가 장사차 요양에 와서 사위를 만났다.

"고려는 정치가 어지러워 상인들이 통관증을 내기가 어렵소이다. 그 통관증을 내주면 고맙겠소이다."

장인이 사위에게 부탁했다.

"그야 어렵지 않소이다. 허나 고려에서 금지하는 물건을 팔아서는 아니 될 것이오."

"인삼은 고려에서 장려하는 것이니 괜찮소이다."

"얼핏 들으니 고려 상인들이 인삼을 마음대로 가지고 들어와 말썽이 있다 하오. 장인께서는 이 점을 유념해주소서."

"거래할 만한 물건이 별로 없소이다."

"한지가 있지를 않소이까? 고려 종이는 원나라에서도 알아주나이다."

"그것도 가지고 오지만 이윤이 많이 남는 인삼을 선호하나이다."

타리부화는 장인에게 압록강에서 요양으로 넘어오는 통관증을 몇 장 써주었다. 눈치 빠른 송도 상인은 여러 사람을 거느리고 밀무역을 하여 수만금의 재산을 모았다. 비록 밀무역이었지만, 그 덕에 고려는 물화가 풍부해져 제법 살기 좋은 나라가 되었다.

이 무렵, 중국 남쪽에서 일어난 진우량의 군대가 강서 일대를 점령하여 원나라 조정에 비상이 걸렸다. 타리부화는 황명을 받고 강서성으로 출정했다. 본처와 첩실을 함께 거느리고 갔다.

중원은 전쟁으로 혼란에 빠졌다. 타리부화의 휘하에는 몽고군뿐만이 아니라 한인 군사들도 많았다. 그중 타리부화가 전부터 데리고 다니던 김영金榮도 함께 출전하여 진우량 토벌에 나섰다. 진우량의 세력이 강성하여, 원나라 조정에서는 야르혼사에게 군대를 주어 진우량을 협공하도록 했다.

강서성 일대는 이미 진우량에게 넘어가 쉽사리 평정될 것 같지 않았다. 뿐만 아니라 원나라에 복종하던 토호들이 모두 진우량에게 붙어버렸다. 싸움은 예측할 수 없게 되고 점점 치열해졌다. 그러던 중 타리부화가 신임하던 부하 김영이 반란을 일으켜 영내에서 싸움이 벌어졌다. 김영은 진우량의 세력이 강성하자 마음을 바꿔 적편으로 돌아섰던 것이다.

타리부화는 급습을 당해 김영에게 목이 떨어졌다. 김영은 타리부화의 본처는 쳐다보지도 않고 고려댁에게 달려들었다. 전부터 고려댁의 빼어난 미모에 반해 마음속 깊이 흠모해왔던 것이다. 이제 고려댁을 자기 마음대로 품에 안을 수 있어 입이 벌어졌다.

"이보시게 고려댁, 나는 그대를 남몰래 짝사랑해왔다네."

고려댁은 파랗게 질려 있다가 정신을 가다듬었다.

"이 무슨 수작이오! 평장정사 대인이 그대를 아들처럼 여겼거늘 어찌 배반한단 말인가."

"그런 것은 따질 게 없네. 고려댁의 목숨이 내 손안에 있거늘 반항하면 어찌 되는지 잘 알겠지?"

"몹쓸 소리를 하는구려. 그대는 은혜도 모르는 도둑이 아닌가."

"은혜는 무슨 놈의 은혜. 나는 한인이라네. 나는 한나라를 위해 칼을 빼었다네. 그대도 원나라에서 억눌려 살지 않는가?"

"어서 물러가시오! 나는 고려로 돌아갈 것이오."

고려댁은 김영을 가까이 오지 못하게 잔뜩 노려보았다. 김영은 능글

맞게 고려댁 앞으로 다가오며 수작을 부렸다.

"앙탈 부리지 말게나. 그대가 아무리 발버둥쳐도 도와줄 사람이 아무도 없다네."

"아니 될 말! 내 비록 고려 장사치의 딸이지만 절개를 지킬 줄 아는 여인이오."

김영은 일이 순조롭게 풀리지 않자 무작정 달려들어 고려댁의 손목을 덥석 잡았다. 고려댁이 홱 뿌리쳤다. 옆에서 정신 없이 쳐다보고만 있던 타리부화의 본처가 김영의 손목을 물어뜯었다.

"네 이놈! 어디서 발칙한 짓거리를 하느냐! 이 개 같은 놈아!"

큰소리를 내질렀다. 누구 하나 말리는 사람이 없었다. 김영은 본처를 발길로 걷어차버렸다. 본처는 이를 악물고 일어나 김영에게 달려들었다. 본처와 첩이 힘을 합하여 김영을 물어뜯고 할퀴었으나 역부족이었다. 나중에는 고려댁과 김영 사이에 칼싸움이 벌어졌다. 고려댁이 당해낼 리 없었다. 고려댁은 끝내 김영의 칼에 찔려 한많은 청춘의 막을 내렸다. 본처도 김영의 칼에 목숨을 잃었다. 이름 모를 고려 여인의 절개가 중국 강서 땅에서 전설이 되어갔다.

◉ 애첩 만년환萬年歡

충숙왕 5년 정월, 임금은 복국공주를 데리고 면경궁으로 나갔다. 이 무렵, 고려 조정에는 원나라의 영향을 받아 옛날 당나라에서 유행하던 타구打毬가 성행했다. 면경궁 넓은 마당에 타구를 위해 원나라에서 새로 들여온 공과 공채가 많이 준비되어 있었다. 공을 주워올 아이들이 미리 와서 대기하고 있었다.

타구가 시작되자 임금의 좌우에 홍융과 원충이 공채를 들고 서 있었다. 먼저 임금이 공을 치면 홍융이 뛰어가 공을 가져다가 임금에게 주었다. 때로는 임금이 뛰어가 공을 줍기도 했다. 이럴 때 아이들은 황송하여 머리를 조아렸다.

"상감마마 고정하시오소서. 소신이 즉시 공을 대령하겠나이다."

"그만두어라. 너희는 저편으로 가서 공주의 타구를 시중들도록 하라!"

아이들은 공주에게 쪼르르 달려갔다. 임금은 땀을 흘리며 타구를 즐겼다. 어쩌다가 공주를 바라보며 말을 걸기도 했다.

"공주도 공을 쳐보구려. 나와 함께 치도록 하십시다."

"마마, 좌우의 신하들과 즐기시오소서. 신첩은 시녀들과 흉내나 내다가 환궁하겠나이다."

임금은 더는 권하지 않고 타구에 깊숙이 빠져들었다. 공주는 임금이 너무 공놀이에 빠진다 싶으면 제동을 걸었다.

"상감마마, 날씨가 차갑사옵니다. 이만 환궁하시오소서."

임금은 못 들은 척했다. 공주는 샐쭉해져 시녀들에게 환궁할 뜻을 전하고 먼저 타구장을 떠났다.

겨울 바람이 차가운데도 임금은 타구에 재미를 붙여 시간 가는 줄을 몰랐다.

공주가 환궁하여 허전하다 싶을 때 임금이 원충에게 돌아갈 뜻을 비쳤다.

"이제 그만 환궁하는 것이 어떻겠느냐?"

"그리하시오소서. 날씨가 춥사옵니다."

"아직 날이 저물지 않았으니 만년환의 집으로 감이 어떠하냐?"

"그리하겠나이다."

원충과 홍융은 즉시 말을 대령했다. 임금은 말을 타고 만년환의 집으로 향했다. 임금은 은안백마에 앉아 불현듯 당나라 현종의 〈타구도打毬圖〉를 떠올렸다.

금전천문백주개(金殿千門白晝開)

삼랑침취타구도(三郞沈醉打毬圖)

구령이로한휴사(九齡已老韓休死)

명일응무간소래(明日應無諫疎來)

금전의 천문이 열린 대낮에

삼랑은 취하여 공을 치고 돌아오네

장구령은 늙고 한휴는 죽었으니

내일은 잔소리할 자도 없으리

임금은 마음속으로 읊으며 천천히 말을 달렸다.

"여봐라! 원충아, 옛날 삼랑은 취하여 갔거늘 과인은 취하지 않아 흥이 없구나."

"하오나 만년환이 좋은 술을 준비해놓았을 줄 아나이다."

"좋은 술이 있겠느냐?"

"전번에 하사하신 울금향鬱金香이 있는 줄 아나이다."

"난릉蘭陵의 미주美酒가 남아 있겠느뇨?"

"속히 행차하시오면 아실 것이옵니다."

임금은 말에 박차를 가해 만년환의 처소에 닿았다. 만년환은 대문 밖까지 뛰어나와 임금을 맞았다.

"상감마마, 날이 저물어가는데 어인 행차이시옵니까?"

"네 집에야 날이 저물어야 되지 않느냐?"

만년환은 환하게 웃었다.

"천첩의 집엔 밤이 되어야 꽃이 피나이다."

만년환은 임금을 따뜻한 큰 방으로 안내했다. 원충과 홍융도 임금의 뒤를 따랐다. 방에는 황촛불이 밝혀져 있었다. 만년환은 시녀들에게 수라상을 들이라 일렀다.

"어이하여 수라상이 준비되어 있었느냐?"

"천첩은 오늘 마마께오서 면경궁에 행차하셨다가 이곳에 오실 것을 미리 알고 있었나이다."

"허허, 네 영감이 보통이 아니구나."

"천첩이 어찌 마마의 어심을 모르겠나이까."

"원충이 미리 귀띔을 해준 모양이구나."

"신이 어찌 어심을 알 수 있겠나이까. 오로지 만년환의 예견에서 나온 결과이옵니다. 만년환은 고려 조정의 사소한 일까지 잘 알고 있는 줄로 아옵나이다."

"그렇느냐? 하면 울금향도 있으렷다?"

"상시 울금향을 준비해두고 있나이다. 원나라에서 사신이 올 때마다 사들여 여러 병을 갖추어놓았나이다. 오늘은 타구를 하시어 시장하실 듯하와 마마의 입맛에 맞는 음식을 장만했사오니 마음껏 즐기시오소서."

"허허… 말만 들어도 구미가 당기는구나."

임금은 진수성찬을 맛있게 들었다.

밤이 이슥해졌다. 환궁할 시각이 넘었으나 임금은 만년환에게 빠져 떠나고 싶지 않았다. 그러나 공주가 기다릴 것을 생각하니 가지 않을 수 없었다.

"원충아, 떠나자구나. 어서 말안장을 올려라!"

원충은 임금의 마음을 헤아리고 슬쩍 떠보았다.

"밤이 깊어 환궁하시기 불편할 것이옵니다. 내일 아침 일찍 환궁하심이 좋을 듯하나이다."

"아니 될 말이니라. 임금 된 도리로 기녀의 처소에서 자면 되겠느냐? 어서 서두르도록 하라!"

말 앞에 초롱을 달고 원충과 홍융이 임금을 인도했다. 임금은 흥취가 도도해져 당시唐詩를 흥얼거렸다.

송악산 아래에 큰 사찰이 건립되었다. 임금이 자주 들르는 사찰로, 궁중에 행사가 있을 때나 법회를 할 때 이 절에서 행해졌다.

충숙왕 6년 5월 단오날, 임금은 공주와 같이 절에 나가 예불을 올리고 법당에서 법석法席을 열었다. 수백 명의 스님들이 목탁을 치고 법당 마당에서도 탑돌이를 하며 불경을 외었다. 바라 치는 소리, 북소리, 불경소리가 어울려 화음을 이루었다.

이 절 묘련사 요사채 방에 임금과 만년환이 들어 불경소리를 듣고 있었다. 임금은 법당에 예불을 드린 후 공주를 떼어놓고 만년환을 만나러 온 것이다. 임금은 만년환과 사랑을 속삭였다.

"마마, 천첩은 언제쯤 후궁으로 들어가겠나이까?"

"당장이라도 너를 후궁으로 들이고 싶으나 공주의 질투가 심해서 당장은 어렵겠구나."

"마마의 결심만 굳으시오면 언제든지 후궁으로 들일 수 있지 않겠나이까?"

만년환이 오늘 따라 보챘다. 임금은 만년환의 뾰로통해진 표정에 반해 그녀를 애무했다.

"걱정할 것 없느니라. 과인이 틈나는 대로 네 처소에 들르면 되지 않겠느냐? 꼭 후궁이 되어야만 소원성취 하겠느냐?"

"마마와 천첩 사이에 정만 있다면 상관이 없겠나이다. 하오나 원나라에서 마마를 모셔간다거나 덕비德妃(홍씨)께서 노하시면 천첩은 오갈 데 없을까 두렵사옵니다."

"그런 걱정일랑 접어두어라."

임금은 만년환을 끌어당겨 안았다. 만년환이 앙탈을 부렸다.

"싫사옵니다. 마마의 옥체는 공주마마의 것이나이다. 지금 공주마마께오서 절에 와 계시온데 마마를 모셨다가는 천첩의 목이 달아날 것이옵니다."

만년환이 밖으로 나가자며 일어서려고 했다. 임금은 만년환의 손을 잡아 끌었다.

"아야얏!"

만년환은 가느다란 비명을 지르고 임금의 품에 안겼다.

한편 계국공주는 임금이 법당에서 사라진 것을 뒤늦게 알고 혹시 측간에 갔는가 하여 기다리고 있었다. 그러나 임금은 좀체 나타나지 않았다. 기다리다 못해 공주가 시녀를 불러 물어보았다. 시녀도 모르고 있었다.

공주는 화가 치밀었다. 법당을 뛰쳐나왔다. 때마침 부엌에서 취사를 하는 화부가 지나갔다. 공주는 혹시나 하고 그 화부에게 물었다.

"이 절에 오래 있었느냐?"

"그러하나이다."

"이름이 무엇이더냐?"

"한만복이라 하옵고 부엌에서 불을 때는 화부이옵니다."

"이 절의 구조를 잘 알고 있느냐?"

"알고 있나이다."

"하면, 상감마마가 계신 곳을 알고 있느냐?"

"모르겠나이다."

옆에 있던 시녀가 엄포를 놓았다.

"공주마마이시니라. 바른 대로 아뢰어라!"

"소인은 상감마마께오서 행차하신 줄도 모르오이다."

"네 이놈! 오늘이 단오절이 아니더냐. 오늘 상감께서 예불을 드리러 오는 줄 정녕 모른단 말이더냐!"

"소인은 스님이 아니오라 모르옵니다."

"나를 각 방에 안내하라!"

한만복은 주눅이 들어 공주가 시키는 대로 따랐다. 요사채 방을 죄다 안내하고 법당 뒤쪽의 요사채로 공주를 안내했다. 공주는 긴장되었다. 다른 요사채와는 달리 좋지 않은 예감이 들었다.

"방마다 문을 활짝 열어보아라!"

한만복이 방마다 문을 열고 말했다.

"공주마마, 보시오소서!"

"그만 되었다."

이제 맨 끝방 하나가 남았다. 그 방 앞에 섰다. 무슨 소리가 나는 것 같았다. 공주는 마루로 올라서 손수 문을 열었다. 아뿔싸, 방 안에서는 해괴한 장면이 벌어지고 있었다. 임금과 만년환이 알몸으로 뒹굴며 비지땀을 흘리고 있었다. 공주의 얼굴이 새파랗게 질려버렸다.

"상감! 여기가 어디오이까? 체통을 지키시오!"

버럭 고함을 질렀다. 방 문이 닫혔다. 공주는 다시 문을 열어젖혔다.

"네 이년! 천한 것이 감히 이곳까지 와서 더럽히느냐!"

임금은 재빨리 의관을 정제하고 밖으로 나오며 화를 냈다.

"공주는 어이하여 절간을 뒤지고 다니는 게요!"

주먹으로 문을 갈겼다. 공주도 지지 않았다.

"영검하신 부처님 계신 곳에서 천한 계집을 끼고 이래도 되는 것이오이까!"

"공주는 여러 사람 앞에서 임금을 이리 대해도 되는 게요! 당장 원나라로 돌아가시오!"

이 말에 공주는 발끈해서 소리를 질렀다.

"고려가 누구 때문에 지탱해나가는지 정녕 모르고 하는 말이십니까!"

"이제 원나라 오랑캐는 필요없소!"

"무엇이라?"

공주가 임금에게 덤벼들었다. 임금은 공주의 간섭이 지나쳐 평소에도 감정이 좋지 않았다. 임금은 공주를 힘껏 뿌리쳤다. 공주는 마룻바닥에 쓰러졌다. 쓰러지면서 공주는 코를 다쳐 코피를 흘렸다. 만년환이 손수건으로 공주의 코피를 닦아주었다.

"공주마마 진정하시오소서. 온 고려 백성이 보고 있나이다. 고려를 위하신다면 진정하시오소서."

만년환이 공주를 일으켜 앉혔다.

"이보시게. 얼른 그릇에 찬물을 떠오게."

만년환이 한만복에게 말했다. 만복이 잽싸게 달려가 부엌에서 찬물을 떠왔다. 만년환은 수건에 물을 적셔 공주의 이마를 닦아주었다.

"공주마마, 천첩이 죽을 죄를 졌나이다. 내일 죽여주시오소서."

이 광경을 지켜보던 임금이 화가 누그러져 부드러운 목소리로 말했다.

"공주, 환궁하십시다."

임금과 만년환은 공주를 부축하여 법당 마당에 와서 보련에 태웠다.

공주는 환궁한 후에도 정신을 추스르지 못했다. 임금은 공주에게 무슨 일이 생기지 않을까 조바심을 쳤다. 그전 같으면 원나라 다루가치들이 들고일어나 난리를 피웠을 것이었다. 다행히도 공주와 임금이 싸우는 광경을 본 사람은 만년환·한만복·시녀 한 사람뿐이었다. 어쨌든 임금은 일을 수습해야만 했다.

다음날 싸움 광경을 목격한 공주의 시녀를 만년환의 시녀로 보내고 다른 시녀를 정했다. 그날 밤 임금은 만년환의 처소를 찾았다.

"마마, 어인 일로 홀로 행차하셨나이까? 공주마마의 급한 분부라도 계시었나이까?"

"아니니라. 너와 조용히 나눌 말이 있어서 왔느니라."

임금은 만년환만 보면 얼굴에 화기가 돌고 근심이 가셔버렸다.

"말씀하시옵소서."

"만년환아! 어제 공주가 묘련사에서 코피를 흘렸다는 소식이 원나라에 전해지면 어찌 되겠느냐?"

뜻밖에도 만년환은 생글생글 웃었다.

"원나라에 알려지면 마마의 자리가 위태롭사옵고 천첩의 목숨이 날아갈 것이옵니다. 어디 그뿐이겠나이까? 그 광경을 지켜본 만복이와 공주의 시녀도 살아남기 어렵겠나이다."

"공주가 몸져 누워 있느니라. 이대로 공주가 죽기라도 하는 날이면 원나라에서 단사관이 나와 관인을 못살게 굴 게야."

"마마, 공주께서 정말 몸이 불편하시면 모든 일이 잘될 것이옵니다."

"어찌 그러느냐?"

"죽은 자는 말이 없나이다. 공주께서 돌아가시면 누가 공주의 코피 쏟은 이야기를 하겠나이까?"

"발 없는 말이 천리 간다는 말이 있느니라."

"염려 놓으소서. 이 밤은 천첩과 지내시고 내일 환궁하시오소서."

임금은 말이 떨어지기가 무섭게 벌러덩 누워버렸다. 만년환이 주안상을 차려 울금향 술을 임금께 권하고, 둘은 술에 얼큰히 취하자 부드러운 이불 속으로 들어갔다.

수개월 후 공주는 세상을 뜨고 말았다. 원나라에서 문상 사신이 나오고 공주의 장사에 쓰라고 황제가 부의금을 하사했다. 고려 조정이 한참 술렁대다가 공주를 묘련사 뒤에 장사지낸 뒤에 조용해졌다.

원나라 중서성에서는 다시 사신을 보내 공주의 죽음이 혹여 묘련사에서 코피를 쏟은 것과 관련이 있는지 조사했다. 이 사실을 알게 된 만년환은 당시 그 광경을 목격한 사람들을 불러놓고 당부했다.

"만일 너희가 원나라에 들어가 심문을 받는다 해도 임금과 공주가 싸웠다는 이야기는 입도 뻥끗하지 마라! 만약 그 사실이 알려지면 너희의 목숨도 위태로우니라. 나는 다시 관기로 돌아가 먼 시골에 가서 일생을 마칠까 한다. 이참에 고비를 잘 넘기면 너희에게는 그만한 보상이 따를 것이니라."

공주의 코피 사건은 보안이 철저히 지켜져 아무 탈 없이 무사히 종결되었다.

한만복은 송도 뒷산 중턱에 큰 기와집을 짓고 잘살았다. 만년환은 임금의 사랑이 덕비에게로 옮겨져 지난날을 회상하며 쓸쓸히 지냈다. 임금의 사랑은 변덕스럽고 한결같지가 않았다.

⊙ 정몽주의 부모

충숙왕 복위 6년 섣달, 경상도 영천군 동우항리東愚巷里에 사는 정운관의 집에 경사가 났다. 운관의 아내 이씨가 그토록 기다리던 아들을 낳은 것이다. 이씨는 아기를 가졌을 때 난초 화분을 안고 있다가 떨어뜨리는 태몽을 꾸었다. 그리하여 아기 이름을 몽란夢蘭이라고 지었다.

운관은 나라가 안팎으로 어려운 때여서 백성들의 고단한 삶을 탄식하는 선비였다. 집안 형편이 넉넉하지 못하여 마음 놓고 글공부를 할 수 없어 학문이 짧았다. 운관은 자신의 꿈을 자식에게 걸었다. 훌륭하게 키워 나라의 동량지재를 만들고 싶었다.

몽란이 자라자 아버지는 글공부를 시키고 싶은 욕심에 아침이면 아들을 깨워 먼저 하늘에 절한 다음, 나라의 어지러운 형편을 이야기하고 나라를 바로잡아 백성을 편히 살게 해야 한다고 마치 어른에게 말하듯이 이야기 했다. 몽란은 어린 나이에도 다 알아들었는지 눈물을 흘리며 고개를 떨구고 있다가 문득 생각이 난 듯 아버지에게 말했다.

"제가 자라면 아버지의 소원을 이루어드리겠나이다."

아버지는 하루도 거르지 않고 몽란에게 나라 걱정을 하고 탄식을 내뿜었다. 아버지는 모든 학문과 수양이 신념에서 시작되어야 한다고 굳게 믿고, 날마다 몽란에게 하늘에 그 뜻을 빌고 의지하는 마음을 가지도록 힘써 가르쳤다.

어머니 이씨도 아버지 못지않았다. 어느 것 하나 소홀히 다루지 않고, 먹는 것, 입는 것까지 뜻이 있게 가르쳤다. 오로지 몽란을 가르치는 데 필요한 일만을 했다.

옷을 해입히는 데 웃옷을 겉은 청색감으로 하고 안은 홍색감으로 만들어 입혔다. 이웃 사람들이 그것을 보고 이상하게 여겨 물었다.

"부인은 왜 늘 아이의 옷을 안과 밖의 색깔을 다르게 해서 입히나이까?"

"그것은 우리 아이를 기르는 내 뜻을 표시한 것이나이다."

이웃 사람들은 그 뜻이 무엇인지 알 수 없었다. 이씨는 몽란에게 그 뜻을 말했다.

"몽란아, 어미가 네 옷을 왜 이렇게 지어 입히는지 아느냐?"

"어머니, 알려주소서."

"너를 기르는 어미의 뜻을 알려주마. 대개 사람이란 마음속에 붉은 정성이 있어야 하고, 겉에는 푸른빛과 같은 억센 마음이 있어야 하느니라. 보아라, 저 새빨간 불덩이가 어떻게나 뜨겁고 괄괄하더냐. 그리고 저 새파란 바닷물이 어떻게나 차고 잠잠하더냐. 너는 꼭 이와 같이 굳은 결심을 가지고 자라야 하느니라."

"알겠나이다."

몽란은 아버지와 어머니의 정성껏 가르치는 참교육을 받을 수 있는 남다른 복을 누렸다.

몽란이 9세가 되던 해였다. 어머니가 낮에 일을 하다가 피곤하여 깜빡 잠이 들었다. 꿈에 집 안 뒤꼍에 있는 배나무 위로 시꺼먼 용 한 마리가 기어올라가는 것을 보고 소스라치게 놀라 잠에서 깼다. 이씨는 너무도 이상하여 집 안 뒤꼍으로 가보았다. 그 배나무 위로 몽란이 기어오르고 있었다. 어머니는 반가워 소리쳤다.

"네가 여기 있었구나."

어머니는 기뻐서 웃고 있었다.

아버지는 어머니의 꿈 이야기를 듣고 몽란의 이름을 몽룡夢龍으로 고쳐 불렀다.

뒤에 몽주夢周로 다시 이름을 바꾼 몽룡은 19세에 아버지를, 29세에 어머니를 여의었다. 그때 이미 몽주는 동북면도지휘사東北面都指揮使 한 방신을 따라 종사관이 되어 여진을 물리치고 돌아와 그 이름이 백성들 사이에 알려지기 시작했다.

정몽주는 부모님의 산교육으로 뒷날 충의로서 목숨을 희생한 고려의 마지막 충신이 되어 만고에 이름을 남긴 것이다.

충혜왕시대 (1330~1332, 1339~1344)

⊙ 충혜왕의 엽색행각

충혜왕忠惠王은 충숙왕의 맏아들로 공원왕후 홍씨 소생이다. 이름은 정禎, 몽고식 이름은 보탑실리다. 1330년 2월, 정치에 염증을 느낀 아버지 충숙왕에게 양위를 받아 고려 제28대 임금이 되었다. 이때 그의 나이 16세였다.

즉위 초부터 충혜왕은 엿새 동안이나 나랏일을 보지 않고 사냥을 일삼았는가 하면, 날마다 내시들과 씨름을 하며 놀기에 바빴다. 이와 같은 폐정이 2년 동안이나 계속되자 원나라에서는 충혜왕을 연경으로 소환하고 충숙왕을 복위시켰다. 연경에서도 충혜왕의 행실이 고쳐지지 않아 1336년 원나라는 고려로 돌려보냈다. 그후 1339년 3월 충숙왕이 세상 떠나자 자연스럽게 복위했다.

충혜왕은 아버지가 세상을 떠났는데도 애통해하거나 망극한 생각은 조금도 없었다. 이제야 길고 긴 억눌린 생활에서 벗어나 무엇이든 마음대로 할 수 있다는 안도감이 앞섰다. 무려 8년 동안이나 눈치를 보며 살아온 세월이 억울하고 분했다. 아버지는 그를 날건달 취급 했다. 충혜왕의 25세 젊은 피가 온몸에서 소용돌이쳤다.

충혜왕은 복위되어 홀가분한 마음으로 영화궁으로 행차했다. 영화궁에는 충숙왕의 왕비 경화공주가 머물고 있었다.

"상감마마, 어인 행차이시나이까?"

"날씨가 화창하여 여기까지 오게 되었소이다."

충혜왕은 언제 보아도 절세가인인 경화공주의 희고 갸름한 얼굴을 빤히 쳐다보았다. 다행히도 경화공주의 얼굴에 충숙왕을 그리는 슬픔 같은 것은 비치지 않았다.

"앉으시오."

충혜왕이 방으로 들어와 먼저 앉고 공주에게 앉으라고 명령투로 말했다.

충혜왕은 원나라에 대한 이야기로 분위기를 풀어갔다. 원나라의 화려한 궁중생활과 넓은 몽고의 사막 이야기를 몽고말로 나누는 맛이란 또 다른 흥취를 느끼게 했다. 경화공주는 몽고 악기를 뜯으며 노래까지 부르기에 이르렀다.

"그 노래가 참으로 재미있소이다."

"하오면 또 한 곡을."

경화공주의 노래를 들으며 충혜왕은 술 생각이 간절했다. 눈치를 채고 공주가 시녀에게 주안상을 차려오라 명했다. 술과 미인, 그리고 노래, 충혜왕은 흥분과 즐거움에 흠뻑 취해 영화궁을 나왔다.

충혜왕은 왕비인 덕녕공주德寧公主와 경화공주를 비교해보았다. 덕녕공주도 원나라 귀족이었다.

'아무래도 덕녕공주가 처지지. 나이는 경화공주가 위지만 무르익은 여인의 향기는 역시 경화공주야.'

충혜왕은 이런 생각을 하며 눈살을 찌푸렸다.

'이제 내가 못할 일이 무엇이겠는가? 천하가 내 것이거늘.'

충혜왕은 가슴을 펴고 큰숨을 쉬었다. 온몸에 생기가 돋는 듯했다.

며칠 후 충혜왕은 수족같이 부리는 내관 송명리를 불렀다.

"찾아 계시오이까?"

"오늘 밤 미행할 터이니 그리 알라!"

"차비를 놓겠나이다."

이날 저녁, 충혜왕은 송명리를 앞세워 대궐문을 나섰다. 임금으로 알아보지 못할 만큼 차림새에 신경을 써서 어느 귀한 집 도령 같았다.

"마마, 어디로 가시겠나이까?"

대궐문을 나서자 송명리가 물었다.

"홍융의 집을 알렸다?"

"예에, 마마."

"그 집으로 가자!"

말머리를 홍융의 집으로 돌렸다. 한참을 가다가 임금이 물었다.

"죽은 홍융의 계실繼室이 절색이라 들었느니라, 과연 그러하냐?"

"예에 마마, 홍융의 계실 황씨가 천하의 절색이라 들었나이다. 홍융이 살아 있을 적에는 계실이 남의 눈에 뜨일까 두려워했다 하옵니다."

"으흠, 대단한 미인인가 보다."

충혜왕은 회심의 미소를 띠었다. 홍융의 계실 황씨 집에 닿아 송명리가 대문 앞에서 큰소리로 내방을 알렸다.

"여봐라! 게 아무도 없느냐?"

"…"

송명리는 대문을 발길로 걷어찼다.

"게 누구 없느냐!"

"누구시나이까?"

안에서 인기척이 들렸다.

"대문을 열어라!"

"누구시온데, 야밤에 큰소리이나이까?"

"열라면 열렷다!"

대문이 빠끔히 열렸다. 송명리는 대문을 따주는 사람을 밀치고 말에 탄 충혜왕을 대문 안으로 안내했다.

"누구신데 이러시나이까?"

나인이 수상하게 여겨 송명리에게 물었다.

"상감마마 행차시니라!"

"예에?"

하인이 땅에 납짝 엎드렸다. 충혜왕은 중문 앞에 다다르자 말에서 내렸다. 안방에서 밖의 소란에 귀를 기울이고 있던 황씨 부인은 상감마마란 말에 자리에서 벌떡 일어났다. 어찌할 바를 몰랐다.

충혜왕의 어머니 명덕태후는 죽은 홍융의 누이였다. 따라서 홍융은 충혜왕의 외삼촌으로, 외삼촌 댁에 오지 말란 법은 없었다. 그러나 여태껏 한번도 왕래한 적이 없고 황씨는 충혜왕을 한번도 본 적이 없었다.

황씨가 어찌할 바를 모르고 있는 사이에 임금은 이미 대청마루에 올라섰다. 황씨는 가까스로 미닫이를 열고 임금을 맞았다.

"상감마마, 야심한 밤에 어인 행차시나이까?"

충혜왕이 황씨를 뚫어지게 쳐다보았다. 황씨는 민망하여 쥐구멍이라도 들어가고 싶은 심정이었다.

"으음, 죽은 홍융이 본처를 잃은 후에 나이 어리고 아리따운 계실을 얻었다더니 과연 소문대로고."

"…"

황씨는 얼굴이 달아올라 안절부절 못했다. 충혜왕은 불문곡직 안방으로 들어갔다. 황씨는 어쩔 수 없이 임금 앞에 꿇어앉았다.

"부인, 나를 보오."

황씨는 고개를 숙인 채 입이 굳어버렸다. 충혜왕은 황씨의 손을 덥석 쥐었다. 그러고는 남은 손으로 황씨의 허리를 끌어안았다.

"마마…"

황씨는 숨가쁘게 한마디 내뱉고, 임금에게 몸을 맡겨버렸다. 얼마 후 임금이 송명리를 불렀다.

"여봐라!"

"마마, 어인 일이시옵니까?"

"주안상을 차려오렷다!"

황씨는 흩어진 매무새를 고치고 임금은 흐뭇한 미소를 띠었다.

주안상이 들어오자 임금은 술잔을 황씨에게 내밀었다. 황씨는 떨리는 손으로 술을 따랐다. 임금은 얼큰하게 취하여 황씨 집을 나섰다.

캄캄한 밤하늘에 수많은 별이 반짝였다. 충혜왕은 하늘의 별도 자기 것이라고 생각했다. 자기가 하고자 하는 일이 이루어지지 않는 것이 없었다. 황씨가 거역하지 않고 순순히 말을 들은 것은 천하가 자기 것이라는 것을 증명해주었다.

"으하하하."

충혜왕은 밤하늘에 대고 호쾌한 웃음을 터뜨렸다.

대궐문에 들어서자 충혜왕은 취기가 싹 가시는 듯했다. 어둠에 잠겨 있는 전각들이 자기를 삼키려는 것 같았다. 이 전각들이 큰 힘으로 임금을 억제하려는 것 같았다.

'누가 나를 억누를손가!'

임금은 송명리를 물리고 혼자서 대궐 안을 서성거렸다. 불이 켜진 한 전각이 눈에 들어왔다.

'아직도 자지 않고 뭘하는가?'

충혜왕은 고개를 갸우뚱거렸다. 이 전각은 아버지 충숙왕의 비였던 수비壽妃 권씨가 거처하는 곳이었다. 충혜왕은 죽은 충숙왕의 왕비들이 아직도 전각을 차지하고 있다는 것이 매우 불쾌했다. 충숙왕의 넋이 아직도 이 대궐에 남아 있는 것 같았다.

'이럴 수는 없다.'

충혜왕은 돌층계를 올랐다.

"게 누구냐?"

층계를 다 올라섰을 때 방 안에서 수비 권씨의 목소리가 들렸다.

"누구긴 누구… 과인이오."

충혜왕이 문을 열어젖히고 방 안을 들여다보았다. 수비 권씨는 까무라치게 놀라 몸을 도사렸다.

"상감께서 납신 줄을 몰랐나이다."

"으흠…."

등잔불에 비친 수비의 얼굴이 고와 보였다. 충혜왕이 얄궂은 웃음을 흘렸다.

"수비!"

충혜왕이 수비에게 덤벼들었다. 수비는 남자의 힘을 느끼며 하염없이 눈물을 쏟았다. 충혜왕은 일을 마치고 일어났다. 수비는 흐트러진 매무새를 고칠 생각도 없이 버려진 쓰레기처럼 널브러져 흐느껴 울었다. 충혜왕이 싸늘한 눈으로 내려다보았다.

"어찌 우는가? 이미 남의 아내가 된 수비를 전왕이 데려온 것 아닌가. 전왕이 남에게 뺏어온 것이나 오늘 내가 손 댄 것이나 다를 바 없지 않은가."

충혜왕은 아버지를 전왕으로 불렀다. 대행왕·부왕으로 높여 부르기 싫었던 것이다. 밖으로 나온 임금은 하늘로 머리를 두르고 긴 숨을 몰아쉬었다. 조금은 마음이 가벼워졌다.

충혜왕은 날이 갈수록 엽색행각에 재미를 붙여갔다. 유성劉成의 처 인씨印氏가 빼어난 미색이라는 소문을 듣고 위의를 갖추어 유성의 집을 찾았다. 유성은 임금이 자기 집을 찾아온 것을 영광으로 알고 무척 기뻐했다.

"상감마마, 누추한 신의 집에 행차하시니 황공하기 이를 데 없나이다. 신이 백번 죽사와도 바다 같은 은혜 잊지 않겠나이다."

유성은 고마워 어쩔 줄 몰랐으나 임금의 목적은 다른 데에 있었다. 이날 밤 유성은 임금의 영을 거역하지 못하고 아내 인씨의 방으로 임금을 모셨다. 유성은 피눈물을 흘렸으나 이미 엎질러진 물이었다.

임금은 황씨를 대궐 안으로 불러들여 연회를 열었다. 황씨는 임금의 후궁이 되기로 결심한 듯 임금의 비위를 잘 맞추었다. 임금은 무척 기뻐했다.

충혜왕은 궁인 남씨南氏를 침전으로 끌어들여 하룻밤을 보냈다. 궁인 남씨는 이미 시집을 갔는데 충숙왕이 궁으로 데려와 희롱한 여인이었다. 그뿐만이 아니라 충숙왕은 자기 측근 최안도 · 김지경 등에게 궁인 남씨를 범하라고 허락한 일도 있었다. 엽색행각은 충숙왕과 충혜왕 부자가 막상막하였다.

충혜왕도 아버지 흉내를 내어 자기가 데리고 잔 궁인 남씨를 아끼는 신하 노영서에게 주었다. 노영서는 싫다고 거부할 수가 없었다. 충혜왕이 노영서를 택한 데에는 그만한 까닭이 있었다.

충숙왕이 세상을 떠난 뒤 나라가 저절로 충혜왕 자기 것이 되기는 했으나 원나라의 승인을 얻어야만 했다. 즉, 원나라에서 내리는 임금의 책봉을 얻어내야만 되었다. 이 책봉 주청 사신으로 노영서가 뽑혔다. 이런 연유로 궁인 남씨를 그에게 주었던 것이다.

궁인 남씨를 노영서에게 준 사흘 뒤였다. 그날 저녁 임금은 술에 취하여 노영서의 집으로 말을 타고 달려갔다. 그곳에서 마치 대궐에서처럼 궁인 남씨의 허리를 끌어안았다. 그 누구도 말릴 수 없는 임금의 특권이었다. 일을 끝낸 충혜왕이 대궐로 돌아올 때 노영서는 임금을 바래다주기까지 했다. 충혜왕은 당연한 일로 받아들였다.

마음이 울적하면 임금은 영화궁으로 경화공주를 찾아갔다. 영화궁에서 연회를 열기도 했고 경화공주를 불러다가 잔치를 베풀기도 했다. 경화공주는 몽고말에 능하고 몽고 풍속에 젖은 충혜왕을 대하면 고향에 가 있는 듯한 착각에 빠졌다.

8월 갑오일이었다. 이날도 충혜왕은 영화궁에서 주안상을 마주하고 경화공주와 술을 마셨다. 술은 양의 젖으로 만든 몽고술이었다. 이날의 화제도 여느 때와 다름없이 화려한 원나라의 귀족사회와 몽고의 사막 이야기였다.

경화공주는 몽고 악기를 뜯으면서 노래를 불렀다. 충혜왕은 흥에 겨워 줄곧 술잔을 기울였다. 그믐께여서 달이 이지러질 무렵에 충혜왕은 그만 술에 곯아떨어져 버렸다.

"상감마마!"

경화공주가 놀라서 충혜왕을 깨웠다.

"으응?"

"야심하셨나이다. 침전으로 드시오소서."

"으응?"

눈을 뜨고 멍하니 바라보던 임금이 다시 눈을 감더니 코를 곯았다.

"이를 어찌할꼬?"

경화공주는 송명리를 쳐다보았다. 송명리는 오히려 경화공주가 무슨 명령이든 내려주기를 기다리고 있었다.

"상감마마! 정신을 수습하시어 침전으로 드시옵소서!"

임금은 아무런 반응이 없었다. 경화공주는 안으로 들어가 이불을 들고 나왔다. 임금에게 이불을 덮어주고 송명리를 쳐다보았다.

"마마께오서 침수 드시었으니 옆에서 모시고 있다가 정신이 드시기를 기다리시오."

"예에."

경화공주는 안으로 들어가 잠자리에 누웠다. 여러 가지 생각으로 잠이 오지 않았다. 충혜왕과 이야기를 나누다가 문득 여기는 고향에서 수만리 떨어진 고려땅이라는 생각이 들자 코허리가 시큰거렸다. 게다가 모시던 충숙왕마저 세상을 떠나 외로움이 더했다.

충혜왕은 코를 곯으며 세상 모르고 잠에 떨어졌다. 송명리 등 두어 명의 내관이 웅크리고 앉아서 충혜왕의 잠자는 모습을 지켜보았다.

"크음…"

시간이 얼마나 흘렀을까. 목이 타는 듯한 갈증을 느끼고 임금이 눈을 떴다. 머리가 깨지는 듯이 쑤시고 온몸이 나른했다.

"어? 여기가 어디더냐?"

충혜왕이 방구석에 웅크리고 잠이 든 신하들을 보고 벌떡 일어나 휘청거리며 안으로 들어갔다. 불이 밝혀진 방에 경화공주가 잠이 들어 있었다.

"오오, 아름답구나."

충혜왕은 타는 듯한 갈증도, 지끈거리는 머리의 아픔도, 나른한 몸도 금세 잊어버리고 기운이 솟았다. 슬그머니 경화공주를 덮쳤다.

"누구얏!"

소스라치게 놀란 경화공주가 손을 휘저어 임금의 콧등을 후려갈겼다. 충혜왕이 주춤 물러났다. 임금이 다시 공격했다. 경화공주는 충혜왕을 노려보며 거세게 반항했다.

"이 무슨 짓이오이까!"

"경화공주, 제발."

"발광하셨나이까?"

"경화공주!"

충혜왕은 술기운이 남아 몸이 마음대로 움직여지지 않았다. 경화공주의 반항이 거세어 애를 먹었다.

"여봐라! 이리 오너라!"

충혜왕이 고함을 쳤다. 송명리와 내관 둘이 눈을 부비며 들어왔다.

"무엇들을 하느냐! 공주를 꼼짝 못하게 잡아라!"

송명리 등은 뜻밖의 명령에 어리둥절하여 서성거렸다.

"상감! 미치셨소?"

경화공주가 사납게 눈을 흘겼다. 송명리 등은 서슬 푸른 공주의 역정에 당황했다.

"팔다리를 잡지 않고 무엇들을 하고 있는 게냐!"

충혜왕이 악을 써대자 송명리 등은 마지못해 공주의 팔다리를 잡았다. 공주는 최후의 발악으로 버티었으나 역부족이었다. 임금의 거친 손길이 공주의 옷을 난폭하게 벗겼다. 공주의 희디횐 허벅지가 드러났다. 임금은 야수가 되어갔다.

"상감! 이 몸은 상감의 어미 뻘이오. 이래서는 아니 되오! 진정하시오!"

공주가 점잖게 타일렀다. 소용없었다. 임금은 수욕을 채우기 위해 공주의 옷을 사정없이 벗겼다. 아랫도리가 하얗게 드러났다. 송명리 등은 차마 공주의 몸을 볼 수 없어 외면해버렸다. 공주의 사지를 꼼짝 못하게 잡은 채로.

"끝내 국모를 욕보이려는가!"

공주가 악을 썼다.

"입도 막아라!"

송명리가 공주의 입을 막았다.

임금은 느긋하게 옷을 벗었다. 송명리 등은 자리를 비켜주었다.

이튿날, 송명리가 부리나케 충혜왕에게 달려왔다,

"상감마마!"

"웬일이더냐?"

"경화공주께오서 원나라로 돌아가신다 하옵니다."

"원으로?"

충혜왕은 깜짝 놀랐다. 그러나 짐짓 태연한 척했다.

"무슨 방법으로 간다더냐?"

"말을 사서 혼자 가신다며 말을 사려고 사람을 말시장에 보냈다 하옵니다."

"크음."

충혜왕의 얼굴에 웃음이 떠올랐다. 충혜왕은 윤단종과 이엄을 시켜 말시장을 파해버리도록 했다. 궁 안에서도 말을 함부로 내주지 않도록 단속했다. 경화공주는 말을 사지 못해 애를 먹었다.

공주는 결국 원나라에 돌아가지 못했다. 충혜왕은 회심의 미소를 띠며 중얼거렸다.

"이제야 비로소 이 나라 주인이 된 것 같구나."

며칠 후 충혜왕은 송명리를 불렀다.

"호군護軍 박이라치를 불러라!"

"분부 받들겠나이다."

박이라치가 나타나자 충혜왕은 위엄을 갖춰 영을 내렸다.

"들자하니 권한공權漢功의 소실 강씨康氏의 인물이 빼어나다고 소문이 자자하도다. 강씨를 대궐로 데려오너라."

"예에, 마마."

충혜왕은 엽색행각에 눈이 어두워 나랏일을 그르치고 있었다.

충혜왕의 악행을 원나라에서 알고 소환해갔다. 원나라에서는 그를 연경에서 2만여 리 떨어진 제양현으로 귀양 보냈다. 충혜왕은 유배지로 떠나 악양현에서 30세를 일기로 세상을 떠났다. 충혜왕의 죽음을 둘러싸고 독살설이 나돌았다.

◉ 왕자를 낳은 사기그릇 장사

엽색행각으로 악명을 떨친 충혜왕이 구천우·강윤충 등의 신하를 거느리고 유성의 집에 들러 그의 아내 인씨를 욕보이고, 이튿날 해가 중천으로 떠오른 후에 환궁하는 길이었다.

임금과 두 신하는 천천히 말을 몰았다. 송도는 먹고 살기 위해 아침부터 거리에 인파가 넘쳐흘렀다.

"어찌 생각하는고?"

임금이 뜻밖에 묻는 말이 무엇인지 몰라 두 신하는 어리벙벙했다.

"무슨 말씀이시온지요?"

강윤충이 공손하게 되물었다.

"유성의 처가 예쁘냐고 물었느니라."

두 신하는 대답하기 난처하여 머뭇거렸다.

백성들도 길을 비켜서서 임금 일행에게 허리를 굽혔다. 임금인 줄은 몰랐으나 고관들 같아 미리 주눅이 들어 길을 비켜선 것이다.

임금 일행은 꺾어지는 길에서 광주리를 머리에 인 여인을 발견했다. 여인은 짐이 무거운지 바튼 신음소리를 내고 있었다.

"무엄하도다! 냉큼 길을 비켜서라!"

구천우가 여인에게 고함을 쳤다. 여인이 휘청거리며 옆으로 비켜서려다가 머리에 인 물건이 땅에 떨어져 와장창 깨져버렸다. 사기그릇이었다.

"어찌할꼬?"

임금이 혀를 찼다. 여인은 몹시 억울한 듯 원망이 가득 담긴 눈으로 임금을 올려다보았다. 여인과 시선이 마주친 순간, 임금은 전율을 느끼고 꿀꺽 침을 삼켰다. 화장끼 없는 얼굴이 싱싱해 보이고 기운이 넘쳐 보였다.

"네가 누구더냐?"

임금이 여인 앞으로 다가서며 물었다.

"단양대군丹陽大君의 종년이나이다."

목소리가 아름다웠다.

"사기장사가 네 업이더냐?"

"그러하오이다."

임금은 강윤충에게 명했다.

"저 여인을 경의 집으로 데려가게. 오늘 저녁 경의 집으로 미행하리라."

"예에?"

강윤충은 기가 차서 입이 벌어졌으나 임금은 히죽히죽 웃고 있었다. 임금은 구천우만을 데리고 대궐로 들어갔다.

강윤충은 여인을 달랬다.

"사기그릇 값을 후하게 쳐줄 테니 나를 따르라!"

"여기서 주소서."

여인이 당돌하게 나왔다.

"돈을 짊어지고 다니는 사람 봤느냐? 우리 집으로 가자."

여인은 사기그릇 값을 준다는 말을 믿고 윤충을 따라갔다. 그러나 집에 도착한 강윤충은 여인을 강압적으로 대했다.

"지금부터 내 말 잘 들어라!"

"예에?"

"깨끗이 목욕을 하고 새옷으로 갈아입어라."

"왜 그래야 하나이까?"

"까닭은 묻지 말라!"

"까닭을 알려주소서."

"말이 많구나. 목욕을 한 다음 비단옷을 줄 터이니 갈아 입어라!"

"어인 일이오이까?"

"묻지 말래도. 비단옷으로 갈아입은 후 화장을 시켜줄 테니 그대로 따르려무나."

여인은 영문을 모른 채 따르는 수밖에 달리 방법이 없었다. 강윤충이 워낙 강압적이어서 슬그머니 겁이 났다.

강윤충의 명령에 따라 여인을 목욕시키고 화장시킬 몸종이 정해졌다. 여인의 몸종은 벙어리인 양 도통 말이 없었다. 여인이 계속 물어보았으나 대답은 한마디도 들을 수 없었다.

여인은 비단옷을 입고 기분이 썩 좋았다. 갑자기 부잣집 안방마님이 된 기분이었다. 몸종의 안내로 후원 깊숙한 방에 들어 화장을 했다. 몸종이 정성 들여 화장을 해주었다.

저녁 밥상을 보고 여인은 귀신에게 홀린 듯 정신이 혼미해졌다. 진수성찬이 차려져 있었다. 여인이 이제껏 한번도 보지 못한 음식이 상다리가 부러질 정도로 차려져 나왔다. 여인은 허기진 배를 채웠다.

임금은 밤에 어김없이 강윤충의 집으로 미행했다.

"여인을 어찌했누?"

임금은 벌써 술에 젖어 있었다.

"곱게 꾸며놓았나이다."

"어디 구경해볼까?"

강윤충은 임금을 후원 깊숙한 방으로 안내했다. 여인이 딴 사람이 되어 있었다. 임금이 방에 들어가자 벌떡 일어났다.

"허허, 잘 꾸며놓았구나."

임금이 보료에 앉았다. 여인은 눈을 꿈벅이며 멀거니 서 있었다.

"상감마마이시니라. 인사 올리거라!"

여인의 가슴이 덜컥 내려앉았다. 사기장사가 임금 앞에 서 있다니, 꿈을 꾸고 있는 것 같았다. 오돌오돌 떨며 겨우 큰절을 올렸다.

"잘 모시도록 하라!"

강윤충이 여인에게 당부하고 방을 나갔다.

"이리 가까이 오라!"

임금이 여인에게 말했다. 여인은 무릎 걸음으로 임금 앞으로 다가갔다.

"이름이 무엇이더냐?"

"이름은 없사옵고 성은 임가林哥이옵니다."

"오, 임녀林女로고."

여인은 얼굴이 화끈거리고 가슴이 벌렁벌렁하여 숨소리가 자연히 거칠어졌다.

"이리 더 가까이 오너라!"

여인이 무릎 걸음으로 임금의 턱 밑까지 다가갔다.

"얼굴을 들라!"

임금이 여인의 턱을 어루만졌다.

"헉!"

여인의 뜨거운 콧김이 임금의 용안에 확 뿌려졌다.

'요것 봐라. 남자를 아는가?'

임금이 여인을 와락 끌어안았다.

"끄응, 헉!"

여인이 임금의 어깨를 두 손으로 싸안았다. 여인의 대담한 행동에 임금은 흐뭇했다.

'허허 고것… 내가 잘 본 게야.'

임금은 여인을 끌어안고 금침 위로 쓰러졌다. 여인은 흥분을 감추지 못하고 임금의 몸 밑에서 숨을 헐떡거렸다. 임금은 다른 여자에게서 맛보지 못한 감정에 사로잡혀 희열에 몸을 떨었다.

'으흠, 보배로다. 길에서 보배를 얻은 게야.'

일을 끝내고 임금은 만족하여 여인의 등을 어루만져주었다.

임금은 매일 밤 강윤충의 집으로 미행했다. 임녀를 대하는 강윤충의 태도가 달라졌다. 임금이 임녀에게 직첩이라도 내리는 날에는 상전으로 모셔야 했다. 여자 팔자 뒤웅박이라더니, 사기장사가 하룻밤 새에 임금의 총애를 받는 궁중 여인이 될 것 같았다. 임금도 공공연히 말했다.

"내 너를 대궐로 데려가겠노라."

임금이 임녀에게 약속한 이틀 후 대궐에서 가마를 보내 임녀를 데려갔다. 임녀는 꿈을 꾸고 있는 것 같았다.

대궐에는 임금의 정실인 몽고 여인 덕녕공주와 희빈 윤씨가 있었다. 임녀는 출신 신분이 낮아서 다른 후궁에게 질투를 느끼지는 않았다. 오로지 임금이 자기를 찾아주는 날만을 기다려야 하는 해바라기 여인이 되어버렸다. 다행히도 임금은 임녀를 잊지 않고 자주 찾아주었다.

충혜왕의 엽색행각은 지칠 줄을 몰랐다. 미인이 있다는 소문을 들으면 시간과 장소를 가리지 않고 찾아나섰다. 대궐 바깥뿐만 아니라, 안에서도 아버지의 비였던 경화공주를 욕보인 패륜아가 아니었던가.

임녀가 왕자를 생산했다. 이름을 석기釋器로 지었다. 임금에겐 이미 덕녕공주와 희빈 윤씨 소생인 왕자가 있었다. 그러나 임녀가 석기를 낳은 뒤 임금의 애정이 더욱 두터워졌다.

임금은 경상도 진변사鎭邊使 홍학의 딸이 빼어난 미인이란 말을 듣고 마음이 동했다. 대궐로 들이기로 하고, 이미 화비和妃라는 첩지를 내리려고 마음먹고 있었다. 임녀가 가만 있지 않았다.

"상감마마!"

"으흠, 왜 그러느냐?"

"경상도 진변사의 딸이 대궐로 들어온다는 말이 참말이옵니까?"

"그러기로 했다네."

임녀가 토라져 입이 서너 자나 나왔다. 임금은 그 표정이 재미있었다.

"시기하는 게냐? 과인의 일에 거역하면 어찌 되는지 알 터. 거역하겠다는 게냐!"

"거역이 아니오라…."

"하면 뭔가?"

"천첩이 대궐에 들어온 지 3년이나 되었사옵고, 왕자까지 낳았사온데…."

"염려 말게나. 화비가 들어온다 해도 내 그대를 소홀히 하지 않을 터, 무에 걱정이란 말인가?"

"하오나 홍탁의 딸에게는 화비의 직첩을 내리시옵고, 신첩은…."

"어떻다는 겐가?"

"천첩에게는 직첩을 내리지 않으시니."

"으음, 그랬던가?"

"천첩을 불쌍히 여기시어…."

"알았네."

임녀는 임금의 잠정적인 내락을 받은 후에야 몸을 활짝 열어주었다.

임녀를 총애하면서도 임금은 직첩을 내리지 않았다. 임녀가 남의 집 종에다가 사기장사여서 직첩을 내리겠다고 하면 조정이 시끄러울 것 같았다. 그러나 임녀가 끈질기게 임금에게 매달리자 하는 수 없이 임금은 임녀에게 은천옹주銀川翁主라는 직첩을 내렸다. 세상 사람들은 이 소식에 임녀를 은천옹주라 부르지 않고 조롱삼아 사기옹주로 불렀다. 임녀는 이것으로 만족하지 않았다.

"상감마마!"

임금의 품에 파고들던 임녀가 코맹맹이 소리로 불렀다.

"무슨 일이라도 있는 겐가?"

"대궐에서 나가겠나이다."

"뭐야?"

임금은 눈이 휘둥그레져 임녀를 쳐다보았다.

"화비가 들어오면 신첩에게 학대가 심할 것이나이다. 대궐을 나가겠나이다."

"무슨 말인고? 그럴 리가 있나. 화비가 옹주를 학대하다니, 말이나 되는 소리인가!"

"화비는 진변사의 딸이옵고 신첩은 사기장사였나이다."

"이미 은천옹주의 첩지를 받았거늘 누가 괄시를 한단 말인가?"

임녀는 유독 화비에게만 질투를 느꼈다. 임금의 손길이 닿는 여인이 어디 한둘이던가. 그런데 임녀가 유독 화비에게 그런 반응을 보이는 까닭을 임금은 알지 못했다.

"화비가 대궐에 들어오면 신첩은 나가겠나이다."

"아니 될 말이로세."

"하오면 마마…."

"말해보게나."

"화비를 대궐에 들이지 마시옵소서."

"뭐라?"

"마마, 꼭 그리하시오소서."

임금은 화비가 대궐로 들어오면 임녀가 어떻게 나올지 은근히 걱정이 되었다. 임녀가 변하면 아양과 교태를 볼 수 없을 것 같았다. 임금은 화비를 중신인 윤심의 집에 머무르게 했다.

임금은 신하들의 아내나 첩을 겁탈하러 다니던 때와는 달리 화비를 찾아가는 일이 귀찮게 여겨졌다. 또한 몇 차례 품에 안아본 화비는 매력이 없었다. 임금은 화비가 윤심의 집에 머무는지조차 까마득히 잊어갔다. 이런 낌새를 눈치 챈 임녀는 임금을 더더욱 잘 모셨다.

"마마, 어제는 어디로 미행하셨나이까?"

"배전裵佺의 처가 잘났다기에 보러 갔다네."

"마마를 모셨나이까?"

"그러고말고."

임녀는 배시시 웃었다. 임금이 상대한 여인이 화비만 아니면 상관없었다.

"옹주!"

"예에, 마마."

"오늘 밤은 옹주와 밤을 새우겠네. 역시 옹주가 제일일세."

"마마…."

임금은 임녀를 유난히도 탐했다. 그 어느 여인보다도 마음과 몸이 더 갔다.

임금은 임녀를 위해 삼현궁三峴宮을 지었다. 크기나 화려함이 대궐과 다를 바 없었다. 더구나 임녀를 시중들 시녀들을 양가의 딸 중에서 뽑았다. 이 과정에서 한 여인이 서글피 울었다.

"어찌 우는 게냐?"

"저어…."

차마 말을 못했다. 천한 사기옹주의 궁녀가 되어 서럽게 우는 것이었다. 그러나 차마 정직하게 말하지 못했다.

"어찌 우느냐고 물었느니라."

"저어… 그냥 얽매이는 생활이 서글퍼서…."

"앞으로 우는 자가 있으면 모조리 잡아다가 혼내주겠노라!"

임녀는 날이 갈수록 방자해져서 아들 석기의 생일잔치 때에는 함부로 남의 물건을 빼앗았다. 빼앗긴 상인들의 아우성을 임녀는 모른 체했고 임금은 귀를 막고 듣지 않았다.

임녀의 세도는 임금의 몰락과 함께 끝이 났다. 원나라는 충혜왕의 지나친 엽색행각과 패륜에 철퇴를 가했다. 임금을 폐위시켜 원나라로 데려간 후 멀리 귀양 보냈다. 또한 충혜왕이 거느리던 궁녀 126명은 궁에서 쫓겨났다. 임녀도 그중 하나였다.

충목왕시대 (1344~1348)

⊙ 그 임금에 그 신하

충목왕忠穆王은 충혜왕의 맏아들로서 덕녕공주의 소생이다. 이름은 흔昕, 몽고식 이름은 팔사마타아지이다. 아버지 충혜왕이 원나라에 송환되어 가자 뒤를 이어 제29대 임금이 되었다. 그때 나이 8세였다. 어머니 덕녕공주가 국사를 도맡아 처리하고, 어린 임금은 병약하여 12세의 나이로 세상을 떴다. 어린 나이에 죽어 후사가 끊기고 말았다.

충목왕시대에 찬성사 강윤충康允忠은 충혜왕시대에 구천우와 함께 임금의 엽색행각을 부추기고 도와준 일등 공신이었다.

충혜왕이 원나라로 잡혀가자 강윤충은 충숙왕의 어머니 덕녕공주에게 충성을 바치고, 전왕을 그대로 흉내내어 엽색행각을 일삼았다.

조석견趙碩堅의 처 장씨가 은근히 강윤충을 사모하고 있었다. 조석견은 충목왕이 등극한 후 시름시름 앓다가 세상을 떠나고 말았다. 장씨는 남편이 죽은 후에 강윤충에 대한 사모의 정을 불태웠다.

어느 날 장씨는 계집종을 불렀다.

"마님, 찾아 계시오이까?"

"애, 오월아, 너 심부름을 좀 다녀오너라."

"말씀하소서."

"찬성사 강윤충 대감 댁을 알고 있으렷다?"

"일전에 심부름을 다녀온 일이 있어 알고 있나이다."

"이 서찰을 강 대감에게 전하고 오너라."

"예에."

계집종 오월을 강윤충에게 보내놓고, 장씨는 눈이 빠지게 기다리고 있었다. 머리에 떠오르는 얼굴, 강윤충은 장씨에게 사나이 중의 사나이였다. 충혜왕 시절, 그에 대한 소문을 익히 들어 알고 있었으나 실제로 보기는 남편을 만나러 집에 왔을 때였다. 장씨는 첫눈에 반한 이후 한시도 잊어본 적이 없었다. 목을 빼고 기다리던 장씨 앞에 오월이 나타났다.

"다녀왔더냐?"

"예에."

"서찰을 강 대감께 직접 전하였더냐?"

"그리했나이다."

"대감께서 뭐라 하시더냐?"

"잘 받았다고 하시더이다."

"다른 말은 없었더냐?"

"예에."

"답은 없었더냐?"

"예에."

장씨는 오월의 시원치 않은 대답에 적이 실망했다. 답장이 없어 속이 상했다. 혹시 밤에 직접 찾아올지 모른다는 기대로 스스로를 위로했다.

장씨는 갑자기 집 안을 치우고 휘황찬란한 비단옷으로 갈아입었다. 거울 앞에서 오랫동안 화장을 고쳤다. 어느새 밤이 찾아왔다. 기다리는 마음이 초조했다. 등잔 심지가 타들어가고 기름 타는 소리가 장씨의 애간장을 녹였다. 긴 한숨이 저절로 나왔다.

'이럴 리가 없는데, 바쁜 일이 있을 게야.'

스스로 판단을 내리고 그래도 끈질기게 기다렸다.

강윤충의 계집 사냥은 이미 전왕 시절부터 정평이 나 있었다. 그러나 이토록 매정한 남자인 줄을 장씨는 까맣게 모르고 있었다. 장씨는 속을 끓이며 강윤충이 상대한다는 여자들에게 심한 질투를 느꼈다.

"오월이 게 있느냐!"

장씨는 밤이 깊었는데도 오월을 불렀다. 잠이 든 오월이 쉽게 일어나지 않았다. 장씨는 울화가 치밀어 발을 구르며 오월을 불렀다.

"네 요년! 귓구멍에 대들보가 박혔다더냐!"

"예에, 마님 지금 가나이다."

방문 밖에서 오월의 다급한 소리가 들렸다. 오월이 방으로 들어오자 장씨가 다그쳤다.

"너, 서찰을 틀림없이 전했느냐?"

"예에, 마님."

"헌데 왜 소식이 없는 게야!"

"그거야 알 수 없나이다."

"대감께 직접 전했다고 했더냐?"

"예에."

"어서 나가 자빠져 자렷다!"

장씨는 밤을 꼬박 새웠다. 강윤충은 끝내 오지 않았다. 장씨 혼자서 약속하고 기다린 것이었다.

'어디 두고 보자!'

장씨는 이를 부득부득 갈았다. 닷새쯤 지나자 화가 풀렸다. 다시 오월을 불러 강윤충에게 보낼 서찰을 심부름 시켰다. 저번보다 더 애절한 사연을 적어 보냈다.

장씨는 또다시 밤을 꼬박 새우며 기다렸으나 허사였다.

'나를 괄시하고도 잘사나 보자.'

장씨는 눈물을 흘렸다. 그리움·원망·저주·갈망이 뒤섞인 눈물이었다.

강윤충은 모처럼 한가하여 보료 위에 비스듬히 기대어 이 생각 저 생각을 하며 시간을 보내고 있었다. 떠오르는 것은 죄다 여자 관계였다.

"대감 마님, 손님이 오셨나이다."

방문 밖에서 하인이 고했다.

"누구더냐?"

"저어… 여자 손님이나이다."

강윤충의 귀가 번쩍 틔었다. 금세 색기가 발동했다. 방문을 활짝 열어젖혔다.

"여자 손님이라고? 어디에 있느냐?"

"대문 밖에 계시나이다."

"어서 모셔오지 않고 무얼 꾸물대느냐!"

강윤충은 싱글벙글 웃으며 손님을 기다렸다.

하인이 장씨를 데리고 왔다. 장씨는 두 번이나 연서를 보내고도 뜻을 이루지 못하자 직접 찾아온 것이다. 장씨가 계집종 오월을 앞세우고 나타났다. 하인의 안내로 장씨는 오월을 밖에 떼어놓고 강윤충의 방으로 들어갔다. 강에게 큰절을 하고 원망부터 앞세웠다.

"대감, 너무 하시나이다."

"허면… 조석견의 아내란 말이외까?"

"그러하오이다."

강은 장씨의 전신을 거리낌없이 살펴보았다. 무릎을 탁 치고 수작을 부렸다.

"내 정신 보게, 깜빡했소이다. 찾아간다는 것이 그만…"

"대감께 괄시를 받고 분하여 찾아왔나이다. 기다리던 여인이 아니어서 실망했나이까?"

"아아 아니오. 이리 가까이 오구려."

강은 장씨가 마음에 들었다. 얼굴도 곱고 몸매도 잘 빠져 있었다.

"서찰을 무시할 때는 언제고 가까이 오라는 말씀은 또 무엇이오이까?"

"허허, 앙탈이 매혹적이구려. 어서 이리 가까이 오오."

장씨는 못 이기는 체하고 보료 가까이 다가갔다.

"밖에 아무도 없느냐?"

"예에, 대감!"

"주안상을 내어오너라!"

"예에."

강이 슬며시 장씨의 허리를 끌어당겼다. 장씨는 강의 품에 안겼다. 이날부터 장씨는 강의 집에서 지냈다. 장씨는 밤낮을 가리지 않고 강의 사랑을 갈망했다. 그녀는 강에게 애교와 추파를 시도 때도 없이 보냈다.

"오, 내가 이제껏 눈이 멀던 게야. 하마터면 보물을 잃을 뻔했구먼."

"대감, 대감을 마음에 둔 지가 수삼 년은 되었나이다."

"허허허… 듣던 중 반가운 소리야."

두 사람은 열꽃을 피웠다.

강윤충이 장씨의 편지를 두 번이나 받고도 답장을 하지 않은 데에는 까닭이 있었다. 장씨가 스스로 걸어와 품에 안겼으니 더 말할 나위 없지만, 윤충은 실은 장씨에게 신경을 쓸 여유가 없었다.

윤충은 충목왕의 어머니 덕녕공주에게 정성을 쏟았다. 아들 대신 조정을 틀어쥐고 있는 공주에게 권력을 위해 아첨하는 것만은 아니었다. 아직 30세가 안 된 공주에게 윤충은 흑심을 품고 있었다. 머리를 조아리고 덕녕공주의 명을 기다리면서도 덮치고 싶은 충동에 자기도 모르게 신음소리를 냈다.

'대비라는 체면이 있어 쉽게 넘어오지는 않을 게야.'

윤충은 속앓이를 했다. 그러면서도 끊임없이 기회를 노렸다. 죽은 충혜왕이 부러웠다. 임금의 명령 한마디면 뭇 여인들이 얼씨구나 하고 옷을 벗었다. 윤충은 권세 있는 벼슬아치였으나 임금은 아니었다.

윤충은 배전이 중궁 내전에 자주 드나든다는 소문을 듣고 그를 초대했다. 배전은 벼슬이 호군이었으나, 지위에 어울리지 않게 충혜왕 때 원나라에 다녀오기도 하고 중궁 내전에 자주 드나들었다.

"내가 배 호군에게 할 말이 있어 뵙자고 한 거외다."

"찬성사께오서 어찌 저를…."

"별것 아닌 것 같지만, 보는 눈이 많으니 행동을 조심하는 것이 좋을 것이외다."

"갑자기 무슨 말씀이시온지?"

배전은 시침을 뚝 뗐다.

"다른 것이 아니라… 실은 나는 그런 짓을 탓하지는 않소이다. 내전의 출입이 지나치다는 소문이외다."

"아니, 대비의 명을 받들어 출입하는데 누가 감히 시비를 건다는 말씀이외까?"

배전이 발끈했다. 강윤충은 뒤통수를 얻어맞은 기분이었다.

"그건 그렇지만…."

"전왕 때 원나라에 간 적이 있었소이다. 그런데 그동안에 전왕이 우리 집에 온 적이 있소이다. 찬성사께서도 잘 아실 것이외다."

"으흠."

"전왕이 우리 집에 뭣하러 들렀겠소이까? 전왕이 내 처와 처제를 한꺼번에 농락한 거외다. 그때 찬성사께서 전왕을 수행하지 않았소이까?"

"으흠."

강윤충은 배전에게 혼이 나고 있었다. 덕녕공주에게 접근하지 말라고 주의를 주려다가 오히려 반격을 당하고 있었다.

"내가 오늘날 대비의 명을 받아 내전에 드나들기로서니 무슨 허물이 되며 그 누가 탓한단 말이외까!"

"피장파장이란 말이오?"

"그렇소이다."

"신하와 국왕은 다르지 않소이까?"

"그러기에 전왕은 거칠 것이 없었으나 나는 전왕이 세상을 뜬 후에 내전에 드나들지 않소이까."

"그렇긴 하오."

강윤충은 몹시 불쾌했으나 참아야 했다. 섣불리 잘못 건드렸다가 무슨 봉변을 당할지 모를 일이었다.

"어쨌든 소문이 파다하니 조심하는 게 좋을 게요."

강윤충은 이 말밖에 더는 할 말이 없었다. 그날 밤 강은 잠을 이루지 못했다. 배전이 덕녕공주와 놀아난다는 생각에 울컥울컥 화가 치밀었다. 윤충은 새로운 계획을 세웠다. 내전 사정을 알기 위해 내시 한 사람을 매수하려고 금은보화를 물쓰듯 썼다. 내시를 매수한 후 그 내시를 통해 궁녀를 매수했다.

그들에게 뇌물을 써서 고려에는 강윤충보다 더 멋있는 사내가 없다고 덕녕공주에게 들려주도록 했다. 덕녕공주는 사나이 중의 사나이 강윤충의 칭찬을 수없이 들었다.

강윤충이 뇌물을 뿌린 효과가 있어 내전으로 불려들어간 적이 있었다. 내시의 뒤를 따라 들어가면서도 윤충은 울렁거리는 가슴을 진정하기 어려웠다.

덕녕공주가 있는 방 안에 들어서자 윤충은 머리를 조아렸다.

"신, 강윤충 부름 받고 달려왔나이다."

"오, 찬성사시오?"

덕녕공주가 웃음으로 맞아주었다. 고개를 들어 덕녕공주를 바라보았다. 가까이에서 보니 젊고 탐스러웠다. 알맞게 살이 오른 몸집은 젊음이 무르익어 있었다. 더구나 고려 여인과 다른 점이 한층 매력있어 보였다.

"찬성사를 가까이 대하게 되어 기쁘오."

"마마, 황공하나이다."

"전하께오서 아직 춘추 어리시어 믿는 이는 오로지 찬성사뿐이오."

"황공무지로소이다."

윤충은 덕녕공주가 자기를 믿어준다고 생각되어 모든 권한이 자기의 손에 쥐어진 듯한 착각에 빠졌다.

"이리 가까이 오오."

"예에, 마마."

윤충이 다가가 덕녕공주를 민망할 정도로 빤히 쳐다보았다. 많은 여인을 품에 안아보았으나 덕녕공주와 같은 귀인은 하나도 없었다. 콧날이 오뚝하고 눈매가 모로 찢어져 북방 여인의 면모를 물씬 풍겼다. 방안에는 단둘뿐이었다.

"궁녀의 말이 지나친 말은 아니었군."

덕녕공주의 태도가 돌변했다. 눈에 광기 같은 빛이 어리고 얼굴 가득 웃음꽃이 피어 있었다.

"아무도 없으니 괘념치 마오."

"예에?"

"더 가까이 오오."

덕녕공주가 팔을 벌렸다. 윤충이 떨며 공주의 팔을 잡았다. 온몸의 피가 거꾸로 흐르는 듯하고 숨이 가빠왔다. 윤충은 팔에 힘을 주어 공주를 잡아당겼다. 공주가 스스럼없이 안겨왔다.

우러러보기만 하던 대비였다. 더구나 싸늘한 인상의 원나라 왕족이어서 윤충은 언감생심 엄두가 나지 않았었다. 그러나 품에 안고 보니 한낱 가녀린 여자였다. 윤충은 행동을 자제해야 한다고 스스로에게 최면을 걸었다. 한번 만나 갈 데까지 가버리면 여자가 실망할 수 있다는 것을 잘 알고 있었다. 뜸을 들여야 했다.

"마마, 황공하옵나이다."

윤충이 공주를 놓고 멀찌감치 물러나 앉았다.

"호호호호…."

덕녕공주가 웃음을 터뜨렸다. 윤충의 행동이 귀엽게 보였던 모양이었다. 어린애처럼 보채다가 한순간 마음이 바뀌어 한눈을 파는 듯한 행동에 공주는 배꼽이 빠지도록 웃으며 물러가라는 손짓을 했다.

강윤충은 배전을 의식하고 내시와 궁녀들에게 더 많은 뇌물을 썼다. 배전이 덕녕공주를 껴안은 상상을 하면 심장이 터질 것만 같았다. 주야로 배전을 덕녕공주에게서 떼어놓을 궁리를 했다.

덕녕공주가 중신회의를 열면 강윤충의 목소리가 제일 당당했다. 덕녕공주도 윤충의 말을 잘 헤아려주었다. 윤충은 내전을 자기 집 사랑방 드나들듯 했다.

윤충이 덕녕공주의 처소에 자주 드나들자 장씨는 고민에 싸였다. 어느 모로 보나 장씨는 공주의 상대가 아니었다. 윤충은 날이 갈수록 장씨를 멀리했다. 장씨는 윤충의 냉대를 고스란히 참고 있을 여자가 아니었다. 장씨가 사랑방으로 나갔다.

"대감!"

"여기는 웬일로?"

윤충은 이마부터 찡그렸다. 덕녕공주를 품에 안은 후로 장씨를 머리에서 지워버렸다.

"요 근래에 너무 하신다고 생각지 않으시오이까?"

"내가 뭘 어쨌길래?"

"시침을 뗄 작정이오이까? 넋을 어디에 팔고 다니시오이까?"

"내가 넋을 팔다니, 무슨 말이 그런가?"

윤충은 딴전을 피웠다.

"몽고의 계집이 그리도 좋소이까?"

"몽고의 계집이라고? 무엄하도다. 함부로 주둥일 놀리지 말라!"

대비를 계집이라고 불러 윤충은 비위가 상했다. 윤충은 부아가 끓어올랐다. 장씨도 지지 않았다.

"흥, 배알이 꼴리오이까?"

"닥치시오!"

윤충이 험상궂은 얼굴로 장씨를 노려보며 주먹을 휘두르려고 했다. 장씨가 눈을 흘겼다.

"제 주둥아리가 어째서 그러하오. 몽고 계집의 주둥아리는 어떠하옵니까?"

"저런, 쳐죽일⋯."

두 사람 사이에 싸움이 벌어졌다. 욕설이 오고가고 주먹질까지 했다. 결국 장씨가 울음을 터뜨리고 사설을 늘어놓고 싸움이 끝났다.

이튿날, 장씨는 짐을 싸서 윤충의 집을 나와버렸다. 윤충은 사랑방에서 모른 체하고 가슴을 쓸어내렸다.

'어이구 잘됐다. 저런 계집을 데리고 있다가는 무슨 망신을 당할지 모르겠구먼. 제 발로 걸어나갔으니 천만다행이 아닌가. 그나저나 이 일이 덕녕공주의 귀에 들어가면 아니 되는데⋯.'

윤충은 덕녕공주 생각뿐이었다.

장씨는 집으로 돌아가 계집종만을 데리고 한가한 생활을 시작했다.

이 무렵, 전리사典理司에서 벼슬을 살고 있는 구영검이란 사내가 있었다. 그는 안씨를 아내로 맞아 두 아들을 두었다. 그후 그는 안씨가 죽고 김씨를 아내로 맞아 두 아들과 다섯 딸을 두었다. 그런데 김씨가 또 세상을 떴다. 구영검이 장씨를 만났다. 장씨는 구영검을 만나 새로운 정이 생겨 정신 없이 지냈다. 이들의 생활은 깨가 쏟아졌다.

어느 날 장씨는 윤충에게 편지를 써서 계집종 오월을 통해 전했다.

윤충은 장씨의 소문을 듣고 잘되었다고 여겼다. 그러던 차에 뜻밖에 편지를 받은 것이다. 편지를 펼쳐 읽었다.

"대감, 요사이도 몽고 계집의 주둥아리에 미쳐 헤어나지 못하시나이까? 나는 이 세상에 사내가 대감 하나인 줄만 알고 그동안 속을 많이 끓였소이다. 그런데 대감을 떠나고 보니 사내가 천지에 널려 있었소이다. 더구나 대감보다 훨씬 윗길인 사내가 너무도 많아 실로 놀랐나이다. 대감, 충고 한마디 하겠나이다. 대감만이 사내가 아니라는 걸 명심하소서. 몽고 계집의 주둥아리 좀 작작 탐하시기 바라오."

"쳇, 나기는 난 년이야!"

윤충은 중얼거리고 나서 덕녕공주를 만나려고 외출 준비를 서둘렀다.

◉ 비구니가 된 승상의 첩

원나라 조정에서 명재상으로 이름을 떨친 활활타이가 고려의 공녀를 첩으로 삼았다. 고려 공녀는 이름 없는 백성의 딸로서 공녀로 팔려가 활활타이 승상의 총애를 받았다. 활활타이는 원나라 황족으로 원나라 여인을 정실로 맞아, 그녀의 몸에서 큰아들 배마탈치(拜馬赤乃)를 얻고, 고려 공녀를 첩으로 삼았다. 아들은 고려 공녀를 작은어머니 고려씨高麗氏라고 불렀다.

고려씨는 승상의 총애를 입어 자유롭게 지냈다. 한 가지 부족한 점이 있다면, 고려에 계신 어머니가 보고 싶었지만 어쩔 수 없는 노릇이었다. 고려씨는 어머니를 애타게 그리다가 슬그머니 승상의 의중을 떠보았다.

"대감, 고려에 가족이라고는 어머님 한 분이 계신데 뵙고 싶어 애간장이 녹는다오. 우리 어머님을 뵙게 해줄 수 없겠나이까?"

"어머님을 북경으로 부를 수 있지만, 황상 폐하의 허락을 받아야 할 게야."

"대감의 힘으로 아니 되겠나이까? 이 나라 승상이 아니오이까."

"잠시만 기다리게. 힘써보겠네."

활활타이는 사랑하는 고려씨의 소원을 들어주지 않을 수 없었다. 황제에게 정식으로 승낙을 받아 원나라에서 고려로 나가는 사신 편에 부탁하여 고려씨의 어머니 전田씨를 북경으로 데려왔다. 어머니는 단 하나뿐인 딸과 함께 궁궐 같은 집에서 살게 되어 더는 여한이 없었다.

승상의 집에는 후원에 따로 연극하는 극장이 있었다. 당대의 유명한 배우들이 승상 집의 연극 무대에 서는 것을 영광으로 알았다. 연극 공연이 있을 때마다 고려씨는 어머니와 함께 구경했다. 고려식으로 옷을 입고 높은 의자에 앉아 구경하는 모습이 우아하고 아름다웠다. 아들 배마탈치는 고려씨를 보느라고 연극 구경은 뒷전이었다. 고려씨의 맵씨는 누가 보아도 황홀할 지경이었다. 검은 눈썹, 윤기 흐르는 흑단 같은 머리, 붉은 입술에 살짝 머문 미소, 흰 이는 매혹적이었다. 나이는 이제 갓 20세가 넘어 꽃 한 송이가 피어날 대로 피어난 자태였다. 보는 사람마다 칭찬을 아끼지 않았다.

"승상이 반할 만도 하겠네. 고려씨는 보기 드문 미인이야."

"암, 원나라에는 저런 미인이 없네."

연극이 끝나면 주인이 연회를 열었다. 몽고식 요리를 푸짐하게 장만하여 대접할 때마다 고려씨가 친히 손님을 접대했다. 때로는 친히 술을 따라주기도 했다. 손님들은 고려씨의 술잔을 받는 것을 큰 영광으로 여겼다.

고려에서 사신이 오면 승상 집에서 초청하여 연회를 열었다. 승상의 집에는 늘 화기애애하여 훈풍이 불었다.

승상이 술에 취해 들어오면 고려씨는 뛰어나가 몽고식 인사로 승상의 품에 안겨 얼굴을 부벼댔다. 승상이 활짝 반기며 말했다.

"허허, 그동안 내가 얼마나 그리웠는가?"

"승상이 뵙고 싶어 기다리느라고 눈에 진물이 날 지경이나이다."

"오오, 귀여운 나의 고려 여인이여!"

승상의 나이 50세가 넘었다. 고려씨의 행동 하나하나가 귀엽게만 보였다. 두 사람이 함께하는 밤이면 밤새도록 정겨운 이야기가 끊이질 않았다. 이들의 사랑은 남의 부러움을 샀다. 그럴수록 어머니 전씨는 딸의 장래를 위해 승상이 오래오래 살기를 축원했다.

승상은 불행히도 오래 살지 못했다. 60세도 못 되어 세상을 떠나고 말았다. 슬픔에 잠긴 고려씨는 눈물로 세월을 보냈다. 이제 갈 길을 정해야 했다. 몽고 풍습으로는 아버지의 애첩을 아들이 차지할 수도 있었다.

아들 배마탈치는 은근히 기뻐했다. 고려씨를 차지할 수 있는 기회가 와서였다.

승상이 세상을 떠난 지 반년이 지났다. 고려씨의 슬픔도 가라앉아갔다. 이럴 즈음 배마탈치가 고려씨의 처소를 찾았다. 고려씨는 놀라지 않았다. 웃음으로 그를 맞이했다.

"아버지께서 돌아가시어 슬픔이 크시겠소이다."

"그 슬픔이 어디 나 혼자만의 것이겠소."

"나보다 훨씬 충격이 컸으리라 여겨지오."

"세월이 가니 슬픔도 가시는구려."

"고려씨, 우리 몽고의 풍속을 아오?"

"어떤 풍속을 말하는 것이오?"

"아버지의 유물을 아들이 차지하게 되는 것 말이외다."

"가져가고 싶으면 죄다 가져가시오."

고려씨는 아무렇지도 않게 대답했다.

"이제부터는 고려씨도 내 사람이 되는 것이오."

배마탈치는 싱글벙글이었다.

"내가 종이 된다는 말씀이오?"

"그것이 아니라, 나와 잠자리를 함께한다 그 말이오."

"흉측해라! 나는 아버님을 모시던 여자외다."

"원나라 풍속이 그러하오."

"다른 것은 다 가져가도 되나 내 몸은 아니 되오."

"고집 피워야 소용 없소이다."

"아니 되오. 승상께오서 나더러 다른 곳으로 가지 말라고 신신당부했나이다."

"그런 것이 다 무슨 소용이오? 풍속에 따라야 하오."

고려씨는 당황했다. 무슨 풍속이 아버지가 품에 안은 여자를 자식이 꿰찼다는 말인가. 이래서 오랑캐 소리를 듣는 것이라고 고려씨는 생각했다.

배마탈치는 각오를 단단히 하라며 돌아갔다. 그 다음날부터 배마탈치가 찾아와서 고려씨를 짓궂게 괴롭혔다.

"고려씨, 마음을 돌리셨소이까?"

"아니외다. 아무리 나라 풍속이 그렇다 해도 마음이 동해야 몸이 따라가는 것 아니겠소?"

"마음을 돌리시오."

고려씨는 초조해졌다. 언제 배마탈치에게 당할지 예측할 수 없었다. 마음만 먹으면 그가 언제든지 자기 여자로 만들 수 있었다.

배마탈치는 고려씨가 강경하게 거부하자, 자기 아버지의 친구 백안 태사를 찾아갔다. 태사는 유능한 관료로 송나라를 치는 데 공을 세웠고 승상이 되어 활활타이와 같이 입조하기도 했다. 성종 황제의 스승으로서 지금은 자문격으로 있었다.

"태사님, 저 대신 황제께 상주하여 고려씨를 황상의 영으로 제게 오도록 해주소서."

태사는 몽고 풍속이지만, 이런 풍속을 좋지 않게 여겼다.

"꼭 그래야만 하겠는가?"

배마탈치는 금으로 만든 큰 팔찌 같은 고리를 슬그머니 태사 앞에 내밀었다. 태사가 힐끗 보고는 성종께 주청드리겠다고 말했다. 그후 태사는 황제의 허락을 받아 배마탈치에게 전했다. 배마탈치는 황명을 받들어 고려씨를 압박했다.

"황명이 떨어졌으니 고려씨는 내게 오시오!"

이제는 거역할 수가 없게 되었다. 고려씨는 밤에 잠 못 이루고 앞으로의 진로를 궁리했다. 어머니와 상의해봤으나 어머니는 지극히 현실적이었다. 호화로운 생활을 할 수 있다면 주인이 바뀐다고 해서 무슨 대수냐며 딸의 절개를 꺾으려고 했다.

고려씨는 고려로 도망칠 생각을 해보았다. 소용없을 것 같았다. 오히려 자기 때문에 고려 조정이 난처해질 수 있었다. 고려씨는 골똘히 생각한 끝에 좋은 결론을 얻었다.

"어머니, 서둘러 이 집을 탈출하십시다."

"어디로 간다는 말이냐?"

"소녀, 좋은 세상을 다 맛보았으니 이제는 부처님을 모실까 하나이다."

"나는 어떡하느냐?"

"어머님도 함께 가시지요."

고려씨는 비구니가 될 결심을 했다. 배마탈치가 눈치를 챘는지 집 주위를 감시하는 것 같았다.

고려씨는 미루지 않고 그날 밤에 대궐 같은 집을 빠져나가려고 계획을 세웠다.

한밤중, 고려씨와 전씨는 패물을 챙겨 작은 보따리 하나를 준비했다. 그리고 낮은 담장을 넘어 집 밖으로 나왔다. 그들은 긴 담벼락을 돌아 지금까지 호화롭고 자유롭게 살던 대궐 같은 집을 한번 뒤돌아보고 나마사羅麻寺로 발길을 돌렸다.

나마사 스님은 한밤중에 찾아온 두 여인을 아무 말도 않고 방장方丈스님께 안내했다.

방장 스님이 두 여인을 힐끗 쳐다보았다. 고려씨가 합장하고 말했다.

"속세를 떠나 부처님 품에 안기겠나이다. 받아주소서."

늙은 방장 스님은 밤중에 찾아온 미인을 유심히 바라보다가 말문을 열었다.

"무슨 사연이 있는 모양이나 쉽게 결정할 일이 아니외다."

"결심한 지 오래이나이다."

"오늘 하룻밤 더 생각해보고 결정해도 늦지 않으니 심사숙고하시오!"

방장 스님은 두 여인을 요사채의 작은 방으로 안내했다. 누추하고 냄새 나는 방이었다. 고려씨는 결심이 굳어 별로 불편을 느끼지 않았으나 어머니 전씨는 큰 불편을 느꼈다. 하룻밤 사이에 환경이 바뀌었으니 그럴 법도 했다.

이튿날, 어머니 전씨는 밀가루로 만든 죽을 보고 기가 막혔다.

"얘야, 이런 것을 먹고 어찌 사누?"

"어머니, 사람은 먹는 것보다 마음이 편해야 행복하나이다."

아침 공양이 끝난 뒤 두 여인은 옥천사玉泉寺 뒤 작은 암자로 갔다. 이곳은 여승들의 암자였다. 고려씨는 머리를 깎고 가사장삼을 입었다. 어머니는 끝내 머리를 깎지 않았다.

"나는 네가 비구니가 된 것을 축원할 터이니 그리 알아라."

어머니 전씨는 딸의 뒷바라지만을 하겠다고 나섰다. 그리하여 딸은 비구니가 되고 어머니는 절에서 허드렛일을 하는 보살이 되었다.

충정왕시대 (1349~1351)

◉ 기 황후奇皇后

충정왕忠定王은 충혜왕의 둘째 아들이며 희빈 윤씨 소생이다. 이름은 저(胝), 몽고식 이름은 미사감타아지이다. 1348년 4월, 경창부원군에 봉해졌고, 12월에 충목왕이 죽자 덕녕공주가 덕성부원군 기철奇轍과 정승 왕후에게 서무를 대행시키고 충목왕의 죽음을 원나라에 알렸다.

1349년 7월, 원나라 순제로부터 왕자 저가 고려 제30대 임금으로 책봉되었다. 이때 충정왕의 나이 12세였다. 이때부터 덕녕공주와 어머니 윤씨 사이에 치열한 세력다툼이 벌어졌다. 두 사람의 세력다툼으로 정국이 어수선한 가운데, 1350년부터 경상도 일원을 중심으로 왜구가 기승을 부렸다.

왜구의 만행이 전국적으로 확산되자, 원나라 순제는 고려 조정을 안정시키기 위해 충정왕을 폐위시키고 1351년 10월 왕기, 즉 공민왕을 왕으로 책봉했다.

원나라 순제의 제2황후는 고려의 공녀 출신으로 황후가 된 후 원나라 말기 30년간 크게 세력을 떨쳤다.

기 황후는 고려 기자오의 막내딸이었다. 충숙왕 때 공녀로 원나라 황실에 들어갔다. 그녀의 고조부 기윤숙은 고종 18년 몽고 장군 살리타이가 고려에 왔다 갈 때 대장군으로서 전송한 일이 있는데, 이때부터 출세길에 올라 벼슬이 문화시랑평장사에 이르렀다.

그가 한창 세력을 떨칠 때는 황의黃衣를 입은 길라잡이를 앞세우고 돌아다니며 사치로 이름을 떨쳤다. 기윤숙이 죽은 후 집안은 한미해졌다. 기자오의 대에 와서 그가 이형검의 사위가 된 후부터 출세하여 식軾·철轍·원轅·주輈·윤輪 등 5형제와 딸을 두었다. 이들 중 맏아들 식은 일찍 죽고, 아들 4형제가 모두 고려 조정에 출사했다.

기씨가 공녀로 팔려간 것은 원나라 휘정원 원사 두만칠에 의해서였다. 그는 기씨를 황궁으로 들여보냈다. 기씨는 미천한 궁녀로서 순제의 찬간에서 차나 끓이며 세월을 보냈다. 하루는 기씨가 차를 끓여 순제의 방으로 들어갔다. 때마침 순제는 춘곤증에 시달려 깜빡 잠이 들었다가 깨어난 참이라 목이 칼칼했다. 이때 아리따운 기씨가 차를 끓여와 마음이 흡족했다.

"못 보던 아이로구나."

"황궁에 들어온 지 여러 해 되었사오나, 황상을 가까이 모시긴 처음이나이다."

"그동안 짐이 어찌하여 너를 보지 못했지?"

"소녀 원나라 말이 신통치 않아 폐하 앞에 나설 기회가 없었나이다."

"이제는 원나라 말도 곧잘 하는도다."

황제는 무료하던 참에 기씨를 상대로 자꾸 말을 붙였다. 원나라 말이 서툴기는 하였으나 순진한 모습이 돋보였다.

"방년 몇이던고?"

"17세이옵나이다."

"꽃다운 나이로다."

이런 일이 있은 뒤부터 기씨는 이따금 황제에게 차를 올리는 기회를 가졌다. 드디어 어느 날 밤 황제가 기씨를 처소로 불렀다.

"자태가 점점 고와지는도다!"

"부끄럽사옵니다."

황제가 부드럽게 기씨를 다루었다. 기씨의 얼굴에 얼굴을 대고 비비고, 손을 어루만지며 기씨의 할딱이는 숨소리를 음미했다.

'기회가 온 게야. 황궁에 들어와 그 얼마나 바라던 일이었는가. 오늘에야 그 소원이 이루어진 게야.'

기씨는 황제를 정성껏 모셨다. 순제는 기씨의 풍만한 육체에 푹 젖어갔다.

드디어 기씨는 황제의 씨를 잉태했다. 이 사실을 황후가 알고 불같이 화를 냈다. 그동안 기씨는 귀인이 되었다.

"고려 공녀가 황상의 씨를 배었다? 앙큼한 것이로고!"

황후가 기씨를 불렀다. 기씨가 황후의 처소로 들어서는 순간 황후의 분노가 폭발했다.

"네 이년! 네 어찌 황후의 처소에 문안을 오지 않았더냐!"

기씨는 영리했다. 생긋 웃으며 절하고 공손하게 말했다.

"황후마마, 신첩의 몸이 부실하여 문안을 빼먹었나이다. 너그러이 해량하시오소서."

"몸이 아팠다는 말이더냐?"

황후는 기씨를 말채찍 같은 것으로 후려갈겼다. 기씨는 이를 악물고 일어서서 종아리를 걷었다.

"황후마마, 신첩이 저지른 일은 매를 맞아 마땅하나이다."

황후는 어안이 벙벙해졌다. 때려달라고 종아리를 걷고 서 있는 기씨에게 약간 질리기까지 했다.

'요것 봐라. 보통내기가 아니구나. 섣불리 다룰 애가 아니야.'

황후는 생각을 달리하고 고함을 쳤다.

"썩 물러가라!"

이런 일이 있은 후 황후는 기씨를 함부로 대하지 않았다.

기씨는 아들을 낳았다. 황후는 아들을 낳지 못했다. 기씨가 낳은 아들은 즉시 황태자로 봉해졌다. 또한 황후는 황실 내전을 잘 다스리지 못한다는 죄목으로 쫓겨나 피살되었다. 자연히 태자를 낳은 기씨가 황후의 지위에 놓이게 되었다. 그녀의 세력이 점차 커져갔다.

황제는 다른 황후를 세울 생각을 하지 않았다. 어느 날 태사太師 백안을 불러 말했다.

"기 귀인이 황태자의 어머니이거늘 황후로 봉하는 것이 옳지 않겠소?"

"폐하, 그것만은 아니 되나이다. 자고로 외국 여자를 황후로 책봉한 예가 없나이다."

한마디로 반대했다.

"허허, 태사께서 모르시는구려. 그애는 세조의 외손이외다. 어찌 외국인이라 하오?"

"신은 찬성할 수 없겠나이다."

기씨가 황후가 되는 데 장애가 많았다. 조정 중신들의 반대가 심했다. 태사 백안이 퇴임하고, 그뒤를 사라반沙剌班이 이었다. 이 사라반은 기씨 편이었다.

"황태자를 낳으신 분을 언제까지 귀인으로 두어야 하오? 단지 고려 여인이라 하여 반대하는 모양인데, 그 생각은 옳지 못하오. 황태자를 생각해야 하오."

사라반은 조정 중신들을 다독거려 기씨를 제2황후로 봉하는 데 성공했다. 기씨는 원나라 황후가 된 것이다. 형식상 옹길라씨(翁吉剌氏)를 제1 황후로 봉했으나, 기 황후가 세력을 쥐게 되었다.

기 황후의 처소는 홍성궁興聖宮이었다. 이 궁에서 태자를 데리고 한가하게 세월을 보냈다. 영리한 기 황후는 더 큰 세력을 얻고자 중국의 역사 공부를 하는 등 실력을 쌓아갔다. 어진 황후가 되어보겠다는 야심찬 포부였다.

외국이나 지방 각지에서 바치는 진상품은 기 황후가 먼저 점검하지 않고 태묘太廟에 바친 후 황제에게 보냈다. 이 사실을 알고 순제는 무척 기뻐했다. 기 황후에게 달려와 칭찬을 아끼지 않았다.

"황후의 마음씨가 고와 역대 조상님들도 새로운 것을 맛보시게 되는구려."

기 황후는 황제의 신임을 얻어 무슨 일이든 마음먹은 대로 할 수 있었다.

고려에 자정원사 고용보와 박치무르를 보내 아버지 기자오를 공신으로 봉하고 영안왕榮安王으로 추증했다. 어머니 이씨를 영안왕 대부인으로 봉하고, 그 집 문에 정절문을 세웠다. 오라버니 기철에게 정동성 참지정사를, 기원에게 한림학사를 제수했다. 고려 조정은 기 황후의 뜻에 맞춰 기철을 덕성부원군에, 기원을 덕양군에 봉했다. 그뿐만이 아니었다. 기 황후는 이따금씩 음식과 의복을 보내 기씨 집안이 호화로운 생활을 할 수 있도록 했다.

흥성궁에서 기 황후는 고려에서 친정 기씨들이 득세했다는 소식을 듣고 마음이 흡족했다. 기 황후는 더욱 세력을 부려보고 싶은 욕심이 생겼다. 태자의 나이도 어느덧 20세가 되었다. 기 황후가 태자를 상대로 여러 가지 일을 상의했다.

"요사이 황상께오서 국사에 게으름을 피우고 계시어 걱정이로다."

"국사에 싫증이 나신 모양이나이다."

"이쯤해서 태자가 섭정을 하면 어떻겠느뇨?"

"소자야 어머님 말씀에 따르겠나이다. 부황께오서 그래 주신다면 섭정하겠나이다."

"그렇게 되어야 하느니라."

기 황후는 태자가 국사를 맡아야만 자기의 세력을 마음껏 펼 수 있을 것 같았다. 그리하여 친하게 지내는 환관 박불화를 불러 의논했다. 박불화는 고려인으로 기 황후를 모셨다. 어려서부터 이들은 함께 자랐다.

박불화는 간지妖智가 넘쳐 황후의 눈치를 알아차리고 승상 태평을 상대로 의중을 떠보았다.

"승상, 요사이 황상께오서 정치에 뜻이 없어 보이나이다. 태자에게 섭정을 시키시면 좋을 듯하오."

승상은 난색을 표했다. 박불화가 기 황후의 사람이어서 곧 기 황후의 뜻이라는 것을 알고 머뭇거렸다.

"황상의 의향이 어떠실지 모르겠네."

황제도 이러한 일들을 알고 있었으나 기 황후의 세력이 이미 강해져 함부로 건드리지 못했다. 잘못 건드렸다가는 자신익 입지가 난처해질 우려가 있었다.

기 황후가 황실에 들어가기 전에도 고려 여인들이 많았다. 기씨가 황후가 된 이후에는 그 수가 부쩍 늘어났다. 기 황후가 본국으로 기별하여 자기의 궁으로 많은 궁녀들을 데려왔다. 기 황후가 원나라에서 출세했다는 소문이 퍼지자 황후나 비빈의 꿈을 품고 자원하여 공녀로 오는 처녀들이 많았다. 이러한 공녀들을 기 황후는 자기 세력을 부식시키는데 이용했다.

기 황후는 원나라의 고관에게 고려 공녀들을 마치 물건을 선사하듯 주었다. 이것이 유행처럼 되어 원나라 고관 중에 고려 공녀를 얻지 못한 사람은 실력이 없어 보였다. 그리하여 원나라 상류 가정에 고려의 풍습이 스며들었다. 기 황후가 때때로 고려옷으로 차려입고 나서는 바람에 흥성궁에 있는 몽고 여인들도 고려옷을 즐겨 입었다.

궁중에 연회가 있을 때, 기 황후는 고려옷을 입은 시녀들에게 둘러싸여 입장했다. 그리고 고려 음악이 연주되었다. 연회 음식도 고려 음식과 몽고 음식이 섞여 나왔다. 술도 시금털털한 양젖술이나 말젖술이 아닌, 고려의 찹쌀에다 가루누룩으로 만든 맛있는 약주가 나와 몽고인들을 사로잡았다.

순제는 놀기 좋아하고 사치를 즐겼다. 대신들을 불러 가끔 연회를 열었다. 취흥이 도도해지면 순제는 일어나 춤을 추었다. 또한 학자들을 불러 시를 읊도록 했다.

한림학사 장욱이 어전에 나와 읍하고 시를 읊었다.

　　궁중의 옷은 고려의 옷을 본떠
　　모진 옷깃 허리까지 내려 반만 마련한 듯
　　며칠 밤 눈에 익은 그 옷
　　그 언젠가 어전에서 보던 것일세

유기가 기 황후의 모습을 읊었다.

　　복숭아처럼 붉은 볼, 버들가지같이 흔들리는 허리
　　뉘 알리 지금의 복은 화근인 것을
　　고려의 황비를 봉하던 그날
　　6월에 눈이 펄펄 날리는 듯하네

다른 학사가 기 황후에 관한 시를 읊었다.

　　기씨는 압록강 동쪽에 살다가
　　성년에 궁중의 자리에 앉았네
　　한림원에서 어제 새로이 조서를 내려
　　삼대의 영작 길이 누리네

시 가운데 기 황후를 풍자한 시도 있었지만, 기 황후는 그런 것을 트집 잡지 않고 황명으로 술을 하사했다.

궁중의 행락은 이것으로 그치지 않았다. 그후에도 계속하여 고려식 연회를 자주 열었다.

제1황후가 세상을 떠났다. 환관 박불화는 승상의 집을 드나들며 기 황후를 정실 황후로 세울 운동을 벌였다.

승상 태평의 집에 고려식으로 만든 유밀과와 떡을 가지고 가서 바치고 협박투로 말했다.

"제1황후가 승하했으니 제2황후가 승계하는 것이 온당치 않으오이까?"

"누구의 말이더냐?"

"기 황후의 뜻이외다. 승상, 후일 태자를 생각해보소서."

"알았도다. 기 황후의 뜻을 이루도록 할 게야."

중서성에서 기 황후를 정실 황후로 책봉하라고 상소를 올렸다.

"폐하, 기 황후는 비록 제2황후이오나 사실상 폐하의 뜻을 받들어 충심으로 원나라 황실을 위해 성의를 다한 분이옵니다. 즉시 제1황후로 봉하시고 제2황후는 없애는 것이 가할 줄 아나이다. 가납하시오소서."

순제는 기씨를 정실 황후로 봉했다. 이제 기 황후의 뜻을 거스릴 사람은 아무도 없었다. 그런데 고려에서 좋지 않은 소식이 들려왔다. 고려에서 기씨 일족을 죽였다는 것이었다. 기 황후는 화가 나서 태자를 불렀다.

"태자야! 고려에서 내 오빠들을 죽였다고 하는구나. 이런 원통한 일이 또 어디 있겠느냐! 태자가 복수해다오!"

"황후마마, 소자가 살아 있는 한 그 원수는 꼭 갚겠나이다."

"즉시 군사를 동원하여 고려를 쑥밭으로 만들어버리거라! 고려의 왕을 우리 기씨로 봉하리라!"

"소자가 황상께 주청드리겠나이다. 황후마마께서도 말씀 여쭈시오소서."

"그러마. 어서 고려를 칠 준비를 갖추거라!"

그리하여 원나라에 와 있던 기 황후의 조카 기삼보노를 고려의 원자로 만들고 최치무르에게 군사 1만 명을 주어 고려를 치도록 했으나, 압록강 근처에서 패하고 말았다.

기 황후는 소원대로 되지 않자 다시 싸울 생각은 하지 않았다. 이때쯤 중국 남쪽에 새로운 세력이 나타나 국내가 소란스러웠다. 기 황후의 야심은 좌절되고 말았다.

주원장朱元璋은 서달과 상우춘을 선봉장으로 삼아 군사 25만 명을 주어 원나라의 서울 북경을 포위해버렸다. 원나라 순제는 나라가 위급한데도 여전히 유흥에 빠져 있었다.

박불화는 비록 고려 출신의 환관이었으나 원나라 조정에서 세력이 컸다. 원나라 조정에서는 꾸꾸치무르와 포라치무르가 서로 불화하여 외적을 치는 전쟁터에서도 의견 다툼이 심해 원나라의 앞날은 암담했다.

박불화는 황태자의 명으로 포라치무르를 치려 했으나 실패하고 말았다. 순제는 기 황후의 기에 눌려 마음대로 하지 못했다. 기 황후는 국가의 위기에도 아랑곳없이 유흥에 심취해 있었다.

순제 28년 7월, 적병이 황궁에 다 들어온 것도 모르고 놀다가, 황제와 기 황후, 그리고 황태자가 멀리 화림으로 도망가는 신세가 되었다. 궁궐 안에는 고려의 여자들이 그대로 남아 있었다. 기 황후의 말로는 고난의 연속이었다. 그러나 자세한 행적은 더 이상 알려지지 않았다.

공민왕시대(1351~1374)

⊙ 노국공주

공민왕恭愍王은 충숙왕의 둘째 아들이며 공원왕후 홍씨 소생으로 충혜왕의 동복아우이다. 이름은 전顓, 몽고식 이름은 빠이앤티무르이다. 1341년 원나라 순제의 명에 따라 12세 때부터 연경에서 생활했다. 1344년 조카 충목왕이 즉위하자 강릉부원군에 봉해졌다.

1348년 충목왕이 사망하자 조신들은 그를 임금으로 추대하려 했으나 원나라에서 충정왕을 세워 성사되지 않았다. 충정왕이 나이가 어려 정치가 안정되지 못하고 사회가 혼란스럽고 왜구의 침략이 빈번해지자 원나라 순제는 1351년 10월, 충정왕을 폐위시키고 왕기를 고려 제31대 임금으로 책봉했다. 그때 나이 22세였다.

공민왕이 원나라에 있을 때였다. 원나라 종실 위왕魏王의 딸 보탑실리를 멀리 북정北庭에 가서 맞이했다. 원나라 황제는 보탑실리를 노국공주魯國公主로 봉하여 공민왕과 함께 고려로 보냈다. 공민왕은 공주를 무척 사랑했다. 두 사람은 금실 좋기로 소문이 자자했다.

이 무렵, 강성하던 원나라의 세력은 전성기를 지나 차차 기울어져가고 있었다. 공민왕은 고려에 들어와 몽고식 복식을 버리고 옛 고려식 복식을 취했다. 당시 고려 조정은 조일신趙日新이 권력을 잡고 있었다. 공민왕은 이인복과 모의하여 조일신을 없애버렸다. 원나라에서는 단사관을 보내 공민왕을 적극 지지해주었다.

원나라 조정은 평탄하지 못했다. 고려에서 40여 명의 명장들이 원나라 조정에 파견되어 고려의 국방이 허술할 정도였다. 원나라 황실이 흔들리고 있었던 것이다. 중국은 남쪽의 신흥세력 한인들이 기지개를 켜고 있었다. 즉, 명나라가 태동하고 있었다.

중국의 정세는 공민왕을 자극했다. 그리하여 과감하게 원나라의 앞잡이 기철·권염·노척 등을 처단해버렸다. 그런 후 곧바로 원나라에 빼앗겼던 쌍성을 공격하여 수복했다. 공민왕은 원나라에 반기를 들고 고려의 자주권 회복에 나섰다.

이 무렵, 고려에는 말세 풍조가 만연했다. 〈옥룡기玉龍記〉라는 미신적 풍수사상이 나돌아 한양 도읍설이 심심찮게 나돌았다. 한양으로 천도하면 36국이 내조한다는 터무니없는 유언비어가 난무했다.

공민왕은 30대 후반의 나이가 되었는데도 왕자를 생산하지 못했다. 왕실에서는 후사가 걱정이 되어 대학자 이제현의 딸을 혜비로 맞아 후사를 바랐다. 공민왕은 노국공주와 혜비 사이에서 큰 갈등을 겪었다. 하지만 공민왕의 공주에 대한 사랑은 변함이 없었다.

홍두적(홍건적)이 쳐들어와 고려는 또다시 도둑떼의 피해를 입게 되었다. 공민왕과 공주는 동짓달에 서울을 떠나 복주福州(경북 안동)로 피난을 갔다. 그때 최영 장군이 만류했다.

"전하, 기다리오소서. 장정들을 모아 종묘사직을 지키겠나이다."

사태는 절망적이었다. 의병을 모집했으나 쉽지 않았다. 공민왕은 할수 없이 말을 타고 남쪽으로 떠났다. 개경이 쉽게 적의 수중에 떨어졌다. 공민왕은 이 소식을 듣고 피눈물을 흘렸다.

홍건적은 홍적·홍두적으로 불리는데, 홍건紅巾을 머리에 둘러 이러한 명칭이 붙었다. 한산동韓山童이란 자가 미륵불이라 자칭하고 민심을 선동하다가 관군에게 붙잡혔다. 그의 부하 유복통이 군사를 일으켜 노략질을 일삼았는데, 그 군대가 10만 명에 육박했다.

유복통은 한산동의 아들 한림아를 추대하여 황제로 삼고 국호를 송宋이라 했다. 이들은 만주로 침입하여 요양을 점령했으나, 원나라 군대에게 쫓겨 1359년 겨울, 모거경을 괴수로 한 4만여 명이 얼어붙은 압록강을 건너 고려로 쳐들어온 것이다.

공민왕 일행은 이천현에서 잠시 젖은 옷을 말렸다. 길가에는 개미 새끼 한 마리 보이지 않았다. 백성은 두려움에 떨며 바깥 출입을 삼갔다. 공민왕은 복주에 닿아 겨우 한숨을 돌렸다.

그 난리통에도 권력투쟁은 계속되었다. 이방실·김득배·정세운 등이 거느린 고려 관군의 선전으로 홍건적은 북쪽으로 도망쳤다. 복주에서 개경으로 돌아온 공민왕은 흥왕사에 묵었다. 이때 김용이 반역을 꾀했다. 공민왕이 신임하는 이방실·정세운·안우 등을 죽이고 흥왕사를 습격했다. 뜻밖의 변고에 공민왕과 공주는 어찌할 바를 몰랐다. 환관 이강달이 공민왕을 업고 대비전에 내려놓고 이불을 뒤집어씌워놓았다. 역도들이 대비전까지 쫓아왔다.

"웬놈들이냐!"

공주가 대비전 마루로 나와 소리쳤다.

"대왕을 보호하러 온 병사들이외다."

"대왕은 내가 보호할 테니 물러들 가라!"

때마침 안도치(安都赤)가 대비전 뜰에서 얼씬거렸다. 역도들은 임금인 줄 알고 쫓아갔다. 안도치가 얼떨결에 방으로 뛰어들었다. 공주가 뛰어들며 소리쳤다.

"대비전에서 무엄하도다!"

역도들이 우르르 몰려와 안도치를 공민왕으로 알고 칼로 난도질해버렸다. 안도치의 용모가 공민왕을 닮아 변을 당한 것이다.

최영 장군이 군대를 거느리고 와서 역도들을 진압했다. 한바탕 폭풍우가 몰아친 후 조정은 다시 평온을 되찾았다.

왕실은 근심에 싸여 있었다. 노국공주건 혜비건 잉태 소식이 없어서였다. 임금은 초조하여 명산대천에 불공을 드리도록 했다. 그래도 감감무소식이었다.

몇 해 후 기도 바람인지 노국공주에게 태기가 있었다. 고려 왕실에 웃음꽃이 활짝 피었다. 공민왕은 공주의 방에서 살다시피 했다.

"공주, 대를 이을 왕자를 낳아야 하오."

"마마, 모르는 일이옵니다."

"틀림없이 세자일 게요."

공주는 방에서만 지냈다. 공주의 몸은 차차 쇠약해져갔다. 산달이 가까워왔다. 2월 어느 날 밤, 공주는 산기가 있어 침전에 들었다. 산실청은 비상이 걸렸다. 공민왕은 침전 밖에서 초조하게 기다렸다. 진통으로 아파하는 공주의 애처로운 소리가 애잔했다. 난산의 조짐이 보였다.

각 사찰에 기도드리기 위해 궁궐 곳간이 활짝 열렸다. 곡식을 아낌없이 사찰로 실어내갔다. 공민왕은 감옥의 죄수들을 사면시켰다. 나중에는 임금이 친히 분향하며 기도드렸다. 그러나 이 모든 노력은 물거품이 되어버렸다. 공주는 끝내 기진하여 목숨을 잃고 말았다.

공민왕은 체면을 잃고 통곡을 터뜨렸다.

"공주! 나를 두고 어디로 떠난단 말이오! 함께 가오!"

최영이 보기가 민망하여 아뢰었다.

"전하, 다른 궁으로 옮기시오소서."

공민왕은 듣지 않았다. 임금의 어머니인 대비 홍씨도 임금이 딱해서 권했다.

"전하, 그만 슬픔을 거두시오. 나와 같이 덕녕궁으로 가십시다."

그제야 공민왕은 마지못해 덕녕궁으로 옮겼다.

공민왕은 사흘 동안 조회를 폐하고 백관에게 발인준비를 시켰다. 여러 스님을 불러 공주의 극락왕생을 비는 범패를 부르도록 했다. 빈전에서 사찰의 문까지 재를 올리는 깃발이 늘어섰고, 바라소리와 북소리가 천지를 뒤흔들었다. 비단으로 절을 덮고 금은보화를 좌우에 벌여놓아 보는 사람들은 눈이 부셔 눈을 뜰 수 없을 정도였다.

2개월 후 정릉에서 노국공주를 장사지냈다. 떠나는 공주를 배웅하며 공민왕은 하염없이 눈물을 흘렸다. 공주를 보낸 후 임금은 손수 공주의 화상을 그렸다. 그림 솜씨가 뛰어난 공민왕이었다.

노국공주는 비단에 그려져 다시 살아났다. 공민왕은 정릉 앞에 재실과 영당을 지었다. 큰 토목사업이 벌어졌다. 한창 가뭄 때여서 백성의 원성이 자자했다. 사랑하던 사람을 위한 공사도 좋지만, 나라를 위한 임금의 자세가 더 소중하다는 것을 공민왕은 잊고 있었다.

⊙ 오입쟁이 형제

공민왕 때 성균좨주(成均祭酒) 김문현은 오입쟁이로 소문이 나 있었다. 문현이 어느 날 형 김군정의 집에 볼일이 있어 갔다가, 사랑방 밖에서 방 안의 대화를 엿듣게 되었다.

"자네 아우의 소문 들어서 알고 있는가?"

"무슨 소문?"

군정은 아우의 오입 소문이라면 귀에서 진물이 나도록 들었다. 그리하여 심드렁해져서 물었다.

"근자에 또 한 건 올린 모양일세."

"누구와 어쨌다는 게야?"

"서령署令을 지낸 박우 있지 않은감?"

"그래서?"

"박우는 자네 아우와 절친한 사이였네. 박우가 열병으로 세상을 뜨자 그의 아내를 위로합네하고 드나들다가 손을 댄 모양일세."

"그랬어?"

군정은 처음 듣는 소문이었으나 놀라지는 않았다. 과부를 손댔기로 서니 죄 될 게 없었다.

밖에서 엿듣던 문현이 혀를 낼름거렸다.

"박우의 아내가 미색이라는 소문은 들었네. 빼어난 미색이라 하여 나도 얼굴을 한번 봤으면 했는데 박우가 집 근처에도 데리고 가지 않았다네. 이제 박우가 죽어 문현이 선수를 친 게로군."

군정이 부러운 투로 말했다.

"동생이 여자 후리는 솜씨가 비상하네그려. 이러다가 장안의 미인은 모조리 문현의 손을 거치지 않을까 싶네."

"에끼, 이 사람. 나도 실은 박우의 아내를 욕심냈던 바네."

문현은 형의 말을 듣고 돌아서서 대문 밖으로 나와버렸다.

"허허 참, 알고 보니 형도 여간이 아니구먼. 박우의 아내에게 욕심을 부렸다니, 오입면에서는 나와 막상막하일 게야."

다음날 문현은 형을 찾아갔다. 형에게 용건을 간단히 말하고 일어서려는데 형이 은근히 물었다.

"죽은 박우 있지 않느냐?"

"어찌 그러시우?"

"너하고 가까운 사이였다니, 신의를 버리지 말고 그 집에 가끔 들러 잘 돌봐주는 것이 예의일 게야."

"걱정 마소서."

"허나 너무 자주 드나들지는 말거라. 남들이 흉보아서는 아니 되느니… 조심하거라."

"원, 별말씀을 다 하십니다."

문현은 어제의 일이 생각나서 웃음을 참느라고 애를 먹었다. 형이 생뚱맞게 능청을 떨고 있었다. 문현이 시침을 뚝 떼고 말했다.

"형님, 저는 나이가 어려 혹 남의 눈에 이상하게 비칠지 모르니 박우의 집안을 돌보는 일을 형님께서 맡아주시면 어떻겠나이까?"

"내가?"

"형님께서 박우를 전혀 모르는 것도 아니옵고, 형님께서 드나드시면 아무도 헛소문을 내지 않을 것이오이다."

"무슨 소리냐? 당치도 않다."

군정은 얼굴이 빨개져 고개를 흔들었다. 그 모습이 우스워 문현은 입가에 웃음을 깨물었다.

김군정이 당직에 걸려 대궐 안에서 밤을 새우게 되었다. 군정은 요즈음 삼월이를 첩으로 앉혀놓고 깨가 쏟아지는 판이었다. 본가에서 묵는 날이 드물고 거의 삼월이 집에서 지냈다. 당직에 걸려 삼월과 떨어져 지내는 밤이면 안절부절 못했다. 생각만 해도 입에서 군침이 돌았다. 김군정은 삼월이 생각에 잠을 이루지 못하고 몸을 뒤척이다가 부시시 일어나 옆의 동료를 깨웠다.

"이보게, 좀 일어나게나."

"끄응…."

"내 집에 급한 일이 생겼다네. 어서 일어나 보게나."

"으응? 무슨 일이 생겼다고?"

"나, 당장 집에 가봐야겠네."

"무슨 일인데 그러나?"

"나중에 이야기함세."

김군정은 허둥거리며 숙직실을 나섰다. 동료는 고개를 갸웃거리다가 다시 쓰러져 금세 코를 골았다.

김군정은 한달음에 달려 삼월이네 집 근처에 닿았다.

'삼월이도 내 생각에 잠을 설치고 있겠지.'

김군정은 대문을 조심스럽게 흔들었다. 바깥채 하인이 눈을 비비며 나와 대문 앞에서 물었다.

"이 밤에 뉘시오?"

"쉬잇!"

군정이 주의를 주었다. 하인이 군정을 알아보고 대문을 소리 안 나게 열어주었다.

"영감 마님, 불을 밝히고 아씨에게도 알려야겠나이다."

"아니다. 너는 들어가 자거라."

"예에?"

"아씨를 놀래주고 싶어서 그러느니라."

"아, 예에."

하인이 하품을 늘어지게 내뿜고 제 방으로 들어갔다. 김군정은 발소리를 죽여가며 삼월의 방으로 다가갔다. 그러고는 숨을 죽였다.

'요것을 어찌 놀래킨다지?'

군정은 삼월을 놀래키려고 머리를 쥐어짰다. 가슴이 콩닥콩닥 방망이질을 해댔다. 마루로 올라가 방문에 귀를 댔다. 삼월의 쌔근거리는 숨소리가 듣고 싶었다.

"어?"

방 안에서 이상한 소리가 들렸다. 삼월이가 숨을 죽이고 낄낄대며 웃고 있었다.

'저것이 꿈속에서 나를 생각하고 웃는 겐가?'

김군정은 긴장한 채 안의 동정을 살폈다.

"아니, 또 하자구요? 그만 주무셔요."

"아니 될 말쏨이야. 어떻게 얻은 기회인데 잠을 자란 말인가!"

"에이잉, 무리하다가 코피라도 쏟으면 어쩌려고요."

"염려 말게나."

"히히히힝…."

삼월이 말 울음소리를 내고 사내가 부시럭거리는 소리를 냈다. 김군정은 피가 거꾸로 치솟았다.

"네 이놈! 어느 놈이더냐!"

군정이 소리를 꽥 질렀다. 방 안에 찬물을 끼얹는 듯한 침묵이 흘렀다.

"냉큼 나오지 못할까!"

다시 고함을 내지르자 잠자던 하인들이 깨어 하나 둘 달려왔다.

"썩 나오너라!"

군정의 고함에 미닫이가 드르륵 열리고 칼날부터 먼저 나왔다. 군정이 비껴서자 사나이가 튀어나와 마당으로 도망쳤다.

"도둑 잡아라!"

군정의 고함 소리에 하인들이 도망치는 사내를 에워쌌다. 그러자 사내는 마루 밑으로 기어들었다.

"무엇들을 하느냐! 끌어내라!"

하인들이 횃불부터 챙겼다.

삼월은 이불을 뒤집어쓰고 죽은 듯이 누워 있었다. 군정은 마루를 발로 구르며 하인들을 다그쳤다.

"이놈들아! 그까짓 도둑 하나 잡지 못한단 말이더냐! 마루 밑으로 기어들어 도둑놈을 끌어내라!"

그러나 도둑이 칼을 들고 있어 하인들은 겁을 먹고 망설였다. 횃불을 들고 둘러서서 마루 밑을 바라볼 뿐이었다.

"날이 새기를 기다리느냐!"

하인들은 움직이려 하지 않았다. 김군정 자신도 마루 밑으로 기어들어갈 용기가 나지 않았다. 군정은 슬그머니 방 안으로 들어섰다. 벽에 사내의 옷이 걸려 있었다.

"나쁜 놈!"

군정은 사내의 옷에 분풀이를 하듯 획 낚아챘다. 그러고는 화가 나서 떨리는 손으로 이불을 확 잡아당겼다. 벌거벗은 삼월이 몸을 웅크렸다.

"어느 놈이더냐?"

"…."

"말을 해라!"

"저어…."

"네 요년! 그놈이 도망치지 못하고 마루 밑으로 기어들었다. 곧 알게 될 게야. 네 입으로 말하라!"

"제 입으로는 차마…."

"이런 쳐죽일 년이 있나! 날이 밝는 대로 사내와 네년을 함께 목 베어 버리겠다!"

군정은 삼월이 괘씸하여 마루로 나와버렸다. 생각할수록 화가 치밀어 견딜 수 없었다. 삼월에게 쏟은 정성이 배신으로 돌아와 참기 어려웠다.

'저를 내가 얼마나 귀여워하고 살뜰히 챙겼는데 서방질을 하다니… 여자의 마음을 그 누가 안다 하리오.'

"영감 마님, 집에 도적이 든 것을 어찌 아시고 이 밤중에 오셨나이까?"

대문을 따준 하인이 물었다.

"어? 으응…."

"참으로 용하시나이다."

"듣기 싫다! 도둑이나 끌어내라!"

어느새 날이 밝아왔다. 군정은 마당으로 내려섰다.

"이놈아, 언제까지 마루 밑에 있을 작정이냐! 칼을 버리고 나오너라!"

군정이 마루 밑에 대고 소리쳤다. 그리고 하인이 가져다준 칼을 쑥 뽑아들었다. 마루 밑에서는 아무런 반응이 없었다.

"버텨봐야 소용없다! 사내답게 나오너라!"

그래도 반응이 없었다. 군정은 뽑은 칼로 마루 밑을 휘젓고 나서 들여다보았다. 처음에는 어두어 잘 보이지 않다가 차차 희미한 물체가 보였다. 사내가 벌거벗은 채 마루 구석에 엎드려 있었다.

"네 이놈! 나오지 못할까!"

군정은 마루 밑으로 칼을 휘둘렀다. 사내가 깜짝 놀라더니 울음 섞인 목소리를 냈다.

"형니임!"

군정은 자신의 귀를 의심했다. 눈을 비비고 마루 밑을 쏘아보았다. 틀림없이 동생 문현이었다. 군정은 억장이 무너져내렸다. 이럴 수는 없었다. 아무리 소문난 오입쟁이일지라도 형의 첩과 놀아나다니, 기가 막혀 말이 나오지 않았다.

"형니임! 죽을 죄를 졌나이다. 이번 힌번만 용서하소서."

"크흠….."

"형님! 박우의 아내를 형님께 대신 드리겠사오니 너그러이 용서하소서."

"쳐죽일 놈!"

군정은 마루에서 몸을 빼어 허리를 펴고 일어섰다. 하인들 보기가 창피하여 얼굴을 들 수 없었다. 군정은 버럭 고함을 질렀다.

"뭣들 하고 서 있느냐! 물러들 가라!"

하인들은 영문을 몰라 어리둥절하여 머뭇거렸다.

"썩 물러가라!"

군정이 칼을 마구 휘두르자 하인들은 혼비백산하여 달아났다. 맥이 풀린 군정은 마루에 걸터앉아 고개를 떨어뜨렸다.

김문현은 형이 고개를 떨구고 있는 사이에 마루에서 기어나와 옷을 주어입고 도망쳐버렸다. 군정은 한참 동안 고개를 떨어뜨리고 있다가 정신을 차리고 주위를 둘러보았다. 방 안에 삼월이 옷을 입고 벽을 향해 앉아 있었다.

"네 이년! 꼴도 보기 싫다! 내 앞에서 썩 사라져라!"

삼월은 아무 말 없이 방에서 나갔다. 군정은 다시는 삼월을 보지 않았다.

문현도 달포 가량 형에게 나타나지 않더니 서찰을 보냈다.

"형님, 지난 번 일은 백번 죽어 마땅한 죄를 졌나이다. 형님께오서 형제간의 우애를 중히 여기시어 이 아우를 살펴주신 은혜 백골난망이외다. 하옵고 형님께오서 박우의 아내에게 뜻이 있으신 것 같사오니 이 아우가 형님께 보답하는 뜻으로 박우의 아내를 양도할 생각이오니 뜻을 결정하시어 연통을 주시오소서."

"이런 쳐죽일 놈!"

군정은 속이 쓰렸다. 홧김에 삼월을 쫓아버렸으나 결국에는 문현에게 주고 만 것이다. 문현은 호박이 넝쿨째 굴러들어와 데리고 놀던 박우의 아내를 군정에게 주려고 했다. 군정은 그 사실을 알고 화가 났던 것이다.

"나쁜 놈! 오입에는 위아래도 없다더냐!"

⦿ 비구니가 된 혜비

이제현李齊賢은 시인이며 성리학자였다. 충렬왕 13년(1287)에 태어나 공민왕 16년(1367)에 세상을 떠날 때까지 고려 최고 벼슬인 문하시중을 지냈다. 공민왕 6년 벼슬을 떠나 왕명으로 집에서 실록을 편찬했다.

이러한 이제현의 딸이 공민왕 8년 4월에 임금의 후궁으로 들어가 혜비惠妃로 봉해졌다. 공민왕은 노국공주를 얻은 지 9년이 되었으나, 일점 혈육이 없어 재상들이 앞일을 걱정하여 노국공주에게 청했다.

"마마, 아직껏 전하의 혈육이 없어 만백성이 걱정하나이다. 상감마마께 후궁을 두도록 진언해주시오소서."

노국공주는 속으로는 언짢았으나, 국모로서 체통을 지키기 위해 재상들의 의견을 받아들였다.

조정에서는 양가의 규수를 물색한 끝에 이제현의 딸이 간택되었다.

공민왕은 신하들과 왕실의 권유로 혜비를 들였으나 노국공주처럼 사랑할 수 없었다. 혜비는 친정집의 영향을 받아서인지 왠지 모르게 엄숙해 보이고 나긋나긋한 맛이 없었다. 게다가 노국공주는 겉으로는 혜비를 허락했으나 속은 질투로 끓어올랐다. 공민왕은 자연히 혜비를 소홀히 대했다. 그래도 혜비는 날마다 몸단장을 곱게 하고 밤에는 임금을 기다렸다. 날마다 허탕을 치면서도 임금을 기다리는 마음이 습관이 되어 갔다.

혜비의 친정은 명문이었다. 할아버지 이진李瑱은 세간의 악평을 받았다. 이진은 아들의 세력을 믿고 남의 재물을 탐하여 최면이란 벼슬아치가 그의 문전에서 자살한 일까지 있었다. 혜비는 어려서부터 고관들이 나쁜 짓을 하는 것을 눈으로 직접 목격하며 자랐다. 때때로 친정집에 가면 늘 바쁘기만 한 아버지는 집을 비우기 일쑤였다. 어쩌다가 만나게 되어도 딱딱하기 이를 데 없었다.

"혜비마마, 친정 나들이를 삼가소서. 자주 출입하시면 부덕을 문제 삼을 수 있나이다."

아버지가 간곡히 청하는 것이었다. 딸은 아버지의 이러한 모습이 서글펐다. 부녀지간에 궁중에서처럼 꼭 이래야만 법도에 맞는지 안타까운 마음이었다.

"아버님, 친정에서까지 꼭 군신 관계로 만나야 되옵니까? 너무 민망하여 몸 둘 바를 모르겠나이다."

"그 무슨 말씀이오이까? 아비와 자식이 아니오라 국모와 신자의 사이이나이다. 어찌 도리를 잊으오리까?"

"아버님, 법과 도리도 좋지만 부녀간의 정이 더욱 소중하지 않나이까?"

"아니옵니다. 신하의 도리가 정에 앞서나이다."

혜비는 할 말을 잃고 말았다. 아버지가 끝내 부녀 사이의 정을 법도와 도리를 앞세워 내비치지 않아 혜비는 섭섭하고 원망스럽기까지 했으나 어쩔 수 없는 운명이었다. 쓸쓸하고 적막한 궁중 생활이 싫어 친정에 자주 나들이를 오는 혜비를 아버지 이제현은 법도만을 내세우고 딸의 고충을 전혀 헤아리지 않았다. 무조건 인내하고 궁중 법도를 지켜 임금을 잘 섬기라는 주문뿐이었다.

그 무렵, 공민왕은 풍수가들의 말에 현혹되어 남경(한양)으로 천도할 마음을 품었다. 그리하여 남경에 궁궐을 짓고 성을 쌓으려고 백성을 동원했다. 이에 조정 중신들이 반대했다. 특히 이제현 같은 학자·문신들이 풍수설을 반박하며 천도를 적극 만류했다. 공민왕은 결국 천도 계획을 백지화했다.

그러나 공민왕은 임진현 북쪽 백악白岳에 새 도읍을 정하고 1년 가까이 공사한 후 그곳으로 옮겼다. 그때 홍건적이 밀고 들어와 서울은 폐허가 되고 임금은 피난을 가지 않을 수 없었다.

혜비는 서울 근처의 산속에 숨어 있다가 난리가 평정된 뒤에 다시 궁으로 돌아왔다. 난리로 인해 만월대가 잡초만 우거져 혜비는 작은 궁으로 들어갔다. 이제는 임금과 더 멀리 떨어져 있어야 했다.

공민왕 14년 노국공주가 아기를 낳다가 아기와 함께 세상을 떠났다. 혜비는 조의를 표하러 궁으로 들어갔다. 공주의 영전에 분향하고 복을 입었다. 대비 홍씨가 혜비에게 말했다.

"노국공주가 세상을 떠났으니 혜비는 명실 공히 왕후가 된 게요. 다른 궁으로 나가지 말고 임금을 모시고 함께 사시오."

혜비는 대비의 말을 믿고 임금을 기다렸다. 그러나 임금은 혜비를 찾지 않았다. 혜비는 궁 안에 있으나 마나였다.

어느 날 밤, 자제위子弟衛인 홍륜·한안·권진·홍관 등이 임금을 모시고 혜비전에 들었다. 자제위란 공민왕이 노국공주가 죽은 후 심경의 변화를 일으켜 설치한 관청으로, 여자 대신 젊고 용모가 뛰어난 청년을 뽑아 이에 속하게 하고 임금의 좌우에서 시중을 들게 했다. 자제위 총관은 김흥경이 맡고 홍륜·한안·권진·홍관·노선 등이 여기에 소속

되어 임금의 총애를 받았다. 그러나 궁중에 이 자제위를 둠으로써 비빈
妃嬪과 자제위 사이에 풍기가 문란해지고, 종국에는 공민왕 시역사건으
로 이어지게 된다.

혜비는 뜻밖의 임금 행차에 가슴이 뛰었다. 중문까지 마중을 나갔다.
임금은 술에 취해 자제위들의 부액을 받으며 방 안에 들어와 그대로 쓰
러져버렸다. 시체나 다름없는 내방이었다.

혜비는 그래도 오랜만에 보는 남편이어서 관을 손수 벗기고 웃옷을
벗겨 편한 자리에 뉘었다. 홍륜이 입에 미소를 머금고 말했다.

"혜비마마, 전하께오서 잠시 후면 정신이 드실 것이나이다."

"너희는 밖에 나가 기다리거라!"

"이 자리를 떠날 수 없나이다."

"그 무슨 해괴한 말이더냐. 전하께오서 내전에 드셨거늘 너희가 나가
지 않는다니 말이 되느냐!"

"상감마마의 영이나이다. 전하 곁을 떠나면 신들은 벌을 받나이다."

"시녀가 있으니 여기 일은 걱정 말고 어서들 나가거라!"

혜비가 아무리 나가라고 해도 자제위 청년들은 나갈 것 같지 않아 혜
비가 방 안에서 나가려고 일어섰다. 이때 홍륜이 혜비의 옷을 잡았다.

"마마, 어디를 가시나이까? 잠시 여쭐 말씀이 있나이다."

"네 감히 내 몸에 손을 대느냐!"

홍륜은 아랑곳없이 치근덕거렸다. 옷자락을 잡고 놓지 않았다. 혜비
는 화가 나서 꾸짖었다.

"망측한 것! 옷자락을 놓지 못할까!"

혜비가 홱 뿌리쳤다. 홍륜이 혜비의 앞을 가로막았다.

"저희는 어명을 받들어 이곳에 왔소이다."

"그 어명이 무엇이냐?"

"황공하오나 상감께오서 후사를 이을 혈육이 없사와 저희에게…."

"지금 무슨 말을 하는 게냐!"

혜비의 성난 목소리가 쩌렁쩌렁 울렸다. 시녀들이 들어왔다. 혜비는 더욱 언성을 높였다.

"내 몸에 손을 대겠다고? 네 이놈들! 하늘이 무섭지 않느냐!"

자제위 청년들은 혜비의 완강한 거부에 임금을 모시고 밖으로 나가 버렸다. 자제위가 생긴 뒤 궁중의 풍기가 문란해졌다. 그들은 임금의 영을 빙자하여 임금의 후궁들을 넘보았다.

혜비는 끔찍한 일을 겪고 난 후 자제위 소리만 들어도 문을 열어주지 않았다. 나중에 결국 공민왕은 이 자제위로 하여금 피살당하기에 이른다. 환관 최만생이 홍륜이 익비益妃와 사통하여 임신 5개월째라고 임금에게 아뢰었다. 공민왕은 대로하여, 이 사실을 아는 자는 죄다 죽이겠다고 펄펄 뛰었다. 최만생은 겁을 먹고 홍륜 · 권진 · 한안 · 홍관 · 최선 등과 공모하여 임금의 침전에 들어가 공민왕을 죽여버렸다. 이들은 이인임 · 경복흥 등에게 잡혀 처형되었다.

공민왕이 시해당하자 혜비는 갈 곳이 없었다. 친정으로는 돌아가고 싶지는 않았다. 친정에는 오라버니들도 세상을 뜨고 조카들뿐이었다.

혜비는 전에 공부하던 송악산 절에 들어가 머리를 깎고 비구니가 되었다. 혜비는 그곳에서 마음이 편하여 비로소 안정을 되찾았다. 20여 년간의 궁궐 생활은 생지옥이었다. 겉만 번지르르한 임금의 아내였지, 처녀로 고스란히 늙어버렸다. 혜비는 궁궐에 있을 때부터 혼자 지내는 데 익숙해져 비구니 생활에 다른 사람보다 빨리 적응했다.

혜비는 명이 길어 조선이 건국된 후까지 살았다. 조선 건국 후 수도가 한양으로 옮겨갔다. 혜비도 한양으로 옮겨 정업원淨業院에 들어가 여생을 보내기로 마음먹었다. 정업원은 조선의 후궁들이 임금이 죽은 후에 궁을 나와 스님 생활을 하는 곳이었다. 동대문 근처에 있었다.

혜비는 정업원에 들어가 공민왕의 명복을 빌며 죽을 날만을 기다렸다. 그 사이 조선 왕조에서 왕자들끼리 피 튀기는 싸움을 벌이고, 세자 방석이 배다른 형 방원에게 죽자, 세자빈 심씨가 정업원으로 들어왔다.

혜화惠和 비구니(혜비)는 늙은 몸이었으나, 손수 밥도 짓고 옷도 꿰매어 입었다. 세자빈 심씨는 혜화를 만나 합장하고 애원했다.

"스님, 이 몸은 죄 많은 인생이나이다. 부처님께 이 한 몸 의탁하고자 하오니 구원해주소서."

혜화는 자기의 지난 일을 다시 보는 것 같아 가슴이 저렸다.

"젊디젊은 분이 이곳엔 무얼 하러 왔소이까? 이곳은 나 같은 늙은이나 있을 곳이외다."

"스님, 부디 거두어주소서. 갈 곳이 없는 몸이나이다. 부엌일이나 하며 생을 보낼까 하나이다."

"그동안 어디에서 살았소? 혹여 송악에서 왔수?"

"실은 세자빈이었나이다."

"세자빈?"

혜화는 놀라며 어느 나라의 세자빈이었느냐고 물었다. 심씨가 흐느끼며 대답했다.

"왕자의 난을 아시는지요?"

"풍문에 들었소만."

"방석 세자의 빈이었나이다."

"오, 이럴 수가."

"스님, 거두어주소서."

"나하고 함께 지냅시다."

혜화는 심씨를 따뜻하게 맞이했다. 심씨는 감사의 절을 올렸다.

"스님, 소녀는 쫓기는 몸이나이다. 언제 잡으러 올지 모르오니 스님께오서 이 목숨을 지켜주시오소서."

"잡으러 오면 이 세상을 일찌감치 떠나면 그만 아니오. 이 세상에 무슨 미련이 그리도 많으오?"

"하오나 아직 청춘이 아니오이까?"

심씨는 삭발하고 비구니가 되었다. 혜화는 심씨를 잘 돌봐주었다. 속

세를 떠난 지 오래인 혜화였으나 심씨에게서 동병상련의 감정을 느끼
고 있었다.

"나무관세음보살…."

⊙ 안찰사와 군수

명신 조운흘趙云仡은 호가 석간石澗이다. 석간이 공민왕 때 해서 안찰
사로 재직 시절이었다. 8월 초순 그의 비장이 말했다.

"안찰사 나으리, 이제 가을 순력巡歷(순찰)을 돌 계절이 되었나이다.
이번에는 어디서부터 시작하여 어느 방면으로 가시고, 예정일자는 물
론 검열하실 대상이며 소장訴狀 같은 것을 미리 정돈하도록 지시해야겠
사오니, 각 군에 훈령을 내리도록 결정해주시옵소서."

석간은 그제서야 깨닫고 비장에게 지시했다.

"응, 그렇구먼. 이번에는 염주 · 배천을 비롯하여 강음 · 곡산 · 수
안 · 토산 · 서흥 등 북쪽의 산악지대를 먼저 순시하려 하네. 날짜 조절
은 비장이 알아서 하고, 훈령 초안도 자네가 잡아 내게 보이게나."

"알겠나이다."

비장은 준비를 서둘렀다. 며칠 후 안찰사의 훈령이 각 군 수령에게
전해졌다.

조운흘은 원래 자연을 즐기고 운율을 알고 해학을 아는 풍류객이었
다. 그러나 성격이 치밀하고 공무에는 엄격하고 냉엄하여, 그의 부하들
은 늘 긴장을 풀지 못했다.

안찰사의 순력 소식에 해서 각 고을의 백성은 대환영이었으나 군수
들과 이속들은 겁을 먹었다.

조운흘의 또 하나 특징은 불교를 숭상하여, 공무여행 중에도 새벽 인
시 또는 묘시에 반드시 일어나 세수하고 의관을 갖춘 뒤, 촛불을 켜고

향을 피우고는 늘 지니고 다니는 목탁을 두드리며 염불을 외었다.

때마침 배천군수로 있는 박필원朴必遠은 조운흘과 죽마고우로 막역한 사이였다. 공무에는 서로 예의를 갖추었으나, 사석에서는 농담을 즐기며 지냈다.

박 군수는 안찰사의 순력 통지를 받고 어떻게든 친구를 빨리 다른 군으로 보낼 궁리를 했다. 공무로 오래 있어 봐야 서로가 불편할 터였다.

배천 관아의 이속·아전들은 군수에게 안찰사 접대문제로 귀찮을 정도로 안건을 올렸다. 박 군수는 성을 버럭 냈다.

"내 말을 잘 새겨들어라! 아무것도 준비하지 말아라! 술 한잔 대접하지 않고 쫓아보낼 터이니라. 문서로는 민폐와 비난이 없게 하라고 점잖은 척 훈령을 내렸지만, 실은 안찰사보다도 도사都事니 비장이니 안찰사를 수행하는 100여 명의 이속들을 대접하자면 배천 고을이 거덜날 게야. 내가 이 고을 군수로 있는 것을 너희는 다행인 줄 알아라. 너희는 지금부터 입을 꾹 다물고 내가 하는 일에 구경이나 하렷다! 음식 대접, 기생 수청문제 등 아무것도 손을 대지 말라!"

따끔하게 꾸짖고 명령을 내렸다. 그러나 군수가 아무리 주의를 주어도 아첨으로 살아온 이속과 아전들은 박 군수 몰래 준비하느라고 바빴다.

드디어 안찰사의 배천군 순력날이 돌아왔다. 박 군수는 염주의 군계까지 이졸 몇 명을 거느리고 나갔다. 군계까지 마중 나가면서 장사치의 통행을 막고, 술집과 음식점의 문을 닫게 하고는 노인네를 청해 안찰사와 문답을 나눌 요령을 알려준 후 정자나무 아래에서 기다리도록 했다.

안찰사 조운흘과 박 군수가 염주와 배천의 군계에서 만났다. 공식석상이어서 서로 예의를 지켰다.

"먼 길에 노고가 크오이다."

"군수께서는 순력 준비에 고생이 많겠소이다."

"금년에는 흉년이 들어 배천 고을 백성의 고생이 크옵니다. 그리하와 3금三禁, 즉 쇠고기·술·송편 등을 더욱 삼가라 하고 소관이 자주 민가를 돌며 생활실태를 밥솥까지 살펴보온즉, 과연 참담한 실정이나이다. 소관도 집에서 죽으로 연명하옵고, 추석 명절에도 고기 한칼, 어린애 댕기 한 개를 사주지 못했나이다. 이속·아전들을 단속하여 민간에 청탁이 있는지 살피고, 마을마다 연로한 노인에게만 돼지고기 몇 근을 보내 위로했나이다. 다른 고을과는 달리 배천 고을은 이런 연유로 지금 술 한 잔, 고기 한칼 먹을 수 없게 되었으니 용서하시오소서. 백성들이 잘살아야지 우리 관원이 어찌 그들보다 잘 지내겠나이까. 이 점을 깊이 헤아리시고 우리 고을을 순력하시오소서. 저기 보이는 마을에서 남녀 노인과 어린애들이 모여 안찰사를 환영하오니 행차하시오소서."

박 군수가 앞장섰다. 안찰사가 말없이 뒤따랐다. 마을에 닿자 남녀 노소, 어린이가 안찰사를 반가이 맞았다. 안찰사가 이들에게 형편을 물었다. 백발 노인이 대답했다.

"황감하오이다. 금년에 큰 흉년을 면했사오나 우리 사또께서 백성을 아끼시는 마음이 어찌나 거룩하신지 모르옵나이다. 쇠고기·술·송편 등 3금은 물론이려니와, 젊은이들의 도박과 싸움질이 엄금되고, 게으른 자와 놀고 먹는 자는 관아에 데려다가 볼기를 때리나이다. 추석이라야 송편을 해먹지 못하고 술집이 있어야 취해보지요. 그 대신 겨우살이 준비는 걱정 없이 진행되고 있나이다. 안찰사 나으리, 저희 집에 가 보시지요. 먹을 것은 넉넉지 않아도 아비어미에게 효도하고 마을 사람들과 친밀하게 지내는 모습은 참으로 화목하고 순후하나이다. 청결하고 정재한 것을 부자와 다름없이 만들어주시는 분이 우리 사또이나이다."

조운흘은 노인이 박 군수를 칭찬하는 것을 듣고 고개를 끄덕였다. 안찰사는 노인의 안내로 마을의 큼직한 사랑으로 안내되었다. 10여 명의 노인들이 일어나 서서 읍을 했다. 안찰사가 답례했다. 박 군수가 말했다.

"안찰사의 절을 서서 받는 게요!"

그러고는 혼잣말처럼 중얼거렸다.

"사또의 절을 받아 황송하외다."

안찰사는 마을의 분위기를 익히고 배천 객사에 들었다. 객사는 도배도 되지 않은 황토벽이었다. 박 군수가 변명처럼 말했다.

"관리들이 묵는 숙소 따위에는 전혀 신경을 쓰지 않았소이다."

안찰사는 어이가 없었으나 박 군수를 잘 아는지라 속으로 칭찬하고 있었다.

조운흘은 여러 지방을 순력하며 술이나 고기·기생 따위는 처음부터 사양했다. 그러나 배천에서의 냉대는 정도가 좀 심했다.

저녁상을 본 안찰사는 기가 찼다. 보리와 좁쌀이 섞인 밥에 콩나물무침, 두부국이 전부였다. 박 군수는 안찰사와 겸상했다. 있는 거라곤 세금이 붙지 않는 인사치레뿐이었다.

"많이 잡수시오소서."

배천 관아에 들어올 때 이미 시간이 늦어 모든 업무를 다음날로 미루었다. 수청 드는 기생도 없이 하룻밤을 고생한 안찰사가 새벽에 눈을 떴다. 그런데 이것이 웬 소란인가. 숙소 앞뜰에서 박 군수의 목탁 치는 소리에 맞춰 기괴한 염불소리가 들렸다.

"나무아미 조운흘 또드락 딱딱… 대자대비 조운흘 또드락 딱딱…."

조운흘이 밖을 내다보았다. 박 군수가 사모관대를 갖추고 마루 끝에 향촉을 태우면서 목탁을 요란하게 두드리고 있었다. 그러고는 조운흘을 염불에 섞어 불러댔다. 조운흘은 웃지 않을 수 없었다.

"이 사람아, 이 무슨 해괴한 장난인가. 어서 들어오게나."

조운흘이 박 군수에게 방으로 들어오라고 권했다.

"아니옵니다. 소관의 일과는 이것이외다."

"일과라니 그 무슨 말인가? 염불을 하려면 제대로 할 것이지 조운흘은 또 뭔가? 조운흘이 언제 부처가 되었다는 말인가?"

"부처가 되셨으면 그 법명을 부릅지오만, 여기에는 까닭이 있나이다."

"까닭이? 어서 말해보게나."

"안찰사께오서는 부처가 되시려고 새벽마다 진짜 염불을 하시지만 소관 같은 사람이 어찌 그렇게 기도할 수 있겠나이까? 그리하와 막상 바라고 비는 것은 안찰사의 지위에 따라가도록 기도하는 것이나이다."

"에끼 이 사람, 조롱이 심하이."

조운흘은 성이 난듯 문을 쾅 닫고 나서 안찰사를 수행하는 도사에게 귀엣말로 말했다.

"이보게, 아침이 되기 전에 지체 말고 강음으로 달아나세. 이곳에 여러 날 있다가는 지레 말라죽겠네. 사또 노릇을 잘하고 있는 박 군수를 달리 나무랄 일도 없고 다른 것을 조사해봐야 소용없을 것일세. 우리가 달아나는 길이 옳은 것이야."

안찰사는 아침도 들지 않고 강음으로 달아나듯 가버렸다. 조운흘이 마상에서 중얼거렸다.

"박필원이 이놈, 네게 한 방 맞고 간다만, 기다려라. 네 너를 골탕 먹일 날이 있을 게야."

조운흘이 갑자기 박장대소를 터뜨려 수행원들을 어리둥절하게 만들었다.

⊙ 최부의 신기한 인생

공민왕시대는 고려의 운명이 시드는 시기였다. 그래서인지 신기한 일도 많았다. 전라도 전주에 나이 어린 재사로 소문난 최부崔府가 있었다. 이 최씨 가문은 전부터 악질이 유전되는 혈통이었다. 최부의 증조부로부터 그의 부친에 이르기까지, 결혼을 하고 첫아기를 잉태하면 영락없이 세상을 떠났다.

그나마 다행인 것은 뱃속에 들어 있는 아기가 모두 사내아기여서 대가 끊기지는 않았다. 최부도 아버지를 보지 못하고 유복자로 태어났다.

최부는 이목이 수려하고 아름다워 선동仙童이란 별명을 얻었다. 게다가 재주가 뛰어나 한 번 듣고 한 번 본 것은 절대로 잊는 법이 없었다. 그리하여 천재 소리를 듣고 자랐다.

최부는 8세에 글을 짓고 문리가 틔어 장성한 선비에 못지않았다. 특히 글씨는 명필이었다. 홀로 된 어머니는 최부의 문장 필법이 뛰어나 늘 자랑스럽게 여겼다. 그러나 어머니는 최부가 커 갈수록 고민에 빠졌다. 아들이 장성하면 장가를 보내야 할지 어떻게 해야 할지 걱정이 태산 같았다. 그렇다고 장가를 보내지 않으면 후손이 영영 끊길 것이고, 보내면 첫아기를 잉태하자마자 자식을 잃게 되니 이러지도 저러지도 못할 입장이었다.

어느 날이었다. 최부가 책을 보다가 갑자기 외마디 비명을 질렀다.

"어이구 어머니!"

그는 앉은 자리에서 그대로 쓰러져버렸다. 최부는 쓰러진 후 수족을 쓰지 못하고 말을 잃은 채 눈을 감고 눈물을 흘리고 있었다. 그것도 잠시 최부는 그만 숨이 끊어져버렸다. 어린 천재 최부의 죽음은 청천 하늘에 날벼락이었다.

숨이 끊어지면서 최부의 오른쪽 팔이 꼬부라지고 손가락 셋이 한데 모여 꼬인 모양이 영락없이 붓을 잡은 것 같아 보는 이의 마음을 더욱 슬프게 했다.

어머니는 통곡하다가 어렸을 때 젖을 물리던 것과 같이 앞가슴을 헤친 뒤에 바싹 마른 젖꼭지를 아들의 입에 비벼 넣으며 오열했다.

"아가! 어여 젖을 먹으려무나. 어서 쭉쭉 빨고 눈을 떠라, 우리 아가!"

예로부터 전해오는 말에 사람은 아무리 늙었을지라도 죽을 때에는 처음 짚자리에 떨어진 뒤 누웠던 배냇똥을 다시 누고, 또한 제아무리 나이 많고 병이 중할지라도 다시 살아날 사람이면 그 어머니의 젖을 빤다는 말을 믿고 어머니는 아들이 젖을 빠나 어쩌나 시험해본 것이다.

최부는 젖을 빨지 않았다. 어머니는 싸늘해진 아들의 시체를 방바닥에 내려놓고 두 손으로 온몸을 어루만지며 통곡을 터뜨렸다. 아무리 울어봐도 다시 살아날 아들이 아니었다.

어머니는 아들의 매장준비를 하려고 염을 전문으로 하는 염쟁이를 불렀다. 그런데 염쟁이들이 피했다.

"나는 싫소이다. 급사한 어린 송장일 뿐만 아니라, 곱게 죽지도 않고 팔과 손가락이 이상하게 꼬부라진 송장에 누가 손을 대겠소. 벼락을 맞아도 큰 벼락을 맞고 죽었는데, 돈 아니라 금덩이를 준대도 끔찍해서 싫소이다."

어머니는 아들이 급사한 것도 억울한데 벼락을 맞았으니, 징그러운 송장이니 하는 말이 여러 사람의 입에 오르내려 분하고 원통했다. 어머니는 자기 손으로 직접 아들을 묻어주려고 홑이불 한 채를 정갈하게 만들고, 고운 삼베옷 한 벌을 지어 입히고는 아들을 홑이불로 말아 등에 짊어지고 괭이와 삽을 들고 북망산으로 향했다.

어머니는 북망산에 닿아 양지바른 곳을 골라 묻으려고 여기저기 기웃거렸다. 그런데 뜻밖에도 어머니의 등에서 재채기 소리 같은 이상한 소리가 들렸다. 어머니는 가던 걸음을 멈추었다.

"내 새끼가 살아나는 것인가? 무슨 소리였을까?"

어머니는 등에서 아들을 내려놓고 홑이불을 걷었다.

"이것이 웬일이냐!"

아들의 꼬부라진 팔과 손가락이 쭉 펴져 있었다. 그리고 아들의 온몸에 더운 기운이 도는 듯했다. 어머니는 아들을 홑이불에 다시 싸서 업고 집으로 돌아왔다. 아들을 아랫목에 눕히고 온몸을 주무르고 약물을 입에 흘러넣었다. 아들은 긴 숨을 내쉬더니 눈을 번쩍 떴다. 마치 깊은 잠에 빠졌던 사람처럼 살아났다.

"어머니!"

최부가 어머니를 힘차게 불렀다. 어머니는 너무도 신기하여 아들 앞으로 다가앉아 물었다.

"왜 그러느냐?"

"제가 얼마 동안이나 잤나이까?"

"오랫동안 잤단다."

"이상한 꿈을 꾸었나이다."

"무슨 꿈을 꾸었느냐?"

최부는 꿈을 다시 생각하는 듯 눈을 감고 있다가 눈을 뜨고 말했다.

"어머니, 제가 책을 보고 있는데 얼굴이 흉측한 사내가 갑자기 뛰어들었나이다."

"그래서 어찌 됐느냐?"

"그 남자가 뛰어들어 하는 말이 자기가 염라국의 사자라는 것이옵니다. 저는 놀라지 않고 그 사내의 말을 들었나이다. 그 사내는 최 판서의 명령을 받고 나를 잡으러 왔다며 빨리 가자는 거였나이다. 그러고는 밧줄로 저를 꽁꽁 묶었나이다. 저는 답답하여 울음을 터뜨리고 무슨 죄가 있어 잡아가느냐고 항의했나이다."

"네가 그래서 온몸을 꼼짝 못하고 눈물을 흘렸구나."

어머니는 아들이 한 번 소리를 지르고 쓰러진 후 꼼짝을 못하고 눈물을 흘리던 때가 바로 저승사자에게 묶여 울던 때라는 것을 알아차렸다.

"저는 꼼짝 못하고 염라국이라는 데로 잡혀갔나이다."

"그래서?"

"어느 큰 대문 밖에 저를 잠시 세워놓고 사자가 대문 안으로 들어가더니 다시 나와서 저를 끌고 어떤 점잖은 벼슬아치 앞에 세워놓았는데, 그 벼슬아치가 최 판서라는 것이었나이다."

"그래, 최 판서가 뭐라 하더냐?"

"최 판서가 하는 말이 방금 여러 사람의 인명록을 만드는데 10세 전 아이로 글씨를 잘 쓰는 아이가 없구나. 네가 글씨를 잘 쓰는 것을 알고 너를 불러들였으니, 인명록을 잘 쓰면 도로 내보내주고 수명을 연장시

켜줄 것이니 그리 알고 글씨를 잘 쓰라며 큰 책을 주기에 그 책을 정성
껏 필사했나이다."

"네가 글씨를 잘 쓴다는 소문이 염라국에까지 알려졌구나. 글씨를 잘
쓰는 것도 큰 탈이로구나. 허나 그 공으로 수명을 연장해왔으니 글씨의
은덕이 아니겠느냐."

"그 인명록을 잘 썼더니 최 판서가 보고 칭찬하며 저를 데려간 사자
를 불러 도로 데려다주라고 하였나이다. 그 사자를 따라 나오다가 아주
끔찍한 일을 보았나이다."

"끔찍한 일을 보다니?"

"사자를 따라 나오는데 계집애의 처량한 울음소리가 들렸나이다. 저
는 우는 소리가 나는 방문 앞에 서서 문틈으로 방 안을 들여다보았나이
다. 제 나이 또래의 계집애가 벗긴 채로 여러 남자에게 가죽으로 만든
채찍으로 맞고 있는 것이었나이다. 제가 사자에게 채찍을 맞는 연유를
물었나이다. 사자의 말이 죽을 만한 죄를 지어 채찍으로 때려죽이는 참
이라 하였나이다. 제가 혹시 살릴 방법이 없겠느냐고 물었나이다. 사자
가 말하기를 최 판서도 살릴 수 없고, 그 계집애를 살릴 분은 오로지 한
분, 염라대왕이라고 하더이다. 제가 사자에게 최 판서에게 청해보겠다
고 하였나이다. 그러자 사자가 제 마음이 매우 착하니 되고 안 되고를
떠나서 최 판서에게 청을 넣어보라고 했나이다. 제가 최 판서에게 달려
가 계집애가 무슨 죽을 죄를 졌는지는 모르오나 불쌍하니 그 죄를 저와
나누어 갖도록 해달라며 살려달라고 청했나이다. 최 판서는 제 말을 기
특하게 여겨 염라대왕께 다녀오더니, 제 마음이 고와 계집애를 살려줄
터인즉, 그 대신 연장된 수명은 포기해야 된다며 사언이구四言二句의 글
을 주었나이다. 그 글은 '곡조문하曲棗門下 가패설랑可佩薛娘'이었나이
다. 이 글을 풀이하면 '굽은 대추나무가 선 문 아래에서, 설랑을 찾을지
어다'였나이다. 어머님, 이 글의 뜻이 무엇인지 소자는 알 길이 없나이
다. 이 같은 꿈이 세상에 어디 있겠나이까?"

"네가 착한 일을 한 것은 잘한 일이다만 수명을 연장하지 못하게 되어 아쉽구나. 허나 그것도 네 팔자인 것을 어쩌겠느냐."

어머니는 서운한 눈치였다.

최부는 염라국에 다녀온 후로 아무 탈 없이 성장하여 혼기를 맞았다. 어머니는 혼기가 다가올수록 걱정이 태산 같았다. 어머니는 아들이 장가를 들어 첫아기를 잉태시킨 후에 죽을지라도 혼기를 놓치고 싶지는 않았다.

최부의 혼인날을 정했다. 어머니는 아들이 살아 있을 날이 얼마 남지 않았다는 생각을 했다.

어느 날 어머니가 최부를 불러 긴 한숨을 내쉬었다.

"애야, 네가 장가를 가게 되는구나."

"벌써 그리 되었나이다."

"내가 너에게 한마디 이르지 않을 수 없구나."

"무슨 말씀이옵니까?"

"참으로 기가 막히는구나."

"말씀해보소서."

"너도 집안 내력을 알고 있느냐?"

"소문으로 얼핏 들었사오나 자세히는 모르나이다."

"네 증조부부터 네 아비까지 모두 첫아기를 잉태시킨 후에 모두 돌아가셨느니라. 나는 네가 장성해감에 따라 혼인 문제를 놓고 혼자 애를 태워왔느니라. 이제 너는 장가를 들게 되었고, 집안의 내력을 알았으니 주의해야 할 것이니라."

"우리 가문에 그런 내력이 있다니, 두렵사오나 주의하겠나이다."

최부는 화촉을 밝혔다. 아내는 빼어난 미인인데다가 덕행 또한 소문이 난 현숙한 여인이었다. 최부는 혼례를 치렀을 뿐 아내와 잠자리를 함께하지 않았다. 각 방을 쓰면서 최부는 합방을 엄하게 금했다.

최부는 아내에게 늘 미안한 마음이었다. 아내를 생과부로 만들어놓고 마음 편할 리 없었다. 아내는 이유 없이 소박을 맞아 궁금하기 이를 데 없었다. 어머니는 아들 내외가 떨어져 지내는 것을 안타깝게 여겼다.

그 무렵, 최부의 친척이 평양감사로 나가게 되어 바람도 쐴 겸 답답한 심사도 풀 겸, 겸사겸사 친척을 따라 평양으로 갔다. 어머니와 아내와는 생이별이었다.

최부가 평양에 가서 하는 일이란 서실에서 글 읽는 일뿐이었다. 본가에 있을 때와 다름없는 생활이었다.

최부가 평양에 온 지도 여러 해가 되었다. 어머니와 아내가 보고 싶었지만, 저승에서 가져온 글귀 '곡조문하 가패설랑'이 무슨 뜻인지 몰라 늘 깊은 생각에 빠져 지냈다.

어느 날 밤, 달빛이 휘영청 밝아 최부는 울적한 심사를 달래려고 후원을 거닐었다. 후원에는 뒷문이 있고, 뒷문 옆에는 오래된 굽은 대추나무 한 그루가 있었다. 대추나무 이파리가 막 피어나는 계절이었다.

최부는 후원을 거닐다가 대추나무 아래에 이르러 달빛에 반들거리는 이파리를 바라보고 있었다. 그때 신발 끄는 소리가 들렸다. 최부는 긴장되었다. 발소리 나는 쪽으로 고개를 돌렸다. 대추나무를 향해 오는 한 여인이 눈에 보였다. 최부는 몸을 돌려 거처하는 방으로 들어와버렸다.

최부가 방에 들어와 숨을 고르고 있는데 뜻밖에도 그 여인이 최부의 방으로 들어오는 것이 아닌가. 최부는 외면한 채 서책에 눈을 주고 있었다.

미인이 한참을 서 있다가 부드러운 목소리로 말했다.

"서방님! 저는 관기 설가패薛可佩이옵니다. 불쑥 찾아온 것을 용서하소서. 그럴 사정이 있어 뵈러 왔나이다."

최부는 설가패라는 말에 깜짝 놀라며 비로소 여인의 얼굴을 쳐다보았다. 그러고는 속으로 중얼거렸다.

'기이한 일이로고. '곡조문하 가패설랑'이란 글귀가 오늘 밤의 일을 의미한 것인가? 그렇다면 설가패는 나와는 천생연분이 아닌가. 나는 자식을 낳지 않기 위해 꽃 같은 아내와 생이별을 하고 이곳에 피해 있거늘, 설가패와 인연이 있을진대 어찌 우리 가문은 자식만 잉태하면 사내가 죽는단 말인가. 하느님의 뜻을 알 길이 없구나.'

최부는 속으로 한탄을 한 후 설가패를 똑바로 쳐다보며 물었다.

"사정이라고 했던가? 무슨 사정인가?"

"다름이 아니오라, 저는 비록 천기이오나 고집이 있어 여태껏 서방을 모르고 지냈나이다. 하온데 우연히 서방님을 한 번 뵈온 뒤로 사모하는 마음이 일어 마음 졸이다가 용기를 내어 서방님을 찾아왔나이다. 천기라고 더럽다 마시옵고 이 몸을 거두어주소서. 이 몸은 오늘 밤부터 서방님께 매인 몸이나이다."

최부는 설가패의 말에 정신이 아찔해지고 눈물이 났다. 한참 동안 말을 못하고 있다가 겨우 입을 열었다.

"고마운 말일세. 자네의 뜻이 정 그렇다면 그대로 하게나. 나는 이래라저래라 할 자격이 없는 몸일세."

설가패는 그날 밤부터 최부의 방에서 지내게 되었다. 최부와 설가패가 깔고 누운 요 사이는 두 뼘 남짓했으나 그 사이는 높은 벽이 가로놓인 듯이 서로 선을 넘지 않았다. 두 사람이 한 방에서 지낸 지도 수개월이 지났다. 그들은 지금까지 합궁하지 않았다. 최부는 설가패에게 몹시 미안했다.

어느 날 밤 최부는 잠을 이루지 못하고 장래를 걱정하다가 편히 마음먹기로 작정했다.

'인간의 청춘이 얼마나 길며 수명 또한 얼마나 된다고 이토록 괴롭게 지낸단 말인가. 나로 하여 두 여자가 고통받는 것도 더는 못할 짓이다. 먼저 내 아내와 합궁한 다음에 설가패와도 합궁하리라.'

최부는 곤히 잠든 설가패를 흔들어 깨웠다. 설가패가 반기며 눈을 떴다.

"지금부터 내가 하는 말을 잘 듣게나."

"말씀하시오소서."

최부는 자기의 집안 내력을 자세히 이야기해주고 저승에 갔다왔다는 사실도 밝혔다.

"그 얼마나 마음 고생이 심하셨나이까?"

"내 이제 훌훌 털고 싶다네. 그러니 자네가 날 좀 도와주게나."

"어쩌시려고요?"

"일단 자네와 작별하고 집으로 돌아갈까 하네."

"저와는 영영 이별이나이까?"

"아닐세. 꼭 다시 만나세."

"서방님 결심대로 하시오소서."

최부는 집으로 돌아와 어머니와 아내에게 평양 생활과 설가패를 만난 일을 자세히 말했다. 어머니와 아내는 설가패와의 인연을 기이하게 여겼다.

최부가 본가에 돌아와 아내와 알콩달콩 지내는 사이에 아내는 잉태를 했다. 집안에 경사가 났으나, 식구들은 가문의 내력 때문에 근심에 싸였다. 최부는 아내의 잉태를 안 뒤부터는 체념 상태였다.

'죽을 날을 받아놓은 것과 같구나. 이제 걱정한들 무슨 소용이랴. 모두 잊고 죽을 날을 기다리자. 다만 설가패를 다시 만날 수 없어 섭섭하고 매정한 일이로구나.'

최부는 죽을 날만을 기다리며 설가패를 그리워했다. 그러던 어느 봄날, 설가패가 최부를 찾아왔다. 최부는 그녀를 반갑게 맞이하여 어머니와 아내에게 인사시켰다.

"헌데 연통도 없이 어찌 찾아왔는가?"

"제 비록 천기이오나 서방님을 모신 이상 죽으나 사나 서방님께 바친 몸이어서 서방님을 찾지 않을 수 없었나이다. 서방님께서 저를 떠나실 적에 저는 이미 각오가 되어 있었사오나 평양 살림을 정리하느라고 늦어졌을 뿐이옵니다."

어머니와 아내는 설가패의 정절을 높이 샀다. 최부도 설가패를 아내 못지않게 어여삐 여겼다. 그러나 최부는 죽을 날을 생각하면 기운이 빠지고 만사가 귀찮았다.

어느 날 최부는 서재에서 책을 보다가 잠깐 장침長枕에 몸을 의지하고 깜빡 졸았다. 그 사이 꿈을 꾸었다. 한 노인이 나타나 말했다.

"나는 네 아비이니라. 부자의 천륜이 엄연하건만 유명이 다른 탓으로 비록 부자지간이라도 이제야 만나는구나. 그런데 네가 세상을 버릴 날이 멀지 않았구나. 내가 옥황상제께 네 수명을 연장해달라고 청했느니라. 천만다행으로 어젯밤에 최 판서가 나를 불러 이 글귀를 주면서, 그대의 정성과 그대 아들의 어진 마음을 상제께서 깊이 생각하시어 연명하게 했으니 그리 알고 아들에게 이 뜻을 전하라 하여 너를 보러온 것이니라. 최 판서의 말이 너에게 큰 액이 닥쳤는데, 그 액을 막는 방법은 이러저러하다고 말하더구나. 이것은 천기天機이니 절대로 누설하지 말라."

이런 말을 귀엣말로 하고 최 판서에게 받은 글귀를 주었다. 그 글귀의 내용은 이랬다.

대인시지大仁施之, 복래福來, 대악제지大惡除之, 역래복亦來福, 계지戒之, 계지戒之(크게 어진 일을 베풀어도 복이 오고, 크게 악한 것을 없애도 역시 복이 오는 것이니 경계하고 경계할지어다).

최부는 꿈에서 깬 뒤 비록 꿈속에서나마 아버지를 만난 것을 크게 기뻐했다. 그런데 이상한 일이 일어났다. 동쪽 하늘에 해가 솟아오르자 꿈과 조금도 다름없는 일을 당하게 되어 아버지가 일러준 대로 행할 것을 명심하여 모두 행했다.

최부는 항상 잠자리에 들고 아침에 일어나는 시각이 일정했다. 그런데 어느 날은 일어나는 시각이 지났는데도 일어날 기미가 보이지 않았다.

어머니와 아내·설가패가 이상하게 여겨 침실의 방문을 열어보았다. 뜻밖에도 목이 없는 시체가 홍건한 피 속에 잠겨 있었다. 식구들은 크게 놀라 기절했다가 얼마 후에 깨어났다. 어떤 경위로 최부가 목이 없는 시체가 된 것인지 알 길이 없었다. 식구들은 목이 없는 시체지만 그냥 장사를 지내기로 뜻을 모았다.

관가에서 사람이 나와 시체를 검시했다. 비로소 염을 하려고 설가패가 향수로 시체를 정갈하게 씻었다. 그리고 정성을 다해 장사지냈다. 장사를 지내고 졸곡을 마친 후에 설가패가 어머니와 아내에게 말했다.

"저는 서방님의 원수를 갚기 위해 집을 떠나나이다. 서방님을 해친 놈이 분명히 이 땅에 있을 것이온즉, 수소문을 하여 기어이 잡아 원수를 갚고 돌아올 것이니 그동안 귀체를 중히 여기시오소서."

설가패는 원수를 갚으러 나가는 이유를 글로 써서 어머니와 아내에게 보이고 그 종이를 불태웠다. 어머니와 아내는 그 글을 본 뒤 설가패의 손을 잡고 안쓰러워했다.

"이토록 옥 같은 몸으로 지향 없는 길을 어찌 떠나누…."

설가패는 눈물을 흘리며 두 사람을 위로했다.

"걱정 마시오소서."

설가패는 그 자리에서 가위로 삼단 같은 머리를 싹둑싹둑 잘라냈다. 그러고는 스님 차림으로 대문을 나섰다. 어머니와 아내는 설가패의 변한 모습에 뜨거운 눈물을 흘렸다.

설가패는 스님으로 모습을 바꿔 집을 나서기는 했으나, 넓고 넓은 하늘 아래 어디에서 범인을 찾을지 실로 막막하기만 했다. 산을 넘고 물을 건너 세상을 떠돈 지 어느덧 5년이란 세월이 흘렀다.

어느 날이었다. 설가패가 큰 고개를 넘어 무거운 다리를 길가에 잘 가꾼 꽃밭 옆에서 쉬고 있었다. 이때 앞에서 더러운 수건을 쓴 거지 하나가 지팡이를 끌고오다가 설가패가 앉아 있는 곳에서 약간 떨어진 곳에 털썩 주저앉았다. 두 사람은 서로를 바라보다가 눈이 마주쳤다. 설가패가 벌떡 일어나 거지에게 다가가 손목을 잡고 흐느껴 울었다. 거지도 설가패의 손을 잡고 어깨를 들먹였다. 서로 서럽게 울다가 각기 머리에 쓴 것을 벗었다. 거지는 최부였고 스님은 설가패였다.

최부가 죽지 않고 거지가 되어 5년 동안 세상을 떠돈 것은 살인을 한 까닭이었다. 아버지가 꿈에 액을 면하는 방법을 가르쳐주며 이렇게 말했다.

"네가 내일 아침 일찍 일어나면 칼장수가 지나갈 것이니라. 그 칼장수는 여러 가지 칼 가운데 제일 큰 칼 하나를 가졌을 것이니라. 그 큰 칼을 사서 잘 지니거라. 그날 밤에 네 방을 침입하는 놈이 있을 게야. 사람이고 짐승이고 간에 단칼에 목을 베어 도망치다가 적당한 곳에 묻어버리고 몸을 피하면 자연히 액을 면할 것이니라. 부디 조심하여 행하되 이 일은 천기이니 절대로 누설해서는 아니 되느니라."

이런 경위로 최부는 꿈에서 아버지가 말한 대로 현실에서 그대로 행한 후 거지가 되어 세상을 떠돌았던 것이다.

최부가 죽인 사내는 본래 천품이 극악하여 여러 사람을 죽이기도 하고, 여러 여자를 욕보이거나 남의 재물을 강탈하는 흉악범이었다. 그 흉악범은 신출귀몰하여 한번도 붙잡힌 적이 없었다.

그날 밤 최부의 방에 침입한 것은 설가패에게 눈독을 들여 최부를 죽이려다가 그가 당한 것이다.

설가패가 스님으로 변장하고 최부를 찾아나선 데에도 까닭이 있었다. 처음에 그 시체를 향수로 씻은 것은, 최부의 몸에 흔적이 있는데 그것을 확인하기 위해 부러 그런 일을 한 것이다. 그 시체에는 아무런 흔적이 없었다. 그리하여 설가패는 시체는 최부가 아니라 오히려 최부가 살인자라는 것을 알아차렸다. 설가패는 모른 체하고 장사까지 지내주고 중으로 변장하여 최부를 찾아나선 것이다.

그리고 집을 떠날 때 말이 아닌 글로 어머니와 아내에게 이 사실을 알렸다. 최부의 왼쪽 겨드랑이 밑에 커다란 점이 있는데, 시체에는 점이 없어 시체의 주인이 최부가 아니며, 오히려 살인범이 된 최부를 찾아 나서겠노라고.

최부와 설가패가 다시 만난 후 언제까지 몸을 피해다닐 수 없다는 결론을 내리고 의논 끝에 금부에 자수했다. 최부는 금부에서 자기가 살아온 역정을 낱낱이 밝혔다. 그리고 설가패가 최부를 찾게 된 경위를 자세히 설명했다.

금부에서는 최부와 설가패의 솔직한 진술을 듣고 최부에게 죽은 자의 신원을 파악했다. 흉악범으로 이미 전국에 수배령이 내려진 인물임이 밝혀졌다. 금부에서는 최부의 처리 문제를 공민왕에게 상주했다. 공민왕은 최부의 사건이 너무나도 기이하여 입이 벌어졌다. 더 생각할 것 없이 악한 흉악범을 죽인 최부를 방면하라는 영을 내렸다.

최부는 살인범의 굴레를 벗어버리고 집으로 돌아와 다시금 단란한 생활을 할 수 있었다. 그후 그는 문과에 장원급제하여 고려 조정에서 벼슬을 살다가, 역성혁명이 일어나 나라가 이씨 조선으로 바뀌었다.

조선조 태종께서 최부의 품격이 고결하고 그 일생이 기이하여 그를 불러 승정원 부대언副代言을 제수했다. 그리고 태종이 세종에게 양위하고 물러날 때 특별히 당부했다.

"최부는 근검하고 청렴한 선비이니 반드시 크게 쓸지어다."

세종은 부왕의 고명을 받은 후 최부에게 이조판서를 제수하고, 설가패는 정렬기貞烈妓라는 정문을 세워주었다.

최부의 나이 83세, 병석에 누운 뒤 회복되지 않았다. 그가 자손들에게 말했다.

"예로부터 생사는 끝이 있거늘 어찌 천도를 어길 것이랴. 내 집이 여러 대를 일찍 세상을 뜨는 집안이었거늘 내 나이 80줄에 올랐도다. 벼슬 또한 이품二品에 이르렀고, 위로는 태종대왕의 고명 은총을 입었고, 아래로는 너희가 장성하니 나는 감사할 뿐이니라. 이제 부족한 것이 없거늘 너희가 정성껏 달여오는 약인들 무엇 하러 먹을쏘냐. 나는 천명을 다했노라."

최부는 자식들이 손수 달인 약을 물리치고 일어나 관복을 차려입고 궁궐을 향해 4배를 올린 후에 자는 듯이 운명했다. 참으로 기이한 일생 이었다.

⊙ 포라티무르의 처

한 지방 장관으로서 나라를 다스리는 위치에 있는 원나라의 포라티무르(孛羅帖木兒)는 자기 막하에 여러 관원을 두고, 자기는 다만 장관으로서 지도할 뿐이었다. 그 장관을 다루가치라고도 했다.

양양로襄陽路의 다루가치는 원래 고창국 사람으로 원나라 순제 때 황궁에 들어와 숙위 노릇을 하다가 고려에서 들어온 공녀 한 명을 얻었다. 그는 원래 아내가 없어 이름 없는 고려 공녀를 정실로 삼았다.

부인은 남편의 충실한 내조자로서 집 안 일을 알뜰히 꾸려갔다. 워낙 얌전하고 차분한 부인인지라 집 안은 항상 평화로웠다. 이때는 원나라 말기여서 사방에서 도둑떼가 창궐했다.

공민왕 27년 양양로를 도둑떼가 침범했다. 다루가치는 부인의 처소에서 걱정에 싸여 있었다.

"부인, 남쪽의 한인들이 재기한다는 소문이외다. 그자들이 이 근처에까지 온 모양이외다. 조심해야 하오."

부인의 얼굴이 굳어졌다.

"언제나 병장을 갖추고 계시오소서."

"내 그러지 않아도 군사들이 늘 경비를 게을리하지 않도록 단속하고 있소이다."

"하옵고 조정에 상주하여 군사를 더 보내달라 하시옵소서."

"지금 조정 형편이 군사력에 여유가 있겠소이까? 벌써 남방으로 내려간 군사가 많아 조정에 군사가 태부족인 모양이외다."

"고려에 군사를 보내달라고 해보시오소서."

"이미 와서 싸우고 있는 중이외다."

부인의 마음이 흡족해졌다.

양양로 근처에 도둑떼가 출몰했다. 포라티무르는 자기의 휘하 군사 수천 명을 인솔하고 토벌에 나섰다. 부인은 아무래도 장군을 보는 것이 마지막 같아 복색을 갖춘 남편에게 당부했다.

"장군, 꼭 물리치고 돌아오소서."

"염려 없소이다. 사랑하는 그대가 성원을 보내주는데 그따위 도둑떼 쯤이야 문제 있겠소이까?"

"도둑은 흉악하나이다. 조심 또 조심하소서."

"전에 고창국에 있을 때도 수천 명의 도둑떼를 무찌른 솜씨외다. 그 까짓 오합지졸들이야 대수로울 게 없소이다."

"승리하고 돌아오소서."

부인은 남편을 떠나보내고 무운을 빌기 위해 방 안에 불단을 모셔놓고 축원했다.

싸움터에 나간 포라티무르는 부하들을 독려하며 여러 곳을 공격했다. 도둑떼는 오합지졸로서 뿔뿔이 흩어져 산속으로 숨어들었다. 승기를 잡은 포라티무르는 100여 명의 군사를 데리고 도둑의 괴수를 추격했다. 부하들에게 세 부대로 나누어 적을 포위하라고 명령을 내렸다. 싸움은 여러 군데에서 벌어졌다.

포라티무르는 적의 주력부대를 향하여 총공격했다. 적들이 포라티무르의 칼에 선혈을 뿌리며 쓰러졌다. 포라티무르는 의기양양하여 싸움을 그치고 잠시 쉬었다. 후속부대가 도착하지 않아서였다. 포라티무르는 너무 깊숙이 들어와 있었다.

별안간 적이 포라티무르에게 덤벼들었다. 전혀 예상하지 못한 일이었다. 또다시 치열한 접전이 벌어졌다. 적의 수가 점점 불어났다. 포라티무르를 향해 적은 총력전을 펼쳤다. 포라티무르는 후속부대가 오지 않아 초조해졌다. 적은 이미 수가 불어나 대부대가 되어 토벌군이 감당하기에는 이미 역부족이었다.

이대로 가다가는 전멸의 위기를 맞을 것 같았다. 혼신의 힘을 다해 백병전을 벌였다. 포라티무르는 적에게 잡히는 몸이 되었다. 적의 두목은 이미 포라티무르의 칼에 쓰러지고 부두목이 포라티무르의 결박을 풀어주었다.

"장군, 고생이 많았소이다. 우리 부대는 두목을 잃었소이다. 우리는 새 두목을 세우는 일이 급선무요. 두목을 죽인 원한 같은 것은 없소이다."

"패장은 할 말이 없다. 어서 죽여라!"

포라티무르는 눈을 감았다.

"장군, 우리의 두목이 되어주오."

"듣기 싫다! 어서 죽여라!"

"우리는 원나라 사람이 아니오. 새로이 일어나는 나라를 도와야 하오. 원나라는 이미 기울었소. 장군, 마음을 돌리시오."

"나는 원나라의 충신이 될지언정 새나라의 공신은 되기 싫다!"

적의 부두목이 호령했다.

"그대는 원래 고창국 사람이 아니더냐! 원나라만을 떠받드는 까닭이 뭐냐? 천시天時를 알아야 하느니라!"

"네가 아무리 그래도 내 마음은 꺾지 못할 게다."

포라티무르의 거센 반항에 적의 부두목은 이마를 찡그렸다.

"꼭 죽어야 하겠는가? 그것이 정녕 네 뜻이더냐?"

"그렇다. 나는 도둑의 두목이 되기 싫다."

"할 수 없구나. 보기보다 멍청한 놈이구나."

부두목은 가차없이 포라티무르의 목을 쳤다.

도적떼는 군사들을 재점검하여 양양청사를 접수했다. 포라티무르가 죽었다는 소문이 돌자 양양을 지키던 병사들이 모두 줄행랑을 놓아버렸다. 오직 남은 사람은 포라티무르의 처 한 사람뿐이었다.

"간악한 여자는 어서 나와 항복하라!"

적군들이 소리쳤다.

"내 살아서 무엇을 바라겠느냐! 하늘 같은 남편이 죽었거늘 그뒤를 따르는 것이 내 도리이니라. 너희같은 놈들에게 무릎 꿇을 수는 없다!"

무명의 처는 자결하고야 말았다. 고려 여인의 정절이 빛을 더하는 역사의 한 장면이다.

◉ 석기 스님

중 석기釋器는 충혜왕과 은천옹주 임씨 사이에 태어난 왕자이다. 충정왕이 왕위에 올랐을 때 석기는 이미 머리를 깎고 만성사로 출가했다. 공민왕 때에는 원나라에 소환되어 그곳에 머물다가 고려로 돌아왔다.

1356년, 임중보 등이 석기를 왕으로 추대하려는 음모를 꾸몄다는 죄로 순군부에 갇히는 사건이 발생했다. 이 사건으로 손수경 · 홍준 · 손용 · 황숙경 등 10여 명이 하옥되고, 석기는 제주로 유배되었다. 죄인을 실은 배가 제주에 거의 다다를 무렵, 제주현령 이안이 뱃사람에게 명했다.

"죄인 석기를 물에 던져버려라!"

석기는 이 말을 듣고 합장한 후 염불을 외었다. 뱃사람은 현령의 명령대로 석기를 물속에 던져버렸다. 해는 저물어 어두워지고 있었다.

석기는 가사 장삼을 벗어버리고 물속에 떠 있었다. 다행히도 여름철이어서 얼어 죽을 염려는 없었다. 그는 헤엄을 잘 쳤으나 부러 허우적대며 사람 살리라고 외쳤다.

배는 제주도를 향해 멀리 떠나버렸다. 석기는 헤엄을 치기 시작했다.

얼마를 헤엄쳤을까. 기진맥진하여 물 위에서 서봤다. 발이 땅에 닿았다. 발 밑에 큰 암초가 있었던 것이다. 그는 바위 위로 기어올랐다.

캄캄한 밤이었다. 멀리 제주도 민가의 불빛이 희미하게 보였다. 석기는 눈을 감고 묵상에 잠겼다. 얼마 후 배 한 척이 불을 켠 채 그의 앞으로 다가왔다. 석기는 모른 체하고 그대로 앉아 있었다.

배에서 거의 나체 모습의 해녀들이 물속에 뛰어들어 암초 주위에서 전복을 땄다. 배는 바위틈을 돌아다니며 전복이 있을 만한 곳을 찾았다. 해녀들은 한참 동안 잠수를 하다가 배 위로 올라왔다. 배는 석기가 앉은 바위 앞에 있었다.

"이보시오, 여기가 어디쯤 되오?"

석기가 물었다. 해녀들은 깜짝 놀랐다. 그제서야 석기를 발견하고 그가 있는 쪽으로 다가왔다.

"어디서 오셨나이까?"

"본토에서 오다가 배가 파선되어 이 꼴이 되었소이다. 대체 여기가 어디쯤이오이까?"

"여기는 제주도라오."

"나를 좀 구해주시겠소이까?"

석기는 자신의 처지를 솔직히 이야기했다. 실은 배가 파선된 것이 아니라 물에 던져진 것이라고.

원래 제주도 사람들은 고려 본토에 감정이 좋지 않았다. 그동안 삼별초 난리네, 몽고 침입 등 시달림이 많아 고려 조정을 싫어했다. 하지만 해녀들은 석기의 딱한 처지를 알고 그를 숨겨주었다. 그는 어느 어부의 조그마한 방에서 살아난 것만을 기뻐하며 지난날을 회고했다.

석기는 충혜왕의 총비 사기옹주의 소생이다. 충혜왕이 폐륜행위로 몽고에 잡혀간 후 충목왕이 잠시 임금이 되었다. 충목왕이 12세의 나이로 세상을 떠나자 충정왕이 임금이 되고, 석기는 중이 되었다.

충정왕이 고려를 안정시키지 못하자 원나라가 그를 폐위시켜버리고 공민왕을 임금으로 삼자 석기는 생명이 위태로웠다.

공민왕 5년, 임금이 권신 기씨 일파를 죽였다는 소식이 원나라에 들어가자 기 황후는 석기를 임금으로 추대하려고 원나라로 불러들이려 했다. 공민왕이 이를 알고 석기를 만덕사로 보내 감금해버렸다. 이때부터 석기는 공민왕의 경쟁자로 떠올랐다. 그뒤 손수경 등의 역적모의 사건이 터져 석기는 제주도로 유배되었던 것이다.

석기는 제주도 어부의 집에 숨어 지내다가 다시 육지로 나왔다. 제주 현령 이안은 석기를 물에 던져 죽였다고 조정에 보고했다.

석기는 고려 조정을 저주하며 남쪽 지방의 명산 대찰을 두루 돌아다니며 불경공부를 하거나 참선 삼매에 들기도 했다. 그러기를 7, 8년 석기는 개경에 들르지 않고 서경으로 들어갔다. 석기가 묘향산으로 머리를 두르고 가던 어느 날, 최유崔濡의 군대가 의주를 포위하고 덕흥군을 내세우겠다고 공언했다. 석기는 세상이 어지러워 제자들을 데리고 다시 서경으로 내려와 남쪽으로 가려고 했다.

어느 날 서북면 도순무사 서녹생이 상소를 올렸다.

"… 석기가 서경에 나타나 역모를 꾸미고 있나이다. 속히 사람을 보내 처단하기 바라나이다."

조정은 벌집을 쑤셔놓은 듯했다. 죽었다던 석기가 살아 있다는 것도 그렇고, 그가 서경에 나타나 역모를 꾸민다니, 도무지 알 수 없는 일이었다.

석기는 서경에서 어물어물하다가는 잡힐 염려가 있어 달아날 궁리를 하고 있었다. 제자 신희가 말했다.

"스님, 생명이 위태롭사옵니다. 이번에는 동북쪽으로 도망치시지요. 소승은 서경이 어떠한지 한번 돌아보고 오겠나이다."

"아니 될 말, 함께 동북쪽으로 가세나. 자고로 군자는 위험한 데에 발을 들여놓지 않는 법일세."

"스님만 살아 계시면 되나이다. 소승의 목숨 따위야 상관없나이다.

세상이 어지러우니 스님께오서는 기회를 보아 재기하시오소서."

"재기할 생각이 없는 것은 아니지만, 나를 추대할 만한 부하가 있어
야 하질 않은가. 함께 가세나."

신희는 더 고집을 부리지 않았다. 개경에서는 별의별 소문이 떠돌았
다. 석기가 살아 있어 곧 쳐들어올 것이라느니, 덕흥군 군대가 서경에
이미 들어왔다느니 헛소문이 난무했다.

사기장수였던 임신의 주변에 사람들이 꼬였다. 석기가 외손자였다.
외손덕에 영화를 누리겠다며 임신을 꼬드기는 사람이 적지 않았다.

공민왕은 제주현령 이안을 잡아올려 석기에 대해 물었다. 이안은 자
기가 한 대로 대답했다. 공민왕은 어리둥절하여, 경복흥과 임견미를 서
경으로 보내 석기라는 자를 잡아오도록 했다.

석기와 신희는 가사장삼에 석장을 짚고 산천을 떠도는 스님 차림으
로 서해도로 들어섰다. 봉주땅에 이르러 조그마한 암자에 들어섰다.
주지인 듯한 늙은 스님이 반가이 맞아주었다. 석기는 몸집이 크고 말
소리가 웅장하여 보기에도 범상하지 않았다. 석기가 노승에게 합장하
고 말했다.

"소승은 떠돌이 중이라오. 이곳에 잠시 머물고 싶사온데 스님의 생각
은 어떠시나이까?"

"나 혼자 적적하던 터에 잘되었소이다. 다만 객승을 대접할 것이 없
어 미안할 따름이외다."

"되는 대로 먹고 살겠나이다."

"산에 올라 산나물이나 캐며 함께 지내십시다."

석기와 신희는 봉주땅 작은 암자에 눌러앉아 세상 돌아가는 형편을
살폈다. 암자를 오가는 스님 하나가 세상 소식을 물어와 알려주었다.

"서해도 순문사 김유가 도망친 석기를 찾는다며 서해도 일대를 뒤지
고 있소이다."

석기와 신희는 가슴이 철렁했다.

어느 날 밤 석기와 신희가 마주 앉았다.

"스님, 떠나시지요. 이곳은 좋지 않을 듯싶소이다."

"어디로 가겠다는 것인가?"

"동해쪽으로 가시면 어떨는지요?"

"그리할까?"

"개경의 임신 어른께 연통이라도 할까요?"

"아직은 아닐세. 때가 되면 그때 하세나."

그들은 밤이 깊어가는 줄도 모르고 이야기에 빠져 있었다. 그들의 이야기를 암자에 드나드는 중이 죄다 엿들었다.

"오, 네놈이 석기렷다. 어디 두고 보자."

이튿날 봉주 관아로 달려간 중은 모든 사실을 고발해버렸다. 서해도 순문사는 눈이 번쩍 뜨였다. 부하장졸 10여 명을 보내 석기를 잡아오라고 했다. 암자와 봉주 관아 거리가 꽤 멀어 장졸들이 저녁 늦게 암자에 닿았다. 주지 스님이 석기가 묵는 방을 알려주었다.

장졸들 중 한 패는 밖에서 망을 보고 한 패는 석기의 방을 덮쳤다. 석기와 신희는 도둑떼가 몰려온 줄 알고 점잖게 나무랐다.

"네 이놈들, 암자에 무엇이 있다고 털러 왔느냐!"

"네 이놈, 역적 석기야! 순순히 오라를 받아라!"

"이놈아, 석기는 제주도에서 죽은 지 이미 오래 되었다는 소식을 못 들었느냐?"

"거짓말 마라!"

한밤중에 장졸과 석기 사이에 싸움이 벌어졌다. 기운이 장사인 석기에게 장졸 몇 놈쯤은 문제가 되지 않았다. 석기는 장졸들을 석장으로 내리쳤다. 신희도 거들었다. 방에서 한참을 통탕거리다가 석기는 밖으로 나왔다. 마당에서 망을 보던 장졸들이 덤벼들었다. 석기는 덤비는 놈을 석장으로 보기 좋게 때려눕혔다. 그러고는 뒤돌아보지 않고 도망쳤다. 뒤에서 장졸들이 쫓아왔다. 가까이 오는 자를 석장으로 후려갈겼다. 장졸들이 멈칫거리며 쫓아오지 못했다.

장졸들은 더 쫓아올 생각을 하지 않고 다시 절에 돌아와 신희를 묶어 봉주로 돌아갔다. 순문사는 문초도 하지 않고 신희의 목을 베어 석기라 하고 조정으로 올려보냈다. 장졸들은 신이 나서 소금에 절인 신희의 목을 갖고 잽싸게 서울로 올라갔다. 조정에서는 석기를 잘 아는 외할아버지 임신을 불렀다. 임신은 만사가 귀찮아 신희를 석기라고 말했다.

"석기 맞소이다."

이것으로 석기는 두 번째 죽은 것이었다. 임신 · 이안 · 김광수는 석기와 한 패로 몰려 죽음을 당했다.

공민왕에게 불만을 가진 사람들은 쉬쉬 하며 석기의 죽음을 믿지 않았다.

"임금이 될 인물이 그리 쉽게 죽을 리 없다."

석기가 살아 있다고 굳게 믿는 사람들이 많았다. 공민왕은 불안했다.

석기는 몸을 피해 안협으로 도망쳤다. 고려 조정에서는 사건을 끝맺으려 했으나, 석기는 기필코 임금의 자리에 앉아보겠다는 꿈을 버리지 않았다. 석기는 그동안 머리를 길러 처사처럼 꾸미고 세상을 떠돌다가 어느 큰 집을 찾아들었다. 배가 몹시 고파 대문 밖에서 외쳤다.

"주인장! 지나가는 처사올시다. 배가 고파 그러니 밥이나 한술 주시구려."

주인이 나와 대문 틈으로 석기를 보고 혀를 찼다.

"이상한 일이로다. 허우대가 저만한 사람이 구걸을 하다니⋯ 알 수 없는 일이로다."

주인이 대문을 열고 나왔다.

"안으로 드소서. 시장하신 것 같으나 잠깐 기다리소서."

석기는 주인을 따라 사랑으로 들었다. 주인이 석기를 찬찬히 뜯어보고 말했다.

"보아하니 예사 처사는 아닌 것 같소이다. 세상을 잘못 만나 떠도는 몸이구려."

석기는 자신도 모르게 우쭐해져 주인에게 자신의 심정을 털어놓았다.

"이제 고려의 운이 다한 것 같소이다. 조정에는 요승 신돈이 있고 임금은 노국공주가 죽은 후 미쳐버렸으니 나라가 잘될 일이 없지를 않겠소이까?"

"처사의 말씀이 맞소이다."

주인이 맞장구를 쳤다. 석기는 흥분되었다.

"조정이 온통 간신의 무리로 가득 차 있소이다. 게다가 자제위는 또 무엇하는 작자들이오! 한심한 작태올시다."

밥상이 들어와 석기는 마파람에 게 눈 감추듯 밥을 먹어치웠다. 이날부터 석기는 주인 백씨의 호의로 식객이 되었다. 두 사람은 죽이 맞아 조정과 세상을 개탄하며 의기투합되었다. 어느 날 석기는 자기의 정체를 밝혔다.

"진짜 왕자가 나와야 하오."

"진짜 왕자가 대체 누구오이까?"

"바로 나요."

"하오면 석기 왕자가 바로…."

"그렇소이다."

주인이 일어나 석기에게 절했다. 석기는 이미 이성을 잃고 교만해져 있었다. 군신간의 예의를 의식하고 그대로 앉아 주인의 절을 받았다.

주인 백씨는 남몰래 큰 꿈을 꾸었다. 석기가 뛰어난 임금 재목 같아 나중에는 자기의 딸까지 바쳤다. 석기는 군사를 양성한다며 인근 농민을 모아 훈련시켰다. 그러던 중 공민왕이 자제위들에게 피살되고 일시 왕의 아들이 없어 왕씨의 후손을 물색했다. 좋은 기회로 여긴 석기는 이인임에게 사람을 보내 충혜왕의 후손인 석기가 살아 있다고 알렸다. 이인임은 솔깃하여 새 임금이 된 우왕에게 아뢰었다.

"전하, 석기 왕자가 살아 있다 하옵나이다. 불러들이시오소서."

우왕은 묵묵부답이었다. 이인임은 석기의 얼굴을 잘 아는 목인길을 석기가 있는 곳으로 보냈다.

"석기를 죽이지 말고 생포해 오너라!"

이인임은 비밀명령을 내렸다. 목인길은 조인벽과 같이 안협 백씨의 집에 닿아 이인임의 친필을 석기에게 내보였다. 석기는 반가워 목인길의 두 손을 잡았다.

"오, 고려의 명신 이인임이 아직 건재하구려."

목인길은 말없이 석기의 모습을 자세히 살폈다. 옛날의 모습이 남아 있었다.

"왕자님, 고려는 위기에 처해 있나이다. 세상에 나오셔서 억조창생을 구하시오소서."

"옳은 말이오. 내 서울로 가리다."

석기는 서울로 올라가며 여러 가지 생각에 잠겼다. 자기가 보위에 앉아 천하를 호령하면 요동 땅을 손아귀에 넣을 수 있지만, 이미 썩어빠진 관리들의 마음을 수습하기에는 힘에 벅찰 것 같았다.

백성은 석기가 오는 줄 알고 거리로 나와 그를 환영했다.

"진짜 왕자시다!"

백성들은 반겼으나 지방수령들은 냉대했다. 석기는 속으로 탄식하며 서울 근처 토산까지 왔다. 목인길은 토산에서 일단 쉬며 이인임에게 연락했다. 이인임은 목인길의 연락을 받고, 석기를 개경에 살려두었다가 우왕이 시원치 않으면 갈아치울 계획을 세웠다.

이인임은 경복흥·최영 등과 이 일을 상의했다. 최영이 이에 반대했다. 엄연히 임금이 있는데 그런 짓은 용납할 수 없다는 태도를 분명히 했다. 이인임은 석기를 살려두자고 했으나, 최영은 끝내 동의하지 않았다. 최영은 최인철에게 석기를 죽이라고 밀령을 내렸다.

개경에서 사신이 와서 데려갈 줄로 알고 있던 석기의 앞에 뜻밖에도 최인철이 나타났다. 최인철이 석기를 보고 소리쳤다.

"네 이노옴! 네가 왕자를 사칭하고 백성을 현혹시키는 요승이 아니더냐!"

"이놈! 너는 왕자도 몰라 보느냐! 감히 뉘 앞에서 큰소리더냐!"

석기가 호령했다. 최인철은 기세에 눌려 일단 석기의 앞을 물러나왔다. 그날 밤, 최인철은 굳은 결심을 하고 석기의 방으로 뛰어들어 칼로 석기의 가슴을 찔렀다. 석기는 가슴에 칼을 꽂고 태연히 말했다.

"고려가 망하는구나. 나를 죽인 자가 누구인지 아느니라. 나는 죽지만, 그자에게 전하라. 요동 땅을 고려의 땅으로 넓히라고."

이 말을 남기고 석기는 눈을 감았다. 이 소식을 들은 최영은 후회했다. 백성들은 석기의 죽음을 애통해했다. 고려의 앞길은 더욱 어두어져 갔다.

◉ 비승비속의 괴인물 신돈

중 편조遍照가 고려 조정에 처음 나타난 것은 노국공주가 죽고 나서 3개월 뒤였다. 공민왕은 김원명의 소개로 그를 안 후 갑자기 친해졌다. 임금은 그를 사부로 모시고 청한거사淸閑居士라는 호를 주었다.

편조, 즉 신돈辛旽의 등용에 대해 전설적인 이야기가 전한다. 공민왕이 어느 날 꿈을 꾸었다. 그 꿈에 어떤 사람이 칼을 들고 임금을 죽이려고 했다. 때마침 한 스님이 달려와 임금을 구했다. 공민왕은 이 꿈을 꾼 후 얼마 지나지 않아 김원명이 편조를 소개했다. 편조의 모습이 꿈에서 본 스님의 모습을 꼭 빼어닮았다. 임금은 편조에게 꿈 이야기를 했다.

"전하, 소승과 전하 사이는 전생에 깊은 인연이 있었나 보옵나이다."

이런 연유로 공민왕은 편조를 자주 불렀다. 편조의 말을 들으면 공민왕은 심기가 편해지고 썩 즐거웠다. 편조는 영리하고 총기가 넘치는 중이었다.

공민왕은 편조에게 못할 말이 없었다.

"나는 모든 일이 다 싫소이다. 백성도 정치도 다 싫소이다. 다 털어버리고 산천경계나 즐기며 그림이나 그리고 싶소이다."

"전하, 하시고 싶은 대로 하시오소서. 임금이라고 해서 자신의 낙을 가지지 말라는 법이 있나이까? 산수 좋은 곳에서 그림을 그리시는 것도 좋을 듯싶사옵니다."

다른 신하들은 임금이 그런 말을 하면 심기를 바로 하라고 아우성이었다. 그런데 편조는 달랐다. 임금도 즐길 권리가 있다며 공민왕의 비위를 맞추었다. 이렇게 되자 편조에게 도전세력이 나타났다. 기존의 보수세력은 미천한 배경의 편조가 나랏일에 관여하는 자체부터 싫었다. 더구나 편조는 불교를 권장하면서도 여자들과 불륜관계를 맺고 인생을 제멋대로 즐겼다. 그럼에도 임금의 신임이 날로 두터워갔다.

공민왕은 편조를 환속하게 한 후 영도첨의사사를 주어 백관을 총괄하게 하고 공신호까지 하사하는 한편, 그의 이름을 본명인 신돈으로 환원시켰다.

이승경·정세운 등이 신돈을 비난했다.

"전하, 신돈은 국가 기강을 무너뜨릴 요승이나이다. 물리치소서."

"그토록 나쁜 사람이란 말이오? 경들의 생각이 그렇다면 과인이 생각해보리다."

공민왕은 신하들을 좋은 말로 달래고 나서 신돈에게 은밀히 사람을 보내 몸조심하라고 당부했다. 이승경·정세운 두 중신이 신돈을 없애버릴지도 모른다는 생각이 들어 공민왕이 내린 조치였다. 신돈은 깊은 산속으로 도망쳐, 이승경·정세운이 죽었다는 소식을 듣고 다시 조정에 나왔다.

신돈의 출세는 욱일승천의 기세였다. 임금의 사부가 된 지 얼마 지나지 않아 진평후에 봉해졌다. 신돈의 문전은 아첨배들로 성시를 이루었다. 신돈은 재물을 긁어모으고 아녀자를 겁탈했다. 아무도 그를 건드리지 못했다.

공민왕은 혁신정책을 내걸고 그에게 지지를 보냈다. 신돈이 토지와 노비를 과감하게 정리해나가자 백성의 지지가 뒤따랐다. 그러나 신돈의 사생활은 추하기 그지없었다.

하루는 신돈이 기현奇顯의 집에 초청되었다. 기현은 산해진미를 차려놓고 예쁜 계집들에게 시중들도록 했다. 술자리가 한창 무르익을 무렵, 기현의 아내가 나와 정중히 인사를 올렸다. 신돈은 당장 눈빛이 달라졌다. 기현의 아내는 빼어난 미모는 아니었으나, 살결이 희고 몸매가 탐스러워 신돈의 눈을 흐리기에 충분했다.

신돈은 어쩔 줄을 모르고 기현의 아내를 훔쳐봤다. 기현은 눈치를 채고 아내를 밖으로 불러냈다.

"내 출세길은 당신에게 달려 있소. 신돈이 이 나라에서 어떤 위치라는 걸 당신은 잘 알고 있을 터, 당신이 어찌해야 하는지 나는 아오."

기현의 말에 아내는 생글생글 웃으며 알겠다는 눈짓을 보냈다.

"정성껏 모셔야 하오."

기현은 아내에게 귀엣말을 하고 신돈이 혼자 기다리는 방으로 아내를 밀어넣었다. 기현의 아내는 신돈의 옆에 바싹 붙어앉아 술잔을 권하며 추파를 던졌다. 신돈은 잔뜩 긴장되어 있다가, 여자 쪽에서 먼저 꼬리를 치자 과감하게 행동을 취했다. 여자는 두어 번 몸을 꼬더니 신돈의 품에 안겼다.

기현의 아내가 신돈에게 몸을 바친 후 관계가 주종으로 정립되었다. 기현 부부는 신돈을 주인처럼 모셨고, 신돈은 이들을 자기의 심복으로 부렸다.

신돈은 자기를 공민왕에게 처음 소개한 김원명에게 음양군상호군의 벼슬을 주고, 8위衛 42도부의 군대를 지휘하는 권한을 주었다. 이것은 자기의 세력권하에 전국의 군사 지휘권을 장악하도록 한 정치적 배려였다. 또한 그에게 아부하는 자들에게 벼슬을 주어 세력을 다져갔다.

그의 권력은 점점 확대되어갔다. 그에 따른 비판세력과 적들도 다수 생겨났다.

신돈은 권력을 자기의 음욕을 채우는 데 한껏 이용했다. 기현 등 그의 수족 같은 자들은 그러한 그를 잘 받들었다. 그는 자연히 오만해졌다. 관람석상이나 법회석상에서 임금과 자리를 나란히 하고, 옷차림도 임금과 비슷하게 입어 분별하기 어려웠다. 그가 출입할 때는 100여 명의 기병이 따라 임금의 행차와 다름없었다. 임금을 마치 친구처럼 대하는 등 신하로서는 할 수 없는 행동을 취했다. 그는 날이 갈수록 색을 탐하여 그의 집은 술·고기·계집으로 가득 찼다. 그는 처음에 기현의 집에 살다가 나중에는 왕궁 같은 화려한 저택을 짓고 별실을 만들어 승방을 차렸다. 이 승방에서 그는 색에 빠져 지냈다.

신돈의 왕궁 같은 저택에는 상소하러 오는 사람, 청탁하는 사람, 그리고 숱한 아녀자들이 몰려들었다. 특히 아녀자들은 옥에 갇힌 남편을 구하기 위해 신돈을 찾았다. 여자가 신돈의 말을 고분고분 잘 듣고 또한 그의 색정을 만족시켜주면 옥에 갇힌 남편은 쉽게 풀려날 수 있었다. 그리하여 남편이 옥에 갇힌 아녀자들은 값비싼 비단옷을 입고 곱게 화장을 하고 향기 넘치는 술과 기름진 음식을 싸들고 신돈의 집으로 달려갔다.

공민왕의 신돈에 대한 신임은 요지부동이었다. 그러기에 그는 온갖 패행을 저지르고도 아무런 탈이 없었다. 신돈이 음탕한 짓을 해도 공민왕은 대수롭지 않게 여겼다. 하루는 신돈이 심복들을 모아놓고 잔치를 열었다. 먹고 마시며 음담패설을 질펀히 풀어놓았다. 그때 문지기가 헐레벌떡 달려와 공민왕의 행차를 알렸다. 신돈은 당황했다. 공민왕은 신돈이 중이므로 술과 고기를 먹지 않는 줄로 알고 있었다.

"야단났도다. 어서 치워라!"

심복 기현 등이 서둘러 잔칫상을 거두었다.

신돈은 대문으로 뛰어나가 공민왕을 맞았다. 공민왕이 신돈의 방에 들어와 보고 얼굴에 웃음을 띠고 말했다.

"역시 속세의 인물과는 다르도다! 상에는 과일이 두어 접시, 이야기는 정담이로고. 과연 왕사로다."

공민왕 18년, 신돈은 후사가 없는 공민왕에게 아들을 낳게 해준다며 문수회라는 법회를 열었다. 법회의 열기와 연복사演福寺의 호화로운 치장은 이루 말할 수 없었다. 그 비용만 수만 금에 달했다. 이후 공민왕은 신돈의 집에 자주 드나들며 그의 비첩 반야와 정을 통해 아들 모니노를 낳았다. 이 모니노가 훗날 우왕이다.

신돈은 도참설로 공민왕을 현혹시켰다. 《도선비기道詵秘記》의 송도기쇠설松都氣衰說을 들어 공민왕에게 천도를 권했다. 그리하여 평양에 가서 지상地相을 살피고 온 적도 있다.

신돈의 위세가 날로 강해진 반면 적들도 많아졌다. 그의 전횡에 처음으로 쐐기를 박은 이가 최영이다. 신돈은 숱한 전투에서 공을 세운 최영을 찬성사贊成事에서 계림부윤으로 좌천시켰다. 당시 밀직부사로 있던 김난이 신돈에게 두 딸을 바쳤다는 말을 듣고 최영이 몹시 꾸짖은 일이 있기 때문이다. 비록 좌천되었지만 신돈을 나무란 이는 최영이 처음이었다. 또 신돈을 비판적으로 본 이인복과 한수 등은 임금에게 신돈의 등용을 극구 만류했다.

"전하, 그는 바른 인물이 못 되나이다. 뒤에 변이 있을까 두렵사옵니다. 청컨대 멀리하시오소서."

이제현 같은 이도 신돈의 등용을 막으려고 했다.

"그의 골상이 옛날의 흉인과 같사오니 반드시 후한이 있을 것이나이다."

공민왕은 이들의 충정을 헤아리지 못했다. 그뿐만이 아니었다. 이인복을 조정에서 내쫓고 신돈이 미워하던 찬성사 이구수는 귀양 보냈다가 후에 죽여버렸다. 신돈의 전횡이 날로 심해지자, 당대의 유학자 이원충이 노골적으로 신돈을 비판했다.

"그의 주색은 도를 넘치고 있다. 중이 고기맛을 알면 절간의 빈대가 남아나지 않는다더니 신돈이 딱 그짝이다."

이 말을 들은 신돈은 이원충마저 내몰아버렸다. 신돈의 방약무인한 횡포에 드디어 간관들이 들고 일어나 그를 탄핵했다. 그 가운데 엄부흥과 이존오는 여러 차례 모여 신돈 제거의 밀담을 나누었다.

"더 이상 보고만 있을 수 없소이다."

"그렇다고 함부로 다룰 수도 없나이다. 상감의 신임이 철석 같지 않소이까."

"그자의 패행은 금수보다 못하오. 양기를 북돋운다고 백마를 잡아 그 신腎을 회쳐 먹는다 하오."

"그뿐만이 아니외다. 지렁이도 산 채로 먹는다 들었소이다."

"놈에겐 이상한 버릇이 있다 하오. 사냥을 싫어하고 매를 보면 새파랗게 질려 부들부들 떤다 하오."

"그놈은 아마 늙은 여우가 환퇴幻退한 놈인 것 같소이다."

이존오는 죽을 각오로 공민왕에게 상소를 올렸다.

"…방약무도한 신돈은 말에 오른 채 궁궐을 드나드오며 황공하옵게도 전하와 더불어 한자리에 앉아 꺼릴 줄을 모르옵나이다. 또한 그의 집에 재상이 찾아가더라도 저는 높은 자리에 버티고 앉아 재상에게 뜰 아래에서 절하게 하는 파렴치한 인간이옵나이다. 전하께옵서는 이 나라 사직을 위해 이 같은 요물을 속히 물리치시어 조정을 광명정대히 하시오소서."

공민왕은 이존오의 상소문을 읽고 크게 노했다. 상소문을 불에 태워버리고 화를 냈다.

"한심한지고, 간사한 소인배가 이 나라의 큰 기둥이 되는 인재를 모함하다니, 괴이쩍도다! 이존오를 당장 대령하라!"

이존오는 즉각 입궐하여 공민왕 앞에 꿇어앉았다. 공민왕은 신돈을 옆에 앉혀놓고 호되게 꾸짖었다.

"네 감히 나라의 기둥을 모함하다니, 무슨 속셈이더냐?"

"소장에 적힌 그대로이나이다."

"네 눈에는 왕사가 그런 인물로 보이더냐?"

"전하께오서는 지금 홀리고 계시나이다."

"저놈이, 감히 누구를 농단하려 드느냐!"

이존오는 입을 다물어버렸다. 신돈에게 넋을 빼앗긴 공민왕을 상대로 말다툼을 하기 싫었다. 그는 임금과 나란히 앉아 자기를 비웃는 신돈이 늙은 여우 같았다. 이존오는 눈을 부릅뜨고 신돈에게 호통쳤다.

"네 이노옴! 중놈이 감히 전하와 자리를 나란히 하다니, 어찌 이다지도 무례할 수 있다란 말이냐!"

이존오의 호통이 어찌나 컸던지 신돈은 저도 모르게 아랫자리로 내려와 앉았다. 공민왕은 더욱 노했다.

"저놈을 당장 하옥하라!"

이런 일이 있은 후부터 신돈의 행패를 간하는 신하가 사라져버렸다. 한동안 신돈은 마음놓고 조정을 주무르며 인생을 즐겼다.

그러나 권력은 영원할 수 없는 속성을 지니고 있다. 신돈의 행패에 조직적인 규탄세력이 나타났다. 경천홍·오인택·목인걸·김원명·조희고 등이 신돈 제거의 밀담을 나누었다. 특히 주목되는 인물은 김원명이었다. 그는 신돈을 처음 공민왕에게 소개한 인물이었다. 그가 신돈 제거에 가담한 것은 의외였다.

이 계획은 사전에 누설되어 모의자들이 잡혀 귀양을 가거나 관가의 노비가 되었다. 신돈은 여기에서 그치지 않았다. 귀양 가 있는 조인·김원명 등을 죽여버렸다. 이들이 다시 유사의와 편지로 신돈 제거의 음모를 꾸몄기 때문이다. 이밖에도 신돈 제거의 움직임이 잇따르자 신돈은 반대파의 숙청을 은밀히 진행시켰다. 그러자 심복 홍영통이 이의를 달았다.

"많은 사람을 죽인다고 무슨 이익이 있겠나이까? 다시 생각하소서."

신돈은 듣지 않았다. 백성들 사이에는 이런 말까지 나돌았다.

"《도선비기》에 비승비속非僧非俗이 나라를 망친다고 써 있다. 바로 신돈을 가리키는 말이다."

신돈은 이 말을 듣고 슬며시 겁이 났다. 그리하여 공민왕이 자기를 얼마나 신임하는지 확인하고 싶어졌다.

어느 날, 공민왕이 신돈을 불러 국사를 의논하고 있었다. 다른 때 같으면 온갖 화려한 말로 임금을 현혹할 그인데 오늘은 왠지 시무룩해 있었다.

"왕사, 어디 편찮으시오?"

"말씀드려야 무슨 소용이겠나이까? 대왕께오서는 다른 사람의 말을 더 많이 들으시지 않나이까?"

공민왕이 펄쩍 뛰었다.

"그 무슨 말씀이오? 과인이 왕사의 말을 듣지 않다니오."

"소문이 그리 났사옵니다."

"그거야 왕사를 시기하는 자들의 말이겠지요."

"지금 대왕께오서 헛소문이며 말장난이라고 하시지만, 장차 소승을 모함하는 자들이 많아지면 그 말에 귀를 기울이실 것은 뻔한 이치이옵나이다. 그리되오면 대왕만 믿어오던 소승의 신세는 어찌 되겠나이까? 소승, 눈앞이 캄캄하옵나이다."

신돈은 공민왕 앞에서 어린애처럼 흐느껴 울었다.

"왕사께오서는 울음을 거두시오. 과인이 그러지 않겠다고 부처님께 맹세하리다."

그래도 신돈이 울음을 그치지 않자 공민왕은 맹세하는 세서(誓書)를 써주었다. 그제서야 신돈은 울음을 그치고 공민왕의 자문에 응했다.

임금의 세서까지 받아놓은 이상 신돈은 못할 일이 없었다. 날로 행패가 심해지고 패거리도 늘어났다. 그 위세가 임금을 누를 지경이었다.

공민왕은 신돈의 위세에 비로소 이상한 낌새를 눈치채고 불안해지기 시작했다. 한번 의심이 가자 걷잡을 수 없이 싫어졌다. 눈치 빠른 신돈은 임금이 자기를 의심한다는 것을 알아차렸다. 그는 심복들과 의논했다. 기현·최사원·이춘부·김난 등이 머리를 맞댔다.

"임금이 나를 의심한다. 어찌하면 좋은가?"

"한번 의심받으면 되돌리기 어렵사옵니다. 쫓겨나거나 죽음을 당하나이다."

"나를 죽인다고?"

신돈은 심복들을 돌아보았다.

"그렇나이다. 종당에는 제거되나이다."

"아니 될 말, 선수를 쳐야겠도다!"

"옳으신 말씀이나이다."

자연스럽게 역모가 되어버렸다. 죽지 않으려면 죽여야 한다는 명분이 섰다. 그들은 역모를 은밀히 추진해나갔다.

신돈의 문객 가운데 시랑 이인李韌이 있었다. 그는 역모의 말을 듣고 깜짝 놀랐다. 이인은 비록 신돈의 문객이었으나 심복은 아니었다. 그는 신돈 일당이 역모를 꾸미고 있다는 글을 써서 한밤중에 재상 김속명金續明의 집 담 너머로 던졌다. 김속명은 그의 투서를 가신에게 임금께 올리도록 하고 그날 밤으로 자취를 감추어버렸다.

공민왕은 올 것이 왔다는 심정이었다. 곧 신돈 일당을 잡아들여 역모를 자백받았다. 신돈은 심복들이 자백했으나 끝까지 버텼다. 그는 임금의 세서를 들먹였다.

"전에 상감께오서 어떠한 일이 있더라도 소승을 버리지 않으시겠다고 세서까지 써주신 일을 벌써 잊으셨나이까? 오늘 소승을 닦달하시니 상감의 세서가 부끄럽지 않사옵니까?"

공민왕은 쓴웃음을 지었다.

"과인의 맹세보다도 네놈의 맹세부터 따져보자! 너는 부녀자들을 가까이하는 것은 설법을 하여 부처의 길로 인도하기 위해서이지 결코 음행을 생각하는 것이 아니라고 했도다. 그런데 너는 지금 두 자식까지 낳지 않았더냐? 게다가 성 안에 갑옷 만드는 곳을 일곱 군데나 두고 역모를 꾸미다니, 이러고도 평생 고락을 함께하자고 맹세한 임금을 배반하지 않았다고 뻔뻔스럽게 거짓말을 할 테냐!"

신돈은 고개를 숙였다. 더는 할 말이 없었다.

공민왕 20년 7월 21일, 신돈은 처형당하고 말았다. 신돈이 죽은 뒤 대궐 뒤쪽 숲속에서 꼬리가 아홉 달린 늙은 여우가 피를 토하고 쓰러지는 것을 본 사람이 있다고 전해진다.

신돈이 등용되어 정치를 어지럽힌 일차적인 책임은 물론 그에게 있으나, 공민왕의 책임이 더 크다 하겠다. 모든 권한을 일임한 것이 그의 권력에 힘을 실어주고 패행을 저지르도록 부채질한 것이다.

당시의 조정은 문신들의 세력이 컸고, 기울어가는 사직을 반영하듯 퇴폐풍조가 만연했다. 신돈의 전민변정도감田民辨正都監 설치는 사회상을 잘 말해주고 있다. 그는 도감의 판결사가 되어 백성들에게 도감설치의 뜻을 공포했다.

"근래 기강이 문란하여 탐풍貪風이 성행하고 있도다. 종묘·학교·창고·사원·녹전祿田·공수전公須田과 세업전世業田을 강호들이 마음대로 차지하여 자기의 소유로 만들고 있도다. 이제 도감을 두어 그것들을 전 소유자에게 돌려주고자 하노라. 차후 서울과 각 지방에 돌려주는 날짜를 정하여 통고할 터인즉, 제날짜에 돌려주는 자는 그전 잘못을 묻지 않겠노라! 만약 기한이 지나도 반환하지 않는 자는 엄벌에 처하겠노라!"

이 공고가 나가자 세력가들에게 억눌려 있던 백성들이 크게 환영했다. 그러나 신돈 한 사람의 개혁으로 한 나라의 정풍운동은 성사되기 어려웠다. 더구나 신돈 스스로가 깨끗하지 못하여 오히려 그가 개혁대상이었으니 더 말해서 무엇하랴. 결국 속담에 "나라가 망하려면 불가사리가 난다"는 말처럼 신돈은 불가사리였던 것이다. 고려는 이후 멸망의 길로 들어섰다.

◉ 승상의 부인이 된 고모와 조반

조세경은 누이동생과 어린 아들 반胖을 데리고 원나라에 들어갔다. 누이가 공녀로 원나라에 팔려가게 된 것이다. 압록강을 건너자 이제는 돌아갈 수 없는 길 같아 누이는 한없이 울었다.

북경 가까이 갈수록 사람들의 왕래가 빈번해졌다. 그리고 처음 보는 낙타며, 궁궐 같은 큰 저택이 즐비하여 누이는 황홀할 지경이었다. 궁성 안에 들어서자 공녀를 환영하는 원나라 사람들의 대접이 극진했다. 더구나 공주가 시집간 나라의 사람들이라 하여 자기 나라 사람처럼 여겼다.

조세경 일행은 무사히 황궁에 들어가 황제를 뵙고 잠시 그곳에 머물렀다. 얼마 후 조세경의 누이는 당시의 승상 탈탈脫脫의 부인이 되었다. 첩이 아닌 정실 부인이 된 것이다. 공녀치고는 벼락출세였다.

탈탈에게 몽고 부인이 있었으나, 세상을 떠난 후 몽고 여자를 정실로 맞지 않고 고려 공녀 조반의 고모를 정실로 삼은 것이다. 조반은 고모 덕에 승상댁에서 공부를 하게 되었다. 이때 조반의 나이 12세였다. 조반은 총명한 소년이었다. 조반은 커 갈수록 승상부에 출입하는 원나라 관리들의 칭찬이 자자했다. 그럴수록 고모의 당부가 뒤따랐다.

"너는 고려의 대신이 되어야 하느니라. 그러려면 공부에 매달려야 하느니라."

"고모님 말씀 명심하겠나이다. 꼭 원나라 과거에 급제하여 고려인의 재주를 보여주겠나이다."

"암, 그래야 하고말고."

승상 탈탈의 처소를 원나라 관리들이 드나들며 정치문제를 의논했다. 그럴 때마다 조반은 승상부에서 탈탈이 사건을 처리하는 것을 암암리에 익히고 있었다. 조반은 원나라에 들어온 지 1년도 못 되어 몽고 말·중국말·서역국말 등을 자유롭게 구사했다. 승상은 조반을 달리

보았다.

"너는 후일 크게 될 인물이니라. 다만 고려인이어서 아섭구나."

"지나친 칭찬이시나이다."

"너만한 나이에 여러 나라의 말을 한다는 게 그리 쉬운 일이더냐? 너는 천재이니라."

"칭찬 고맙사옵니다."

조반의 고모가 남편에게 부탁하는 듯한 말을 했다.

"아직 미거한 아이옵니다. 승상께오서 잘 돌봐주시오소서."

"내가 이 자리에 있는 이상 처조카 하나쯤이야 얼마든지 봐줄 수 있소이다."

"고마우신 말씀, 몸 둘 바를 모르겠나이다."

그러나 이 무렵, 원나라는 기울어가고 있었다. 태정제泰定帝 이래 황실이 어지러워 앞날을 기약할 수 없었다. 태정제가 즉위 4년 만에 죽고 8세 된 천순제天順帝가 등극했으나 3개월 만에 행방불명이 되었다. 다음 등극한 황제가 명종이었다. 이 황제도 1년 만에 죽임을 당하고 아우 문종이 뒤를 이었다.

문종은 연치무르를 공신으로 내세우고 우승상에 앉혔다. 이때부터 권력을 연치무르가 독점했다. 문종이 불과 몇 해 만에 죽고, 황후와 황태후가 섭정하며 명종의 아들 영종寧宗을 내세웠다. 영종이 등극한 지 2개월 만에 죽고 그의 아우 순제順帝가 등극했다. 순제를 등극시킨 인물은 백안伯顔이었다. 백안은 그 공으로 태사太師 겸 우승상이 되었다. 이때부터 백안의 시대였다. 원나라 황족들은 백안에게 반기를 들었다.

"이 세상은 백안의 천하가 아니라 황실의 것이다. 백안이 감히 황실까지 주무르려 한다."

백안과 연치무르 아들 사이에 싸움이 벌어졌다. 이 싸움에서 백안이 승기를 잡았다. 이제 황실에서 백안의 세력을 막을 자가 없었다. 백안은 몽고 각위各衛의 정병을 마음대로 움직여 세상이 불안해졌다. 백안의 조카 탈탈은 큰아버지 백안의 세력이 강대해지자 장차 무슨 일이 일어날지 은근히 걱정되었다. 탈탈은 자기 아버지와 상의했다.

"아버님, 백부께서 무슨 일을 꾸밀지 걱정이나이다."

"아무런들 네 백부께서 무리한 일이야 벌이겠느냐."

"사람의 욕심이란 한이 없나이다. 위험해지기 전에 조치를 취해야 하나이다."

"아니, 숙질간에 싸움이라도 하겠다는 게냐?"

"의를 위해서는 어쩔 수 없나이다."

"아니 될 말이니라!"

탈탈은 백안의 세력을 꺾기 위해 친구 아로阿魯를 찾아 의논했다.

"이보게, 지금 황실의 권위가 말이 아닐세. 이래서야 나라꼴이 되겠는가?"

"어쩌겠나. 자네 백부께서 권력을 틀어쥐고 있지 않은가?"

"그래서 조치를 취해야 된다는 것일세."

"자네, 그 말 진정으로 하는 말인가?"

"작심하고 자네를 찾은 것일세."

"내가 힘을 보태겠네."

"고맙네."

두 사람은 동지를 규합했다. 이러한 눈치를 채게 된 탈탈의 부인은 남편을 슬쩍 떠보았다.

"나라에 큰일이라도 생겼나이까?"

"뭐 대단한 일 아니니 염려 마오."

"근래에 승상께오서 고심하는 기색이 역력하나이다."

"부인은 모른 체하오."

부인은 답답했으나 더는 알 길이 없었다.

탈탈은 순제를 뵙고 백안 숙청문제를 꺼냈다.

"폐하, 세상 공론이 백안을 위험인물로 보고 있나이다. 잠시 지방으로 보내는 것이 좋을 듯하나이다."

순제는 기다렸다는 듯이 백안을 하남성으로 내보냈다. 탈탈이 우승상이 되었다. 탈탈은 전부터 하고자 하는 정치를 하려고 노력했다. 순제에게 과거제도의 회복과 경연을 열 것을 상주했다. 순제는 탈탈을 적극 지원했다.

과거제도가 부활되자 탈탈은 현상賢相이라는 칭찬을 받았다. 이제 탈탈의 세상이 되었다.

조반은 중서성의 통역관으로 고려나 한인들의 통역을 맡아보았다. 고모부의 덕을 톡톡히 보게 되었다. 주반의 문전에도 찾는 사람이 생기고, 고모의 처소에는 사람의 발길이 끊이지 않았다.

탈탈은 유능한 재상이었으나 대세는 어쩔 수 없었다. 원나라는 이미 쓰러져가고 있었다. 재상의 역량으로는 일으켜 세울 수 없었다.

각지에서 반란이 일어났다. 지마리支麻李와 장사성張士誠 등이 반기를 들었다. 탈탈은 황명을 받들어 반란군 토벌에 나섰다. 조정 안에서는 정치를 잘하는 현상이요, 전쟁터에서는 싸움을 잘하는 명장 탈탈이었다. 살림은 조반의 고모가 잘해나갔다.

조반은 원나라가 나날이 기우는 모습을 지켜보며 북경의 호화스러운 거리를 거닐었다. 백년 가까이 몽고족에게 지배당한 북경은 변화의 극치였다. 길은 바둑판처럼 잘 정리되어 있고, 길 좌우에는 상인들의 가게가 즐비하게 늘어서 있었다. 상가 어디를 가든 양고기 파는 집이 있고, 몽고 사람들이 입는 털옷이 걸려 있었다.

궁성 문 밖에는 한인들이 지어놓은 큰 극장이 몽고족을 유혹했다. 한인들은 몽고인들의 구미에 맞는 연극을 만들어 돈벌이에 열을 올렸다. 원나라의 큰 부자들은 자기 집에 연극 공연장을 마련해놓고 관람했다.

조반은 연극을 구경하려고 극장에 들어갔다. 극장 안은 몽고인들이 만원을 이루어 양젖 냄새에 절어 있었다. 배우들은 한인들로서 한나라 때 흉노 선우禪于에게 시집간 왕소군王昭君의 비애를 그린 것이었다. 마지막 장면은 고국으로 돌아가지 못하고 사막에서 선우의 아들에게 시달림을 받다가 쓰러져 죽는 왕소군의 애처로운 모습이었다.

조반은 언뜻 자기의 고모도 왕소군과 다를 바 없다는 생각이 들었다. 조반은 고모의 집으로 돌아왔다. 탈탈의 집은 대궐 같았다. 여러 군데에 별당과 아름다운 연못이 있었다. 그 별당에 한나라·고려·몽고 여인 두어 명씩 있었다. 별당 가운데 혜란당에 몽고 여인이 살고 있었다. 이 여인은 몸을 단장하는 취미가 고상했다. 때마침 여름이어서 혜란당 앞 연못에 연꽃이 한창이었다. 혜란당 주인격인 연화蓮花는 몽고 여인으로 조반을 잘 따랐다.

조반은 혜란당 연못가에서 연화의 손목을 잡고 지나간 이야기를 나누었다.

"연화의 고향이 어디라고 했더냐?"

"화림이나이다."

"황량한 사막이겠구나."

"아니오이다. 사막 가운데 연못도 있나이다."

연화는 한참 동안 생각에 잠겨 있다가 꿈에서 깨어난 듯 조반을 보고 말했다.

"고려 귀공자님, 소녀는 이 연못을 보면 고향이 그리워지나이다."

"고향집 앞에 연못이 있었더냐?"

"그렇나이다."

"너는 연못을 사랑하는구나."

"화림의 여름은 짧으나 무척 더워 연꽃이 크게 피나이다."

"그것 볼 만하겠구나."

"큰 연꽃은 바람이 불 때면 속삭이는 듯하나이다."

"나도 고려의 아름다운 산천이 그립구나."

조반은 연화와 혜란당으로 들어갔다. 둘은 나란히 앉아 연꽃을 내려다보았다.

"화림이 몹시 그리우냐?"

연화는 고개를 끄덕였다.

"나하고 화림으로 가면 어떻겠느냐?"

"하필이면 어이하여 사막이나이까?"

"너를 따라가고 싶구나."

"귀공자님, 고려로 가심이 어떠실는지요?"

연화의 당돌한 말에 조반은 잠시 어리둥절해졌다.

"너는 고향이 그립다고 했느니라."

"귀공자님 말씀대로 횡량한 사막이나이다. 귀공자님의 고향이 좋을 듯하나이다."

조반은 연화가 귀여워 얼굴을 살짝 대어보았다. 연화의 얼굴이 뜨겁게 달구어져 있었다.

여름 내내 조반과 연화의 사랑은 계속되었다. 그 사이 탈탈은 남쪽 지방에 내려가 돌아오지 않았다. 탈탈의 부인은 걱정이 되어 조바심을 쳤다.

그해 7월, 명나라 군대가 북경에 진입하여 조반의 고모는 북쪽으로 피란을 떠났다. 조반은 전쟁 중에도 북경에 남아 연화를 데리고 성 밖으로 겨우 빠져나왔다. 때마침 전에 조반이 부리던 몽고인 하인을 만나 연화와 셋이서 남쪽으로 도망쳤다. 목적지는 고려였다.

조반은 몽고옷을 벗어던지고 명나라 옷으로 갈아입었다. 그들은 천신만고 끝에 요양성 근처까지 왔다. 이곳은 산해관 밖의 중요한 길목으로 사람의 왕래가 잦았다. 일행은 우선 주막에 들러 한숨 돌리고 압록강까지 갈 길을 의논했다. 도둑떼가 여기저기에서 출몰하여 돌아다니기 매우 위험했다.

조반의 몽고인 하인은 도망칠 생각을 하면서 조반에게 은밀히 말했다.

"여자가 끼어 있어 아무래도 도적의 표적이 되기 쉽나이다."

"어찌하라는 게냐?"

"여자와 동행하는 것은 위험하나이다."

"위험하기는 매일반이니라."

"여자가 끼어 있으면 봉변당할 일이 많사오니 앞길을 위해 귀공자께서 여자와 헤어지소서."

"연화를 버리라는 말이더냐?"

"그러하오이다."

조반은 정신이 아찔했다. 죽을 일이 닥치더라도 그럴 수는 없었다. 연화가 눈치를 채고 조반에게 말했다.

"귀공자께오서 미천한 이년 때문에 생명을 잃어서야 되겠나이까? 이년은 이곳에서 몽고로 달아날 터이니 두 분께서 떠나시오소서."

"아니 될 말이니라. 너와 생사를 같이하겠느니라."

"아니옵니다. 먼저 가시오소서. 난이 평정되면 귀공자님을 찾으오리다."

연화의 결심은 이미 굳어 있었다. 아무리 궁리해봐도 세 사람이 함께 움직이는 것은 무리였다. 따라가다가 죽는 것보다는 이곳에 머물러 정세를 살피는 것이 나을 듯싶었다.

세 사람은 앞날을 기약하고 헤어졌다. 연화는 웃는 얼굴로 조반을 보냈다. 조반은 떨어지지 않는 발길을 억지로 떼어놓은 후 20여 리 길을 간 후 잠시 쉬며 하인에게 말했다.

"연화를 떼어놓고 가는 길이 영 개운하지가 않구나. 도둑도 없을 듯하니 다시 연화를 데려와야겠다."

"여자보다 목숨이 더 소중하나이다."

"나는 홀로 갈 수 없구나."

조반이 뒤돌아서려고 일어섰다. 하인이 만류하며 말했다.

"이곳에서 기다리소서. 이놈이 가서 모시고 오겠나이다."

하인이 달려갔다.

조반과 이별한 후 연화는 넋을 잃고 앉아 남쪽을 바라보며 한숨을 쉬었다. 그러다가 영영 이별이라는 생각이 들자 미칠 것만 같았다.

'나 혼자 살아서 무엇 하리오. 차라리 죽어 혼백이나마 낭군님을 따라가리라.'

연화는 울면서 높은 다락 위로 올라가 땅으로 몸을 내던졌다.

바로 그 순간 하인이 그 광경을 보았다. 하인이 연화 곁으로 달려갔다. 연화가 하인을 알아보고 안간힘을 쓰며 말했다.

"낭군님께 저 세상에서 모시겠다고 전해주오."

그러고는 팔찌를 하인에게 주었다.

하인은 몹시 후회했다. 사람들이 모여 연화의 시신을 거두어 묻어주었다.

하인은 조반에게 돌아와 아무 말도 못했다.

"연화는 어디에 있느냐?"

"…."

"어서 말하지 못할까!"

"그게… 그 연화가…."

"어찌 되었다는 것이더냐!"

"연화라는 계집년이…."

"무엇이 어째? 어서 말하라!"

"벌써 다른 남자들과 어울려 술을 마시며 소인더러 가버리라고 하였나이다. 그리하여 소인이 분하여 복수하고 오는 길이나이다."

"정녕 연화가 그랬더란 말이더냐? 연화가 말이다."

조반은 아무 말 없이 길을 떠났다. 그는 마음 한구석이 텅 비어버렸다. 하인의 말을 믿을 수가 없었다. 자기만을 사랑하던 연화가 그새 마음이 변하다니 도무지 믿기지 않는 일이었다.

조반은 정신 없이 압록강을 건너 고려땅으로 들어왔다. 소년 시절에 원나라에 들어가 청춘이 되어 고국으로 돌아와 지난일이 꿈만 같았다. 그동안 자기 고모가 어떻게 되었는지 궁금해지기도 했다.

그날 밤, 조반은 의주에서 여장을 풀고 지나간 일을 회상하며 하인을 상대로 술을 마셨다. 하인은 연화의 일을 속인 것을 뉘우치고 연화의 죽음을 사실대로 털어놓았다.

"귀공자님을 속인 것은 잘못이오나 혹여 신상에 좋지 않은 일이 생길까 염려되어 거짓을 고했나이다. 용서하시오소서."

하인은 연화의 금팔찌를 꺼내어 조반에게 주었다. 조반은 금팔찌를 가슴에 안고 대성통곡을 터뜨렸다.

"연화야, 내가 너를 죽인 것이로다! 이 세상 무슨 재미로 살겠느냐!"

"귀공자께서는 아녀자에 대한 정을 끊으시오소서."

하인이 옆에서 위로했으나 허사였다. 조반은 지쳐 쓰러질 때까지 울음을 그치지 않았다.

"나는 고려보다도 연화를 더 사랑했느니라."

조반의 경우처럼 고려와 몽고의 연인들 사이에 맺지 못할 사랑이 그 얼마나 많았는지 헤아릴 길이 없다. 조반은 일생 동안 연화만을 생각했다.

⊙ 기녀 설매雪梅

공민왕 초 전라도 운봉 인월역引月驛 근처에 착실하게 농사를 짓는 농사꾼이 있었다. 이 농사꾼은 마음이 착해 사는 동안 악한 일 한 번 저지른 일이 없건만 40세가 되어도 슬하에 일점 혈육이 없었다.

어느 해 정월 초, 마을 사람들은 자녀들에게 설빔을 시켜 앞세우고 집집을 돌며 세배를 다녔다. 그러나 농사꾼은 그런 재미도 없어 아예 밖에 나가지도 않았다. 이날 정오 무렵, 사립문 밖에서 목탁 두드리는 소리가 들렸다. 이어 스님의 목소리가 또렷이 들렸다.

"주인장, 새해가 되었으니 불전에 공양할 쌀을 내시어 복을 구하라고 왔소이다."

농사꾼이 나가보았다. 그전부터 늘 다니던 지리산 장계사長溪寺 노스님이 대문 밖에 서 목탁을 치며 염불을 외고 서 있었다.

"노스님 내려오셨나이까? 나같이 자식도 없는 놈이 복을 빌면 무엇 하겠나이까? 추운데 들어오셔서 떡국이나 잡숫고 가시오소서."

노스님이 웃으며 말했다.

"시주님께서는 아직 생산할 연치이니 부처님께 공을 들여보소서. 이 늙은이가 정성껏 치성해드리리다."

노스님이 방으로 들어왔다. 농사꾼이 떡국을 대접했다.

"스님, 이놈이 해마다 정성을 들였건만 효험이 없었나이다. 지금은 그 짓도 시들하여 그만두었나이다."

"정성이 부족한 탓이 아니라 인연이 닿지 않아 그런 것이라오. 금년 에 한번 정성을 쏟아보시구려. 우리 절 뒷산 산신님이 영검하시다는 소 문이 나 있다오. 불공만 드릴 게 아니라 산신제도 지내보소서."

노스님은 떡국을 맛있게 먹은 후에 다른 집으로 떠났다. 농사꾼은 아 내와 상의했다. 아내가 남편에게 용기를 주었다.

"옛말에 공경하여 매맞을 일 없고 정성들여 해될 일 없다고 했나이 다. 어디 정성이나 한번 들여보시지요."

"그래야겠지?"

"오늘부터 사흘 동안 목욕재계하고 장계사로 올라가도록 하시지요."

농사꾼 내외는 날마다 몸을 씻으며 정갈하게 가꾸다가 사흘 후에 벼 를 찧어 쌀을 만들고, 제사에 쓰려고 정성스럽게 간수해둔 대추와 기름 등을 준비하여 장계사로 올라갔다.

노스님은 어느새 돌아와 있었다. 농사꾼 부부를 노스님이 합장으로 맞았다.

"성력誠力이 장하오. 이 늙은이의 말을 따라주어 고맙소이다. 오늘은 늦었으니 푹 쉬고, 내일 새벽에 도량 기도보다 먼저 기도를 시작하시오."

노스님은 내외가 묵을 방을 손수 챙겨주었다. 그리고 공양주를 불러 일렀다.

"내일 새벽에 이 시주님이 불전에 올릴 공양과 산신께 올릴 공양을 먼저 하도록 하라."

농사꾼 내외는 잠을 자다가 한밤중에 일어나 절 옆 개울물에 목욕하고 노스님이 일어나기를 기다렸다. 노스님은 이미 일어나 불전에 참례를 마치고 농사꾼 내외의 방으로 들어와, 기도 준비가 다 되었으니 법당으로 가자며 안내했다.

내외는 노스님이 시키는 대로 무수히 절을 올렸다. 노스님은 목탁을 두드리며 정성껏 경문을 외운 후 축원문을 읽었다. 내외는 절을 하며 속으로 제발 딸아이 하나만이라도 점지해달라고 빌었다. 불전 예물을 마친 뒤 산신당으로 올라갔다. 새벽달이 마당을 희미하게 비추고 있었다.

노스님이 목탁을 두드리며 큰 목소리로 주문을 외었다.

"산왕대신山王大神 지어 산왕대신…."

내외는 또 쉴 새 없이 절하며 속으로 빌었다.

'영검하신 지리산 산신님, 부디 딸아이라도 하나 점지해주시오소서.'

이때 갑자기 달빛이 어두워지고 눈이 내렸다. 눈은 축원문이 끝나자 그치고 희미한 달빛이 산천을 비추었다.

산신당을 나왔다. 내린 눈은 매화나무 가지에만 쌓이고 다른 곳은 말짱했다.

"스님, 어이하여 매화나무 가지에만 눈이 쌓였나이까?"

"산신께서 시주님의 정성에 감동하여 어여삐 여기시고 영검을 보이시는 것 같소이다. 이번에는 틀림없이 자식을 점지해주실 것이오."

내외는 가벼운 마음으로 장계사를 떠나 집으로 돌아왔다.

장계사에 다녀온 지 3개월 만에 농사꾼 아내에게 태기가 있었다. 내외는 지리산 산신의 영검에 감사하고 다시 장계사에 올라가 치성을 드렸다.

농사꾼 아내는 열 달을 채우고 딸을 낳았다. 내외는 아들이 아니어서 조금은 섭섭했으나, 금세 딸아이를 사랑하게 되었다. 이들은 딸아이 이름을 장계사 산신당 앞에 쌓인 눈을 생각하고 설매라고 지었다.

설매는 태어날 때부터 얼굴이 눈속에 피어나는 매화꽃처럼 예뻤다. 설매는 자랄수록 예뻐지고 영리했다. 농사꾼 내외는 설매에게 산신당 앞 매화나무 가지에 쌓인 눈 이야기를 해주었다.

"애야, 평생 동안 산신님과 매화를 잊지 말아야 할 것이니라."

설매가 5세가 되던 해부터 운봉에는 큰 환란이 생겼다. 왜구가 바다에서 육지로 올라와, 급기야 운봉에까지 쳐들어와 노략질을 했다. 처음에는 몇 놈씩 찾아와 마을 사람들을 괴롭히더니, 나중에는 천 명 규모로 떼 지어 쳐들어왔다. 왜구들은 재물을 약탈하고 아녀자를 겁탈하고 학살을 저질렀다. 함양·운봉 일대의 백성은 남부여대로 피란을 떠났다.

설매의 부모도 딸을 앞세우고 피란길에 올랐다. 설매의 나이 10세 때였다. 고향에서 50여 리 길을 산속으로 들어갔다. 산세가 험하고 인가가 몇 채 없었다. 때마침 소나기가 내려 큰 참나무 밑에서 비를 피했다. 비는 그치지 않고 날이 어두워졌다.

설매네는 할 수 없이 그곳에서 밤을 새웠다. 날이 샐 무렵, 산등성이에서 웅성거리는 소리가 들렸다. 왜적이 쳐들어오고 있었다. 깊이 잠든 설매를 깨워 농사꾼 내외는 줄행랑을 놓았으나 왜적의 눈에 띄고 말았다. 왜적떼는 싸움에서 패하여 도망치던 참이었다. 농사꾼을 보고 왜적이 우리 나라 말로 소리쳤다.

"네 이놈! 게 섰거라!"

농사꾼은 죽어라고 달렸다. 그뒤를 아내와 설매가 따랐다. 서로 돌볼 사이도 없이 산으로 방향도 없이 뛰었다. 주위가 잠잠하여 설매가 부모를 찾았다. 눈에 보이지 않았다.

"아버지이! 어머니이!"

목이 터져라고 불렀으나 돌아오는 것은 메아리뿐이었다. 설매는 갑자기 무서운 생각이 들었지만, 혹시 부모님이 찾아올까 싶어 숲에 숨어 한나절을 기다렸다. 설매는 기다리다가 할 수 없이 마을을 찾아간다는 것이 그만 산속으로 더 깊이 들어가버렸다. 날이 저물었다. 설매는 어찌할 바를 모르고 겁에 질려 있었다. 그때 말방울 소리가 들렸다. 설매는 왜적인가 싶어 울음을 그치고 벌벌 떨고 있었다.

왜적이 아니었다. 왜적을 쫓아 산속을 뒤지는 고려 군사들이었다.

설매는 숲속에서 뛰어나오며 외쳤다.

"사람 살려요!"

대장인 듯한 사내가 설매를 발견하고 가까이 말을 달려왔다.

"넌 누구냐?"

"부모님과 피란을 나왔다가 새벽에 왜적을 만나 도망치던 중에 부모님을 잃고 헤매고 있나이다."

"지금은 네 부모를 찾아줄 수 없으니 나와 함께 가서 차차 알아보도록 하자."

대장이 짐을 실은 말 뒤에 설매를 번쩍 들어올려주었다. 설매는 고려군을 따라 운봉으로 내려왔다. 대장이 운봉 관아에 들러 이방에게 설매를 맡기고 부모를 찾아주라고 일렀다. 이방은 대장의 명령이라서 거절할 수 없어 설매를 맡았다.

설매는 이방 집에 머물렀다. 그동안 이방의 아이들을 돌보며 부모님의 소식을 기다렸다.

어느 날 관기가 의논할 일이 있다며 이방을 찾아왔다.

"이방 어른, 못 보던 아이인뎁쇼. 친척 아이입네까? 아니면 난리통에 주어온 아이입네까?"

"나와 아무 상관 없는 아이일세. 헌데 왜 그러나?"

이방은 설매를 맡게 된 경위를 관기에게 이야기해주었다.

"이방 어른, 좋은 방법이 있는뎁쇼. 이방 어른의 생각이 어떠신지…"

"좋은 방법이라면?"

"이방 어른도 알다시피 이년이 자식도 없이 쓸쓸히 지내고 있지 않사옵니까. 저 애를 데려다가 가무를 가르치며 지내면 푸접도 되고 장차의지도 될 성싶나이다. 대장은 꺼릴 것이 없나이다. 대장이 어찌 되었느냐고 묻거든 아주 잘 있다고 대답하면 그만 아니겠나이까."

이방이 듣고 보니 설매를 당장 멀리 보내는 것도 아니요, 또 운봉에 있으므로 문제 될 것이 없을 것 같아 관기에게 그리하라고 했다.

"이방 어른, 딴 말씀 없기에요. 제 집으로 보내는 겁니다."

"알았네."

이방은 설매를 불러 일렀다.

"설매야, 네 부모님을 아무리 수소문해보아도 감감무소식이구나. 네가 봐서 알겠지만 내 형편이 너를 거두기에는 벅차구나. 당분간 네가 있을 데를 마련했으니, 부모님을 찾을 때까지 그 집에 가서 지내려무나."

"이방 어른, 그냥 아이들을 보살피며 부모님을 기다리면 아니 되나요?"

"내 집 형편이 입 하나라도 덜어야 할 처지여서 그러느니라."

설매는 더 이상 사정할 수 없었다. 가난하여 입을 덜어야 할 형편이라면 객식구인 설매가 염치 좋게 눌러 있어서는 안 되었다. 설매는 떠나기로 결심했다.

며칠 뒤 관기가 다시 찾아왔다.

"애야, 내 집으로 가자."

설매는 아무 말이 없었다. 관기가 자꾸 말을 붙였다.

"네 이름이 뭐냐?"

"설매예요."

"고상한 이름이구나. 나이는?"

"열 살이에요."

"좋은 때구나."

관기는 설매의 손을 잡고 이방의 집을 나섰다. 자기 집으로 데리고 와 설매를 자세히 뜯어보니 빼어난 미색이었다. 이마는 반듯하고 눈은 크지도 작지도 않고, 코는 오똑하고, 입술은 발그레했다. 성숙하면 사내깨나 울릴 성싶었다.

관기는 설매를 친딸처럼 거두었다. 설매는 어느새 정이 들어 관기를 어머니처럼 여기고, 부모님 생각은 차차 흐려져갔다. 관기의 집에서 2년이 지나 12세가 되었다. 열댓 살 아이로 보이고 가무 솜씨가 뛰어나 기생들이 모두 입을 모아 말했다.

"우리 운봉에 새 명기가 탄생했다!"

관기는 공사간 행사가 있을 때마다 설매를 데리고 다녔다. 그리고 재롱을 부리게 하여 많은 상금을 받았다.

운봉 관아 기생일을 맡아보는 호장F長이 서울에서 궁중 연회가 있어 기생을 올려보내라고 하면 설매를 운봉 제일의 기생으로 올려보낼 셈으로 기적에 올려놓았다.

설매의 나이 15세가 되었다. 그 사이 공민왕이 죽고 우왕이 임금이 되었다. 이 무렵, 일본에서는 어린 장수 아기발도에게 군사 수만 명을 주어 연해변을 거쳐 함양·운봉까지 쳐들어가도록 했다. 운봉을 지키던 군수 배극렴이 아기발도를 당하지 못했다. 조정에서는 이성계를 토벌대장으로 삼아 운봉으로 출전하도록 했다. 이성계는 아기발도를 죽이고 왜적을 소탕했다.

배군수는 큰 잔치를 베풀어 토벌군을 위로했다. 이 잔치에 관기가 설매를 데리고 갔다. 설매의 인기가 대단했다.

고려 군사는 운봉에 쳐들어온 왜적만을 토벌한 것이 아니었다. 왜적의 군함 500여 척을 불사르고, 그 소굴인 대마도를 소탕하는 큰 전과를 올렸다. 이성계의 휘하 군장들은 운봉에 주둔하면서 적의 형세를 관망중이었다. 대군이 운봉에 머무르자, 전라·경상 양도의 각 고을 수령들은 모두 군휘하에 속하게 되어 혹시라도 허물이 드러나면 큰 벌을 받을까 두려워 군량은 물론 수령들이 친히 나서서 접대에 바빴다. 각 고을 수령의 분수대로 날마다 접대를 하게 되어 있었다. 각 고을 기생들과 광대들 역시 모조리 징발되어 장군들의 비위를 맞추느라고 야단법석이었다.

전라·경상 양도 관찰사는 감영 관하에서 으뜸가는 관기를 뽑아 데리고 나가 잔치를 베풀고 기녀들을 상납했다. 대개 원수급들이 관찰사의 대접을 받고, 대읍에서는 그 휘하 장군들이 수령들의 대접을 받았다. 운봉은 양도에서 가장 작은 고을에 속해 어느 부대 대대장을 맞아 접대했다.

양도 관찰사는 관할 수령들의 접대 여부를 보고받아 상을 주고 격려했다. 각 고을 수령들은 서로 경쟁이나 하듯 토벌대장들의 접대에 정신을 빼앗겼다.

운봉은 본래 작은 고을이어서 다른 고을의 흉내를 낼 수 없었다. 그저 분수껏 정성을 다할 뿐이었다. 운봉 수령이 아전들에게 말했다.

"우리 고을이 토벌군 접대에 1등은 못하더라도 벌을 받아서는 아니 되느니라!"

"예에, 받들어 모시겠나이다."

"불행히도 최하위가 되었을 때를 대비하여 벌전罰錢을 미리 준비해 두라!"

아전들은 대답이 없었다. 난감한 일이었다. 아전들은 머리를 맞대고 접대를 어떻게 할 것인지 의논했다. 뾰족한 방법이 없었다.

"설매를 내세워 대장들의 넋을 빼는 방법이 어떻겠소이까?"

"괜찮은 생각이오. 설매라면 가무·미색이 이 나라 어느 기생에게도 빠지지 않을 것이외다."

"설매를 내세우십시다."

호장이 관기를 불렀다. 비장해둔 중국 비단을 꺼내놓고 말했다.

"이보게, 군수 영감 하는 말이 순영巡營에서 각 고을의 접대를 비교하여 그중 최하위 고을은 벌전을 물린다는구먼. 이거 큰일 아닌가. 우리 고을이 만약 최하위에 들면 벌전도 그렇고 무슨 염치로 군수를 뵙겠는가. 그러니 좋은 계책을 말해보게나."

관기는 비단에 눈독을 들이며 한참 생각하다가 말했다.

"기생으로 말하자면 설매를 내세우면 대읍 기생 뺨칠 것이오나 입성이 초라하나이다. 이보다 더 나은 비단이 없나이까?"

"왜 없겠나, 기다리게나."

호장이 안으로 들어갔다 나오며 좋은 비단을 가져왔다.

"여기 있네. 이번에 벌전을 당하고 안 당하고는 자네에게 달렸네. 벌전을 면하면 쌀 열 섬을 주겠네."

"잘해보겠나이다."

관기는 비단을 갖고 집으로 돌아와 침모더러 설매에게 잘 맞는 옷을 지으라고 일렀다. 침모는 정성 들여 옷을 지었다. 설매에게 입혀보았다. 생판 딴사람 같았다. 여자도 반할 정도로 예쁘고 매력적이었다.

"설매야, 네가 있으니 최하위는 절대로 되지 않겠구나. 기왕이면 1등을 한번 욕심내보자꾸나."

"제가 무슨 재주로 양도 감영 기생을 이길 수 있겠나이까. 그저 죽을 힘을 다 써볼 뿐이지요."

"지성이면 감천이라… 어디 한번 해보자꾸나."

어느 날, 넓은 광장에 전군이 모이고 원수 이하가 한자리에 모여 장졸이 함께 즐기게 되었다. 양도 관찰사는 자기가 데리고 온 기생과 광대를 원수의 진陣 앞에서 놀도록 하고, 각 군의 기생과 광대는 각기 맡은 부대의 진 앞에서 놀게 했다. 자연히 경쟁하는 자리가 되었다. 기생과 광대들이 온갖 재주로 기량을 다하여 장졸들의 흥을 돋우었다.

석양 무렵, 기생들을 한자리에 모아놓고 경쟁을 하도록 했다. 양도 기생 80여 명이 한자리에 모여 광장은 꽃밭을 이루었다.

먼저 두 감영에서 온 기생이 승전무를 추고 노래를 불렀다. 그 다음 고을의 대소와 순서에 따라 춤도 추고 노래도 불렀다.

해는 저물어가는데 각 소읍이 여러 곳 남아 원수들과 두 관찰사가 상의하여, 두 감영에서 소읍 한 군데씩만 선정하여 기량을 뽐내보도록 했다. 운봉은 경상도 초계 기장과 맞섰다. 기장은 소읍이었으나 늘 일본 사신을 접대하여 기생들이 세련되어 보였다. 게다가 입성이 화려하여 장졸들이 탄성을 질렀다.

"와! 여기가 대마도인가?"

기생들은 왜춤을 추며 장졸들을 사로잡았다.

운봉 기생들은 주눅이 들었다. 입성도 기장 기생들에 비해 초라하고 특별한 기술도 없어 기가 꺾였던 것이다. 관기 행수는 화가 나서 투덜댔다.

"남의 왜춤만 보고 있을 게 아니라 우리도 마음을 다잡아먹고 우리 것으로 춤도 추고 노래도 불러야 할 게 아닌가! 뭣들 하고 있는 게야! 이러다가는 최하등은 받아놓은 밥상일세!"

설매를 데리고 옷갈아 입는 개복소改服所로 들어갔다. 설매에게 진안 모시 고깔을 씌우고 면옥색 장삼에 다홍 광대廣帶를 스님의 가사 늘이듯이 한쪽으로 축 늘인 후, 외씨 같은 발을 뾰족하게 드러내 보이게 하고 한 손을 살며시 치켜올려 버들가지처럼 흔들며 사뿐사뿐 장단 맞추어 무대로 나가게 했다.

설매의 청초한 모습은 마치 문수보살이 중생을 제도하려고 남해에서 건너오는 듯했다. 무대에 나와 설매는 원수를 향해 머리를 숙여 인사한 후 느리디느린 영산회상 첫가락 장단을 따라 승무를 추기 시작했다. 수많은 장졸들이 술에 취해 와글거리다가 한순간 찬물을 끼얹은 듯이 조용해졌다. 수많은 눈동자들이 설매의 춤사위를 따라다녔다.

승무를 추고 무대를 떠나는 설매의 뒷모습은 더욱 고혹적이었다. 장졸들이 꿈에서 깨어난 듯 아우성이었다.

"들어가지 마라! 한 번 더 추어라!"

"인간이 아니고 천상의 선녀가 하강했다!"

넓은 광장이 장졸들의 아우성으로 가득 찼다. 설매는 일단 무대를 떠났다가 다홍색 군복에 남색 쾌자를 입고, 홍전대를 날씬하게 띠고 안올린 벙거지를 삐딱하게 머리에 얹었다. 벙거지에 꽂힌 공작 꼬리털은 옆으로 기울어져 너풀거렸다. 무대에 다시 선 설매를 보고 장졸들이 탄성을 질렀다.

"오, 조화로다. 새침하고 청초한 모습은 간데없고 이제는 갓 피어난 모란꽃이로고!"

"아, 저토록 발랄할 수가 있단 말인가! 선머슴 같기도 하이."

장졸들은 군침을 삼켰다. 운봉의 한 기생이 날이 시퍼런 칼을 세웠다. 날을 위로 하고 칼 2개가 서 있었다. 설매는 춤을 추며 두 무릎을 꿇고 두 활개를 벌려 이리저리 흔들며 칼을 집을 듯 말 듯하다가, 나는 듯이 칼을 잡고 벌떡 일어나 넓은 무대를 돌며 검무를 추었다. 장졸들은 넋을 잃고 바라보았다.

설매가 몸을 팽이처럼 돌렸다. 모습은 보이지 않고 다만 검광劍光만이 햇빛에 비쳐 사방으로 퍼졌다. 검무를 추다가 두 칼로 땅을 짚고 원수를 향해 머리 숙여 절하고 개복소로 들어갔다. 양도 관찰사가 마주보고 웃으며 특별히 지시를 내렸다.

"운봉의 춤을 보았으니 경상도 웅천과 전라도 화순 기생을 내어 보내어라!"

그러자 이변이 일어났다. 장졸들이 목소리를 높였다.

"다른 고을은 그만두고 운봉 기생이 다시 나와 노래를 부르도록 하소서!"

"운봉!"

"운봉!"

"운봉!"

원수들도 설매를 다시 보고 싶던 차에 장졸들의 아우성을 듣고 두 관찰사에게 말했다.

"군졸들의 뜻에 따라주시오. 운봉을 또 나오게 하시오!"

설매는 다시 무대로 나와 부채를 좍 펴고 엉덩이를 흔들면서 '덩더쿵, 쿵더쿵' 입장단을 치며 악사들을 돌아다보았다. 악사들이 알아차리고 장단을 맞추었다. 설매는 부채를 활짝 펴고 노래를 불렀다.

이 자리에 모이신 장졸네들 나라 형편 들어보소
백두산은 주봉이오 한라산은 안산일세
펼쳐지는 금수강산 고려국이 분명할세
용맹 떨친 무신 있어 누가 감히 엿볼손가
철없는 왜적들이 연해변을 침노하니
이 원수 쏜 살에 아기발도 쓰러지고
범 같은 우리 대군 바다로 쳐나가서
500여 척 불사르고 쥐 같은 왜적 쫓아
대마도를 소탕하고 승전고 우렁차게
회군하여 돌아왔네 만세 만세 만만세
거드렁 거드렁 놀아보세

설매는 이 가사를 무당 노래조로 부르며 광장으로 뛰어내려 장졸들 사이를 누비며 돌았다. 운봉 기생 대여섯 명이 뒤를 따르며 덩실덩실 춤을 추었다.

장졸들은 흥에 겨워 '잘한다!'고 외치며 포상받은 은돈·은장도 등을 설매에게 던졌다. 두 관찰사가 서로 마주보며 속삭였다.

"1등은 운봉에게 주어야겠소이다."

"설매는 우리 고을의 명기가 아니라 일국의 명기외다!"

밤이 깊었다. 설매와 행수가 운봉으로 돌아오자 호방이 마중 나와 설매의 손을 잡고 외쳤다.

"오, 우리 딸 고생이 많았다. 두 감영 기생을 물리치고 1등을 하다니 꿈만 같구나."

설매는 온종일 긴장하고 시달린 탓에 저녁도 거른 채 자리에 들려고 했다. 그때 대문이 열리고 누가 찾아왔다.

"이 집이 설매네 집 맞소?"

행수가 나가보았다. 군영에서 온 사람이었다.

"우리 원수께오서 설매에게 상을 내리셨소. 자, 받으시오."

행수가 반기며 심부름 온 사람을 붙잡았다.

"설매야, 피곤하더라도 좀 나와보거라. 영문에서 심부름을 오셨구나."

설매가 나와 그 사람을 맞았다. 행수는 술상을 봐오라고 하녀에게 일렀다. 심부름꾼은 다른 것에 마음이 있어 싫다고 일어섰다.

"술이고 뭐고 다 귀찮수다. 영문으로 돌아가봐야 하오."

그는 일어서며 상금 보따리를 눈여겨보았다. 세상 물정을 훤히 꿰뚫어보고 있는 행수가 얼른 눈치를 채고 상금 보따리를 펴보았다. 비단 두 필과 은비녀 3개, 은가락지 5개가 들어 있었다. 행수는 은비녀 1개와 은가락지 2개를 그 사람에게 주었다.

"비단은 자를 수가 없어 드리지 못하오니 이것으로 술값이나 하소서."

"원 별소리를 다 하누먼."

심부름꾼은 해벌쭉 웃으며 떠났다. 행수가 투덜거렸다.

"기생이 남의 피를 빨아먹는다고 하지만, 기생을 등쳐먹는 자는 병정이구나. 기생보다 더 무서운 자야."

군대가 운봉에 주둔하고 있는 동안 설매는 날마다 원수들의 시중을 들다가 군대가 서울로 돌아간 다음에는 전주 감영으로 불려가 관찰사의 시중을 들었다.

설매의 집은 부자가 된 후 행수는 늙어서 관기에서 물러나고 설매 혼자 전주에 가 있었다.

그 당시 충렬왕의 총애를 받았던 기생 적선래와 충숙왕의 총애를 입은 만년환은 늙었어도 옛날 놀던 가락은 그대로 남아 각기 교방을 맡아 기생들을 양성했다. 적선래가 맡은 교방에서는 연쌍비·소매향 같은 특출한 기생이 배출되고, 만년환의 교방에서는 칠점선·봉가리 같은 기생이 이름을 날렸다.

우왕은 이들 네 기생을 좌우 자운방紫雲坊을 설치하고 이들에게 맡겨 이 두 자운방에서 전국의 기생들을 통괄하도록 했다. 또한 좌운 외방을 설치하여 전악서의 노래 잘하고 잘생긴 남자를 뽑아올렸다. 이들이 각 지방을 돌며 어여쁘고 제주 있는 기생들을 좌우 자운방으로 뽑아올렸다.

이자들이 지방에 나타났다 하면 임금의 특사격이어서 지방장관은 물론 기생들은 자운방에 들어가려고 뇌물 주고 몸 주고 별짓을 다 했다. 이들의 눈에 띄면 자운방에 들 수 있고 자운방에 들면 출세길을 생각해볼 수 있었다.

설매가 전주에 머문 지 3년 되는 해에 자운 외방 남자가 전주에 와서 설매를 보고 그만 입을 쩍 벌렸다. 인물·가무·품위 등 좌우 자운방의 네 기생을 능가하는 기생이었다. 그러나 외방사자는 뇌물 생각이 나서 우선 뇌물을 많이 바치는 기생을 뽑아올리고 호장을 중간에 넣어 설매를 꾀었다. 설매는 사자의 수작을 물리고 호장에게 말했다.

"저는 이 고을 기생으로 이 고을을 지키는 것이 마땅하오며, 또한 제 인물이 남보다 빠지는데 뇌물까지 써가며 자운방에 가기는 싫소이다."

외방사자는 설매에게 당하고 분하여 호장에게 말했다.

"여보 호장! 설매가 대체 뭣이관대 그토록 도도하오? 각 지방을 무수히 돌아다녔으나 이런 봉변은 처음이외다. 그년을 기적에서 뽑아버리시오! 만일 그대로 둔다면 내가 관찰사에게 직접 말하여 제명시켜버리겠소이다."

호장은 아니꼬워 겉으로 굽신거리면서 사자를 놀려주고 싶었다.

"설매는 관찰사의 지극한 사랑을 받고 있나이다. 나으리도 어쩔 수 없나이다."

사자는 화가 나서 관찰사를 찾아가 설매를 기적에서 뽑아버리라고 청했다. 관찰사는 어이가 없었다.

"이보게, 그대가 기생을 뽑아올리는 것은 어명이라 그렇다 치고, 일개 외방사자의 말을 듣고 잘못이 없는 기생을 제명시키라니 말이 되는가? 이 일로 상감께서 벼슬을 내놓으랍시면 그리하겠네."

사자는 코가 납작해져 개성으로 올라가 적선래에게 자초지종을 말하고 설매를 제적시키려고 했다. 적선래와 만년환은 서로 경쟁하는 사이였다. 적선래는 설매를 보지는 못했으나 외방사자의 말로 미루어보아 임금의 관심을 능히 끌 수 있는 인물로 보였다. 그리하여 사자의 말에 따르기로 했다.

적선래는 전라도 관찰사가 누구인지 알아보았다. 전에 자기를 날마다 만나던 벼슬아치의 아들임을 알고 즉시 편지를 써서 설매를 좌자운방으로 올려보내라고 했다. 관찰사는 편지를 받고 설매를 불렀다.

"이 편지를 보거라. 너를 좌자운방 행수 적선래가 올려보내라고 했느니라. 곧 서울로 올라갈 차비를 갖추어라."

설매는 사자가 농간을 부려 기적에서 제적시키려고 부르는 줄도 모르고 전주의 살림을 수양모에게 맡기고 개경으로 올라갔다.

적선래는 설매에게 온갖 재주와 교태를 부려 우왕을 유혹하도록 했다. 우왕은 설매를 안 뒤 좌우 자운방을 파하고 하나로 묶어 자운방이라 하고 설매를 행수로 앉혔다. 적선래와 만년환에게는 설매를 도우라고 했다. 설매는 명실공히 고려의 기생 우두머리가 된 것이다. 적선래가 판단을 잘못하여 설매를 우왕에게 소개한 것이 설매의 출세길을 열어준 꼴이 되었다. 실은 설매를 무고하여 기적에서 파버리도록 음모를 꾸미다가 되려 당하고 만 셈이다. 우왕이 설매에게 홀딱 빠져버린 것이다.

어느덧 10년이 흘렀다. 설매의 전성기도 막을 내렸다. 우왕이 이성계 등 신진세력들에게 죽음을 당하고 이어 고려가 망해버렸다. 설매는 저 잣거리의 홍루에서 세상을 원망하며 그럭저럭 세월을 보냈다.

드디어 조선이 섰다. 나라가 바뀌어버린 것이다. 개국공신들이 크게 연회를 열었다. 그전의 자운방 기생들과 악공들을 불러 노래도 부르고 춤도 추도록 했다.

설매는 병을 핑계 대고 나가지 않으려고 하다가, 고려의 신하에서 조선의 신하로 말을 바꾸어 탄 중신들을 실컷 비웃어주고 싶어 연회에 나갔다.

연회는 무르익어 중신들이 술에 취해 흥겹게 놀았다. 그때 술에 취한 대신이 설매의 손을 잡았다.

"내가 운봉에서부터 너를 보았느니라. 너는 더 젊어지는구나. 들은 즉, 네가 서울에 온 뒤 동가식 서가숙을 잘한다 하더니라. 오늘 밤에는 내게 와서 하룻밤 묵는 것이 어떠하냐?"

설매가 자세히 보니 운봉 사또로 있었던 배극렴이었다. 배극렴은 개국공신이었다. 하찮은 기생인 자기도 고려를 잊지 못하는데 고려에서 정승의 반열에 오른 배극렴이 새나라의 1등 공신으로 정승 지위에 오른 것만을 좋아하며 날뛰는 꼬락서니가 아니꼬워 설매는 배극렴의 무릎에 앉아 그를 비꼬았다.

"동가에서 먹고 서가에서 자는 기생으로서 왕씨를 섬겨 정승을 지내고 또 이씨를 섬겨 정승을 지내는 대감과 하룻밤 지내는 것이 무엇이 어렵겠나이까."

설매가 배극렴을 물끄러미 쳐다보았다. 배극렴은 무안을 당해 설매를 무릎에서 내려놓고 고개를 떨어뜨렸다. 다른 대신들도 얼굴이 붉어져 술잔을 들 용기가 나지 않았다. 모두 일어나 연회장을 빠져나갔다.

고려 충신들이 이 말을 듣고 설매를 칭찬했다.

"대장부가 할 수 없는 일을 일개 기생이 해냈구나. 기개가 가상하도다!"

설매의 일화는 전설이 되어 절개 굳은 기생으로 오늘날에도 사람들의 입에 오르내리고 있다.

◉ 장녕공주

장녕공주長寧公主는 고려의 공주로 원나라 황족에게 시집을 간 유일한 여자였다. 장녕공주는 충혜왕과 덕녕공주 사이의 소생으로, 아버지가 죽은 후 어머니와 고려에 살다가 노왕魯王에게 시집갔다. 그동안 원나라 공주가 고려에 많이 왔으나 그 소생은 거의 사내였고 여자는 장녕공주 하나뿐이었다.

공주는 공민왕의 친조카였다. 공민왕 초년에 원나라에 시집을 가 순제 지정 28년에 명나라가 북경으로 쳐들어오는 난리를 만났다. 그날도 여느 때와 같이 황궁에서 고려식으로 연회가 열렸다. 공주는 이 연회에 참석했다. 넓은 황궁은 수많은 촛불이 켜져 대낮처럼 밝았다. 연회가 무르익어갈 무렵, 대명문 밖이 소란스러웠다. 뒤이어 명나라 장수 상우춘常遇春의 군대가 밀물듯이 들이닥쳤다.

"적병이 쳐들어오고 있다 하오!"

누군가가 소리쳤다. 동시에 대명문 밖에서 불길이 치솟았다.

"우리 장수들은 무얼 하고 있다는 게냐! 혹시 우군의 개선이 아닌지 알아보라!"

순제가 몽롱한 정신으로 말했다. 이미 술에 젖어 몸을 가누기 힘들었다. 장수 하나가 뛰어들어 아뢰었다.

"폐하, 적병이 북경성 안으로 들어왔나이다. 잠시 몽진하심이 좋을 듯하나이다."

순제는 비틀거리며 황후를 쳐다보았다.

"황후와 황태자는 서둘러 건성문 밖으로 나가라!"

기 황후는 믿기지 않은 듯 순제에게 말했다.

"대원제국의 1백만 군대가 전방에 있나이다. 약해 빠진 말은 듣지 마소서!"

이러면서 연회를 파하지 않았다. 한순간 대명문 문루에서 불빛이 치솟으며 홍이포 터지는 소리가 요란했다. 더는 버틸 수 없다고 생각한 기 황후가 황태자의 손을 잡고 말했다.

"태자, 잠시 피신해야겠구나. 궁성 안에서 반란이 일어난 모양이야."

기 황후는 서둘러 황태자를 평민복으로 갈아입히고 자기도 평민옷으로 갈아입었다. 그러고는 태자와 함께 말에 올랐다.

승상 탈탈이 앞서고 황제·태자·기 황후가 뒤따라 피란민 행렬에 휩쓸려 북쪽으로 달아났다. 장녕공주도 이 피란민 속에 섞여 있었다.

다음날 날이 밝기 전에 명나라 군대가 황궁을 점령했다. 몽고인을 보면 죄다 죽여버리는 끔찍한 살육전이 벌어졌다.

장녕공주는 고려 복색 차림으로 북경성 어느 촌가에서 명나라 군에게 사로잡혔다. 명나라 장수가 공주에게 물었다.

"너는 몽고인 아니냐? 너희가 감히 우리 한인들을 우마牛馬처럼 취급하지 않았느냐?"

"나는 고려 여인이외다."

"고려 여인이라고?"

"그렇소이다."

"어찌하여 여기까지 왔더냐?"

"난리통에 그리 되었나이다."

"고려에서 쫓겨왔다는 말이더냐?"

"아니외다. 몽고 사람들의 황궁에 있다가 쫓겨났나이다."

장수가 공주를 자세히 살폈다. 아무래도 예사 백성은 아닌 것 같았다. 신분이 다른 면모를 갖춘 듯싶었다.

"우리가 있는 곳으로 가자!"

공주를 결박하고 상우춘 장군의 군막으로 데려갔다.

세조 때부터 중원을 점령하여 백 년 가까이 내려오면서 한인을 남만 자南蠻子라고 깔보며 짐승처럼 취급하던 몽고인이 이제는 입장이 바뀌게 된 것이다.

한인들은 분노가 폭발하여 북경 근처의 몽고인들을 노예 취급했다.

고려 조정에서는 노국공주가 죽어 마암馬岩의 영전影殿을 짓느라고 한참 법석을 떨고 있었다. 배원排元 감정이 심한 공민왕은 조민수를 의주 정주靜州의 안위사로 임명하여, 원나라의 패잔병이 고려에 들어오지 못하도록 방비를 튼튼히 하도록 조처했다.

얼마 후 고려에는 원나라와 명나라 사신이 동시에 들어왔다. 명나라 주원장은 사신 설사 편에 편지와 비단 40필을 보냈다. 고려를 자기 편으로 끌어들이려는 선심 공세였다.

주원장은 공민왕에게 앞으로 잘 지내자며 편지에 자신의 포부를 밝혔다. 공민왕은 주원장이 마음에 들었다. 원나라 연호를 폐지하고 예부 상서 홍삼재를 명나라에 사신으로 보냈다.

얼마 후 명나라에서는 고려 출신 환관 김여연을 보내, 북경을 점령할 때 사로잡은 고려인 160여 명을 장차 보내주겠다고 통고했다. 공민왕은 김여연을 불러 물었다.

"너는 북경이 망할 때 고려인이 어찌 되었는지 보았느냐?"

"소신은 황궁에 있다가 명나라 군사에게 잡혔나이다."

"황궁에는 누가 있었더냐?"

"망하던 날, 황제는 기 황후와 황태자를 데리고 달아나고, 장녕공주도 그곳에 계시다가 행방불명이 되었나이다."

공민왕은 장녕공주가 행방불명이 되었다는 말에 깜짝 놀랐다.

"장녕공주가 세상을 떠났다는 말이더냐?"

"풍문에 살아 계시다는 설이 있나이다. 부마 노왕은 피살되었다 하옵나이다."

공민왕은 장녕공주가 살아 있을지도 모른다는 말에 안도의 한숨을 내쉬었다. 공민왕은 곧 성회덕을 명나라에 보내 장녕공주를 찾아달라고 부탁했다. 그후 명나라 사신이 장녕공주를 데리고 고려에 들어왔다. 장녕공주가 그동안 명나라 황궁에서 실절했다는 소식을 듣고 공민왕은 실망했다.

이러한 기미를 알아차린 신돈이 자기의 부하 오중륙을 시켜 상소를 올렸다.

"… 자고로 여자는 한 남자만을 섬기는 것이나이다. 장녕공주는 왕손으로서 원나라에 있을 때에도 소문이 좋지 않았나이다. 이는 고려의 수치이나이다. 그후 난리통에도 절개를 지키지 못하고 실신했다 하오니 더욱 부끄러운 일이나이다. 전하의 조카딸이라 하지만 어찌 이런 여인을 대할 수 있겠나이까? 백성에게 부끄러운 일이오니 멀리 귀양 보내시오소서."

"아니 될 말. 과인의 가까운 친족은 장녕공주뿐이니라."

공민왕은 장녕공주를 어머니 덕녕공주의 처소에 머물도록 했다.

덕녕공주는 장녕공주가 자기의 처소로 온다는 말을 듣고 즉시 공민왕을 만나 치하하고 장녕공주를 자기의 처소로 데리고 갔다. 여러 해 동안 생사조차 모르다가 딸을 만나게 되어 반갑기 이를 데 없었다. 덕녕공주는 딸을 잡고 울음부터 터뜨렸다.

"공주야, 그 얼마나 고생이 많았느냐!"

"어머님, 괜찮나이다."

"네 얼굴이 말이 아니구나."

"고려에 오느라고 지쳐서 그러나이다."

"네가 실절했다는 소문이 참말이더냐?"

"아니나이다. 조정의 간신들이 소녀를 모략하는 말이나이다."

"천만다행이로구나."

"남이 뭐라 해도 소녀의 몸만 탈이 없으면 되는 것 아니옵니까?"

"암, 그렇고말고."

오랜만에 모녀는 평화를 되찾아 단란한 생활을 꾸려갔다. 덕녕공주의 처소에는 늘 웃음꽃이 피어났다.

◉ 친원파와 친명파의 갈등

공민왕 23년은 고려가 가장 어려운 시기였다. 정치가 문란해지자 왜구의 행패는 날로 심해져 개경 근처에까지 쳐들어왔다. 병사들은 무기가 없어 바라만 보고 있는 형편이었다. 새로 일어난 명나라의 사신 임밀林密과 채빈蔡斌이 고려에 왔다. 이들은 강대국 사신 티를 내며 고려를 얕잡아보았다. 정사 채빈은 고려를 명나라의 제후국으로 여겼다. 그들은 고려의 명마名馬를 명나라로 가져가는 임무를 띠고 왔다.

"북원을 정벌할 때 말이 많이 죽고 다쳤소이다. 이제 다시 대군을 동원하여 원나라의 명줄을 끊을 것이오. 고려에서는 전부터 원나라의 말 23만 필을 탐라에서 기르고 있다는 것을 알고 왔소이다. 우선 우량마를 골라 1,000필을 주시오!"

원나라가 망해가고 있으니 원나라의 물건을 챙기겠다는 배짱이었다.

공민왕은 사신들에게 환영연을 베풀어주었다. 고려 신료들은 사신들의 마음을 다치지 않게 하려고 듣기 좋은 말만을 골라 아첨을 떨었다. 연회석에서 관기가 채빈의 머리에 꽃을 꽂아주다가 잘못하여 꽃을 떨어뜨렸다. 채빈이 화를 버럭 내며 관기를 꾸짖었다.

"상국의 사신을 어찌 보고 이런 짓거리냐!"

관기가 새파랗게 질려 용서를 빌었다.

"용서하시오소서. 대인의 모자가 너무 단단하여 꽃이 제대로 꽂히지 않았나이다."

"요년! 말대꾸까지 하는구나!"

채빈은 자리를 박차고 나가버렸다. 그는 끝내 돌아오지 않았다. 고려 중신들은 그를 찾아 나섰다. 채빈이 본국으로 돌아갔다는 것이었다. 공민왕은 겁을 먹고 김흥경을 보내 채빈이 국경을 넘기 전에 어떻게든 데려오라고 명했다. 김흥경은 북으로 말을 달렸다. 금교역에서 채빈을 따라잡았다.

"대인, 노여움을 푸시오소서. 우리 전하께오서 대인이 돌아오시기를 학수고대하나이다."

"그냥 가겠소이다."

"우리에게 잘못이 있다면 너그러이 해량하소서. 다시 되돌아가시오소서."

채빈이 고집을 부렸다. 김흥경이 꾀를 냈다.

"대인께서 그대로 가시면 귀국 황제의 명령을 어기는 것이외다. 고려에서는 탐라로 말을 가지러 갔사온데 대인께서 빈손으로 가시어 무슨 명분으로 황제를 배알하시겠나이까? 어서 되돌아가시어 말이 올 때까지 우리 조정의 융숭한 대접을 받으소서."

김흥경은 준비해간 금은 보석을 뇌물로 주었다. 그제서야 채빈은 못 이기는 체하고 되돌아왔다.

채빈 일행을 접대하느라고 내탕금이 바닥날 정도였다. 고려 재상 이인임·최영·경복흥 등은 이러한 것을 보고 마음속으로 언짢게 여겼다.

최영이 이인임에게 말했다.

"이 시중, 명나라 사신이 하는 꼴이 눈에 거슬리오."

"그 작자 개망나니외다. 아예 명나라와 친교할 생각을 버려야겠소이다. 우리 주상은 명나라를 섬기려 하지만 저들 하는 꼴을 보니 아니 되겠소이다."

"시중의 말씀 지당하외다."

원로들은 명나라를 배척했다. 그러나 공민왕은 신생 명나라를 문화국으로 여겨 문물제도를 배우려고 했다. 고려 조정은 자연히 원나라를 가까이하고자 하는 친원파와 명나라를 따르려는 친명파로 갈라졌다. 친원파에는 원로 대신들이 많았고, 친명파에는 신진 관료들이 많았다.

한방언은 어명을 받들고 제주도로 내려가 말 2,000필을 명나라에 보내야 한다고 말 관리인에게 말했다. 몽고인 관리인은 버럭 화를 냈다.

"이 말이 어느 나라 말이오? 우리 세조의 뜻을 받들어 수십 년 동안 공들여 길러왔소이다. 헌데 우리의 말을 명나라에 주다니 말이 되는 소리요!"

"우리 조정의 체면이 있으니 선처 바라오."

관리인은 겨우 300필을 주었다.

공민왕은 몹시 불쾌하여 최영에게 제주도 정벌령을 내렸다. 제주도는 최영에게 정벌되었으나, 말 300필로 하여 문제가 생겼다. 명나라 사신이 말 300필은 가져가지 않겠다고 버티었다.

공민왕은 채빈 일행을 달래어 본국으로 보냈다. 채빈 일행이 1년 동안 고려에 머물며 부린 행패는 필설로써 다 표현할 길이 없다. 이인임은 그를 죽여버릴까 하는 생각을 품기도 했다.

채빈은 고려를 떠나는 날 전별연에서 연회가 소홀하다느니, 뇌물이 적다느니, 공물이 마음에 안 든다면서 생트집을 잡았다.

"채빈 같은 자는 명나라를 위해서도 죽어야 마땅하다!"

고려 원로들의 공통된 생각이었다.

사신을 보내는 전송관으로 김의金義가 따라갔다. 채빈은 지나는 역마다 관기를 불러 질탕하게 놀았다. 그러고도 대접이 소홀하다며 트집을 잡아 지방 수령들에게 호통을 쳤다. 김의가 채빈을 달랬다.

"대인, 이 지방에 작년에 흉년이 들어 그러니 이해하소서."

"그 무슨 소리! 흉년은 무슨 놈의 흉년인가! 우리 대접할 것을 너희 고관들이 다 먹어치워서 그런 게 아니겠소."

김의는 울화가 치밀었으나 꾹 참았다.

한 번은 채빈이 술에 취하여 칼을 들고 김의를 죽이겠다고 설쳐댔다.

참다 못해 김의가 맞섰다.

"당신 뭣하는 작자야! 명나라가 큰 나라라고 당신이 이래도 되는가! 내가 명나라에 들어가 황상께 당신의 그동안 행동을 낱낱이 고해 바치겠다!"

채빈은 그제서야 행패를 그쳤다. 사신 일행은 압록강을 건너 요동 땅으로 들어섰다. 요동은 원나라가 멀리 북쪽으로 도망친 뒤여서 아무런 저항이 없었다. 김의는 부하들을 집합시켰다.

"이곳에서 명나라 사신을 없애버리자. 앞으로 고려가 시달림을 받지 않으려면 채빈 같은 자는 죽어야 한다. 여러분의 뜻을 말하라!"

"좋소이다. 채빈 같은 인간 말종은 없애야 하오!"

"죽입시다!"

김의 일행은 개주참開州站에서 야음을 틈타 채빈의 숙소로 들어가 채빈과 그의 아들을 죽이고, 몰고가던 말과 금은 등속을 빼앗아 나하추(納哈出)로 달아났다. 이 일로 고려 조정의 대외문제가 복잡하게 꼬였다.

채빈을 죽인 김의는 북원으로 들어갔다. 고려 조정은 김의와 내통하는 자가 있다며 서로 다투었다. 친명파 박상충이 상소를 올렸다.

"… 김의는 명나라 사신을 죽인 자이옵니다. 이 일로 장차 큰일이 벌어질 것이나이다. 김의와 함께 갔던 자들이 돌아와 응당 그 죄를 물어야 하는데도 오히려 후하게 대접하고 있나이다. 재상들은 이 사유를 밝히고 김의를 사주하여 명나라 사신을 죽이게 한 안사기安師琦를 처벌해야 하나이다."

이런 와중에 공민왕이 갑자기 살해당하자 태후가 나서서 시중 이인임과 의논했다.

"시중, 김의를 북원으로 보낸 사람을 아오? 근래 박사경이 북원에서 돌아올 때 가지고 온 서신을 보면 선왕이 승하하고 아들이 없어 심양왕의 손자를 고려의 왕으로 봉한다는데 이를 어찌하면 좋겠소?"

"신이 알건대 김의를 북원으로 보낸 자는 강순룡 등이나이다. 그리고 박사경이 가지고 온 서신을 보건대, 선왕의 아들이 없으면 심양왕의 손을 봉한다는 말이오며, 아들이 있을 경우에는 그렇지 않다고 했사옵나이다. 그리하와 북원으로 선왕의 아들이 있어서 계승했다는 기별만을 보내면 무사할 것이나이다.”

“즉시 사신을 북원으로 보내도록 하오.”

그리하여 심양왕의 손이 고려로 온다는 소문은 가라앉았다. 그 대신 안사기는 자살하고 강순룡 등은 귀양 보내 사건을 일단락 매듭지었다.

다음날 시중 이인임이 문무백관을 모아놓고 말했다.

“선왕이 승하하신 후 아직도 북원에 선왕의 친아들이 승위했다는 보고를 하지 않아 이번에 박사경이 가지고 온 서신 같은 것이 있게 된 것이오. 백관들은 북원으로 보내는 글에 서명하시오!”

대부분의 신료들은 서명했으나, 친명파인 임박·박상충·정도전 등은 서명하지 않았다.

“선왕은 원나라를 배척하고 명나라를 섬기려 했소이다. 이것이 어찌 선왕의 뜻이란 말이오!”

친명파는 이러한 명분을 세워 친원파에게 반기를 들었다.

북원의 사신이 온다는 기별이 왔다. 이인임·지윤 등 원로들은 사신을 맞아들여야 한다고 주장했으나, 친명파들인 김구용·이숭인·정도전·권근 등은 반대했다.

이인임이 화를 냈다.

“이보시오, 젊은 중신들. 저번에 명나라 채빈이 들어와서 어찌했소? 그 작자의 행패를 벌써 잊었다는 말이오!”

“그 경우와 이번 북원 사신 일과는 다르오. 우리는 북원을 인정할 수 없소이다. 겨우 명줄이 붙은 북원을 섬겨서 어쩌자는 것이오? 신생국 명나라와 손을 잡아야 하외다.”

“그동안 원나라와 쌓아온 의리를 하루아침에 팽개쳐도 괜찮다는 말이오!”

"외교는 실리외다. 나라에 이익이 되는 쪽으로 나가야 한다 이 말씀이외다."

이때부터 친원파와 친명파 사이에 사사건건 의견대립을 보였다. 친명파들이 이인임을 탄핵했다가 오히려 쫓겨나는 사례도 있었다.

조정이 두 패로 갈려 암투를 벌이고 있는 사이에 왜구가 홍산까지 쳐들어와, 최영이 출전하여 격퇴시켰다. 왜구들은 포구에서 노략질을 일삼았다. 원수 김진이 경상도의 왜구를 친다며 휘하에 있는 각 진의 관기를 모아놓고 질탕하게 놀았다. 병사들은 김진이 하는 꼴을 보고 왜구가 쳐들어오자 모두 달아나버렸다. 경상도 일대가 왜구에게 큰 피해를 입었다.

친원파들은 정권을 쥐고 제멋대로였다. 지윤은 일개 병졸 출신으로 이인임과 최영을 가까이하여, 우왕 때 벼슬이 문하부찬성에까지 올랐다.

어느 날 이인임을 비롯한 친원파들이 경복흥의 집에서 전주까지 쳐들어온 왜구 소탕작전을 의논했다.

"이번 왜구 소탕은 지익겸에게 맡겨 공을 세우도록 하면 어떻겠소?"

이인임이 지윤의 아들을 추천했다. 그러나 지윤이 반대했다. 아들을 전쟁터로 내보내는 것도 싫었고, 우선 옆구리가 허전할 것 같아서였다. 대신들이 입을 모아 익겸을 추천하자 지윤이 화를 냈다.

"최영 장군께서 가면 될 것 아니오!"

"무슨 소릴 하는 게요! 나는 양광도 원수로 있질 않소!"

"그렇다면 시중께서 직접 가소서!"

지윤이 이인임에게 대들었다.

"허허… 답답한 사람을 봤나. 지금 명나라에서 언제 쳐들어올지 모르거늘 무슨 말을 하는 게요! 우린 요동으로 쳐들어갈 계획을 세우고 있소이다."

"아직은 급하지 않으오."

지윤이 끝까지 물고 늘어지자 이인임이 화가 나서 소리쳤다.

"당신이 시중을 하시오! 내가 자리를 내놓겠소이다."

이인임이 자리를 박차고 일어섰다. 주인 경복흥이 대문 밖까지 나가 이인임을 모셔왔다. 그제서야 지윤은 사과하고 자기 아들을 원수로 삼아 왜구 토벌작전에 내보냈다.

지윤은 자기의 세력을 심으려고 기회가 있을 때마다 엉뚱한 짓을 저질렀다. 화려한 왕중귀의 집을 빼앗고 싶어 지윤은 패거리를 몰고 쳐들어갔다. 왕중귀는 세상을 떠나고 부인 기씨만이 덩그렇게 큰 집을 지키고 있었다. 기씨는 얼마 전까지도 막강한 권력을 행사하던 기철의 딸이었다. 얼굴도 아름답고 재산도 많았다. 원나라 기 황후는 기씨의 고모였다.

지윤이 대문으로 들어서는 것을 보고 하인들이 기씨에게 잠시 몸을 피하라고 했다. 기씨는 듣지 않았다.

"내가 무슨 죄가 있다고 피한단 말이냐!"

"지윤 대감이 마님을 모셔가려고 왔나이다."

"쓸데없는 소리로다!"

그때 지윤이 들이닥쳤다.

"마님, 그동안 안녕하셨나이까?"

"재상께서 저희 집에 오시다니, 영광이나이다."

지윤은 서슴없이 안방으로 들어갔다. 기씨 부인이 주안상을 들였다. 부인이 손수 술을 따라 권했다.

"주시는 술이니 받아 마시겠나이다. 마님께서 바깥 주인 노릇까지 하시느라 수고가 많소이다."

지윤은 기씨 부인을 상대로 수작을 부리며 술에 취해갔다. 지윤이 기씨 부인을 빤히 쳐다보며 말했다.

"부인, 혼자 지내시기에 그 얼마나 적적하오?"

"여러 해 되어 아무렇지도 않나이다."

"나와 함께 사시는 것이 어떠하오?"

기씨 부인은 아무 말 없이 옆방으로 가버렸다. 지윤은 쫓아가 부인의 손을 잡았다. 부인은 손을 잡힌 채 말이 없었다. 지윤의 가슴이 방망이질을 해댔다. 기씨 부인이 보기 좋게 지윤에게 따귀를 갈겼다.

"일국의 재상이란 자가 어디서 이런 짓거리를 하느냐! 내 비록 과부이기는 하나 문벌 있는 집 아녀자이니라! 차라리 죽을지언정 너에게 욕을 당하지는 않을 것이니라. 너에게 술 대접을 한 것은 고려 재상에 대한 예의이니라."

추상 같은 호령에 지윤은 맞은 뺨을 어루만지며 물러갔다.

기씨 부인은 그 길로 최영을 찾아갔다.

"장군, 지윤이란 자가 내 몸과 집을 빼앗으려 하나이다. 조정에 믿을만한 분은 장군밖에 없어 염치를 무릅쓰고 찾아왔나이다."

"잘 왔소이다. 아무리 지윤인들 남의 것을 함부로 뺏을 수는 없소이다."

최영은 지윤의 행동거지를 눈여겨 지켜보았다. 지윤은 분통이 터져 부하 김윤승을 불러 상의했다. 김이 아첨을 떨었다.

"장군께오서는 언제까지 남의 밑에만 계실 것이나이까? 이참에 시중이 되시면 어떻겠나이까"

"이인임이 버티고 있어 아직은 어렵네."

"그런 말씀이 어딨소이까?"

"아직은 운이 안 닿은 모양일세."

"즉시 원로들을 제거하고 권력을 잡으소서. 그런 후 문하시중에 오르소서."

지윤은 귀가 솔깃하여 이열 · 화지원 · 김승득 · 김윤승과 더불어 이인임 · 최영 · 경복흥 등 조정 원로들을 제거하려고 음모를 꾸몄다.

지윤의 아들 익겸이 목인걸에게 이인임 등을 없앨 계획을 말하고 이 일에 가담할 것을 권했다. 목인걸은 지윤과 친척 사이였으나, 지윤의 인간됨을 좋지 않게 여겨 겉으로는 협조하는 체하고 이인임에게 밀고

했다.

누군가가 이인임의 집 대문에, 지윤이 이인임을 탄핵하고 시중이 되려 한다는 방을 붙여놓았다. 이인임은 지윤의 짓임을 알고도 시침을 뗐다.

"이보시게 지 장군! 근래에 나와 지 장군 사이를 이간질하는 자가 있소이다. 이 방을 보시오!"

이인임이 방을 내보였다. 지윤이 천연덕스럽게 대답했다.

"글씨로 보아 김상金賞의 짓 같나이다."

이인임은 서둘러 화지원 · 김승득 · 이열 등 지윤의 일파를 제거하고 김윤승을 탄핵했다. 김윤승은 일이 잘못된 줄 알고 지윤에게 거사를 독촉했다. 지윤은 임금을 만나 거짓을 고했다.

"전하, 경복흥과 이인임은 홍윤의 족속이나이다. 즉시 체포하소서."

홍윤은 공민왕의 자제위로서, 익비에게 아기를 잉태시켜 공민왕이 죽이려 하자 최만생과 더불어 공민왕을 시해한 인물이다.

이인임에게 지윤이 선전포고를 한 셈이었다. 이인임이 임금을 만나 고했다.

"지윤 등이 역모를 꾸미었나이다. 즉시 잡아들이시어 국문을 하시오소서."

지윤이 있는 자리여서 그가 반박했다.

"경복흥 · 이인임 · 오림 등은 역적 홍윤의 일당이나이다. 신이 역적들을 처단하고자 하오니 윤허해주시오소서. 저자들은 신을 음해하고 있나이다."

최영이 뒤늦게 입궐하여 이 광경을 목격했다. 지윤이 최영의 칼을 뺏으려고 덤벼들었다. 최영은 칼을 뽑아 들고 우왕 앞을 막아섰다.

"네 이노옴! 무례하도다. 감히 전하 앞에서 행패를 부리다니, 이러고도 살아남을 성싶으냐!"

최영이 호통을 쳤다. 지윤도 물러서지 않았다.

"국가의 원로라는 자들을 싹 쓸어버려야 나라가 바로 선다!"

우왕이 떨리는 목소리로 말했다.

"지윤은 즉시 물러가라!"

지윤은 듣지 않았다.

"전하께오서는 어찌하여 신만을 나무라시는 것이오이까! 이대로는 아니 되옵니다."

형세가 위급하게 돌아갔다. 이때 임견미가 나서서 지윤을 끌고나갔다. 지윤은 임견미를 해치려 했으나, 칼을 떨어뜨리는 바람에 할 수 없이 잡혀갔다. 임견미는 지윤과 잘 아는 사이였다.

"이보게, 원로라는 작자들을 싹 쓸어버려야 하네. 다음 차례는 아마 자네가 될 것일세."

지윤이 임견미에게 잡혀가며 추태를 부렸다.

이인임은 임금의 윤허를 받아 지윤의 목을 베어버리고 그의 잔당들을 모조리 소탕했다. 말기적 풍조를 보이는 고려 조정이었다. 이 무렵, 친명파들은 이성계를 중심으로 일을 꾸미고 있었다.

◉ 나옹화상

공민왕 때의 왕사王師 혜근蕙勤은 속성이 아开, 호는 나옹懶翁 · 강월헌江月軒이다. 나옹화상으로 더 잘 알려져 있다. 문경의 공덕산 요연선사了然禪師에게 가서 중이 되었고, 중국 서천西天의 지공화상指空和尙에게 심법心法의 맥을 받아왔다. 지공 · 무학無學과 더불어 3대 화상으로 칭한다.

어느 해 나옹 스님이 봄눈이 흩날리는 길을 따르는 시자도 없이 혼자서 걷고 있었다. 양주 회암사에서 법회를 마치고 이천 영월암으로 가는 길이었다. 이때 가까이서 요령 소리가 들렸다.

'누가 이승을 마감한 게로구나.'

나옹 스님이 혀를 찼다. 산모퉁이를 돌아서서 나옹 스님은 초라한 장례 행렬을 만났다. 상여도 상주도 없이 늙은 영감이 요령을 흔들며 상여 메김소리를 구슬프게 냈다. 그뒤에 장정 하나가 지게에 관을 묶어 메고 힘겹게 따랐다. 그뒤에 장정 둘이 연장을 들고 따랐다.

스님을 보고 장례 행렬이 길 옆으로 비켜서서 허리를 굽혔다.

"누군관대 상여도 없이 저승 길을 가는 게요?"

스님이 물었다.

"아랫마을 젊은 부인이 세상을 하직했나이다."

"아, 얼마 전에 자식을 잃고 정신이 어찌 되었다는 그 부인이구먼…
나무관세음보살."

"그렇나이다."

나옹 스님은 젊은 부인의 극락왕생을 기원하는 염불을 하고 가던 길을 재촉했다. 이 마을을 지나며 고인이 된 그 젊은 부인을 스님이 몇 차례 본 적이 있었다. 그 부인은 아들을 잃은 충격으로 정신이 이상해져 마을 사람들과 자주 다투었다. 부인은 끝내 제정신을 차리지 못하고 유명을 달리하고 만 것이다.

나옹 스님은 마음이 착잡하고 왠지 부인이 측은하여 우울해졌다. 스님의 출가 전 일이 느닷없이 머리에 떠올랐다. 20세 때였다. 죽마고우가 원인 모를 병으로 갑자기 세상을 떠났다. 이 친구와는 평생 고락을 함께하자고 굳게 약속한 터였다. 슬픔에 잠긴 나옹은 친구의 죽음으로 그때부터 인간에게 가장 어려운 죽음에 대한 화두를 스스로에게 던졌다. 사람이 이승에서 멀쩡하게 살아 있다가 죽으면 어디로 가는지 몹시 궁금했다. 아무리 스스로에게 물어보고 학식깨나 들었다는 어른에게 물어봐도 신통한 답이 없었다. 육체는 썩고 영혼은 남는다는 둥, 영혼 조차 사라져버린다는 둥, 한 가지도 신뢰할 만한 대답이 없었다.

나옹 스님은 고민하다 못해 공덕산 요연 스님을 찾아갔다.

"허허, 여기 온 것이 무슨 물건이던고?"

"말도 하고 듣기도 하는 것이 왔사오나, 보려 해도 볼 수 없고 찾으려 해도 찾을 수 없나이다. 어찌 닦아야 하나이까?"

요연과 나옹 스님의 첫 대면 문답이었다. 요연은 나옹 스님이 보통 물건이 아니라는 것을 알아차렸다. 불제자로서 한몫 단단히 할 인물로 보였다.

"나도 알 수 없도다! 다른 스님을 찾아 물어보아라!"

나옹 스님은 여러 곳을 돌아다니며 스님들을 만나보았다. 그러다가 양주 회암사에서 4년 동안 용맹 정진 끝에 비로소 깨달음을 얻었다. 스님은 여기에서 그치지 않고, 더 높은 경지를 체험하기 위해 중국으로 구업의 길을 떠났다. 연경 법원사에서 그 절에 머물고 있던 인도 스님 지공을 만나 계오契悟했다. 그곳에서 2년을 공부하다가, 남쪽으로 내려가 평산 처림에게 법의와 불자를 받고 천지를 순례하며 선지식을 친견했다. 그러던 중 어머니의 타계 소식을 들었다.

나옹 스님은 어머니에 대한 애틋한 정이 가슴을 때렸으나 멀리에서 극락왕생을 기원했다. 하지만 어머니에 대한 생각을 모두 떨쳐버릴 수는 없었다.

그날 밤 나옹 스님은 선정에 들어 어머니의 행적을 더듬었다. 아, 어찌 된 일인가? 어머니 정씨는 뜻밖에도 환생하지 못하고 무주고혼이 되어 떠돌고 있었다. 스님은 자기 자신을 원망했다. 어머니에게 그토록 무심했던 자신의 불효가 너무도 한스러웠다.

나옹 스님은 지옥고에 허덕이는 어머니를 제도한 목련존자를 생각하며 어머니를 천도하기로 결심했다. 영월암 법당 뒤 설봉산 기슭 큰 바위에 모셔진 마애지장보살 앞에서 어머니를 위한 천도기도를 시작했다.

"지장보살… 나무아미타불. 지장보살… 관세음보살…."

지옥의 중생을 죄다 제도하겠다고 서원한 지장보살의 명호를 부르며 어머니의 극락왕생을 기원하는 나옹 스님의 독경 소리는 간절하다 못해 애절했다. 기도하기를 49일째 되던 날 스님은 철야 정진에 들어갔다. 새벽녘 동이 트기 전 스님은 지장의 전신에서 빛나는 환한 금빛 광채를 보았다. 그것은 눈부신 자비의 광채였다.

스님은 놀라 고개를 들고 지장을 올려다보았다. 지장의 눈에서 눈물이 흐르는 듯했다. 고통받는 지옥 중생으로 하여 지옥문 밖에서 눈물이 마를 새 없다는 지장보살이 어머니를 천도하며 기쁨의 눈물을 흘리는 것 같았다.

"오, 지장보살님, 이 불효자를 용서하시어 감응하였나이까? 감사하나이다."

나옹 스님은 기도가 성취되어 매우 기뻤다.

"어머님, 이 아들은 잊으시고 편히 극락에 드소서."

나옹 스님은 선실에 입정하여 이미 천도왕생한 어머니를 보았다. 이로부터 영월암 지장보살 앞에는 부모의 왕생극락을 빌며 자신의 업장을 소멸하려는 기도객들의 발길이 끊이지 않았다.

나옹 스님은 영월암에서 14안거를 보내면서 후학을 인도하고 신도들을 교화했다.

⊙ 홍건적과 강여인

공민왕 10년, 홍건적 10만 대군이 고려에 쳐들어와 임금은 개경을 떠나 멀리 안동으로 피란갔을 때의 일이다. 난리가 나면 죽어나는 것은 백성이었고, 그중에서도 여자들의 수난은 이루 말할 수 없었다.

개경을 점령한 홍건적은 궁궐·민가 할 것 없이 약탈을 감행했다. 여기에서 그치는 것이 아니라, 사람을 죽이고 불을 질렀다. 사람들은 살길을 찾아 피란을 가거나 홍건적에게 협조하지 않으면 안 되었다.

하상유河相裕는 이조에 딸린 창고지기였다. 낮은 벼슬아치였으나 미인 아내를 맞아 행복하게 살았다. 아내는 남편을 그리 탐탁지 않게 여졌으나 워낙 착하고 자기만을 사랑하므로 못 이기는 체 눌러 살았다.

미인 아내를 데리고 살면 말도 많고 성가신 일도 더러 있었다. 이조의 서리로 있는 김가는 하상유의 친구였다. 벌써부터 하상유의 아내 강씨에게 눈독을 들였으나 강씨가 꼬리를 치면서도 영 말을 듣지 않았다. 김가는 공을 들이다가 지쳐버렸다. 이럴 즈음에 홍건적의 침입을 당한 것이다.

김가는 뱀이 뒤틀려 강씨를 홍건적 장수에게 팔아 돈이나 챙기려고 앙심을 품었다. 김가는 발빠르게 자기 가족의 안위를 위해 홍건적에게 붙어 협조를 아끼지 않았다. 그는 홍건적 장수 장해림을 만나 기막힌 제안을 했다.

"장군, 고려의 미녀를 품고 싶지 않으시오이까?"

"미인 싫다는 사내 보았더냐? 인물이 어느 정도냐?"

"개경 제일의 절색이나이다."

"기생이더냐?"

"아니옵니다. 유부녀이나이다."

"유부녀? 구미가 당기는구나."

장해림은 무지막지한 살인마였으나 이따금 인간적인 면모를 보이기도 했다. 그는 일찍 부모를 잃고 절에 들어가 스님 행세를 하다가, 산적 떼가 들이닥쳐 스님들을 죽이고 절을 불태우는 와중에 간신히 도망쳐 나와 환속한 후 떠돌다가 홍건적에 붙어 개경까지 온 것이다. 머리가 비상하여 지략이 뛰어나고 신중했던 그는 홍건적의 우두머리 중에 하나가 되었다.

"데려올 것이옵니까?"

"그 계집의 집을 대렷다!"

"하상유란 자의 아내이옵니다."

김가가 앞장 서고 홍건적 무리가 뒤따라가 하상유의 집을 덮쳤다. 홍건적들이 집을 샅샅이 뒤져보았으나 미인은 눈에 띄지 않았다. 홍건적들은 여자들을 모조리 끌고와 장해림 앞에 무릎을 꿇렸다. 장해림이 여자들을 살펴보고 버럭 성을 냈다.

"네 이놈! 나를 놀릴 셈이었더냐!"

김가가 떨면서 대답했다.

"장군님, 저기 저 여자를 세수시켜보소서."

"무엇이라고? 세수를 시킨다고 박색이 미인이 된다더냐!"

"도성 안의 여자들이 화를 면하려고 부러 얼굴을 더럽게 칠했나이다. 어서 세수를 시켜보소서."

장해림은 김가가 가리키는 여인을 부하에게 세수를 시켜보라고 했다. 잠시 후 하늘에서 내려온 듯한 선녀가 장의 눈앞에 나타났다.

"저것이 분명 사람이렷다?"

"어떠하나이까?"

"개경 제일이란 말을 들을 만하도다!"

장해림은 김가에게 금은을 선물로 주었다. 김가는 후한 선물에 입이 헤벌어져 물러갔다.

장해림은 강씨 부인에게 공을 들였다. 처음부터 힘으로 밀어붙이지 않고 강씨의 호감을 사려고 노력했다. 패물공세를 퍼붓고 부드러운 말로 대했다.

강씨는 처음부터 장에게 호감을 느끼고 있었다. 하상유와 살 때에는 가난에 찌들어 겨우 끼니를 거르지 않고 지냈는데, 장의 집은 비록 약탈한 것이지만 없는 것이 없었다. 게다가 남자가 어찌나 다정하게 대해주는지 홍건적의 장수라는 것도 까맣게 잊고 지냈다.

강씨는 장을 자연스럽게 받아들여 공경을 다했다. 두 사람은 개경에서 꿈같은 나날을 보냈다. 장은 강씨 곁을 떠나지 않았다. 강씨도 장을 밤낮으로 놓아주지 않았다.

그 사이 전황이 바뀌었다. 전국 각지에서 의병이 일어나고, 관군도 전력을 가다듬어 총반격전에 나섰다. 이성계가 거느리는 2,000명의 정

예부대가 선봉이 되어 개경 탈환 작전에 나섰다. 원래 홍건적은 체계를 갖춘 병사들이 아니었다. 오합지졸이 모인 지리멸렬한 자들이었다. 개경을 쉽게 내놓을 수밖에 없었다. 홍건적은 퇴각하며 대궐을 비롯한 도성 곳곳에 불을 지르고 약탈을 자행했다. 마지막에는 고려 여인들을 꿰차고 개경을 떠났다. 개경을 퇴각한 지 20여 일 만에 홍건적은 고려 국경을 넘어 그들의 근거지로 돌아갔다. 고려군의 추격에 많은 인명 피해를 입었다.

장해림은 오랜만에 휴식을 취했다. 이번 고려 침입으로 많은 부하들을 잃었으나, 그 대신 금은보화를 약탈해오고 무엇보다도 미인 강씨를 데리고 온 것은 큰 수확이었다. 강씨는 장을 하늘같이 떠받들었다. 고려 여인들은 정조가 굳어 마음을 쉽게 열지 않는다는데, 강씨는 확실히 달랐다. 장에게 아양을 떨며 곰살궂게 굴었다.

장해림이 가끔 고향이 그립지 않느냐고 물으면 강씨는 당돌하게 대답했다.

"그까짓 고향이 무슨 대수겠나이까? 정들면 다 고향이 아니겠나이까."

"그대가 원한다면 고향으로 돌려보낼 수도 있네."

"싫사옵니다. 제 고향은 당신 곁이나이다."

장해림은 이러는 강씨가 귀여워 볼을 쓰다듬어주었다.

강씨가 홍건적의 근거지에 와서 새해를 맞았다. 북국의 겨울은 삭풍과 엄청난 눈속에 파묻혔다. 추위를 이기는 방법은 독한 술을 마시는 일이었다. 장해림은 섣달부터 정월 대보름까지 날마다 술에 절어 지냈다. 그의 휘하 장졸들도 취생몽사였다.

정월 대보름이 가까워오는 어느 날 밤이었다. 성문을 지키는 군졸들이 화톳불을 에워싸고 독한 술을 찔끔거렸다. 그때 한 군졸이 소리쳤다.

"저것이 뭐냐?"

군졸이 가리키는 쪽을 쳐다보았다. 희미한 달빛 아래 검은 그림자 하나가 조심스럽게 다가오고 있었다.

"사람이 아니냐?"

"세작(첩자)이 아닌가?"

병졸 하나가 창을 꼬나들고 나직이 명령했다.

"서라! 누구냐!"

"세작은 아니니 염려 마오. 장해림 장군을 만나러 온 사람이외다."

"이 밤에 장군님은 왜 찾아왔느냐?"

"아주 먼 데서 오느라고 이리 되었소이다."

"어디서 왔느냐?"

"나는 고려 개경에서 온 고려인이외다. 실은 장군을 찾아온 것이 아니오라 장군께서 고려에서 데려온 강씨를 만나러 왔소이다."

"가까이 오라!"

어둠 속의 사내가 성문 가까이 다가왔다. 복색으로 모아 틀림없이 고려인이었다.

"마님은 왜 만나려느냐?"

"집안 일로 급해서 그러니 강씨를 좀 만나게 해주오."

"허튼수작 마라!"

"이 엄동에 개경에서 여기까지 찾아온 성의를 봐서라도 한번 봐주오."

사내는 애걸복걸하며 품속에서 은붙이를 꺼내어 내밀었다. 군졸의 태도가 달라졌다.

"집안 누구라고 전하느냐?"

"사촌 오라비라고 전해주오."

군졸 하나가 강씨의 처소에 달려가 살짝 귀띔해주었다.

"사촌 오라버니께서 성문에 찾아와 계시나이다."

"사촌 오라버니라고? 어찌 생겼더냐?"

군졸은 사내의 인상착의를 자세히 설명했다. 강씨의 이마가 찌푸려졌다.

"당장 가서 그자의 목을 쳐라!"

"예에?"

"당장 목을 베라 했느니라!"

"그 무슨 말씀을…."

"내게 사촌 오라비는 없다. 그자가 무슨 수작을 부리러 온 것 같으니 없애버리란 말이니라!"

군졸은 고개를 갸우뚱거리며 성문으로 돌아왔다. 군졸이 사내를 향해 칼을 빼들고 호통쳤다.

"네 이놈! 누구를 속여 무슨 수작을 부리려 했더냐! 당장 목을 베어 버리겠다!"

사내뿐 아니라 다른 군졸들도 놀라 어찌할 바를 몰랐다.

"이 사람아, 갑자기 실성한 겐가?"

"저놈이 말짱 거짓말을 해서 마님께 나만 혼이 났지 뭔가. 마님에게 는 사촌 오라비가 없다며 저놈의 목을 치라 했다네."

"강씨가 정말 그런 말을 했다는 게요!"

"그래, 이놈아."

사내는 그제서야 자기의 정체를 밝혔다. 그러고는 통사정을 했다.

"장군님을 만나게 해주오. 죽더라도 장군님을 만나보고 죽겠소이다."

군졸들이 의논했다. 아무래도 사내를 그냥 처치해서는 안 된다는 쪽 으로 의견이 모아졌다. 군졸들은 강씨의 남편 하상유를 결박하여 장해 림에게 끌고 갔다.

"너는 누구냐?"

"내 이름은 하상유이나이다."

"무슨 일로 여기까지 왔느냐?"

"장군이 데리고 사는 강씨의 남편 되는 사람으로 아내를 데리러 왔소 이다."

하상유는 기왕에 죽을 바에야 당당해지자며 마음을 다잡아 먹었다.

"네 아내는 벌써 내 마누라가 되었거늘 이제 와서 어쩌자는 게냐?"

"나는 아내를 무척 아끼고 사랑했소이다. 내 친구 김가의 농간으로 아내를 장군께 빼앗기고 오매불망 난리가 끝나기만을 기다렸소이다. 난리가 끝나면 장군은 내 아내를 개경에 팽개치고 갈 줄 알았소이다. 그런데 아내가 지금 이곳에 와 있어 나는 아내가 보고 싶어 불원천리 모진 삭풍을 견디고 눈속에 파묻히며 달려온 것이나이다. 아내의 얼굴을 한번만 보게 해주오."

"네 아내는 너의 목을 베라 했다. 어찌 그런 여자를 만나려 하느냐?"

"그럴 리가 없소이다. 군졸이 나를 죽이려고 꾸며낸 말일 것이외다. 나는 아내를 잃고 이미 예전에 죽은 목숨이외다. 죽기 전에 아내의 얼굴을 한번만 보게 해주오. 아내의 진실을 확인하기 전에는 억울해서 죽지 못하겠나이다."

"만일 그 말이 사실이라면 어찌하겠느냐?"

"그럴 리가 없소이다."

장해림은 강씨를 데려오도록 했다. 강씨가 나오지 않겠다고 버티다가 어쩔 수 없이 굳은 표정으로 나타났다.

"여보 나요, 당신의 남편 하상유가 왔소이다."

하상유는 울음을 터뜨렸다. 강씨에게 달려가려고 하자 군졸들이 막아섰다. 강씨는 싸늘한 표정으로 남편을 힐끗거렸다. 장해림이 말했다.

"그대는 들으라! 그대의 전남편이 오로지 그대 하나만을 보고자 이 엄동설한에 이곳까지 찾아왔도다. 당장 죽여 없애버릴 것이로되, 나도 사람인지라 저자의 사정이 너무 딱하여 가엾구나. 어찌하겠는고? 저자를 따라 고려로 돌아가겠는가? 아니면 내 곁에 남겠는가? 그대가 원하는 대로 해주겠노라!"

"나는 이미 장군의 아내올시다. 당신 곁에 있겠나이다."

"정녕 진정인가?"

"저 사람과의 인연은 끝난 지 오래이나이다. 이제 돌이킬 수도 없고 돌이키고 싶지도 않사오니 저 사람을 죽이시오소서!"

"뭐라, 저 사람을 죽이라고?"

"저 사람이 살아 있으면 내 한평생이 꺼림칙하지 않겠나이까."

"네 아내의 말을 똑똑히 들었느냐? 이래도 할 말이 있느냐?"

하상유는 얼이 빠져버렸다. 아내의 입에서 이토록 모진 말이 나올 줄은 꿈에도 몰랐다.

"이럴 수가 있단 말인가!"

하상유는 고개를 꺾었다. 아내의 얼굴이 무서웠다.

장해림이 칼을 뽑았다.

"마지막 할 말이 없느냐?"

"없소이다. 세상에 믿지 못할 것은 여자의 마음이외다. 내가 어리석었소이다. 어서 죽이시오."

하상유는 고개를 떨군 채 눈을 감았다. 눈에서 눈물이 흘러 볼을 타고 흘러내렸다. 모인 군졸들이 딱한 광경에 추연해졌다.

"에잇!"

장해림이 기합을 넣으며 칼을 휘둘렀다. 사방으로 피가 흩어졌다.

"장군! 어찌 이 몸을…."

칼날에 쓰러진 것은 하상유가 아니라 강씨였다. 장해림이 강씨의 목을 친 것이다. 뜻밖의 일에 홍건적들은 입을 벌린 채 다물 줄을 몰랐다.

장해림은 피 묻은 칼로 하상유의 결박을 끊어주었다.

"나는 지금까지 거칠 것 없이 살아왔으나 사람의 도리가 무엇인지는 알고 있다. 이 계집은 환란을 당하여 내 소유가 되긴 했으나, 사람의 탈을 쓰고 전남편을 죽이라고 한 것은 짐승보다 못하다. 불원천리하고 찾아온 남편을 가련하게 여기기는커녕 제 생활이 편하고 호화로우니 아무것도 보이는 것이 없었다. 이런 계집을 내가 오래 데리고 살다가 무슨 꼴을 당할지 어찌 알겠는가. 또 다른 놈을 만나면 나도 전남편 꼴이

될 터, 살아 있어 봐야 이런 계집은 사내에게 해악을 끼칠 뿐이다. 그대
는 모든 것을 잊고 고향으로 돌아가라!"

장해림은 하상유를 위로하고 많은 재물을 주었다. 하상유는 장의 호
의에 머리를 조아린 후 먼 길을 떠났다.

◉ 왕비 여덟에 옹주 셋

공민왕이 자제위들에게 살해당하자 이인임 일파가 우왕禑王을 즉위
시켰다. 이때 우왕의 나이 10세였다. 우왕은 공민왕의 맏아들이자 신돈
의 여종 반야般若의 소생으로 아명은 모니노牟尼奴, 이름은 우禑였다.

우는 신돈의 친구 능우의 어머니 집에서 태어난 후 1년을 자랐다. 1
년 뒤에 신돈의 집으로 돌아와 김횡의 여종 김장을 유모로 삼았다. 신
돈이 역모죄로 수원으로 유배되자, 공민왕은 자신에게 아들이 있음을
조정에 밝히고 그제서야 반야의 아들 모니노를 궁으로 데려왔다. 그리
고 이인임에게 우를 지켜달라고 부탁했다.

궁궐에 들어온 우는 공민왕의 어머니 명덕태후가 맡아 길렀다. 이후
공민왕은 자기가 살해당하던 달에 이미 사망한 한씨를 우의 생모라고
말한 다음 한씨의 3대 조상과 그녀의 외조에게 벼슬을 추증했다. 우왕
즉위 후에는 한씨에게 순정왕후라는 시호가 내려졌다. 정작 우왕의 생
모 반야는 우왕 2년에 자신이 왕의 친모라고 주장하다가 이인임에게 죽
음을 당해 임진강에 던져졌다. 공민왕이 신돈을 신임하던 시절 아들이

없어 신돈의 여종 반야와 동침하여 모니노를 잉태했다. 이런 연유로 우왕을 신돈의 아들이라고 하여 신우라고 부르기도 했다.

우왕은 10세에 등극한 후 차차 나이가 들어가자 시중 이임의 딸을 맞아 근비謹妃로 봉했다. 왕비를 얻은 뒤부터 임금은 여색에 눈떠 궁중에 있는 궁녀로는 부족하여 밖으로 나돌기 시작했다.

단오날이었다. 개경 거리는 석전石戰을 하느라고 아이들의 아우성 소리가 왁자지껄했다. 우왕은 나이가 젊어 구경 나가고 싶어 안달이었다. 하지만 임금의 체면 때문에 나가지 못하고 자제하고 있었다.

우왕은 끝내 궁중에 있는 소년들을 데리고 몰래 궁을 빠져나갔다. 지신사 이존성이 이를 알고 쫓아와 만류했다.

"전하, 이러시면 아니 되나이다. 환궁하시오소서."

"기왕에 궁을 나왔으니 석전을 좀 구경하고 가겠소이다."

"전하, 아이들의 놀이로 임금으로서 볼 것이 못 되나이다."

결국 우왕은 고집을 부리고 석전을 구경했다. 아이들이 편을 나누어 이리 몰리고 저리 몰려 서로 돌을 던지는 놀이가 썩 재미있었다. 이존성은 환궁하자고 계속 졸라댔다. 그러자 임금이 놀이하는 아이들에게 엉뚱한 명령을 내렸다.

"저 늙은 지신사를 때려라!"

소년들은 명령이 떨어지자 이존성에게 일제히 돌팔매질을 했다. 이존성은 도망쳤다. 임금은 그 모습이 재미있어 깔깔대며 웃었다. 자기도 돌을 주워 이존성을 향해 던졌다.

"어이쿠!"

이존성은 등에 돌을 맞고 정신 없이 도망쳐 궁으로 들어갔다.

우왕은 지신사를 쫓아버리고, 자기도 아이들 속에 끼어 돌을 던지며 하루종일 놀다가 저녁때 궁으로 돌아왔다. 그러고는 시녀를 불러 영을 내렸다.

"오늘은 단오날이다. 화원花園에 장막을 치고 놀 준비를 하라!"

밤에 임금은 오색 등불을 달고 소년들과 더불어 술을 마시며 흥겹게 놀았다.

다음날 우왕은 환관 이득분·김실에게 궁을 맡긴 채 활을 어깨에 메고 사냥을 나갔다. 궁중의 소년들이 뒤를 따랐다. 우왕이 소년들에게 말했다.

"임금의 행차를 뜻있게 하려거든 노래와 풍악이 있어야 하느니라."

소년들은 호적胡笛과 호가胡歌를 부르고 한 무리는 춤을 추며 따랐다. 백성들은 임금의 행차를 구경하려고 구름같이 모여들었다. 이때도 지신사 이존성이 나서서 말렸다.

"전하, 잦은 사냥을 삼가소서."

"이보시오 지신사! 그대는 과인의 일을 사사건건 트집을 잡는 게요?"

"시절이 좋지 않아 그러하나이다."

"시절이 어떻다는 게요!"

"왜구가 도성 가까이까지 침범하고 백성은 이 때문에 힘든 시기를 겪고 있는데 전하께오서 사냥 놀이를 즐기시는 것은 옳지 않사옵니다."

"어찌하란 말인가?"

"궁에서 임금의 덕을 닦으시오소서."

"이보시오 지신사! 일국의 임금이면 백성과 더불어 생사고락을 같이해야 하오. 옛글만 읽고 책 속에서 케케묵은 소리만 익히면 그것을 덕이라 하는데 잘못된 생각이오."

우왕이 불쾌하게 여겨 잔뜩 찌푸리고 있을 즈음 앞으로 개가 지나갔다. 우왕은 홧김에 활을 쏘아 개를 맞혔다. 개는 화살을 맞고 깽깽거리며 도망쳤다. 그래도 왕은 화가 풀리지 않아 매를 놓아 닭을 사냥했다.

우왕은 야산에서 마음놓고 말을 달리며 사냥을 즐겼다. 해동청 보라매가 높이 날며 꿩을 보고 방울을 달랑거리며 쫓아가 낚아채는 것을 보고 우왕은 손뼉을 치며 좋아했다. 그리고 직접 활을 쏘아 날짐승을 명중시키며 느끼는 쾌감은 그 무엇과도 비교할 수 없었다. 임금은 사냥놀이가 재미있어 닷새 동안이나 궁에 들어가지 않고 밖에서 지냈다.

닷새 되는 날 시중 이인임이 나와 말했다.

"전하, 놀이에만 심취하시면 백성들이 흉을 보나이다. 환궁하시오소서."

그제서야 임금은 궁으로 돌아왔다. 그동안 근비 이씨는 왕자를 낳고 몸이 좋지 않아 누워 있었다. 임금이 쓸쓸히 근비전을 나오는데 근비전의 궁녀 석비釋妃가 나오며 말했다.

"상감마마, 그냥 돌아가시게 되어 죄송하나이다."

석비가 눈웃음을 쳤다. 석비는 노영수의 딸로서, 오랫동안 궁중에 있어서 임금의 마음을 헤아릴 줄 알았다. 임금보다 세 살이 위로 20세가 넘었다. 무르익은 농염한 몸이 임금의 마음을 자극했다.

"과인은 막상 갈 데가 없구나."

"하오시면 잠시 소녀의 처소에 드시오소서."

우왕은 석비에게 홀려 하룻밤을 꿈속에서 지냈다. 그후로 임금은 석비의 처소를 자주 찾았다. 석비를 의비毅妃로 책봉하고 따로 전각을 정해준 데 이어 며칠 뒤에는 의순고義順庫를 의비의 사용私用으로 정해주었다.

우왕은 의비의 처소에 드나들며 환락에 빠져들었다. 때로는 노영수의 집에 드나들었다. 그에게 관직을 올려주고, 그 근처에 있는 후궁의 처소로 가기도 했다.

후궁은 공민왕의 첩으로 생과부 노릇을 했다. 나이 이제 23세, 요염한 자태가 우왕의 마음을 자극했다. 우왕은 기골이 장대하고 풍채 좋고 미남이었다. 뿐만 아니라 승마도 잘하고 노래와 춤도 곧잘 했다. 후궁은 임금을 반가이 맞았다.

"전하의 행차를 뵈니 전왕 생각이 간절하나이다."

"홀로 지내시기에 그 얼마나 적적하오? 때때로 뵙고자 하나 신하들의 잔소리가 심하여 그럴 수도 없소이다."

임금은 방으로 들어가 후궁에게 어머니의 예우를 갖추었다. 후궁은 주안상을 들였다. 임금이 술을 한 잔 받아 마시고 권했다.

"자, 적적한 심정을 술로 푸시지요."

후궁은 사양하지 않고 받아마셨다. 항렬로 따져 모자 사이지만 실은 한낱 여자와 남자 사이였다.

"소자의 궁에는 궁인이 많사오나 어머니 같은 인물은 하나도 없나이다. 어머니는 고려에서 제일 가는 미인이시나이다."

"호호, 상감의 칭찬 듣기 좋구려. 하오나 일색이면 무엇하오. 전왕께서는 거들떠보지도 않았다오."

"부왕께서는 노국공주에게 빠지시어 그러셨으나 소자는 잘 받들어 모시겠나이다."

"황은이 망극하오."

밤 늦도록 임금은 후궁의 처소에서 놀았다. 후궁의 조카딸도 후궁 못지않은 미모였다. 임금은 후궁의 조카딸을 현비賢妃로 봉했다.

우왕의 유흥은 날이 갈수록 도가 넘쳤다. 때때로 밖으로 나가 무뢰배들과 어울려 놀았다. 간관들도 임금의 유흥이 지나치고 무질서해진 것을 못마땅하게 여겼다.

"…전하, 궁중에 있는 환관과 술사術士들이 전하를 유흥으로 선도하고 있나이다. 이런 자들을 멀리하시고 더욱 덕을 닦으시오소서."

상소가 올라가자 임금은 환관과 위사들을 파면시키고 홀로 나다녔다. 간관들이 또 나섰다.

"임금은 홀로 다니시는 것이 아니옵니다."

임금은 화가 나서 불만을 토로했다.

"간관들은 임금을 괴롭히는 벼슬아치들이오. 자고로 옛날부터 훌륭한 임금은 백성들과 함께 놀았소. 앞으로 궁녀 몇을 대동하고 민정사찰을 나갈 것이오. 과인은 언제나 여민동락할 것이오. 여염집에 나가 백성의 괴로움을 보살피고 그 사람들과 동고동락할 것이오."

우왕이 대궐 밖으로 나가면 지신사와 좌랑·시랑들이 뒤따랐다. 임금은 좌랑 이여랑을 호되게 꾸짖었다.

"너희는 과인이 나가 놀리라 여겨 따라나서는 것이니라. 임금을 호위하는 것으로 당연지사로 여길 터이지만 아니 될 일이니라. 과인은 궁중에서 할 일도 없거니와 심심하여 나와 노는 것이니라. 이후부터는 과인을 따르지 말고 각자 맡은 바 임무에 충실하라! 과인은 피 끓는 청춘이니라. 꼭두각시가 아니란 말이다. 과인의 일에 참견하지 않는 것이 과인을 돕는 길이니라."

그래도 대신들은 임금을 홀로 다니게 할 수 없다며 따라다녔다. 임금은 이를 불쾌하게 여겼다.

임금은 궁녀 여러 명을 데리고 몰래 궁을 빠져나와, 자하동이 경치가 좋다 하여 찾아나섰다. 한여름 밤하늘엔 으스름달이 떠 있었다. 흐르는 계곡물이 반석 위로 흘렀다. 임금이 궁녀들에게 말했다.

"모두 이 계곡에서 목욕이나 하자구나."

임금이 먼저 옷을 벗고 물속으로 뛰어들었다. 궁녀들도 멈칫거리다가 용기를 내어 하나씩 둘씩 옷을 벗고 합류했다. 임금과 궁녀들은 물장난을 치며 즐겁게 놀았다. 어디선가 닭 울음소리가 들렸다.

"벌써 날이 밝아오는가 보다. 서둘러 들어가야겠구나."

우왕은 대신들의 잔소리가 넌더리가 나도록 싫었다. 그래도 임금은 밤에 몰래 저잣거리를 나다니며 주사청루 구경에 정신이 팔렸다.

낮에 궁 밖으로 나올 때는 백성들처럼 백립白笠을 쓰고 다녔다. 이것이 유행이 되어 가짜 임금까지 생겨 사회적 혼란을 야기시켰다.

우왕은 이제 비가 오는 날만을 골라 궁 밖으로 나가 놀았다.

어느 날 우왕은 대신들이 늦게 들어오는 틈을 타서 봉가이·수정·초생 등 당시 일류 기생을 데리고 멀리 교외로 나갔다. 대신들은 임금이 간 곳을 몰라 따라붙지 못했다. 임진강 상류의 수석이 빼어난 곳을 골라 임금은 준비해간 음식으로 아침을 먹고, 데리고 온 기생들을 남복으로 갈아입혀 활을 쏘게 하고, 자기는 여복에 갓을 쓰고 무당처럼 차리고 서로 섞여 깔깔대며 놀았다. 임금은 늙은 대신들이 자기를 찾을 일을 생각하니 고소하기 그지없었다.

우왕이 무당춤을 흉내내자 봉가이 등이 함께 어울렸다. 우왕은 신하들이 자기를 찾을 수 없는 것에 신이 나서 놀았다. 임금은 술을 양껏 마셨다. 기생들도 흉허물 없이 놀았다. 드디어 임금은 술에 곯아떨어졌다. 기생들은 지칠 줄 모르고 놀았다.

해거름 무렵, 임금은 한잠 늘어지게 자고 일어났다. 술이 깬 임금은 마음이 허전했다. 조금은 후회스럽기도 했다. 임금이 봉가이에게 말했다.

"술을 더 가져오너라. 다시 취하고 싶도다!"

"좋도록 하시오소서. 말리는 사람도 없나이다."

임금은 술이 억병으로 취했다. 아무리 취해도 마음 한구석이 비고 허전했다. 봉가이가 임금의 마음을 헤아리고 홀로 노래를 불렀다.

"아, 인생은 아침에 맺는 이슬 같구나. 한번 가면 저 산봉우리에 있는 구름 같겠지."

임금의 볼에 때 아닌 이슬이 맺혔다. 봉가이가 이 모습을 보고 측은지심이 들었다.

"전하께오서 이제 철이 드시는 것 같나이다."

봉가이가 위로 겸 비꼬아주었다.

우왕은 정몽주의 집을 찾았다. 자기의 방탕이 뉘우쳐져 죄스러운 마음으로 찾아간 것이다. 거기에 모인 대신들은 최영·이인임·이색·조민수·이성림·윤환·홍영통 등이었다. 전왕 때부터 존중하던 신하들이었다.

최영이 우왕에게 술잔을 올렸다. 임금은 정색하고 손을 내저었다.

"과인이 여기에 온 것은 술을 마시러 온 것이 아니외다. 오로지 대신들을 보고자 함이었소. 때때로 부왕 생각이 나면 늙은 신하들을 보고자 하오. 과인은 대신들을 보면 아버지를 뵌 듯하오."

"전하, 황공하여이다."

"최 시중께오서는 근래 침묵을 지키시는 것 같으오. 명군이 되려면 간하는 신하들이 많아야 한다고 들었소이다."

"전하, 앞으로 명심하겠나이다."

임금이 이인임에게 말했다.

"이 시중, 궁중의 요사스러운 궁녀들을 내쫓아주오. 그것들이 과인의 시야를 흐리게 하는 것 같으오."

"좋으신 말씀이나이다. 명심하여 거행하겠나이다."

임금이 이색에게 말했다.

"사부師傅, 궁에 들어오셔서 좋은 말씀 들려주소서."

"황공하여이다."

우왕은 잘못을 뉘우치고 본심을 되찾은 듯싶었다.

"전조 때부터 내려오는 충신들을 대하니 나라의 장래가 튼튼해질 것 같으오. 잔명을 나랏일에 바쳐주오."

"예에, 전하."

임금이 최영에게 술을 권했다.

"최 시중과 더불어 사방을 평정하고 싶으오. 술을 드시오."

최영은 술을 받아 마셨다. 이인임 이하 원로 대신들이 얼큰하게 취했다. 어느새 임금도 취해갔다. 임금이 이색에게 술을 권하며 물었다.

"사부께서도 여악女樂을 좋아하시나이까?"

"예에, 즐기나이다."

임금은 기생들을 불러 노래를 들으며 즐겁게 놀았다.

그후에도 임금은 여전히 유흥에 빠져 본실 근비 외에 최영의 딸 영비寧妃, 노영수의 딸 의비, 최천검의 딸 숙비淑妃, 강인유의 딸 안비安妃, 신아의 딸 정비正妃, 조영길의 딸 덕비德妃, 왕흥의 딸 선비善妃, 안숙로의 딸 현비 등 여덟 비를 두었다. 그리고 기생 소매향을 화순옹주和順翁主,

연쌍비를 명순옹주明順翁主, 칠점선을 영선옹주寧善翁主로 봉하여 옹주 셋을 거느렸다.

고려 조정은 왕비 여덟에 옹주 셋을 모시느라고 나라의 창고가 거의 바닥이 날 정도였다. 참으로 딱한 노릇이었다.

⊙ 문신 이첩 집의 4대 별명

경상도 영산에 이 진사 집이 있었다. 이 댁에는 4대四代 별명이 있었다. 5대진사五代進士집이 그 하나요, 5대과부五代寡婦집이 그 둘이요. 5대 유복자五代遺腹子집이 그 셋이요, 5대물귀신(五代水鬼)집이 그 넷이었다.

5대진사집이란 별명이 생긴 것은 5대를 내리 진사급제를 한 까닭이다. 5대과부집이란 별명은 이씨가 진사급제를 한 후 죽었는데, 그뒤에 내리 5대를 진사급제만 하면 죽었다. 5대유복자집이란 죽은 다섯 이 진사가 모두 유복자로 태어나 붙여진 별명이다. 또 5대물귀신집이란 다섯 이진사가 서울에 올라와 진사급제한 후 금의환향하는 길에 임진강을 건너다가 뜻밖의 풍랑을 만나 빠져 죽기를 5대를 계속 내려왔다.

이 진사의 집에는 다섯 과부 중에 위로 세 과부는 이미 세상을 떠났고, 아래로 여섯째 유복자인 소년과 소년의 할머니·어머니 등 세 식구만이 남았다. 소년은 얼굴이 단정하고 재주가 뛰어나 글을 배우면 깨우침이 빨랐다.

6대 독자인 소년은 조부모가 금쪽같이 여겨 금자둥이 옥자둥이였다. 소년이 글공부할 나이가 되자 과부들은 가르칠 방법을 상의했다.

"서당에 다닐 나이가 되었거늘 너는 어찌 생각하느냐?"

시어머니가 며느리에게 물었다.

"서당에 보내야 하지 않겠나이까?"

"내가 생각해둔 바가 있는데 네 생각이 어떤지 궁금하구나."

"저는 어머님 생각에 따르겠나이다."

"너도 알다시피 우리 집안 별명 가운데 5대진사집은 영광스럽다마는 그 나머지 별명은 흉측하기까지 하다. 이러한 별명이 붙은 원인은 모두 글 때문이다. 이제부터 우리 가문에 그런 끔찍스러운 별명이 다시는 없어야 되지 않겠느냐?"

"옳으신 말씀이나이다."

"내 생각은 손자 녀석을 애초부터 글공부를 시키지 않고 후에 흉측한 별명이 붙지 않는 것이 소원이니라."

"어머님 말씀이 옳을 듯하나이다."

두 과부는 소년에게 글을 가르치지 않기로 합의했다.

"손자에게 글을 가르치지 않기로 했으니 이제 안사랑 바깥사랑에 가득 찬 서책들을 처분해야 하는데 그것도 쉽지 않겠구나."

"어머님, 어려울 것 없나이다. 죄다 팔아치우면 되지 않겠나이까. 아니면 선비에게 주어버리든지요."

"그 서책들은 팔 수도 누구에게 줄 수도 없느니라."

"거저 준다고 해도 설마 가져갈 사람이 없겠나이까?"

"살 사람이 없다거나 가져갈 사람이 없다는 뜻이 아니니라."

"무슨 말씀이시온지요?"

"팔거나 주거나 그 모두 남에게 해악을 끼치는 셈이 되므로 팔 수도 줄 수도 없느니라."

"어머님 말씀을 이해하지 못하겠나이다."

"내 말은 그 책을 사든 거저 가져가든 그 책으로 공부한 사람은 우리 집안 꼴이 될 터인즉, 우리가 그 일을 물려준 셈이어서 해악을 끼친다고 했느니라."

"듣고 보니 그러하나이다. 하오면 서책들을 죄다 불살라버리면 어떻겠나이까?"

"그 방법밖에 없겠구나."

두 과부는 하인들을 시켜 서책들을 마당에 쌓아놓고 불을 질렀다. 묵은 종이 타는 냄새가 독소를 뿜어냈다. 동네 사람들이 무슨 일인가 하여 모여들었다.

소년이 할머니와 함께 잿더미가 되어가는 책을 보고 물었다.

"할머니, 왜 책을 불사르옵니까?"

"앞으로 너 잘되라고 그러느니라."

"할머니, 책을 다 불사르오면 저는 책이 없어 공부를 어찌하나이까?"

"너는 글을 읽지 않아도 훌륭하게 될 팔자이니 책을 태워도 괜찮으니라."

이렇게 말하면서 할머니는 속으로 슬피 울었다.

소년의 나이 10세가 넘었다. 날마다 밥 먹고 잠자는 일 외엔 할 짓이 없었다. 소년은 낮에 할 일이 없어 길을 따라 돌아다니고 밤이 되면 초저녁부터 잠자리에 들었다.

어느 날 소년은 우연히 서당에 놀러갔다. 때마침 한 아이가 책을 가지고 장난을 치다가 훈장에게 들켜 벌을 받게 되었다.

"내가 너희에게 이르기를 책을 천하게 여기는 것은 아비를 천하게 여기는 것과 같다 하였거늘 책으로 장난을 치다니, 한심하구나."

훈장은 꾸짖고 나서 종아리에 피가 맺히도록 회초리질을 했다.

소년은 민망하여 더 볼 수 없었다. 서당을 떠나 돌아오는 길에 훈장의 말을 떠올리고 자기 집 책이 불살라지던 광경이 눈에 밟혔다.

"책을 천하게 여기는 것은 그 아비를 천하게 여기는 것과 같다." 이 말을 할머니가 모르실 리가 없거늘, 어찌하여 책을 불살랐다는 말인가!

소년은 집으로 돌아와 어머니에게 할머니가 책을 불태운 까닭을 물었다. 어머니는 눈물을 흘리며 집안 내력을 이야기해주고, 네 가지 별명이 붙게 된 까닭을 설명해주었다.

"너만은 화를 면하게 하려고 할머님이 책을 불태우셨느니라."

소년은 사연을 듣고 눈물을 흘리며 바라다보이는 산을 향해 걸었다.

그 산 아래에 서당이 있었다. 소년은 서당에 가서 훈장에게 인사를 한 후, 서당 아이들이 돌아간 뒤에 훈장에게 자기집 내력을 이야기하고 자기가 글공부를 못하게 된 까닭을 설명한 후 통사정을 했다.

"선생님, 제 사정이 이러하오니 제게 부디 글을 가르쳐주시오소서."

"네 뜻을 알겠느니라. 허나 네 할머니와 어머니께서 네게 글공부를 시키지 않기로 결정한 일을 네가 자의로 어길 수가 있겠느냐?"

"할머님, 어머님이 저를 생각하시는 마음은 이해하오나, 사람으로 태어나 글을 몰라서야 어디에 쓰겠나이까. 과거를 보고 아니 보고를 떠나 배움은 놓칠 수 없다고 여기나이다. 후일 선생님께 은혜를 갚겠사오니 부디 가르쳐주소서."

"네 뜻이 갸륵하거늘, 내 어찌 외면하겠느냐."

훈장은 소년에게 몰래 글을 가르쳐주기로 했다.

소년은 할머니·어머니의 눈을 속여가며 글공부를 열심히 했다. 소년의 글공부는 일취월장해갔다.

소년은 헌헌장부로 커갔다. 풍채가 선풍도골이요, 글공부까지 하여 선비의 풍이 크게 배었다. 이러한 장부를 볼 때마다 두 과부는 안쓰러워 눈물을 뿌렸다. 헌헌장부가 글을 모르는 일자무식이어서였다.

어느 날 할머니가 말했다.

"벌써 손자가 장가갈 나이가 되었구나. 이제부터 규수를 알아봐야겠구나."

"어머님, 어느 반반한 규수집에서 딸을 주려고 하겠나이까? 자식놈은 허우대만 멀쩡했지 일자무식이 아니오이까."

"우리 손자 장가들이기 힘들겠구나."

두 과부는 또 눈물을 흘렸다. 할머니는 매파를 불러 단단히 부탁했다. 혼인말이 나온 후 청년은 할머니와 어머니에게 자기의 결심한 바를 말했다.

"할머님 어머님, 저는 장가들 팔자가 아니오니 혼처 알아보는 것을 그만두소서."

"장가들 팔자가 아니라니, 당치 않다!"

할머니가 펄쩍 뛰었다.

"네가 정녕 장가들기 싫어 핑계를 대는 것 같구나. 장가들 팔자가 아닌 사내는 이 세상에 없느니라."

어머니가 나무랐다.

"장가를 꼭 가야 한다면 과거시험을 치른 후에 가겠나이다."

"아니 과거라니, 글공부를 하지 않고도 과거를 본다더냐?"

"이제부터 글공부를 하겠다는 말이더냐?"

할머니와 어머니가 기겁을 하며 물었다.

"아무리 우리 집안의 별명이 참혹하오나 세상에 태어나 하찮은 초목처럼 썩을 수야 없나이다. 제가 악운에 씌일지라도 이대로 구차하게 살기는 싫나이다. 저는 이미 과거준비를 하고 있었나이다."

청년은 훈장에게 몰래 글공부한 일을 말해주었다. 할머니와 어머니는 간담이 서늘했다. 집안에 또다시 악운이 닥칠 것을 생각하니 정신이 아찔했다.

때마침 과거령이 내렸다. 청년의 서당에서도 과거준비를 하는 사내들이 더러 있었다.

청년은 할머니와 어머니에게 과거에 응시한다는 것을 확실히 밝혔다. 두 과부는 한사코 말렸다. 청년은 고집을 꺾지 않았다. 두 과부는 할 수 없이 허락하고 말았다.

청년은 과거길에 올랐다. 여러 날 만에 충청도 영동땅에 닿아 주막에서 과객科客들을 만났다. 저녁을 먹고 청년은 일찍 자리에 누웠다. 밝은 달빛이 문으로 스며들어 마음이 싱숭생숭했다. 할머니와 어머니가 눈물을 뿌리며 억지로 잘 다녀오라고 손을 흔들어주던 모습이 눈에 선했다. 청년은 문을 열고 밖으로 나왔다. 주막 봉당에 여러 사람이 모여 수군거리는 소리가 들렸다. 가보니 점쟁이를 둘러싸고 점을 치고 있었다.

청년은 구경하다가 사람들이 다 간 뒤에 복채를 많이 내고 장래의 길흉을 물었다.

점쟁이가 점괘를 뽑아보고 말했다.

"이걸 어쩔거나. 천하에 이름을 떨치고 수중고혼이 될 팔자로구나. 허나 하룻밤에 양갓집 규수 두 처녀와 백년가약을 맺으면 액을 면할 수 있도다."

청년은 난감했다. 아무리 하층민의 딸이라도 하룻밤에 둘과 인연을 맺기 어려운데 귀한 집 규수와 어떻게 그런 일을 할 수 있다는 말인가. 이는 죽으라는 소리와 같았다.

청년은 점을 본 후 만사가 그르쳐진 것을 슬퍼하며 방에 들어가 과객들과 작별 인사도 없이 주막을 나와 정처 없이 길을 떠났다. 청년은 어느 큰 동네에 닿았다. 동네에는 큰 기와집이 두 채나 있고, 그 기와집 뒤는 대나무 숲이었다. 골목 안쪽에 있는 큰 기와집 건너 오른편의 큰 기와집에서는 청아한 악기소리가 들렸다. 청년은 동네 안으로 들어서 농부 차림의 한 노인을 만나 좌우의 큰 기와집과 악기소리의 곡절을 물었다. 노인이 좌우를 가리키며 말했다.

"왼쪽의 기와집은 김 시중 댁이고 오른쪽은 이 시중 댁이오. 악기소리는 이 시중의 막내아들이 초사初仕한 것을 축하하는 잔치 자리에서 들리는 것이라오."

청년은 악기소리보다 달빛에 일렁이는 대나무 숲이 아름다워 김 시중 집 담장을 끼고 대나무 숲을 향해 걸었다. 대나무 숲 어귀에 들어서자 글 읽는 소리가 김 시중 집 담장을 넘어 대나무 숲으로 흘렀다. 글 읽는 소리는 여자 목소리였다. 청년은 목소리의 주인공이 김 시중의 딸이라는 것을 직감했다. 청년은 담장을 뛰어넘었다. 대나무 숲을 지나자 단청이 화려한 초당이 나오고 글 읽는 소리는 그 초당에서 흘러나왔다.

청년은 큰 기침을 한 번 한 후 방문을 열고 들어섰다. 어여쁜 규수가 단정히 앉아 책을 읽고 있었다. 규수는 김 시중의 딸이었다. 규수는 청년이 방 안에 들어왔는데도 조금의 흔들림도 없이 글을 다 읽은 후에 청년에게 규수의 방에 뛰어든 연유를 물었다.

청년은 옷깃을 여미고 자기 집의 내력과 책을 불사른 사연, 몰래 공부하여 과거길을 떠나 점쟁이에게 자신의 장래를 들은 사연을 솔직하게 털어놓았다. 규수는 사연을 듣고 청년에게 측은지심을 느꼈다. 이때 밖에서 신발 끄는 소리가 들리더니 문 앞에서 멎었다.

"언니, 자는 게요?"

낭랑한 목소리가 들렸다. 규수는 청년에게 손짓으로 병풍 뒤에 숨게 하고 방문을 열었다.

"얼마 만이야. 어서 들어와. 글을 좀 읽다가 방금 쉬고 있었어."

이 규수는 이 시중의 딸이었다. 오랜만에 김 규수에게 밤마실을 온 모양이었다. 김 규수가 말했다.

"참, 언니, 내가 어젯밤 이상한 꿈을 꾸었다오. 한번 들어보오."

"어디 말해보게나."

"어젯밤, 비몽사몽간에 어떤 도령이 내 방으로 뛰어들어 하는 말이 나는 5대진사집, 5대과부집, 5대유복자집, 5대물귀신집이란 네 가지 별명을 가진 집의 후손이라오. 내가 액운에서 살아 남으려면 귀한 집 규수와 하나가 아닌 두 사람과 백년가약을 맺어야 한다오. 부디 이 가련한 자의 목숨을 구해주소서. 이런 꿈이었다오. 언니, 지금처럼 우리 둘이 있는데 그런 청년이 나타나 사정을 한다면 언니는 어찌하시겠수?"

이 규수가 눈물을 머금고 말했다.

"생시에 그런 일이 생겨 우리에게 아내 되기를 청한다면 인정으로 허락하지 아니할 수 없네. 5대진사집이라면 지체로 보아 좋은 가문이 아닌가."

이 규수는 병풍을 걷고 청년을 김 규수에게 소개했다.

"바로 꿈속의 주인공일세."

김 규수가 대경실색하여 자리를 털고 일어나려고 했다. 이 규수가 김 규수의 손을 잡아 자리에 앉혔다.

"우린 이미 한 청년의 생사가 걸린 일을 알았네. 안 바에야 어찌 죽으라고 내팽개칠 수 있단 말인가. 우리 두 몸이 한 몸이 되어 이 청년을 낭군으로 섬기도록 하세나."

김 규수는 그제야 고개를 다소곳이 숙였다. 김 규수는 나이 한 살 위인 이 규수를 언니라고 불렀다. 청년은 두 규수에게 사례하고 신표信標를 만들어주었다.

'쌍매향약일분재雙梅香約一盆裁'

일곱 글자를 두꺼운 종이에 썼다. 앞의 두 자는 이 규수가, 그뒤의 두자는 김 규수가, 나머지 세 자는 청년이 썼다. 그리고 세 조각을 내어 각자 쓴 글씨를 가졌다.

이 일곱 글자의 뜻은 '두 떨기 매화와 꽃다운 언약을 한 분에 심도다'였다.

청년은 신표를 지니고 두 규수와 작별했다. 청년은 서울에 올라가 장원급제했다는 소식을 전했을 뿐, 그뒤 1년이 지나도록 종무소식이었다.

이 규수나 김 규수는 청년이 그 가문의 내력처럼 임진강에 빠져 죽은 줄로 알았다.

"과연 점쟁이의 점괘가 귀신 같네."

"언니, 어찌하면 좋소?"

"글쎄, 나도 모르겠네."

두 시중 집에서는 각기 딸의 혼사를 서둘렀다. 두 규수는 생각하다 못해 죽기로 결심했다. 이미 낭군을 정해 맹세한 몸으로 다른 낭군을 맞을 수 없었다. 두 시중 댁에서는 큰 소동이 벌어졌다.

이때 청년이 은안백마에 올라 이 시중댁에 닿아 신표를 내보이며 정체를 밝혔다. 그리고 김 규수도 불렀다. 두 규수와 청년은 각기 신표를 꺼내어 맞추었다. 일곱 글자의 언약이 딱 들어맞았다.

이 시중과 김 시중은 자초지종을 듣고 할 수 없이 딸을 내주었다.

이 청년 이첨은 후에 벼슬이 지신사에 이르렀다. 벼슬을 그만둔 후 고향 영산에 내려가, 집 앞에 매화 두 그루를 심고 그 집을 '쌍매당雙梅 堂'이라 이름붙였다. 매화 두 그루는 두 부인을 의미했다.

⊙ 안씨 부인의 정절

왜구의 침략이 날로 심해져갔다. 해안지방만을 약탈하던 왜구가 내 륙지방까지 쳐들어와 공주·논산까지 덮쳤다. 공민왕시대부터 왜구의 노략질이 자심해갔다.

우왕 때는 각 지방에 왜구의 침략이 빈번했다. 국운이 기울어가면서 왜구가 더 극성을 부렸다.

전라도 정읍현도 왜구의 침략에서 벗어날 수 없었다. 왜구가 정읍현 을 덮쳤다. 이 고을의 토호 경덕의는 절세미인 아내를 데리고 살았다. 내외 사이에는 아들만 둘이었다. 정읍 고을 백성 중에 경덕의의 집안을 부러워하지 않는 사람이 없었다. 부자에다가 절세미인의 아내, 그리고 떡두꺼비 같은 아들이 둘이나 되었다.

왜구가 자주 침입한다는 소문을 듣고 경덕의는 집을 비울 수가 없었 으나, 나랏일로 인근 전주 감영에 출장을 갈 일이 있었다. 왜구가 이웃 고부를 덮치고 태인까지 들어왔다는 소문에 경덕의는 예감이 좋지 않 았다. 그래도 출장을 가지 않을 수는 없었다.

"여보, 속히 다녀올 터이니 문단속 잘하고 있구려. 만약 나 없는 사이 에 왜구가 쳐들어오면 죽음을 무릅쓰고 반항하지 말고 목숨을 중히 여 기시오. 내 말 알아듣겠소?"

"정절을 굳게 지키라는 말보다 더 무섭게 들리나이다. 제 걱정 마시 고 마음 놓고 다녀오소서."

"부인만 믿고 떠나오."

"염려 놓으시래두요."

안씨 부인은 눈을 곱게 흘겼다. 그 모습이 어찌나 고혹적인지 남편은 그만 출장을 포기하고픈 심정이었다.

경덕의는 아내와 작별하고 길을 재촉했다. 출장 날짜를 하루라도 단축하고픈 마음에서였다.

우려했던 대로 경덕의가 정읍현을 비운 사이에 왜구가 쳐들어왔다. 정읍현 백성들은 속수무책으로 당할 수밖에 없었다. 관료들은 중과부적으로, 제 한 목숨 부지하려고 줄행랑을 놓기에 바빴다.

왜구는 집이 큰 경덕의의 집으로 쳐들어와 노략질을 시작했다. 안씨 부인은 아들 둘을 데리고 급한 대로 후원의 숲속에 숨었다. 왜구는 양껏 노략질해가고 그것도 부족해서 살림살이를 부수고 집 마당에서 잔치를 열고 회회낙락이었다.

왜구 가운데 우두머리 하나가 술이 얼큰히 올라, 어디서 소문을 들었는지 안씨 부인을 찾았다.

"이 집 안주인이 빼어난 미인이라고 들었다. 안주인을 찾아라!"

부하들에게 명령했다. 숲속에서 왜구의 우두머리가 소리지르는 것을 안씨 부인이 듣고 모골이 송연했다.

왜구는 하인들을 잡아 닥치는 대로 고문했다.

"안주인을 어디다 숨겼느냐! 대지 않으면 죽여버리겠다."

"모르오. 집에는 아니 계시는 것 같소이다."

"거짓말 마라! 아가리를 찢어버리겠다."

"정말 모르오."

충실한 하인들은 고문을 참아내면서 안주인이 있는 곳을 말하지 않았다.

왜구가 직접 찾아 나섰다. 집 안 구석구석을 샅샅이 뒤지고 후원 숲속을 살폈다.

"찾았다. 여우 같은 계집이 숲속에 숨어 있다!"

왜구가 발견하고 소리쳤다.

"끌고와서 내 앞에 무릎 꿇려라!"

우두머리가 소리쳤다. 잠시 후 안씨 부인이 아들 둘을 양옆에 끼고 왜구에게 끌려 우두머리 앞에 섰다. 우두머리가 안씨 부인을 보고 침을 꿀꺽 삼켰다.

"소문대로 절세미인이구나."

안씨 부인은 쥐새끼 같은 왜구의 우두머리를 노려보았다.

"네 앙큼한 모습이 내게는 매력으로 보이는구나. 내 말에 고분고분 따르면 너는 호강이 넘칠 것이야."

"네 이놈! 허튼수작 마라! 내 여태껏 호강을 누렸거늘 무엇을 더 바라겠느냐!"

안씨 부인이 쏘아붙이고 고개를 돌려버렸다. 우두머리가 화가 나서 버럭 소리쳤다.

"도도하구나! 내 말을 듣지 않으면 죽음뿐이니라!"

"네 이놈! 아무리 도둑일지라도 사람의 도리는 알 터, 여염집 아낙을 범하려 드는 네 놈이 정녕 우두머리더냐! 노략질을 했으면 썩 물러가라!"

"네가 언제까지 그토록 도도할 수 있는지 두고보자!"

"네 맘대로는 아니 될 터, 속히 물러가라!"

우두머리는 부하를 시켜 안씨 아들의 목에 칼을 대고 명령을 내렸다. 아들은 섬뜩한 칼날을 느끼고 울음을 터뜨렸다.

"자, 어쩔 테냐? 네가 끝까지 버티면 아들이 죽는다!"

안씨 부인은 침착하려고 안간힘을 썼다. 함부로 굴복할 수는 없었다. 정절이 짓밟히면 죽은 목숨이나 매한가지였다.

"아이가 죽어도 좋으냐?"

"네 이놈! 네가 사람이더냐? 차라리 나를 죽여라!"

"아니 되겠다. 그 아이의 목을 베어버려라!"

우두머리의 명령에 부하가 아이의 목을 베어버렸다. 아이가 외마디 비명을 지르며 쓰러져 피를 쏟았다.

"이래도 나를 따르지 않겠느냐?"

"짐승보다 못한 놈!"

"남은 아이마저 죽이고 싶거든 계속해서 욕지거리를 하려무나. 아들을 더 죽인 후에 몸을 바치게 될 네 심정이 어떨지 궁금하구나."

안씨 부인은 차마 보지 못할 것을 보고 후회스러웠다.

'내가 미련한 짓을 한 것이로구나. 내 한 목숨을 일찍 끊었더라면 정절도 지키고 아이도 살릴 수 있었거늘 어미의 절개 때문에 아들을 죽였구나.'

"아직도 내 말에 따르지 않겠느냐?"

"잠시 기다려라!"

안씨 부인은 결심을 굳히고 우두머리의 얼굴을 노려보았다.

"저 계집이 아직도 정신을 못 차렸군. 여봐라!"

우두머리가 부하에게 명령을 내리기 전에 안씨 부인은 혀를 깨물고 쓰러져버렸다. 우두머리는 뜻밖의 상황에 혀를 차며 집을 나가버렸다.

"지독한 년! 고려 여인들은 정조를 신줏단지 모시듯 하며 사내의 마음을 홀린단 말이야."

우두머리가 구시렁거리며 정읍을 떠났다. 왜구가 휩쓸고 간 자리는 폐허가 되었다.

정읍현 사람들은 남편이 언제 돌아올지 몰라 안씨 부인과 죽은 아들을 정성껏 장사 지내주었다.

경덕의는 집으로 돌아와 통곡으로 날밤을 새며 정신을 잃어갔다.

"정절이 뭣이관데 목숨보다 귀하단 말이오? 여보, 나는 어찌 살라고 당신 혼자 가버렸소!"

경덕의는 아내와 죽은 아들을 기리며 평생 장가들지 않고 남은 아들을 키우며 아내에 대한 지조를 지켰다.

⊙ 고구려의 옛땅 요동

고려와 명나라의 관계가 삐걱거렸다. 아직 친원파 세력이 조정을 장악하고 있어 신생국 명나라에 우호적이지 못했다. 더구나 명나라는 고려에 사신으로 간 채빈이 피살당하자 이에 앙심을 품고 갈등이 심했다.

그 무렵, 북원에서는 명나라가 요동 근처에 둔 정요위定遼衛를 협공하자고 고려에 청했다. 고려는 그럴 뜻이 없어 이에 응하지 않았다. 고려에서는 채빈 사살사건 이후 명나라와 단절된 국교를 회복하고자 사신을 보냈다. 명나라에서는 냉랭하게 대했다.

친원파인 이인임 · 최영 등은 북원과 손을 잡고 요동을 칠 생각을 가졌다. 그리하여 북원의 선광宣光 연호를 사용하는 등 명나라와는 적대적인 태도를 취했다.

그런데 명나라에서는 고려와 국교를 트는 조건으로 말 1,000필과 집정대신을 보낼 것, 다음해부터는 금 100냥, 은 1만냥, 양마 100필, 세포 1,000필을 해마다 공납하라고 요구해왔다. 대비 홍씨는 명나라에서 엄청난 요구를 해오자 이색을 불러 물었다.

"명나라에서 우리를 얕보고 무리한 요구를 해온 것이오. 어찌하면 좋겠소?"

"왕대비마마의 심정을 글로 써서 명나라에 보내심이 좋을 듯하나이다."

왕대비는 명나라에 아첨하는 내용을 이색에게 구술했다. 이색은 격식을 갖추어 왕대비가 말한 내용을 정리하여 명나라에 보냈다. 명나라에서는 왕대비가 고려의 형편을 솔직하게 털어놓고 양해를 구했는데도 막무가내로 공물을 바치라고 요구했다.

그뿐만이 아니었다. 요동의 명나라 군사들이 고려 강계 지방으로 월경하여 고려 백성을 잡아가는 등 만행을 제멋대로 저질렀다.

고려에서는 이 문제로 김구용을 요동으로 보냈다. 요동의 명나라 총병 반경潘敬이 김구용을 속여 죄인 취급하고 남경으로 쫓아버렸다. 이에 대해 강직한 충신 최영이 깊이 생각했다.

'아무래도 그냥 넘기기는 어려울 게야. 명나라와 한판 승부를 걸어야겠구나.'

이런 마음을 품고 계획을 구체화시키려는 단계에 명나라에서 사신이 들어와 우왕을 책봉한다는 태조의 칙서를 전했다. 친명파들은 크게 환영하며 연회를 베풀어주고 돌아갈 때 말까지 선사했다. 그런데 명나라 태조가 고려에서 보낸 말이 쓸모가 없다고 트집을 잡았다. 고려에서는 정몽주·설장수 등 친명파들이 명나라에 여러 차례 드나들며 협약한 결과, 3년에 한 번씩 말을 공물로 바친다는 조건으로 정상적인 국교를 텄다.

그런데 요동에 있는 명나라 장수들이 문제였다. 고려 사신이 요동에 들어오지 못한다고 통고해왔다. 명나라와 티격태격하는 사이에 친원파인 이인임 등 원로들이 은퇴하고 최영만이 조정에 남게 되었다. 이인임이 조정을 떠날 때 최영에게 당부했다.

"최 시중, 고려가 변혁기를 맞은 듯하오. 젊은 사람들이 명나라를 떠받드니, 이것이 대세인 듯싶소이다. 최 시중이 조정을 틀어쥐고 젊은이들을 잘 인도하시오."

"알겠소이다. 오랫동안 수고하셨소이다. 제게 특별히 당부할 말이 없소이까?"

"이성계를 경계하시오. 아마 신진들이 이성계를 중심으로 뭉칠 것 같소이다."

"이성계는 훌륭한 장수외다. 조정에 꼭 필요한 인물이 아니오이까?"

"잘 쓰되 항상 경계를 늦추지 마오."

"이성계가 딴마음이라도 품고 있다는 말씀이외까?"

"이성계를 지켜보니 엉뚱한 생각을 품은 듯하오. 아무래도 조정을 뒤엎지 않을까 싶소이다. 그의 아들들도 야심만만한데, 특히 방원이란 자는 문무를 겸한 훌륭한 인물이오."

"설마, 그들이 조정을?"

"이색 · 정몽주 · 정도전 등 학자들이 이성계를 따르고 있으니, 그것이 더 큰 문제요."

"그렇다고 그들이 사직을 넘보겠나이까?"

"이성계가 남원에서 왜구 아기발도를 격파한 이후부터 우익이 늘어났소이다. 최 시중은 이성계를 어디에 쓰려고 하오?"

"요동을 찾을까 하오. 요동은 옛 고구려땅이 아니나이까? 우리가 옛 땅을 찾는데 명분도 서고 하여 명나라와 요동을 걸고 승부를 걸까 하오. 그때 이성계를 크게 쓰려고 하나이다."

"쓰되 조심하오."

이인임은 최영에게 이성계를 조심하라고 신신당부하고 조정을 떠났다. 이인임의 뒤를 이어 최영이 문하시중이 되고, 이성계는 문하수시중이 되었다. 조정은 최영을 제외한 이색 · 우현보 · 정몽주 · 윤진 · 성석린 등 친명파 관료로 짜여졌다.

최영은 우왕의 장인으로서 오로지 우왕의 배경 하나로 버티고 있는 셈이었다. 친명파들은 명나라와 무조건 굴욕외교를 펴고 있었다.

최영은 생각이 많았다. 명나라에서는 공물로 바친 말을 트집 잡아 사사건건 고려의 발목을 잡았다. 심지어는 철령 이북이 그전에 원나라 땅이므로 요동에 복속시키겠다고 통고해왔다. 최영이 우왕을 만났다.

"전하, 명나라가 드디어 본색을 드러냈나이다. 공물을 가지고 사사건건 트집을 잡더니, 결국은 철령 이북땅을 차지하겠다며 우리더러 반환하라는 것이나이다."

"우리 땅을 생트집 잡아 빼앗아가겠다는 것이오?"

"그러하나이다. 그리되면 서경 근처에까지 명나라 땅이 되나이다."

"최 시중, 어찌하면 좋소?"

"신의 생각은 이 기회에 요동을 쳐서 옛 고구려 땅인 우리 땅을 되찾는 것이옵나이다."

"우리 실력으로 그리 되겠소이까?"

"충분히 승산이 있나이다. 지금 명나라는 북원을 정복하려고 군사들을 삭북 지방으로 집결시켰나이다. 하옵고 남쪽은 배를 만들지 못해 큰 전쟁을 일으키기는 어려울 것이나이다. 고려는 태조 이래로 숙제로 남은 요동 땅이나이다. 이 기회에 요동을 정벌하겠나이다."

"좋은 뜻이오만, 전임 이 시중의 생각은 어떠했소?"

"이 시중께서도 늘 기회를 노리고 있었나이다."

"최 시중에게 전권을 일임하겠소."

우왕과 최영이 뜻을 합하고 요동 정벌의 대작전 계획이 수립되었다. 우왕은 장인 최영의 집으로 은안백마 한 필을 하사하고 격려했다.

최영은 백관을 모아놓고 회의를 열었다. 최영이 입을 열었다.

"고려가 이제껏 명나라에 대한 예의는 손색이 없었소이다. 헌데 명나라에서는 우리 사신더러 요동으로 들어오지 말라느니, 고려의 환관·부녀자를 보내라느니, 못 살게 들볶고 있소이다. 이것은 철령위를 두어 화주땅까지 차지하겠다는 그들의 술책이오. 우리가 가만히 앉아서 당할 수만 없소이다."

"옳으신 말씀이오!"

"가만두어서는 아니 되오!"

신료들이 흥분하여 명나라를 성토했다. 최영은 신료들을 자세히 관찰했다. 이러한 열기라면 안 될 일이 없을 것 같았다.

"시중의 생각을 말씀해보소서."

"내 생각은 요동을 치는 것이오. 이는 태조 이래로 고려의 숙원사업이외다."

장내가 조용해졌다. 전쟁을 하겠다고 나서는 최영에게 신료들은 착잡한 심정이었다. 감히 명나라를 상대로 전쟁을 하다니, 언감생심 꿈도 꾸지 못할 일이었다.

"너무나 큰 문제이나이다."

"그러면 철령 이북을 내어줄 것이오?"

"아니 되오!"

"그렇다면 싸워야 하오."

모두 찬성했으나, 오직 이자송만이 반대 입장을 분명히 했다. 백관회의에서 요동 정벌을 결의했다. 명나라를 배척하는 움직임이 확산되어 갔다. 명나라는 고려 조정의 요동 정벌 결의를 까맣게 모르고 명나라 사람들이 강계에 들어와 철령까지 내려간다고 법석을 떨었다. 게다가 명나라에서 사신이 들어와 철령위를 설치한다고 정식으로 통보했다.

고려는 전쟁 분위기에 휩싸여갔다. 각 지방에서는 군사훈련에 들어갔고, 병사들이 개경으로 집결했다.

우왕은 최영을 팔도도통사에 임명했다. 그 밑에 조민수를 좌군, 이성계를 우군도통사로 삼았다. 그리고 좌군에는 심덕부 · 이무 · 왕안덕 · 이승원 · 박위 · 최문해 · 경의 · 최단 · 최공철 · 조희고 · 왕빈 등을 배치하고, 우군에는 정지 · 지용기 · 황보림 · 이빈 · 구성로 · 윤호 · 배극렴 · 박영충 · 이화 · 퉁두란 · 김상 · 윤사덕 · 경보 · 이원계 · 이을진 · 김천장 등을 배치시켰다. 병력은 좌우군 3만 8,830명, 종군역부 1만 1,634명, 말 2만 1,682필 등이 동원되었다. 고려 역사상 마지막 병력과 물량을 망라한 큰 동원이었다.

이성계는 명령에 따라 북진하고 있었으나, 최영과는 반대 입장이었다. 우왕은 최영 · 조민수 · 이성계를 불러 격려했다.

"나라의 명운이 경들의 어깨에 짐지워졌소이다. 자고로 북방에서 일어난 모든 나라가 우리를 압박했으나 일치단결하여 모조리 막아냈소. 지금은 우리가 북방을 정벌하러 가는 길이니 자부심 또한 크오."

이성계가 불만을 품고 말했다.

"전하, 우리의 작은 힘으로 명나라와 맞서는 일이 옳은 것인지 판단하기 어렵사옵니다. 게다가 온나라 병력을 총동원하여 북진하는 이때에 왜구가 침입해오면 어쩌겠나이까? 또한 지금은 여름이어서 군대 출동이 사실 어려운 계절이나이다."

"이 시중, 우리의 군대는 지금 북진하고 있소이다. 나라가 크고 작은 것은 싸워봐야 알 일이고, 왜구를 막을 대비는 해두었소이다. 또 계절 탓을 하는데, 여름철은 군사들이 아무 곳에서나 잘 수 있어 오히려 편한 면도 있소이다."

이성계는 더는 대꾸하지 않았다. 하지만 도저히 따를 수 없는 출전이었다.

우왕과 최영은 서경까지 따라와 좌우군을 전송했다. 최영이 좌우군을 직접 지휘하여 정벌에 나서겠다고 우왕에게 말했다. 우왕은 펄쩍 뛰었다.

"경이 간다면 과인도 가겠소."

최영은 할 수 없이 우왕을 수행하여 서경에서 놀이터를 찾아나섰다.

좌우군은 압록강 중간에 위치한 위화도까지 갔다. 이제 샛강을 건너면 요동 땅이었다. 요동 땅이 눈앞에 있었다.

이성계의 영막 안에 장수들이 모여 의논했다. 배극렴이 이성계의 마음을 읽고 장수들을 부추겼다.

"이 시중, 우리가 전쟁터로 나가기보다는 부패로 썩어문드러진 고려를 없애는 것이 어떠하오?"

이성계는 듣고만 있었다.

"아니 될 말씀, 군인은 명령을 따를 따름이오. 왕명을 어기면 역적이 되는 거외다."

정지가 반대했다.

"이보시오, 정 장군! 명나라와 꼭 싸워야겠소이까? 여기에서 기다리며 정세를 관망해봄이 어떠하오?"

배극렴이 정지를 달랬다.

"기다릴 것 없소이다. 고려를 망치는 자는 최영이외다. 최영의 머리를 베어 명나라로 보내고 승산 없는 싸움을 막아야 하오."

이원계가 단호히 말했다. 원계는 성계의 사촌동생이었다. 옆에서 듣고 있던 장수들이 원계의 말에 찬성했다.

"싸움은 그만두고 최영을 없애버립시다!"

이때 환관 김길상과 김길봉이 영막 안으로 들어왔다. 이자들은 전부터 이성계의 사주를 받고 최영의 암살을 노리는 자들이었다. 김길상이 이성계에게 속삭이듯 말했다.

"장군! 임금과 최영이 서경 어디에 있는지 잠적해버렸나이다."

"대체 어디로 갔다는 말이더냐?"

"서경 어디에선가 놀고 있다 하옵니다."

"한심하구나. 나라의 흥망이 걸린 이 시점에서 놀이라니, 그러고도 임금이라고 할 수 있느냐!"

이성계는 임금에게 요동 정벌의 불가함을 글로 써서 김길상에게 주었다. 배극렴이 보고 불뚝거렸다.

"즉시 회군하여 최영을 쳐버립시다."

이성계는 마지막이라 여기고 최후 통첩과도 같은 상소를 올렸다.

김길상이 서경에서 놀고 있는 우왕을 찾아 이성계가 써준 상소를 올렸다. 우왕이 상소를 보고 최영에게 말했다.

"이성계가 끝까지 정벌을 반대하고 나섰소. 이를 어쩌면 좋소?"

최영이 단호히 말했다.

"전하, 신이 위화도로 달려가 전군을 지휘하겠나이다."

"과인도 따라가겠소. 장군이 남쪽으로 왜구를 치러 간 사이에 부왕께서 목숨을 잃었소. 과인도 언제 어찌 될지, 장군이 옆에 없으면 불안하오."

최영은 할 수 없이 우왕을 성천까지 모시고 가 잠시 쉰 다음, 위화도로 가겠다는 뜻을 조민수와 이성계에게 알렸다. 이성계는 일이 화급하게 되자 장수들을 모았다.

"선택의 여지가 없게 되었소이다. 최영이 내 말을 듣지 않고 기어이 요동 정벌을 감행하겠다며 위화도로 오겠다는 게요. 우리가 먼저 선수를 쳐야겠소이다."

"최영을 잡으러 회군합시다!"

이성계는 말머리를 남으로 돌렸다. 이성계의 설득에 조민수도 합류했다. 일부 반대파들은 요동으로 가자고 소리쳤으나 대세는 이성계 쪽으로 흘러갔다.

"아, 고구려의 옛 땅이여! 여기에서 좌절되는구나."

장수 하나가 비명처럼 말하고 울음을 터뜨렸다.

창왕시대 (1388~1389)

◉ 고려청자의 비밀

이성계의 위화도회군으로 최영 세력이 기울고 우왕이 폐위되었다. 조정은 이성계 세력과 조민수 세력으로 나뉘어 차기 임금을 세우는 문제로 대립되었다. 이성계 일파는 종친들 가운데 한 명을 선택하여 보위에 앉히려 했고, 조민수 일파는 우왕의 아들 창昌을 내세웠다. 조민수는 당시 명망이 높은 이색을 찾아가 도움을 청했다. 이색은 공민왕의 제3비인 익비 한씨에게 창을 왕으로 세운다는 교서를 내려달라고 청했다. 이런 절차를 거쳐 창이 고려 제33대 임금이 되었다.

창왕은 우왕의 맏아들이자 근비 이씨의 소생으로, 보위에 오른 나이는 겨우 9세였다. 창왕을 옹립한 조민수·이색이 권력의 핵심으로 떠올랐으나 결국 이성계 일파에게 당하고 만다. 고려는 이성계 일파에게 숨통이 죄어갔다.

1389년 11월, 김저와 정득후 등이 이성계를 죽이고 우왕을 복위시키려는 사건이 발각되어, 창왕은 즉위 1년 5개월 만에 폐위된 후 죽음을 당한다. 창왕의 나이 겨우 10세였다.

고려 문화의 업적은 뭐니 뭐니 해도 청자이다. 고려청자에 대한 구전 설화가 전해내려와 후세인들의 심금을 울리고 있다. 고려청자가 어떻게 하여 세상에 이름을 떨치고 뛰어난 예술적 가치를 지니게 되었는지 그 일화를 소개한다.

고려자기 가운데 널리 알려진 상감자기는 먼저 토기를 만들고 마른 후에 꽃이나 새의 무늬를 그린 후, 그 속을 일일이 파내고 흙의 천연색을 넣어 흰빛이나 검은빛 또는 붉은빛의 흙을 그 속에 넣었다. 이렇게 여러 가지를 넣고 다시 겉에 비색 유약을 바른 후 구워낸다.

고려의 자기를 대개 15종으로 나누고 있다. 그 종류는 잘 구운 토기, 청자·상감청자·백자로 크게 나눌 수 있다. 그 다음 철사를 넣은 자기, 또 빛으로 분별하는 자기, 선線의 변화로 가르는 방법 등 모두 15종이다. 특히 상감청자는 의종·명종·신종 이후 충렬왕 때까지 번성하여, 약 150년 동안 고상한 취미의 이 청자가 유행했다. 그 이유는 의종·명종이 정치를 하지 않고 유흥에만 마음을 두고 사치스러운 생활을 누린 까닭이다.

의종이 자주 나가 놀던 만춘정은 요정窯亭이었다는 것을 봐도 임금이 요정에 자주 나가 요업을 구경한 듯하다. 고려의 도자기 중 상감청자나 그와 동등한 청자는 일반 백성이 사용하지 못했고, 특수층에서만 사용했다.

그런데 고려의 자기가 고려 말부터 자취를 감추어버렸다. 고려 최후의 도공 이야기는 그래서 더욱 애절하다. 고려 말 최후의 도공 양楊 노인은 생년월일은 물론 죽은 날짜도 알 수 없다. 다만 양씨라는 설만이 전해진다.

양 노인은 스스로 고려청자의 마지막 장인임을 자부했다. 그는 "고려청자의 비법은 내 피 속에 살아 있고, 나는 이 나라에 남은 최후의 청자 혼이다"라고 자부하며 가마에 불을 지폈다.

어느 날 양 노인은 대대로 이어온 가업을 폐하기로 하고 제자들에게 선언했다.

"우리 그릇장이들은 아무리 뛰어난 재주로 천하의 보물을 만든다 해도 한평생 천한 신분과 가난을 면치 못한다. 이제는 그릇을 구울 수 없으니, 우리 조상의 가업이 내 대에 와서 끊기는 것이 가슴 쓰리다. 따라서 이 나라 청자의 운명도 끊기게 되었느니라. 너희는 고생줄을 놓게 되어 오히려 다행일지도 모르겠다. 제각기 고향으로 돌아가 농사지으며 편히 살거라. 우리 조상 중에는 청자 기술이 뛰어나 원나라에 억울하게 끌려간 이들이 많았단다. 이제 황홀한 청자의 운명이 내 대에서 영원히 사라지는구나."

"선생님, 원통한 일이나이다. 이 나라의 자랑, 청자를 다시는 못 빚는다니, 어찌하면 좋으리이까!"

스승과 제자들은 부둥켜안고 눈물을 흘렸다. 제자들은 스승의 가르침을 아직도 많이 받아야 할 참이었다.

"청자의 맥이 끊기는 것은 빚어진 청자를 위해서라도 다행인지도 모른다. 세상 사람들이 비로소 그 가치를 깨달을 테니 말이다. 그리고 불우했던 청자장이 신세도 후세에 지기知己를 얻을 것이니라."

양 노인은 제자들에게 한 말과는 달리 속셈이 없는 것도 아니었다. 고려자기의 비밀을 완전히 자기 혼자 지닐 수 있었고, 목숨이 붙어 있는 한 청자의 전통과 생명은 사라지지 않을 것이었다. 그는 제자들에게 함부로 비법을 가르쳐주지 않았다. 그렇다고 비법을 이어받을 자식도 없었다. 조강지처는 몸이 약하여 아예 씨를 받을 생각조차 못했다. 아내가 병치레를 하다가 죽은 후 양 노인은 쉰이 넘어 마흔이 다 된 과부를 재취로 맞았다. 재취 박씨에게서 딸아이가 태어났다. 양 노인은 몹시 섭섭했지만 어쩔 수 없는 노릇이었다.

"여보, 당신 실망이 크시겠구려. 하지만 여자 아이라고 해서 그릇을 굽지 못한다는 법은 없나이다. 딸이지만 당신의 비법을 전해주면 어떻겠나이까?"

"글쎄…."

"어쩌면 사내보다 잘할지도 몰라요. 여자의 손끝이 섬세하지 않나이까."

"한번 시도해볼까."

"여보, 애가 커서 청자 굽는 일을 다 배울 때까지 사내로 속여 기르면 어떠하리까? 세상 사람들이나 애한테 비밀로 하고요."

"그것도 좋은 생각이오."

양 노인은 금줄에 고추를 달아 삽작문에 걸었다. 이로써 여자 아이가 사내 아이로 둔갑했다.

"허허, 양 노인이 늦복을 타고 났구먼. 사내 아이를 봤으니 얼마나 기쁘겠어."

동네 사람들이 진심으로 축하해주었다.

"이름도 남자답게 지어야겠구먼. 복동福童이가 어떤고?"

"복 많이 받으라는 이름이네요."

아내는 비로소 딸을 낳은 미안한 마음에서 다소 헤어날 수 있었다. 복동이는 사내옷을 입고 무럭무럭 자랐다.

그런데 난처한 일이 생겼다. 장차 양자로 삼으려고 기르던 2명의 고아孤兒의 위치가 서먹하게 된 것이다. 양 노인에게 늦둥이가 생겨 기남과 수남이는 하루아침에 찬밥 신세가 될 판이었다. 양 노인은 이 아이들에게 청자 굽는 비법을 전수해주려고 마음먹었다. 기남이는 10세, 수남이는 8세였다.

복동이가 첫돌을 지낸 어느 날이었다. 양 노인에게 뜻하지 않은 수난이 닥쳐왔다. 원나라에서 친선 사신이 와서 고려의 조공물을 독려했다. 원나라 사신은 수십 필의 말과 수레로 고려의 보물을 조공품으로 실어 갈 판이었다. 원나라에서 가져가는 고려 삼미三美가 있었다. 첫째 금, 둘째 인삼, 셋째 청자였다. 게다가 침략전쟁 이후에는 젊은 여자를 끌고 갔다. 소위 공녀貢女였다.

원나라 사신은 고려 삼미뿐 아니라, 유명한 도공을 차출해가기도 했다. 청자장이를 홀대하던 고려 조정에서는 고려 인삼 몇 근보다는 도공을 데려가는 것이 나았다. 일종의 조공품 취급을 받는 도공들은 원나라에서 사신이 왔다는 소문을 들으면 주눅부터 들었다. 그리하여 해마다 폐업하는 도공들이 늘어났다.

그 당시 고려의 첫째 가는 도공은 양 노인이었다. 원나라에서 도공을 요구하면 양 노인이 잡혀갈 판이었다. 양 노인은 원나라에 잡혀가느니 차라리 죽는 것이 낫다고 생각했다. 늦둥이 복동이와 생이별을 한다는 것은 하늘이 무너지는 일이었다. 양 노인은 원나라에 끌려가지 않을 방법을 찾았다.

'두 팔을 잘라 버릴까? 그리 되면 청자를 빚지 못한다.'

양 노인은 청자의 전통만은 어떻게든 이어가고 싶었다.

'두 눈을 찔러 장님이 되어버릴까?'

눈이 멀더라도 두 손만 멀쩡하면 청자를 빚는 데는 큰 지장이 없을 것 같았다. 양 노인은 그의 결심을 아내에게 말했다.

"내가 원나라에 잡혀가지 않을 방법은 장님이 되는 길밖에 없소. 여보, 어렵겠지만 바늘로 내 두 눈을 찔러주오."

"그럴 수 없나이다. 차라리 도망치소서."

"내가 도망치면 당신은 살아남을 수 없소이다. 아마 고문으로 죽고 말 게요."

"당신을 위해서라면 죽어도 좋나이다. 당신은 고려의 보물이나이다."

"여보, 난 눈이 없어도 청자를 빚을 수 있다오. 손끝의 감각만으로도 충분하단 말이오. 어서 날 장님으로 만들어주오. 그래야만 우리 세 식구가 헤어지지 않는단 말이외다."

"할 수 없어요. 차라리 도망치소서!"

"당신을 죽이고 내가 도망치면 무슨 일을 할 수 있겠소."

"난 당신을 찌를 수 없어요."

"할 수 없구려. 내가 직접 할 수밖에…."

양 노인은 반짇고리를 찾았다. 아내 박씨가 반짇고리를 들고 밖으로 나가려고 했다. 양 노인은 반짇고리를 빼앗았다. 재빨리 실패에 꽂힌 바늘을 뺐다.

"여보, 제발, 그러지 말고 도망치소서!"

아내가 매달려 애원했다. 양 노인은 아내를 뿌리치고 거울을 찾았다. 아내는 남편이 장님이 되는 것을 보고 있을 수 없어 밖으로 뛰쳐나갔다. 양 노인은 마지막으로 자기가 빚은 청자 항아리를 감상했다. 황홀한 광채가 눈부셨다. 양 노인은 항아리에 볼을 부비며 보드라운 감촉을 마음껏 애무했다. 그리고 우아한 빛깔을 머릿속에 담았다. 양 노인은 항아리를 옆에 놓은 채 바늘로 두 눈을 찔러 장님이 되어버렸다.

며칠 후 관졸들이 양 노인을 데리러 왔다. 원나라에 바쳐질 도공으로 양 노인이 뽑힌 것이다. 그러나 장님이 된 양 노인을 보고 관졸들은 안타까워하며 발길을 돌렸다. 이 소문을 들은 조정 대신들은 양 노인의 재주가 아까워 한숨을 내쉬었다.

"고려 마지막 명인이 눈이 멀다니, 청자의 맥을 누가 있어 이을꼬. 이제 양 노인의 청자를 다시는 볼 수 없겠구나."

양 노인은 장님이 되었으나 전처럼 청자를 정교하게 빚을 자신이 있었다. 그러나 장님이 빚은 청자가 정교하다고 세상에 알려지면 관가를 속인 죄로 무슨 벌을 받을지 모를 일이었다. 그는 세상과의 인연을 끊고 깊은 산속에 들어가 자기의 재주를 마음껏 발휘하고 싶었다.

그해 9월, 양 노인은 가족과 기남·수남을 데리고 구월산으로 들어갔다. 이웃 사람들 몰래 한밤중에 길을 떠난 것이다.

"여보, 개울이 가깝고 나무숲이 우거진 남향받이 평지를 찾아야 하오. 거기에 가마터를 잡을 것이오."

양 노인이 아내에게 말했다. 구월산 단풍이 황홀했다. 아내는 차마 단풍이 아름답다고 말할 수 없었다. 장님 남편의 마음이 상할까 염려되어서였다.

양 노인 가족은 구월산 중턱 양지바른 곳에 터를 잡아 새로운 희망에 가슴이 벅찼다. 기남과 수남은 양 노인의 손발이 되어주었다.

양 노인은 바로 일을 시작했다. 차진 연토흙을 눈뜬 사람의 솜씨처럼 다루어 청자 모형을 만들었다. 흙그릇을 응달에서 말린 후 여러 가지 무늬를 새겼다. 그리고 유약을 발라 가마에 넣어 불질을 했다. 이 과정에서 무늬와 색칠, 유약을 바르는 일은 기남과 수남의 눈을 빌렸다.

"무늬는 좀 서툴더라도 정성이 배면 된다. 유치하면 유치한 대로 청자의 무게를 더해주는 게야."

두 제자는 스승의 말을 산신령의 계시로 알고 열심히 노력했다. 그러면서도 스승이 과연 장님인데도 옛날처럼 정교하고 우아한 청자를 빚을 수 있을 것인지 걱정이 되었다. 제자들의 걱정대로 첫가마는 완전 실패였다.

"여보, 성한 사람도 가마터를 옮겨 처음 굽는 것은 실패하게 마련이라오. 실망 마시고 용기를 내소서."

아내가 양 노인을 위로했다. 그러나 아내는 남편의 한계를 잘 알고 있었다. 눈을 잃어 총기가 없는데 어떻게 정교한 작품을 빚을 수 있단 말인가.

"난 이제 죽은 목숨이야. 이 나라 청자는 수명이 끊긴 게야. 아아, 이 노릇을 어찌하면 좋을꼬?"

양 노인은 비통하여 실패작을 마구 깨뜨렸다. 옆에서 보기가 민망스러웠다.

"여보, 진정하시구려. 다음번에는 꼭 성공할 수 있나이다."

"허튼소리, 눈이 없으니 눈먼 청자가 구워질 밖에. 진정한 예술품에는 빛나는 눈이 있단 말이야."

양 노인은 비명처럼 울부짖었다. 그러다가 어느 순간 입을 굳게 다물어버렸다. 하룻밤을 지낸 양 노인은 딴사람이 되어버렸다.

"나는 이제 틀렸다. 구월산의 은둔자로 생을 마치련다."

"여보, 두 제자와 복동이에게 그릇 공부를 시키고 당신이 손수 빚지는 마소서."

아내는 속으로 울고 있었다. 명인이 일을 하지 못한다는 것은 시체와 다를 바 없었다. 그것을 모르는 박씨 부인이 아니었다. 남편이 애처롭고 불쌍했다.

구월산에 들어와 많은 세월이 흘렀다. 양 노인이 75세, 복동이 16세, 기남이 25세, 수남이 23세로 헌헌장부가 되어 있었다. 구월산 속에 숨은 청자요법 비밀도장의 주인공은 이들 젊은이 세 사람이었다. 집안의 생계도 이들이 꾸려나갔다. 이들은 물동이, 밥그릇, 뚝배기 등 질그릇을 만들어 팔았다. 그러나 이들은 고려청자의 전통을 이으려고 부단히 노력하고 있었다.

"너희는 각자 독립하여 훌륭한 청자를 빚을 때까지 비밀이 새나가면 아니 되느니라. 무슨 훼방을 당할지 모르느니라."

양 노인의 엄한 당부였다. 양 노인은 젊은이들이 만든 청자를 만져보고 볼에 부벼보고는 고개를 흔들었다.

"아직도 멀었도다."

그들이 구운 청자를 모조리 연못에 던져버렸다. 연못이 버린 청자로 거의 메워질 지경이었다. 게다가 양 노인이 기대했던 복동은 왠지 청자 빚기에 열성을 보이지 않았다.

"복동이가 내 대를 잇지 않을 모양이오."

양 노인이 한숨을 내쉬었다.

"그보다도 우리가 잘못한 것 같나이다."

"왜 그러오?"

"지금껏 사내처럼 길렀더니 남자도 여자도 아닌 중성이 되어버렸나이다. 전들 제 몸이 이상하다는 것을 왜 모르겠나이까. 기남이와 수남이도 복동이를 이상하게 여기는 눈치랍니다."

"더 늦기 전에 밝혀줘야겠구먼."

"여자는 여자답게 키워야 하나이다. 청자 만드는 데는 마음이 없나 보옵니다. 괜한 고생시킬 필요가 없을 듯싶습니다."

"당신이 알아서 하오."

"오늘부터 치마 저고리를 입히고 이름도 이쁜이라고 부르겠나이다."

복동이는 하루아침에 남자에서 여자로 변하여 두 청년 앞에 나타났다.

"와, 이게 누구여? 하늘에서 내려온 선녀가 아닌가?"

두 청년은 이쁜이를 서로 아내로 맞을 궁리를 했다. 양 노인도 두 청년 중 하나를 골라 사위로 삼을 생각이었다.

이쁜이로 하여 두 청년 사이에 금이 가기 시작했다. 양 노인도 그것을 알고 고민에 빠졌다.

"서둘러 짝을 정하여 맺어주어야겠소."

"그야 아버지가 할 일 아니겠나이까."

양 노인은 둘을 놓고 저울질해보았다. 도무지 선택할 수가 없었다. 그리하여 양 노인은 청자를 굽게 하여 잘 굽는 청년에게 딸을 주기로 마음먹었다. 양 노인이 자기의 뜻을 두 청년에게 말했다.

"나는 너희 가운데 청자를 잘 굽는 자를 사위로 맞아 내 비법을 전수하겠노라!"

"스승님, 훌륭한 생각이나이다. 스승님의 뜻에 따르겠나이다."

두 청년은 자신감에 넘쳐 양 노인의 약속을 조건 없이 받아들였다. 하지만 불행히도 양 노인은 이쁜이의 신랑을 정해주지도 못하고 세상을 떠나버렸다.

양 노인이 세상을 떠난 지 3년이 지났다. 기남과 수남은 이쁜이를 놓고 불꽃 튀는 경쟁을 벌였다.

4월 초파일날, 이들은 부처님·산신령·물신령·청자 가마의 불신령에게 제물을 바치고 기도했다. 올해에는 특히 사윗감을 고르는 마지막 청자기술을 보는 해여서 이쁜이 집에는 팽팽한 긴장감이 돌았다. 결승전을 치르는 날 구월암의 스님과 다른 스님 2명을 초청했다.

집 안에 놓은 불단 앞에서 불공을 드렸다. 그리고 박씨 부인과 이쁜이, 기남, 수남은 양 노인의 묘소에 제물을 바치고, 오늘 밤 자정에 양 노인의 유언대로 청자기술을 겨루는 결승전을 치러 승자를 사위로 삼겠다고 고했다.

자정이 되었다. 기남의 가마와 수남의 가마 중간쯤에서 구월산 스님은 가마에 불을 지피라는 신호를 보냈다. 두 가마에서 동시에 불꽃이 솟았다. 긴장된 순간이 어둠 속에서 흘러갔다. 날이 새고 다음날 아침, 이쁜이는 수남의 가마터만 바라보고 있었다. 이쁜이의 얼굴에 수심이 가득했다.

기남과 수남은 가마에서 꼼짝하지 않았다. 청자를 만들 때는 언제나 불가마의 끝 시각까지 잠시도 눈을 붙이지 않고 꼬박 2, 3일 밤을 새우는 것이 통례였다. 이것은 양 노인이 평생을 지켜온 비법이었고 철칙이었다. 그들은 가마의 불이 피어오르는 시간에도 긴장을 늦추지 않았다. 시간의 장단은 다만 화력의 강약 조절로써 다루어졌다. 되도록 오랜 시간을 두고 굽는 것이 어려운 비결인 동시에 가장 좋은 청자를 완성하는 도로 삼아왔다.

그러나 이번에는 같은 시간에 시작하여 마감하기로 했고 사흘 주야를 기한으로 정했다. 그동안 자지도 않고 쉬지도 않은 두 청년의 숨가쁜 경쟁은 가마 속의 불길처럼 뜨겁게 달아오르고 있었다.

이쁜이는 빨래터로 가면서 기남의 가마를 지나쳤다. 기남이 땀을 뻘뻘 흘리면서 가마 앞에 앉아 있었다. 이쁜이는 수남의 청자가 더 잘 구워지기를 빌었다. 그래서 기남에게 미안한 생각이 들었다.

"이쁜이 나 물 한 그릇 떠다주겠어?"

기남이가 이쁜이를 보고 말했다. 이쁜이는 빨래 그릇을 놓고 뒤돌아가 부엌 물항아리에서 물을 떠다가 기남에게 주고 개울가로 나가 빨래를 시작했다. 그런데 아무리 봐도 빨래 하나가 눈에 띄지 않았다. 분명히 빨래 그릇에 넣었는데 어머니의 속옷이 눈에 보이지 않았다. 이쁜이는 기남의 짓이라는 것을 알아차렸다. 물을 뜨러 간 사이에 기남이 훔친 것임에 틀림없었다.

예부터 청자 가마에 여자의 은밀한 곳의 때가 묻은 속옷을 태우면 신기한 영검이 있다고 전해져오고 있었다. 하지만 아버지가 그런 비법을 썼다는 말을 들어본 적이 없는 이쁜이였다. 이쁜이는 불안했다. 만약 어머니의 속옷을 태운 기남의 청자가 더 잘 구워진다면 수남은 어찌 되는가. 이쁜이는 앞뒤 가릴 새 없이 자기의 방으로 달려가 속옷을 벗어 똘똘 뭉쳐 저고리 속에 감춰 수남의 가마로 갔다.

"지금 상태는 어때?"

"응, 잘돼가고 있어."

"저어…."

이쁜이는 망설이다가 기남이가 어머니의 속옷을 훔쳐 가마에 태웠다는 말을 했다. 그러고는 자기 속옷을 저고리 속에서 꺼내어 내밀었다.

"크흠…."

수남은 신음 소리를 토하고 이쁜이의 속옷을 가마에 넣었다. 그리고 나서 연못가 바위로 잠시 기도를 드리러 갔다. 그 바위에서 이쁜이가 무릎을 꿇고 앉아 수남의 가마 쪽에 대고 절을 하고 있었다. 수남이 발소리를 죽여 다가가 어깨를 안았다.

"에그머니."

이쁜이가 깜짝 놀라 뒤돌아보고 수남임을 알고 살포시 웃었다.

이때 기남이 헐레벌떡 달려와 외치며 수남을 주먹으로 후려갈겼다.

"이 더러운 년놈들아! 너희는 스승의 약속을 어기고 이런 데서 비밀리에 야합을 했구나. 너희를 죽이고 나도 죽겠다!"

두 청년은 개처럼 싸웠다.

"그만둬요! 우리는 결백하단 말예요! 아무 일도 없었단 말예요!"

"그게 정말이더냐?"

기남이 물었다.

"그렇다니까요. 그러니 정정당당하게 기술로 승부를 가리란 말예요!"

두 사람은 싸움을 멈추고 오해를 풀었다. 그리고 기술로써 승부를 가리자고 다짐했다.

사흘째 되는 날이었다. 자정이면 두 가마의 불이 동시에 꺼지고 청자 솜씨가 드러날 판이었다. 엄숙하고 비장감마저 돌았다. 그런데 저녁이 되어 이상한 일이 벌어졌다.

'청자 가마에 사람을 태워서 인신공양을 하면 놀라운 영검이 있다 했다. 수남은 이 비법을 모를 게야.'

기남은 풍장風葬을 해놓은 곳을 찾아 시체를 구하러 갔다. 그런 줄도 모르고 수남은 가마 앞에서 기도를 열심히 드리고 있었다. 이쁜이는 마음이 초조하여 수남의 가마로 갔다.

"정말 자신 있는 게야?"

"내 영혼을 바치고 있으니 잘될 게야."

"기남의 가마에 불이 안 보이네."

"응? 이제 보니 그렇네. 이쁜이가 가서 장작 좀 넣어줘."

"서로 경쟁하면서 그런 마음이 들어?"

"꺼진 불을 보고 모른 체하면 명장의 도리가 아니지."

"난 몰라. 수남이가 져도 원망하지 마."

이쁜이는 수남의 마음씨가 고와 속으로 감탄하고 기남의 가마로 갔다. 장작을 가마 아궁이에 넣고 막 돌아서려는데, 기남이 시체를 메고 와서 가마 속에 던졌다. 금세 노린내가 진동했다.

"아무 소리 마라! 수남에게 말하면 죽여버릴 테다!"

기남의 눈에 살기가 돌았다. 이쁜이는 무서워서 방으로 뛰어들었다. 그러나 가만히 있을 수가 없었다. 자정이 가까워오고 있었다. 이쁜이는 수남의 가마로 달려가 더듬거리며 말했다.

"기기 기나암이가… 소소옹자장을… 가가가마에 너너너넣어었어."

"뭐라? 인신공양을 했다고?"

"그그그래에."

수남은 눈앞이 캄캄했다. 인신공양을 하면 청자를 굽는 데 영검이 있다는 말을 들은 적이 있는 수남이었다. 이쁜이는 다시 방으로 들어와 이불을 뒤집어쓰고 고민하다가 잠이 들어버렸다.

이튿날 아침, 어머니가 눈물을 흘리며 수남이 남긴 쪽지를 이쁜이에게 주었다.

"이쁜이, 인신공양을 하여 좋은 청자를 빚을 수만 있다면 난 그러고 싶어. 자정까지는 시간이 너무 촉박해. 내가 청자의 영혼으로 남고 싶어."

수남은 쪽지를 남기고 가마 속으로 뛰어든 것이다.

구월암 스님이 심사를 마치고 말했다.

"수남이 영혼을 바친 이 청자는 스승의 명작을 뛰어넘는 고려의 보물이외다. 수남이 이 보물을 보지 못하는 것이 한스럽나이다."

스님은 수남의 극락왕생을 기도해주었다. 비극은 여기에서 끝나지 않았다. 이쁜이는 수남의 유작을 가슴에 안고 깊은 연못에 뛰어들어 수남을 따라갔다. 하나의 예술품을 위해 몸을 불사른 젊은 예술가와, 그를 사랑한 나머지 목숨을 바친 여인의 영혼이 어우러져 고려청자는 매끄럽고 은은하고 부드러운 색깔로 예술과 사랑의 극치를 보여주고 있다.

◉ 망국의 징조

황해도 배천군에 사는 한 사냥꾼이 영변 묘향산으로 사냥을 나갔다. 사냥꾼은 사냥을 하는 재미에 빠져 해 지는 줄도 모르고 자꾸 심산유곡으로 들어갔다. 나중에는 길을 잃고 어둠이 짙어져 천지를 분간할 수 없었다.

이따금 호랑이 같은 맹수가 지나며 산이 울리도록 포효하는 바람에 사냥꾼은 소름이 끼쳐 몸을 웅크렸다. 사냥꾼은 하룻밤 은신할 곳을 찾아 천지를 분간할 수 없는 산중을 헤매고 다녔다. 얼마를 헤매었을까. 희미한 불빛을 발견했다. 혹여 맹수의 눈빛이 아닌가 하여 유심히 살펴보았다. 틀림없는 등불이 우거진 숲 사이로 비치고 있었다.

사냥꾼은 깊은 숲을 헤치고 불빛이 비치는 곳을 찾아들었다. 깊은 산중에 이런 오두막이 있을 줄이야. 사냥꾼을 맞은 이는 아름다운 처녀였다. 사냥꾼은 사람이 아닌가 싶어 처녀를 한참 동안 노려보았다. 처녀가 입술에 웃음을 머금고 말했다.

"염려 놓으소서. 이곳에 사는 소녀이옵니다."

"이곳이 대체 어디쯤이오?"

"소녀도 잘 모르는 첩첩산중이나이다."

"하룻밤 신세 지게 되어 미안하오."

"잠시 기다리소서. 소찬이나마 시장기를 면해드리겠나이다."

처녀는 부엌으로 나가 한참 만에 상을 봐왔다. 사냥꾼은 눈이 휘둥그레졌다. 밥은 잡곡밥이었으나 반찬은 산채와 고기였다. 산에서 사냥한 고기가 여러 가지였다. 사냥꾼은 시장한 참이어서 밥 한 그릇을 눈 깜짝할 사이에 먹어치웠다. 밥상을 물린 뒤 사냥꾼은 궁금한 것이 많아 말문을 열었다.

"어이하여 이 산중에 처녀 혼자 사는 게요?"

"혼자가 아니오라…."

"누가 있다는 말이오?"

"차차 알게 될 것이오니 캐묻지 마시오소서."

처녀의 얼굴에 웃음이 떠나지 않았다. 절세미인의 잔잔한 미소, 사냥꾼은 피곤한 줄도 모르고 처녀에게 이것저것 물었으나, 처녀는 한결같이 차차 알게 될 것이라는 말뿐이었다.

시간은 흘러 자정이 조금 지났다. 밖에서 인기척이 났다. 사냥꾼은 긴장되어 몸을 움츠렸다. 처녀가 생긋 웃으며 말했다.

"염려 놓으소서. 해칠 분이 아니나이다."

"애야 잘 있었느냐? 오늘은 재수가 좋아 사냥을 한 짐 해왔구나."

밖에서 우렁찬 목소리가 들렸다. 처녀가 문을 열고 나갔다. 사냥꾼은 밖에 서 있는 사내를 보고 그만 기가 질렸다. 세상에 태어나 처음 보는 덩치였다. 몸집은 큰 황소만하고, 키는 오두막집 처마 위로 솟아 있었다. 키 큰 사내가 마치 지붕 위에서 말하는 것 같았다.

"누가 왔느냐?"

"엽사 한 분이 길을 잃고 찾아들었나이다."

"오, 그랬느냐?"

키 큰 사내가 방으로 들어왔다. 서서 들어오지 못하고 기어들어왔다. 방에 들어와서도 앉지 못하고 방의 모서리에 맞추어 다리를 죽 펴고 앉았다.

그가 지고 온 지게에는 호랑이 · 사슴 · 산돼지 · 곰 등이 얹혀 있었다. 사냥꾼으로서는 도저히 지고 올 수 없는 큰 짐이었다.

"손님에게 저녁 대접은 잘하였더냐?"

키 큰 사람이 처녀에게 물었다.

"예에, 소찬이나마 대접했나이다."

"내 밥상을 가져오너라."

처녀가 부엌으로 나가 밥상을 들고 왔다. 사냥꾼이 그 밥상을 보고 화들짝 놀랐다. 큰 날돼지 한 마리가 통째로 상에 놓여 있었다. 사냥꾼은 부쩍 의심이 들었다.

'아무래도 심상치가 않구나. 큰 덩치에 생식을 하는 저놈이 필시 나를 잡아먹지 않을까?'

사냥꾼은 소름이 끼쳐 몸을 떨었다. 사내는 사냥꾼을 전혀 의식하지 않고 날돼지를 칼로 살을 발라가며 깨끗이 먹어치웠다. 사냥꾼은 숨을 죽이고 사내의 행동을 눈여겨보았다. 식사를 마친 사내가 말했다.

"저 손님에게 대접을 잘하고 친절히 모셔라!"

"예에."

처녀가 사냥꾼의 자리를 봐주었다.

"밤이 깊었나이다. 주무시오소서."

"고맙소이다."

사냥꾼은 자리에 누워 잠을 청했으나 잠이 오지 않았다. 사내에게 언제 잡혀 먹힐지 몰라 밤새도록 눈을 붙이지 못하고 뜬눈으로 지새웠다.

이튿날, 사내가 처녀에게 말했다.

"손님에게는 익은 음식을 드리고 내게는 날것을 다오."

"그리하겠나이다."

사냥꾼은 아침이고 뭐고 잡혀먹힐까 두려워서 도망칠 궁리를 하고 있었다. 그러나 오금이 저려 한 발짝도 옮길 수 없었다.

사내는 아침에도 날돼지 한 마리를 통째로 발라먹고 기어서 방을 나갔다.

늦봄의 산중 오두막집에는 벽도화碧桃花가 만개해 있었다. 주위는 신록이 우거지기 시작하여 아름다운 정취를 자아냈다.

사내는 풀 위에 두 다리를 좍 펴고 앉아 눈을 감고 깊은 생각에 잠겨 있다가 눈을 뜨고 사냥꾼을 불렀다. 사냥꾼은 잡혀먹힐 때가 온 것이라고 여기며 내키지 않은 발걸음으로 도살장에 끌려가는 짐승처럼 사내에게 다가가 그 앞에 섰다.

사내는 사냥꾼을 한번 힐끗 쳐다보고 나직한 목소리로 말했다.

"손님, 겁을 먹지 마시고 이리 가까이 오시오. 손님은 참으로 운이 좋은 분이외다."

"예에? 그 무슨 말씀이오?"

"손님께서 이곳에 오시게 된 것은 내 술법術法에 의해서라오. 어젯밤 한방에서 같이 잔 처녀는 내 딸이외다."

"짐작은 했소이다."

"내 딸년이 비록 미거하나 손님께서 아내로 맞이한다면 내가 여태껏 모아둔 호피虎皮 · 웅담 등을 죄다 손님께 드리겠소이다."

사내는 오두막 건너편의 바위굴 속에서 산더미처럼 쌓아놓은 귀중한 사냥감들을 꺼내어 가지고 왔다.

"이 물건들은 무거워서 손님은 도저히 갖고 가기 어려울 것이외다. 내가 이 산속을 벗어나 강가 나루터까지 갖다줄 것이니, 아무것도 묻지 말고 내 딸의 손을 잡고 강가로 가시오."

사냥꾼은 사내가 무서워 아무 말도 못하고 시키는 대로 할 수밖에 없었다. 처녀와 손을 잡고 산속을 벗어나 강가로 나왔다. 사내는 각종 피물을 동산만하게 묶어 어깨에 짊어지고 사냥꾼의 뒤를 따랐다.

사내는 귀중한 물건들을 배에 실어주고 사냥꾼에게 부탁했다.

"이것들을 팔면 몇 천금 되는 큰 돈을 만지게 될 게요. 내게 소 두 마리와 소금 백 석만 보내주시오."

"언제까지 보내드리리까?"

"닷새 후에 이 나루터에 갖다주면 되오."

"알겠소이다."

사냥꾼은 서둘러 집에 돌아왔다. 집에서는 장가도 안 든 아들이 사냥을 나가 호랑이한테 물려간 줄 알고 애타게 기다리다가 뜻밖에도 미인을 데리고 와 그날로 혼인을 시켰다. 사냥꾼은 첫날밤을 치른 후 사내가 말한 대로 귀한 물건들을 팔아 거만의 돈을 손에 쥐었다. 누가 뭐래도 황해도 제일의 부자가 된 것이다.

사냥꾼은 사내와의 약속을 지키기 위해 소 두 마리와 소금 백 석을 사서 배에 싣고 나루터로 갔다. 그 사내는 벌써 와서 기다리고 있었다. 사내는 소금을 받고는 또 피물을 한 짐 주었다.

"나는 산속에 살기 때문에 피물이 필요없소이다. 다 가져가시오."

"이 많은 것을 죄다 저에게 주는 까닭이 무엇이오이까?"

"묻지 마시오. 다만 또 한 번 부탁을 드리겠소이다. 닷새 안에 소금

백 석을 더 갖다주시오."

사냥꾼은 아예 장사꾼으로 나섰다. 시장에 나가 사내가 준 귀한 물건들을 팔다보니 장사에 마음이 끌렸다.

사내와 약속한 닷새가 되던 날 사냥꾼은 소금 백 석과 소 두 마리를 배에 싣고 나루터로 가서 그 사내를 만났다. 사내가 소를 보고 깜짝 놀랐다.

"소금만 부탁했거늘 어찌하여 소를 가져왔소이까?"

사내의 얼굴이 일그러졌다.

"이번에는 소를 가져오라 하지 않았으나, 당신 덕에 부자가 되었거늘 이까짓 소 두 마리쯤이야 드리지 못하겠소이까?"

사내가 정색을 하며 말했다.

"그런 말 마시오. 나는 소를 싫어할 까닭이 있소이다. 그리 아시오. 지금부터 그대와 나는 영영 이별이니 부디 행복하게 사시오."

사내는 뒤도 돌아보지 않고 가버렸다. 사냥꾼은 당황하여 사내의 앞을 가로막고 물었다.

"이대로는 못 가시오. 내게 왜 이런 은혜를 베푼 것인지 그 까닭을 말해주오. 그리고 댁의 신분을 밝히시오. 혹여 묘향산 산신이 아니시오?"

"당장 모든 것을 말할 수는 없소이다. 내년 오월 단옷날에 임진강 나루터에 가면 초립청포 차림의 귀공자가 배를 타러 나와 있을 터이니, 그에게 우리의 이야기를 자세히 해주면 아마 내 신분을 알 수 있을 게요."

사내가 말하고 뒤돌아서자 그 모습이 보이지 않았다.

사냥꾼은 그뒤 재산을 더 모아 거상巨商이 되었다.

이듬해 오월 단옷날, 사냥꾼은 임진강 나루터로 나갔다. 사냥꾼은 임진강에서 선유船遊를 하며 연회를 성대히 베풀었다.

사냥꾼은 나루터에 시선을 고정하고 초립청포 차림의 귀공자를 기다렸다. 정오쯤 나귀를 타고 그 귀공자가 나타났다. 사냥꾼은 그 귀공자에게 달려가 공손히 예를 하고, 그 사내와 있었던 일을 자세히 이야기했다. 귀공자는 사냥꾼의 말을 귀담아듣고 나서 긴 한숨을 내쉬었다.

"그 큰 사내는 천지정기天地精氣의 화성化成한 영혼으로 이름은 우禹라고 부르오. 그 우가 있으면 나라가 태평하나, 그 우가 사라지면 그 정기가 화하여 영웅호걸이 되어 방가邦家의 액운을 초래하는 것이외다. 특히 우가 사람으로 화하려면 소금을 먹어 자멸한 뒤에 화하여 사람 사는 세상에 나타나오. 소금이 없으면 자멸하지 못하오. 그리하여 당신에게 소금을 구해달라 한 것이오. 소금을 먹고도 생육을 중간에 먹으면 닷새 동안 명命을 더 늘일 수 있다 하오. 그리하여 최후에는 자멸을 각오하고 생육을 단식한 것이오. 그러나 이런 일은 장차 고려가 망할 징조를 보인 것이오. 고려의 운명은 10년도 못 가 나라를 빼앗으려고 탐내는 자가 나타날 것이외다."

귀공자는 크게 한숨을 쉬고 나귀와 함께 배에 올랐다. 사냥꾼이 이름을 물었으나 귀공자는 외면해버렸다.

⊙ 목은 이색 일화

포은圃隱·도은陶隱·야은冶隱과 더불어 고려조 4은四隱으로 일컫는 목은牧隱 이색李穡은 지금의 충청남도 한산에서 태어났다. 한산은 한산 모시로 이름난 고장이다. 아버지는 가정稼亭 이곡李穀으로, 원나라에서 과거에 급제하여 고려인의 재주를 알린 인물이다.

목은도 20여 세에 원나라에 들어가 향시鄕試와 성시省試에 두 번씩이나 장원급제하여 수재로 널리 알려졌다. 그뒤 한림원 검토관 학사 벼슬에 임명되어 원나라 조정을 놀라게 했다. 그 무렵, 원나라 재상의 딸이 목은에게 편지를 보냈다.

"… 소녀는 이 나라 재상의 외동딸로서 방년 18세의 규수이옵나이다. 소녀 재주는 없사오나, 남들이 천하 제일의 미인이라고 칭하는 미색이

나이다. 이번에 낭군께오서 장원급제하였사오나 이 나라 조정 신료들의 시기와 질투로 억울하게도 제1위 자리를 이 나라 선비에게 내주고 제2위로 내려앉은 내막을 알고 소녀 의분을 참지 못하겠나이다. 불행히도 천하 제1의 영예를 탈취당했사오나, 천하 제1의 미녀와 천하 제1의 부귀를 얻으시면 되지 않겠나이까. 소녀의 부모님께서도 원하시는 바이오니 속히 회답을 주시오소서."

목은은 이미 고려에 아내가 있어 정중히 거절했다. 이 사실이 북경 천지에 알려지자, 목은은 화제의 주인공이 되어 원나라 젊은이들의 시기와 질투를 사게 되었다.

원나라 선비들이 목은을 공연히 미워하여, 당시 북경 문단을 좌지우지하던 조수·염복·구양원 등이 목은의 재주를 시험하려고 북경의 일류 요정에 초청하여 일류문사, 명기들과 더불어 연회를 열었다.

서로 예를 마치고 좌정한 다음, 조수·염복·구양원의 순서로 상석에 앉은 대선배측에 목은의 재주를 시험해달라고 청하고 조수가 운을 써서 벽에 붙였다.

'자위백어왈子謂伯魚曰'

위 다섯 자를 설명했다.

"이 글자들은 누구나 아는 바와 같이 《논어》에 있는 문구외다. 내가 이 다섯 글자를 택한 것은 이 다섯 글자의 뜻을 유가사서儒家四書(대학·중용·논어·맹자) 속에서 이 뜻에 상당한 사람의 이름을 써서 대답하라는 것이외다. 시간은 그리 많이 주지 못하오. 이 한림(이색)이 대답하지 못하면 그 다음에는 누구나 대답하면 되오."

이색은 자기를 골탕먹이려고 작정한 것 같아 기분이 언짢았지만 꾹 눌러 참았다. 모인 사람들의 시선이 이색에게로 쏠렸다. 이색은 붓을 들고 이렇게 썼다.

"이 사람은 고자告子가 아니오?"

그러자 염복이 말했다.

"나는 먼저 〈시전詩傳〉에서 한 마디 또 당시오절唐詩五絶에서 한 구절, 마지막에 약명藥名 한 가지를 찾아내려 하니, 이 한림이 두 가지만 대답하오."

이러고는 붓을 들어 썼다.

'습습속풍習習俗風(시전) 일모엄시비日暮掩柴扉(당시)'

아홉 글자를 쓰고 방풍防風이라고 마쳤다.

이색이 지체없이 이렇게 썼다.

'갱양지피羹羊之皮, 경세우경년經歲又經年 이것은 진피陳皮, 대목정정대木丁丁, 시문문견폐柴門聞犬吠 이것은 목적木賊'

망설임 없이 쓴 이색의 글자를 보고 모인 사람들의 얼굴에 놀라는 기색이 역력했다. 구양현은 시관으로 앉아 있다가 종이를 펴고 '지배입해盞持盃入海日 해대海大' 일곱 글자를 쓰고 싱긋 웃고 나서, 이색에게 대구를 채우라고 했다.

'좌정관천왈坐井觀天日 천소天小'

이렇게 썼다.

구양현이 쓴 글은 고려를 조롱한 것이다.

'달팽이 같은 너희가 달팽이 껍질 같은 작은 술잔을 들고 바다에 처음 뛰어들 때는 중국이 큰 줄을 몰랐다가 이제 보니 어떠하냐?'

그에 대한 대구로 이색이 쓴 글은 이랬다.

'너희는 우물에서 자란 개구리 모양으로 눈에 보이는 것만 보고 하늘이 작은 줄만 아는 불쌍한 사람들이다.'

구양현이 약이 올라 열 글자를 써서 이색을 모욕했다.

'수제조적지도교어중국獸蹄鳥賊之徒交於中國'

이 뜻은 '너희 같은 조수들이 이제는 중국에 교제하게 되었지' 였다.

이색은 피식 웃고서 대구를 적었다.

'계명구폐지성달우사린鷄鳴拘吠之聲達于四隣'

이 뜻은 '너희 수작은 닭·개 짖는 소리와 다를 것이 없도다' 였다.

통쾌한 대구였다. 그 자리에는 중국 선비들뿐만이 아니라 안남·섬라·유구·인도에서 온 한문을 아는 나라의 사절이 끼어 있었다. 참석자들이 혀를 내둘렀다. 분위기를 파악한 조수가 이색을 치켜세웠다.

"이 한림은 소문대로 천재외다. 이 한림과 재주를 겨루다가는 망신만 당할 뿐이외다. 이 한림을 장원으로 뽑지 않은 것은 우리의 수치외다."

중국 선비들은 이색에게 진심으로 사과하고 술상을 다시 차려 밤새도록 즐겼다.

원나라에서 이색의 인기는 대단했다.

공민왕 때 임금이 목은과 이성계를 정승으로 임명하고 신하들에게 물었다.

"과인이 문신 중에 이색을, 무신 중에 이성계 같은 천하 제1의 인물을 가려서 등용할 줄 아오. 그대들 생각은 어떠하오?"

"천세!"

신하들은 천세로 답했다.

고려 말의 이색과 한말의 김운양金雲養은 문학과 인품으로 중국인에게 우리 겨레가 중국에 뒤지지 않는다는 것을 보여준 대표 학자들이다.

◉ 고려의 환관

환관은 처음에 천인 계급에서 발생했다. 원래는 부형腐刑이라 하여 형벌의 한 가지로 남자의 가장 중요한 일부분을 썩혀 떨어뜨리는 것이었다. 그러나 고려에서는 그러한 형벌을 사용한 예가 없다. 불구를 사용한 듯하나 사실 불구자는 극소수였고, 강보에 싸여 있을 때 개에게 물려 그렇게 된 사람들이 많다고 전한다.

원나라의 지배를 받을 때, 제국공주가 환관을 바친 후 원나라의 내탕금을 맡아 성공했다. 그 환관 출신들이 본국에 황제의 사신으로 오게 되면 크게 성공한 것으로 알아주었다. 이때부터 환관이 되려는 사람이 부쩍 늘었다. 부귀와 영화를 위해 수단방법을 가리지 않았다.

최세신이란 자는 자기의 아내와 싸우고 홧김에 남근을 잘라버리고, 당시의 환관 도성기陶成器에게 가서 애원했다.

"나도 이제 환자가 되었소이다. 궁중에 출입하게 해주오."

그는 국부의 상처가 채 아물지도 않은 채 궁중에 들어가 제국공주의 총애를 받았다. 몇 년 후 그는 자기를 궁중에 천거한 도성기보다 더 은총을 입어 장군이 되었다. 게다가 자기 형마저 벼슬자리를 마련해주는 수완을 발휘했다.

세연의 형 세안은 아우덕에 무반의 요직인 중군도령中軍都領이 되었다. 그들 형제는 출세하여 자기들이 살던 집이 좁아 궁궐 옆 세도가 조인규의 집을 비롯, 그 근처의 민가를 사들여 굉장히 높은 누각을 지었다. 제국공주가 이 사실을 알고 최세연을 불러 나무랐다.

"개인 집이 궁궐보다 높고 클 수가 있느냐! 집을 당장 낮추어라!"

최세연은 공주의 말에 따르지 않았다. 제국공주는 몹시 화를 냈다.

"네 이노옴! 재상 조인규도 그 집이 좁다지 않고 살았느니라. 한낱 엄관이 집이 작다고 궁궐보다 높이 누각을 짓다니 말이 되느냐! 너는 내 말을 거역했도다. 순마소巡馬所에 너를 가둘 것이니라!"

최세연은 옥에 갇히고 말았다. 최세연은 지혜를 짜 제국공주에게 뇌물을 바치고 며칠 후 옥에서 풀려났다.

"흥, 공주라고 별 수 있나. 나도 긁어모아 볼 일이야, 뇌물을…."

최세연은 뇌물을 무척 밝혔다. 때마침 김홍수와 장양비가 노비문제로 전법사典法司에서 싸우고 있었다. 장양비는 자기의 세가 불리하자 최세연에게 말썽이 생긴 노비 40명을 몰래 바쳤다. 최세연이 장양비의 싸움을 가로막고 나섰다. 김홍수는 최세연에게 욕설을 퍼부으며 달려들었다. 최세연은 김홍수를 옥에 가두었다. 전법사의 좌장 심유는 최세연 편을 들어 김홍수의 노비를 몰수해버렸다. 이번에는 김홍수가 심유에게 대들었다.

"네가 법관이냐? 최가놈 따위에게 아부나 하는 놈이 무슨 놈의 법관이냐!"

"웃기는 자로군. 네가 거느린 종도 죄다 남에게 빼앗은 것이 아니더냐?"

김홍수는 꼼짝없이 당하고야 말았다.

최세연은 노비를 빼앗아 큰 집에서 거느리고, 그의 식구들은 호화로운 생활을 영위했다. 그는 청춘이 그리웠다. 최세연은 이러한 고민거리를 없애려고 그 무렵 상류사회에서 유행하던 몽고개를 기르기로 했다.

몽고개는 사나워 싸움을 잘했으나, 주인에게만은 복종 잘하고 말을 잘 들었다.

최세연의 옆집이 수흥궁주壽興宮主의 집이었다. 궁주는 홀로 외롭게 지냈다. 어느 날 최세연이 문 밖에서 몽고개를 훈련시키고 있었다. 때마침 궁주댁의 계집종이 사내종과 골목길의 으슥한 곳에서 속삭이고 있었다. 최세연은 은근히 질투심이 일어 개를 풀어놓고 물으라고 명령을 내렸다. 사내는 달아나고 계집종만 물렸다. 계집종이 울면서 소리를 질렀다. 소란을 듣고 궁주가 나왔다.

"뉘집 개가 물었느냐?"

"내 집의 개요."

최세연이 나섰다.

"빨리 끌고가라!"

최세연은 팔짱을 끼고 웃기만 했다.

"끌고가라고 했느니라."

"계집종이 잘못하여 개가 성난 것이외다."

"잘못이 무엇이더냐?"

"사내놈과 수작을 부리고 있었소이다."

"그것이 개와 무슨 상관이더냐?"

몽고개가 계집종의 뒤꿈치를 물고 늘어졌다. 비명소리가 골목을 가득 채웠다. 궁주가 화가 나서 꾸짖었다.

"네 이놈! 사람이 중하냐 개가 중하냐? 어서 끌고가지 못할까!"

최세연이 거침없이 대거리했다.

"늙은 과부가 모르면 가만히 계시오!"

"저놈이 누구 앞에서 함부로 주둥이를 놀리느냐!"

"모르는 소리 작작 하란 말이외다."

화가 치민 궁주는 울음을 터뜨렸다. 최세연은 그제서야 개를 끌고갔다.

최세연의 행패가 날로 심해졌다. 한 번은 상장군 차신車信의 집에 자기가 종을 삼고자 하는 강주라는 사람이 숨어 있다는 것을 알고 그 집에 가서 야료를 부렸다. 하지만 최세연은 약한 백성들을 괴롭히지는 않았다. 개성의 실력자의 노비를 빼앗는 등 큰 것을 노렸다. 궁내에 있는 물건도 제 마음에 들면 스스럼없이 가져갔다. 결국 최세연은 나중에 충선왕에게 피살되고 말았다.

환관 중에 원나라로 들어가 고려를 위해 큰일을 한 사람도 적지 않았다. 방신우方臣祐는 상주의 농민으로 고려 궁궐에 있다가 제국공주를 따라 원나라에 들어갔다. 그는 원나라 세조의 유성 황후궁에 있게 되어 이름을 망고다이로 고쳤다. 매우 영리한 그는 황후의 신임을 얻어, 성종 때에는 황제 옆에서 가까이 지내고, 나중에는 황궁의 살림을 맡는 지위에 올랐다.

무종 때에는 수원 황태후에게 잘 보여 평장정사平章政事가 되어 원나라 정치에까지 참여했다. 그리하여 원나라와 고려 사이의 어려운 일을 해결하는데 큰 힘이 되어주었다.

방신우가 원나라에서 출세하자, 상주 중모현 아전으로 있던 그의 아버지는 관성현령이 되고 몇 년 뒤에는 상주목사가 되었다. 그의 매부 박여는 농투성이었으나 서울에 올라와 첨의부의 평리評理가 되었다. 또

박여의 아들도 벼슬길에 올라 전서典書를 지냈다.

방신우는 충숙왕 때 황명을 띠고 고국에 들어왔다. 고려에서는 재상과 중신들이 모여 민천사에서 환영연을 베풀어주었다. 그 당시 고려의 재상·중신들은 역대로 내려오던 고관의 후손으로서 문벌을 자랑했다. 겉으로는 방신우를 환영하는 체했으나 속으로는 깔보고 있었다. 연회장은 화기애애했다. 방신우가 고려의 관료들을 개의치 않아서였다.

그후 방신우는 고려에서 원나라에 바치는 금자장경金字藏經을 쓰는데 감독으로 나와 있었다. 수원 황태후가 친히 금박 60여 장을 주었다. 방신우는 고려로 나와 글씨 잘 쓰는 서예가 300여 명을 모았다. 이러한 불교적 행사는 나라의 재정이 여유 있고 백성들이 풍족할 때 이루어졌다.

임금도 참여하여 각지에서 모금을 하도록 도와줬다. 그런데 모금하는 과정에서 지방수령들이 몰래 착복하는 예가 허다했다. 방신우는 지방수령의 착복을 보고, 농민들의 고통을 짐작하여 착복한 수령을 불러 타일렀다.

"누가 백성들의 고혈을 짜라고 했더냐? 너희의 녹봉에서 정성을 떼어 바치라고 하지 않았더냐?"

그래도 알아듣지 못하는 수령에게는 매질을 했다. 이런 소문이 돌자 지방수령들은 그의 비위를 맞추느라고 백성을 상대로 더 긁어모았다. 방신우는 이 사실을 알고 모금을 그만두도록 했다. 그렇다고 수령들의 착취가 그친 것은 아니었다. 모금을 명분으로 백성의 고혈을 짜냈다.

"고려 관리는 썩을 대로 썩었구나."

방신우가 개탄했다.

금자장경이 완성되자, 방신우는 그것을 신효사神孝寺에 바치고 황태후를 위해 기도드렸다. 이날은 국가의 경사로 죄수를 석방했다. 고려의 중신이 방신우에게 청했다.

"칙사, 황태후의 복을 비는 일은 좋은 일이외다. 은덕을 고려의 죄인에게도 나누어주오."

"죄수를 방면해달라는 말씀이외까?"

"그렇소이다. 되도록 많이 방면해주오."

"어떤 죄수를 말하는 것이외까?"

"어떤 죄수든 다 말이외다."

"아니, 남의 물건을 훔친 자, 강간을 한 자, 살인자, 파렴치한 죄수를 죄다 말이외까?"

"그렇소이다."

"아니 될 말이외다. 그리는 못하오."

방신우는 거절해버렸다. 그러자 조정의 공론이 엉뚱한 방향으로 흘렀다.

"칙사가 개인 감정으로 죄수를 석방하지 않는다."

방신우는 고려 중신들의 압력에 못 이겨 죄수들을 방면해주었다.

"무슨 행사만 있으면 큰 도둑 작은 도둑 다 풀어주니 나라가 잘될 리 있겠는가."

방신우는 한탄하며 고국을 떠났다. 원나라에 들어간 그는 황태후에게 칭찬을 받고 벼슬이 태자첨사太子詹事에 올랐다.

이때 원나라의 번왕藩王 한 사람이 살 곳을 압록강 동쪽 지역으로 옮기려고 했다. 그렇게 되면 몽고 사람들이 고려로 대거 이동하여 복잡한 문제가 일어나게 된다. 방신우는 이것을 막았다. 압록강 지역은 산악지대로 목장에 적당하지 않다고 주장했던 것이다.

한번은 원나라에서 고려를 일개 성省으로 만들어 통치하자는 말이 나왔다. 방신우는 그 사실을 알고 수원 황태후에게 말하여 이를 중지시키도록 했다. 고려를 위해 방신우는 많은 일을 했다. 고려에서는 충숙왕 때 그에게 상락부원군을 봉하고 공신호를 주었다.

방신우는 원나라 황실에서 세조 이하 7대를 섬겼고, 두 태후에게 신임을 받으며 공을 세운 후 고국으로 돌아왔다. 그는 선흥사를 수축하여 그곳에서 지내다가, 다시 원나라로 돌아가 일생을 마쳤다. 그는 원나라에서 모은 재산을 모두 고려에 남겼다.

환관 임백안任伯顔은 주면朱冕의 집 종으로 소년 시절 고생하다가 환관이 된 후, 원나라에 들어가 인종이 황제가 되기 전에 그의 저택에서 심부름꾼으로 있었다. 머리가 영리하고 재발라 인종이 황제가 된 후에 황궁의 일을 맡아 처리했다. 그러나 고려 충선왕과 서로 맞지 않아 한때는 위기에 몰렸다. 원나라 영종 때에는 충선왕을 토번으로 내쫓는 데 성공했다. 그는 고려 왕족들이 싸우는 것이 싫어 이러한 일까지 벌였다. 고려에서는 충선왕을 참소하여 역적으로 취급했다. 그는 고려 왕실의 싸움이 계속되자 충선왕을 원나라의 힘을 빌어 내쫓은 것이다.

얼마 후 충선왕이 귀양살이에서 돌아왔다. 임백안은 충숙왕 10년 벌을 받고 죽었다. 그 때문에 출세한 형 임서任瑞는 행방불명이 되었다. 그의 출세는 빨랐으나 정치적 변동으로 그 끝도 빨리 찾아왔다.

고용보高龍普는 숯 굽는 천인으로, 환관이 되어 충혜왕 때 완산군에 봉해졌다. 충혜왕은 행실이 음란하고 무뢰한처럼 굴었다. 이에 백성은 임금을 싫어했다. 때마침 고용보가 원나라에 들어가 세력을 잡은 후 황명으로 고려에 들어와 충혜왕을 감시했다. 임금이 조금도 나아지지 않으므로, 고용보는 국내외 힘을 빌어 충혜왕을 원나라로 잡아갔다. 그는 공민왕 때 사사되었다.

안도치는 공민왕과 얼굴이 닮아 흥왕사 변 때 임금 대신 죽은 환관이다. 그때 환관 김현은 홍건적을 쳐서 공신이 되었다. 우왕 때 김현은 나라의 공사를 마음대로 주물렀다. 김현은 우왕과 자주 충돌했다. 그때마다 우왕은 면박을 주었다.

"너는 남의 집 종 신분에 웬 참견이 그리도 많으냐!"

그후 김현은 우왕의 어머니 반야 문제가 생겼을 때 반야 편에 섰다가 쫓겨나고 말았다.

이밖에도 제법 이름이 알려진 환관들이 기라성 같다. 신소봉·김사

행·이득분 등은 우왕 때 활약한 환관들이다. 이들은 우왕·창왕 때 세력을 잡고 조정을 흔들었으나 모두 천민 출신들이다.

고려 말로 내려오면서 환관의 세력이 막강해지고, 조정 중신들과 결탁하여 국가기강을 무너뜨린 죄는 면할 길이 없을 것이다. 학자·문신들은 고려가 망한 대부분의 책임이 환관에게 있다고 주장하고 있다. 과연 그런지 알 수는 없으나, 일정부분의 책임은 면할 수 없을 것 같다.

공양왕시대 (1389~1392)

⊙ 목자득국설木子得國說

고려 마지막 임금 공양왕은 제20대 신종神宗의 7대손인 정원부원군 왕균과 정실 부인 왕씨 사이에서 태어났다. 이름은 요瑤로, 정창부원군에 봉해졌다가 다시 정창군으로 개봉되었다. 1389년 이성계 일파의 추대를 받아 고려 제34대 마지막 임금이 되었다. 이때 임금의 나이 45세였다.

이성계의 역성혁명은 이미 위화도회군 때부터 그 서막이 올랐다. 회군 소식이 전해지자 달아나려고 숨어 있던 군사들이 모두 나와 외쳐댔다.

"송도로 가서 역적 무리의 목을 베자!"

"최영이 역적의 괴수다!"

"최영이 우왕을 끼고 우리를 사지로 몰아낸 것이다!"

분위기가 심상치 않았다. 이성계의 하수인 배극렴 등이 선두에 나서서 군사들을 선동했다.

"오래 전부터 고려는 기울기 시작했다. 고려가 망하면 목자木子 성씨를 가진 사람이 득국, 즉 나라를 얻는다더라!"

"목자득국이라, 그럴듯한 말이군!"

"이씨가 나라를 얻는다? 뻔한 참언이구먼. 어쨌든 전쟁터에 나가 개죽음당하지 않으려면 이성계 편에 서는 수밖에 달리 도리가 없지 않은가!"

요동정벌을 떠났던 고려 대병단은 위화도에서 말머리를 송도로 돌려 질풍노도처럼 내달렸다. 구경하던 백성들은 삶에 지쳐 망할 테면 망해보라고 냉소적이었다.

"나라가 제대로 망하는구나. 무슨 놈의 군대가 임금의 명령을 어기고 저 지랄들이냐! 망하려거든 빨리 망하는 것이 낫겠구먼."

"이 사람아, 입조심하게나. 천지가 바뀌는 시절이라서 어느 놈의 몽둥이에 맞아죽을지 모르네."

"목자득국설이 온나라에 퍼지고 송도에는 이성계가 나라를 구한다는 동요가 어린이들 사이에 불리고 있다네."

"고려가 망해가고 있네. 우리 고려가…."

회군 소식을 들은 최영은 즉시 자주慈州에서 이를 막으려고 했으나 따르는 군사가 겨우 10여 명이었다. 그리하여 허풍스러운 명령을 내릴 수밖에 없었다.

"이성계는 왕명을 거역한 역적이다. 군민들이여! 이성계를 잡아오는 자에게 큰 상을 내리겠노라!"

누가 이성계를 잡아오겠는가. 약자의 허풍일 뿐이었다. 우왕과 최영은 자주에서 서경으로 들어가 보물을 물속에 던져버리고 한숨을 내쉬었다.

"이미 대세가 기운 것 같나이다. 역적의 군사가 너무 많사옵니다."

"그러게 말이오. 허나 장군께서 대책을 세워보시오."

우왕이 생떼를 쓰듯 말했다. 최영은 요동정벌군과 함께 움직이지 않은 것을 크게 후회했으나 이미 때는 늦었다. 우왕이 소맷자락을 잡고 애원할지라도 떨치고 정벌군을 이끌고 진군했어야 옳았다.

최영은 우왕을 호위하여 개경으로 돌아왔다. 그리고 군사들을 모았으나 50여 명이었다. 최영은 대대적으로 군사를 모았으나, 싸울 만한 장정은 모이지 않고 노비나 시정잡배들이 모여들었다. 최영은 도저히 승산이 없었다. 최영은 궁여지책으로 50여 명의 군사를 나누어 4대문을 지키도록 했다.

이성계는 한달음에 개경 근교에 닿아 진을 치고 김완을 우왕에게 보냈다. 김완이 이성계의 편지를 올렸다.

"최영은 국사를 그르쳤나이다. 감히 명나라에 반항하여 대군을 요동으로 보낸 것은 나라를 생각하지 않고 자신의 권력을 마음대로 휘두른 횡포였나이다. 최영을 제거하지 않으면 나라가 망하오니 전하께오서 잡아들이소서."

오만불손한 통첩이었다. 우왕은 몹시 화가 났으나, 이성계에게 편지를 써서 진평중을 이성계의 진영으로 보냈다.

"어명을 받고 나간 자가 말머리를 대궐로 돌린 것은 반역이 아니더냐? 자고로 군신간에는 대의가 있는 법, 경은 잘 알거늘 어찌 이런 짓을 할 수 있단 말인가! 최영을 역적이라고 몰아붙이지만 세상 사람들은 그의 충성을 알거늘 감히 그런 말로 과인을 위협하는고! 이 글을 보고 즉시 회개하고 투항하라!"

참으로 어처구니없는 교서였다. 역적에게 투항하라니 말이나 되는가. 차라리 협상을 하여 난관을 헤쳐나가야 현명하지 않을까. 우왕은 속수무책의 임금이었다.

이성계는 개경으로 들어와 숭인문 밖에 주둔하고 좌군에게 명령을 내려 선의문으로 쳐들어가 동서에서 협공하자고 했다. 싸움이 벌어졌다. 최영의 군대는 중과부적으로 이성계의 반란군을 당해낼 수 없었다.

이성계는 명나라의 황룡대기를 앞세우고 남산을 포위했다. 화원 안 팔각전에는 임금과 영비寧妃(최영의 딸), 최영이 모여 포위당해 있었다. 밖에서는 최영을 내놓으라고 고함소리가 아우성이었다.

최영은 이미 사태를 파악하고 임금에게 하직인사를 올렸다.

"전하, 신의 불찰로 일이 이 지경이 되었사오니 신이 나가겠나이다."

반란군은 이미 담을 넘어 팔각전으로 들어오고 있었다.

"최영을 내놓아라!"

최영이 반란군 앞에 나타났다.

"네 이놈들! 상감이 계시느니라! 무엄하게 어디서 큰소리더냐. 내가 최영이니라. 내 발로 걸어 나갈 테니 썩 물러서거라!"

선봉장 곽충보는 최영의 위엄에 눌려 아무 말도 못했다. 최영은 임금이 있는 곳을 향해 재배했다.

"신은 반란군에게 가서 죽을 것이오니 전하께오서는 이곳에 계시오소서."

우왕이 팔각전 안에서 울먹이며 말했다.

"시중이 가면 우리의 운명도 끝이외다."

영비도 울면서 말했다.

"아버님은 고려 최후의 충신이나이다. 소녀는 상감을 모시고 나라와 운명을 함께할 것이나이다."

곽충보가 최영을 재촉하여 데리고 나갔다. 최영은 위엄을 잃지 않았다. 이 나라의 문하시중이오, 요동정벌군의 팔도도통사로서의 체통만은 잃고 싶지 않았다. 최영이 이성계 앞에 섰다. 이성계가 용기를 내어 명령을 내렸다.

"죄인 최영을 결박하라!"

부하들이 달려들어 최영을 묶었다.

"네 이놈들! 내게 무슨 죄가 있느냐! 요동 땅을 우리의 땅으로 만들려 한 것이 죄더냐! 이성계, 너는 만고의 죄인으로 남을 것이니라!"

최영은 고봉현으로 쫓겨나 감금당했다.

이성계는 손쉽게 조정을 장악했다. 고려의 대들보 최영을 쫓아낸 후 거칠 것이 없었다. 최영은 이성계에게 죽음을 당했다. 최영이 피살될 때 이런 말을 남겼다.

"이인임의 예언이 현실로 다가왔구나. 일찍이 이인임이 말하지 않았던가. 이성계가 나라를 얻을 것이라고. 이제 고려의 멸망은 시간문제로다!"

최영은 한숨을 길게 토하고 나서 말을 이었다.

"내가 평생 조금이라도 남에게 억울한 일을 했다면 내 산소에 떼가 푸를 것이오, 그렇지 않으면 떼가 살지 못할 것이니라. 아, 이 원한을 어찌 풀어보리. 후세 사람들은 볼지어다. 원한의 표적을…."

최영은 무참한 최후를 마쳤다. 그의 유언대로 그의 묘소에는 떼가 살지 못하여 봉분이 맨 땅으로 남아 있다. 그의 원한은 지금까지 유보상태이다.

최영의 피살소식이 전해지자 개경 백성들은 철시를 하고 무언의 저항을 보였다. 어린아이들까지 눈물을 흘렸다.

우왕은 이성계의 야심을 보고 있을 수 없었다. 밤중에 우왕이 직접 80여 명의 환관과 위사를 거느리고 이성계를 습격했으나 실패하고야 말았다. 우왕은 강화도로 귀양 가고 창왕이 세워졌다.

고려 조정을 이성계 일파가 장악했다. 이성계는 친명파 학자들을 등용하여 우익을 견고히 다지고, 전제田制개혁을 단행하여 경제적으로 유리한 기반을 닦았다. 이러는 가운데 문신들간에 사이가 벌어져, 권근·이숭인·이색 등이 조정을 떠났다.

우왕은 강화도에서 여주로 옮겨졌다. 우왕은 그곳에서 재기의 기회를 노렸다. 때마침 최영의 생질 김저와 정득후가 우왕의 귀양지 여주로 찾아왔다. 우왕은 그들을 반가이 맞았다. 서로 안부를 주고받다가 이야기가 엉뚱한 방향으로 흘렀다.

"전하, 너무 적적해 보이오이다. 고생이 많으시겠나이다."

"말라죽을 지경이라오. 그 사이 개경은 어찌 변했소?"

"전하와 함께 동고동락을 하던 신하들은 전부 떠나고, 온통 이성계 일당들이나이다."

"쳐죽일 놈들!"

"이성계는 명나라에 찰싹 붙어 사신이 오면 사족을 못 쓰나이다."

"이성계, 그놈을 없앨 수 없을까? 그놈만 없애면 고려를 다시 일으킬 수 있거늘…."

우왕은 주먹을 불끈 쥐었다. 김저가 목소리를 낮췄다.

"전하, 진정하시오소서. 이성계를 없애려면 묘책이 필요하나이다."

"묘책이 있으시오?"

"전하를 그리워하는 학자·중신들도 많사옵나이다."

"과연 그러하오?"

"그렇사옵나이다."

"허면 개경에 가거든 곽충보에게 이야기해보오. 과인이 그의 사람됨을 믿고 있소. 이번 팔관회날 이성계 일당을 없애달라 하오. 전에 이자겸이 왕위를 넘볼 때 최사전이 지모로 종묘사직을 바로잡은 일이 있소."

"그리하겠나이다."

"성공하는 날 왕비의 동생을 주겠노라고 곽충보에게 말하시오."

우왕은 보검을 곽충보에게 전하라고 내주었다.

김저와 정득후는 개경으로 돌아오는 즉시 곽충보를 만나 우왕의 밀명을 전하고 그 징표로 보검을 건넸다. 곽충보는 우왕의 밀명을 받고 이해타산을 따졌다. 김저에게는 즉시 실행에 옮기겠다고 말했으나, 현실을 보면 쉽게 이뤄질 일이 아니었다.

이성계가 승승장구하고 있는 데 구태여 폐왕이 된 우왕의 편을 들어줄 까닭이 없었다. 밀고하면 이성계에게 확실한 신용을 담보받을 수 있었다. 곽충보는 이성계를 선택했다.

곽충보는 이성계를 찾아가 우왕의 밀명을 고발하고 보검을 건넸다.

이성계로서는 좋은 기회였다. 우왕을 없앨 호기였다. 김저를 잡아 순군만호부에 가두고 사건을 엮었다. 자기에게 우호적이지 않은 눈엣가시 같은 원로들을 우왕과 엮어 모두 잡아들였다. 변안렬·임림·우현보 · 우인렬 · 왕안덕 · 우홍수 등이 우왕과의 내통죄로 엮어졌다.

이성계는 조준 · 정도전 등 일당들을 흥국사에 모아놓고 우왕 처리문제를 의논했다.

"우왕과 창왕은 신돈의 자식이오. 신가의 씨를 임금으로 모실 수는 없소이다. 폐위시켜야 하오. 이들 신가들을 물리친 후 왕씨의 씨를 임금으로 모시려는데, 여러분의 의견은 어떻소이까?"

"좋은 생각이오. 옳은 방법이오."

이구동성으로 찬성했다.

"누구를 세웠으면 좋겠소?"

이성계가 일당들을 둘러보았다. 성석린이 나섰다.

"왕씨 중에 정창군定昌君이 있소이다. 이분은 신종神宗의 후손으로 왕재감으로 알고 있소이다."

"정창군은 평생 동안 남부럽지 않게 살아온 분으로 이재에도 밝으나, 나라를 다스리는 일에는 적당하지 않을 듯하오."

조준이 반대의사를 밝혔다.

"임금이 너무 아는 체해도 우리 일에 방해가 될 것이오. 정창군 정도면 무난할 듯하오."

정도전이 찬성하고 나섰다. 이 자리에 참석한 정몽주는 이성계 일당의 음모가 분명해지자 선택의 기로에 섰다. 이제는 어느 한쪽을 택해야 할 시기가 온 것이다. 고려냐, 신생국이냐, 어느 쪽이든 선택하여 태도를 분명히 해야 할 때였다. 정몽주는 집으로 돌아와버렸다.

이성계는 정창군에게 사람을 보내 강제로 끌어다가 임금 자리에 억지로 앉히려고 했다. 정창군은 장단에 살며 이 소식을 접했다. 혼잣말로 구시렁거렸다.

"쳇, 이성계 일당이 초야에 묻혀 사는 나를 잡아다가 임금 자리에 앉혀 놓고 제 일을 끝내고 죽이려 하는구나."

정창군은 집안 식구들을 불러 의논했다. 사위와 사돈도 자리에 끼어 있었다.

"이를 어찌하면 좋은가? 세상에 나갈 뜻이 없어 초야에 묻혀 사는 나를 어찌하여 임금 자리에 앉히려고 하는가?"

사돈 되는 강기가 말했다.

"정창군을 왕으로 옹립하려는 자들은 후일 우왕과 창왕을 내쫓은 죄를 지게 될까 봐 두려워하는 자들이다. 앞으로 보위에 오르시면 그런 자들의 말을 귀담아듣지 마소서. 그들은 자기들의 음모를 위해 사돈을 임금으로 모시려는 것이외다."

"나도 그리 알고 있소이다. 그러니 어찌하면 좋소?"

"단호히 물리치시오."

"물리쳐서 될 일 같으면 백번 천번도 그리할 것이오. 허나 저자들의 목적이 나를 보위에 앉혀놓고 자기들 마음대로 하고자 하는 데 있으니 이를 어찌했으면 좋소이까?"

"물리칠 수 없다면 받아들여 대세를 관망해가면서 대처하소서."

"아, 왕씨가 내 대에 와서 끝나려는가 보오."

작은사위 우성범이 이 말을 듣고 무슨 수나 난듯 집으로 돌아가 어머니 윤씨에게 자초지종을 말했다. 어머니 윤씨는 사촌오라비 윤소종을 찾았다.

"오라버니, 우리 아들이 그러는데 정창군이 임금이 되기 싫어 눈물을 흘린다 하오. 세상에 임금을 마다하는 사내도 있습니다그려."

"별난 사람이구먼. 잘났다고 하는 작자들은 임금이 되지 못해 안달인데 임금이 되기 싫어 눈물을 흘린다? 복에 겨웠구먼."

"알고보니 까닭이 있더이다."

"까닭이라면?"

"이 시중의 속셈을 알고 그러는 것이랍니다. 얼마 안 가 이 시중이 임금 자리를 빼앗을 것 아니오이까? 그때를 생각해서 눈물을 흘리는 것이라오."

윤소종은 긴장되었다. 혹시 다른 말이 더 있을까 하여 재차 물었다.

"또 다른 까닭은 없고?"

"여러 말이 있었다 하나이다."

"또 무엇이던가?"

"아마 정창군이 보위에 앉으면 정몽주·이색 등의 말을 들을 것으로 아나이다."

"이 시중을 제쳐두고 그리한단 말인가?"

"그렇다고 들었나이다."

"이런 괘씸한지고!"

윤소종은 화를 냈다. 그가 생각하기에 이색·정몽주 등 학자들은 공민왕 때부터 아부하며 잘먹고 잘살던 인물들이었다. 윤소종이 보기에 제거의 대상이었다. 윤소종은 정도전을 찾아가 사촌누이에게 들은 이야기를 전부 말했다.

이성계의 계획대로 정창군이 즉위식을 마치고 임금 자리에 앉았다. 즉위식이 끝나고 군신간에 덕담이 오고가는 자리였다. 윤소종이 대뜸 나서서 이상한 말로 조정에 파문을 일으켰다.

"전하께오서 잠저에 계실 때 참소의 말을 들으셨다는 말이 나돌고 있나이다. 장차 근심되나이다. 앞으로 참소하는 말을 참말로 아시면 신 등을 죄주시오소서. 신 등은 거짓 왕씨를 내쫓고 참다운 왕씨를 세우는 데 뜻이 있나이다. 이것을 전하께오서 바르다고 생각하시면 신 등에게 상을 주시고 참소하는 무리를 죄주시오소서."

공양왕은 묵묵히 듣고만 있었다. 마치 나무라는 듯한 윤소종의 태도가 못마땅했던 것이다.

다음날부터 대간에 이상 기류가 흘렀다. 이색을 조정에서 내쫓으려고 한목소리를 냈다.

"이색 부자와 조민수는 그전에 이인임과 한통속이 되어 우왕을 내세운 자요. 뿐만이 아니라 곡학아세하는 큰 죄를 저질렀소이다."

이색 부자가 대간들의 탄핵을 받고 조정에서 쫓겨났다. 조정은 이성계 일당으로 채워졌다. 이제는 눈엣가시를 제거하면 되었다. 우왕·창왕 부자가 살아 있는 한 그들을 섬기는 자들이 생겨나 끊임없이 말썽을 일으킬 것이었다. 제거기회를 노리고 있는데, 윤회종이 우왕과 창왕을 죽이라는 상소를 올렸다.

"…권신 이인임이 역적 신돈의 자식을 왕자라고 내세워 16년간 종묘사직은 타성에게 가 있었나이다. 다행히 이번에 왕씨의 후손이 다시 종사를 잇게 된 것은 하늘이 도와준 것이나이다. 그동안 왕씨가 아닌 두 임금은 조정에 간흉들을 포진해놓았나이다. 이자들이 언제 어느 때 전하를 해칠지 모르는 일이나이다. 왕씨 아닌 두 임금에게 사형을 내리시오소서."

어디까지나 공양왕을 앞세워 우왕과 창왕을 없애려는 수작이었다. 이성계 일당이 죽여도 누가 시비를 가리겠는가. 공양왕은 이성계 일당의 꼭두각시가 되어 철저히 이용당하고 있었다.

이성계가 짐짓 너그러운 아량을 보였다.

"우왕은 이미 강릉에 안치되어 있고, 변란을 일으킬 염려가 없사오니 그대로 두심이 가하오. 만약 그가 반란을 일으킨다 해도 크게 염려될 것 없소이다."

그러나 공양왕은 그의 속셈을 알고 있었다.

"우왕은 무고한 백성을 죽인 자이니 이제는 자기 차례라는 것을 알게요."

공양왕이 운을 떼자 이성계 일당들이 쌍수를 들어 환영했다.

"옳으신 말씀이나이다."

공양왕은 가슴이 서늘했다. 만약 죽이지 말자고 했더라면 무슨 사태가 벌어질지 모를 일이었다. 조정이 온통 살얼음판이었다.

공양왕은 정당문학 서균형을 강릉에 내려 보내 우왕을 죽이라고 했다. 순군만호부의 형리 수십 명이 서균형을 따랐다.

강릉 동헌 한쪽 구석방에서 최영의 딸 영비와 귀양살이를 하던 우왕은 청천벽력과도 같은 어명을 받았다.

"…신우를 사형에 처하노라!"

우왕은 임금의 체통을 지키려고 이를 악물었다.

"어명이면 달게 받겠노라. 어느 시대건 추방된 임금은 죽게 마련이니라. 내 어찌 살기를 바라겠는가? 허나 죽는 까닭이나 알고 죽고 싶노라!"

서균형이 거만을 떨며 말했다.

"전왕 우는 공민왕의 아들이 아니고 신돈의 자식이오. 왕씨가 아니면서 고려 역대 임금의 위패를 더럽혔으니, 그 죄 그대로 둘 수 없어 죽인다 하오."

"죽이는 이유치고는 구차하구나. 내가 공민왕의 아들이 아니라구? 그 말을 왜 이제야 하느냐!"

"나는 어명을 전할 뿐이오."

옆에서 듣고 있던 영비가 울음이 복받쳐 통곡을 터뜨렸다.

"마마, 어이 된 일이오이까. 일찍이 아버님께오서 결단을 내리시어 간사한 무리를 내쫓지 못하여 이리 된 것이나이다. 이 모든 일이 아버님의 불찰이나이다."

"영비, 최영 장군은 만고의 충신이었소. 충신이 죽었으니 나라가 바로 될 일이 없지를 않소? 역적 이성계가 이제 나라를 빼앗으려는 수작이오."

우왕은 영비를 달래놓고 형장으로 나갔다. 구경거리를 보고 사람들이 모여들었다. 우왕은 두려운 기색 없이 수레에 실려 군중을 향해 마지막 한마디 말을 했다.

"백성들이여! 내가 전왕의 아들이 아니라는 이유로 죽인다 하오. 자고로 우리 왕씨는 용종龍種이라 하여 겨드랑이에 용의 비늘이 있소이다."

우왕은 웃옷을 벗고 두 팔을 위로 번쩍 들어올렸다.

"자, 내 겨드랑이를 보시오! 이것이 용의 비늘이 아니고 무엇이오?

내가 신돈의 자식이 아니라는 것을 증명하고도 남지를 않소이까!"

우왕의 겨드랑이에 돈짝만한 비늘 흔적이 뚜렷했다. 백성들이 입을 모아 외쳤다.

"전왕은 틀림없이 용종이시다!"

우왕은 형장에서 망나니의 칼에 목이 떨어졌다. 백성들은 그 자리에 엎드려 통곡을 터뜨렸다. 버선발로 달려온 영비는 우왕의 시신을 끌어 안고 몸부림쳤다.

저녁 무렵, 백성들이 빠져나간 형장은 을씨년스러웠다. 영비는 우왕의 시신을 안고 넋나간 사람처럼 앉아 있었다. 형장 주변 마을 사람 몇이 나타나 영비를 위로했다.

"영비마마, 이제 그만 들어가시오소서."

"나는 갈 곳이 없는 몸이오. 아버지도 남편도 죄인이 되어 피살되었소이다. 내가 갈 곳이 어디란 말이오!"

"우선 우리 집으로 가시지요."

마을 노인네가 권했다. 영비는 고마웠으나 거절했다.

"아니 되오. 죄인을 재웠다고 백성들까지 못 살게 할 것이외다. 이대로 두시구려."

영비는 밤이 깊었는데도 우왕 곁을 떠나지 않았다. 마을 사람들이 먹을 것을 가져다 주었다. 영비는 음식을 우왕 시체 앞에 차려놓고 눈물을 뿌렸다.

"영비마마, 그만 우시고 음식을 좀 드시오소서."

"죄진 사람이 무슨 염치로 음식을 먹겠소. 우왕전에 바친 것으로 족하오. 이 은혜를 어찌 갚으리오."

마을 사람들은 영비가 딱하여 우왕의 시체를 묻어주고 그 옆에 여막을 지어주었다. 영비는 여막에서 식음을 전폐하고 눈물을 흘리다가 지쳐 쓰러져 어느 날 밤, 잠자듯이 우왕 곁으로 떠났다. 우왕의 여덟 비와 옹주 셋 가운데 끝까지 우왕을 지키고 함께 죽은 여인은 영비뿐이었다.

역시 그 아버지에 그 딸이었다.

◉ 장단 덕물산 신당

황해도 장단 덕물산德物山(덕적산)은 고려 말 충신 최영 장군을 모신 신당이 있는 곳이다. 이 신당에는 무녀들이 모여 살았다. 덕물산 정상 가까이에는 무속촌이 생겨났다. 신당 안에 최영 장군의 목상木像을 만들어놓고 그 옆에 장군의 침실을 마련해놓았다. 이 침실이 최영 장군의 영혼을 장가들이는 곳이다. 장군을 때때로 장가들여야만 무당들은 영검이 생긴다고 믿었다. 요동성 안의 주몽신사에서 미녀를 바쳐 주몽을 장가들이는 것과 같은 이치였다.

최영 장군의 신을 믿는 사람들이 소녀를 사서 큰 굿판을 벌이고 소녀를 곱게 단장시켜 침실 안으로 들여보내고 물러가 있으면, 최영의 영이 내려와 소녀와 혼인하고 생시처럼 교합한다고 했다. 그 소녀는 색시가 되어 그 침실에서 살았다. 그 색시가 나이 들어 늙으면 다시 소녀를 사다가 교체했다. 늙은 색시는 무당이 되어 영검하다고 했다.

어느 해 가난한 시골 소녀가 장군의 신부로 팔렸다. 그날부터 무당들이 큰 굿판을 벌였다. 최영 장군을 장가들이는 굿판에는 많은 구경꾼들이 모여들었다.

밤이 되어 굿이 끝났다.

"장군님 오늘 새장가 드는 날이옵니다. 재미 흠뻑 보시고 영검을 많이 내리소서."

무당이 장군의 목상을 향해 축원했다. 장군의 목상은 눈을 부릅뜨고 아무 말이 없었다.

"장군님, 이번에 새로 맞이하려는 신부는 방년 17세이옵니다. 처음이오니 신중하게 다루셔야 하옵나이다. 생전과 같이 교접하시고 우리의 소원을 풀어주소서."

　여러 무당들이 제각기 자기 나름대로의 축원을 올리고 구경꾼들과
함께 산을 내려갔다. 혼자 남은 색시는 눈을 감고 때를 기다렸다. 사람
들이 일러주던 말이 생각났다.

　"장군님의 영이 아주 부드럽게 잘 다루시니 조금도 겁먹을 것 없다."

　"장군은 살아생전에 호색하셨다. 정실 부인 외에도 첩이 여럿이었다.
우왕의 영비도 최영의 정실 소생이 아니고 첩실 소생이었다. 그러니 산
사람과 똑같이 모든 일을 행한다. 겁내지 말고 참아라. 그래야만 너도
장래에 큰 무당이 될 것이야."

　신당에는 불이 꺼져 있었다. 오로지 침실에만 촛불이 고요히 비치고
있었다.

　신부는 장군의 영혼이 어떻게 내려오나 하고 숨을 죽이고 기다렸다.
얼마 후 쿵 소리가 들렸다. 뒤이어 사람 발자국 소리가 자박자박 들렸
다. 신부는 눈을 감고 있었다. 도저히 눈을 뜰 수가 없었다. 이어 방문
여는 소리가 났다. 신부는 신당에서 장군의 영혼이 내려온 줄 알았다.
신부는 이를 악물고 살며시 눈을 떴다. 그런데 이것이 웬일인가. 위풍
당당한 장군이 바로 자기 눈앞에 서 있었다.

　"오, 참한 색시로고. 숙성하기도 하고."

　장군이 신부의 손을 잡았다.

　"색시놀이하느라고 고생이 많았겠구나. 이제 옷을 벗길 차례로구나."

　장군은 신부의 옷을 한 겹씩 벗겨나갔다. 신부는 장군이 하는 대로
내버려두었다. 신부의 옷을 다 벗긴 장군은 신부를 펴놓은 이불 속으로
끌고들어갔다. 신부의 몸에 닿는 장군의 손이 유난히도 컸다. 장군이
불을 끄고 물었다.

　"네 집이 어디더냐?"

　"영혼도 말을 하나이까?"

　신부가 처음부터 궁금하던 질문을 던졌다.

"나는 영검하고 너와 단둘이 이불 속에 있으면 말도 하느니라."

"하오면 사람이나이까?"

"때로는 사람 행세도 하느니라. 두려워하지 말라!"

"몸이 몹시 차갑나이다."

"차차 따뜻해지느니라. 너도 알다시피 나는 억울하게 죽어 밤이면 되살아나 이곳에 의지하느니라. 너와 혼인하여 이 세상의 맛을 볼 수 있게 되었구나. 낮이 되면 이목이 번거로워 자취 없이 사라지느니라."

신부는 마음이 놓였다.

"장군님, 시장하시지 않나이까?"

"낮에 차려놓은 음식이 많아 죄다 맛을 보았느니라. 시장하면 너나 먹어라."

"새색시는 아니 먹는다 하옵니다."

"너는 이제 내 색시이니라. 사흘 동안 색시놀이를 해야 하느니라. 다른 데는 가지 말지어다."

"장군님을 기다리겠나이다."

장군의 영혼이 생사람과 조금도 다를 바 없어 신부는 마음이 흐뭇했다. 장군의 몸집이 좀 컸으나 다른 것은 보통 사람과 다를 바 없었다.

멀리서 새벽닭 우는 소리가 들렸다. 신부는 영혼이 혹시 사람이 아닌가 하여 장군의 몸을 여기저기 만져보았다. 보통 사람과 다를 바 없었다. 귀신은 아래 물건이 없다고 들었는데, 제자리에 틀림없이 달려 있었다. 뿐만 아니라 아주 실했다. 신부는 신기하기도 하고 기쁘기도 했다.

"벌써 새벽닭이 우는구나. 나는 가야겠노라."

"어디로 가시나이까?"

"신당으로 가느니라. 내일 밤에 올 터이니 기다리고 있으렷다!"

장군의 영혼이 스르르 사라졌다. 곧 동이 터왔다.

무당이 신당 안으로 들어섰다.

"장군님 색시께서는 안녕하시는가?"

무당이 방문 밖에서 물었다. 신부는 자리에서 일어나 어제처럼 앉아 있었다. 무당이 방문을 반쯤 열고 말했다.

"보아하니 어젯밤 눈을 붙이지 못한 것 같으오. 그래도 앉아 계시니 다행이나이다."

신부는 대꾸하지 않았다.

"이제 첫날밤을 지냈사오니 음식을 드셔야 하오. 곧 상을 차려오겠나이다."

무당이 밥상을 차려왔다. 신부가 얌전히 앉아 있는 것을 무당은 천만다행으로 여겼다. 다른 무당들도 와서 문안을 드렸다.

"장군의 새댁이 되셨으니 이제는 우리의 어른이시나이다."

신부에게 복종하겠다는 것이었다.

다음날 저녁이 돌아와 신부는 장군의 영혼을 기다렸다. 하룻밤을 함께 지낸 터여서 신부는 장군의 영혼이 기다려졌다. 신부는 무당들에게 어서 신당을 떠나라고 말하고 싶었으나 차마 그럴 수는 없었다. 밤이 이슥해지자 장군의 영혼이 또 찾아왔다.

"오늘은 밥을 먹었는고?"

"예에, 먹었나이다."

"사흘을 치러야 하느니라."

"어디에 계시다가 오셨나이까?"

"장군상 안에 있었느니라. 몹시 시장기가 드는구나. 신당에 차려놓은 음식을 가져오너라!"

신부가 신당으로 들어갔다. 진수성찬이 차려져 있었다. 신부가 고기와 떡을 들고 왔다. 장군은 눈 깜짝할 새에 먹어치웠다. 어젯밤처럼 장군과 신부는 옷을 벗고 이불 속으로 들어갔다. 장군은 씩씩했다. 신부는 즐거운 환락에 빠졌다.

사흘째 되는 날 새벽, 장군의 영혼이 신부더러 함께 가자고 했다.

"장군의 영혼이고 나발이고 그런 것 없느니라. 이제는 나하고 같이 살자꾸나. 나는 이제야 총각을 면했느니라. 여기에 있으면 너는 무당들에게 죽느니라."

위협적인 말이었다. 신부는 가지 않겠노라고 반항할 수도 없었다. 신부는 장군을 따라나섰다. 장군의 영혼에게 몸을 바친 신부는 그 부근 마을 총각의 부인이 되었다. 가지 않고 남아 있었으면 무당이 되고 말았을 것이다.

⊙ 슬프디슬픈 사랑 이야기

이성계가 정권을 잡은 후 왕씨들에 대한 핍박이 심했다. 이성계 일당에게 동조하지 않는 왕씨들을 무참히 살해했다. 왕강은 이성계에게 협조할 수 없었다. 왕씨 왕조를 무너뜨리고 이씨 왕조를 세우려고 하는 이성계 일파에게 죽음으로 맞설 각오가 되어 있었다. 왕강은 다만 걸리는 문제가 하나 있었다. 외동딸 보화의 문제였다. 보화에게는 정혼한 사내가 있었다.

어느 날 밤, 왕강은 사위가 될 김정을 불러 단호하게 말했다.

"나는 이미 죽음을 각오한 터, 자네와는 상관없는 일일세. 보화를 데리고 어디로든 떠나 숨어 살도록 하게나."

"장인어른, 함께 떠나시지요. 그러지 않아도 고려의 충신들이 개성을 떠나 두문동 등지로 숨어들었다는 소문을 들었나이다."

"아니 될 말, 모두 다 살겠다고 모험을 걸었다가 떼죽음을 당하는 것보다는 나는 보화 하나만이라도 살리고 싶으이. 이성계 일당이 나를 죽이고 설마 보화까지 찾아나서겠나. 서둘러 길을 떠나게나."

왕강의 완강한 고집에 김정은 보화를 데리고 밤길을 도와 길을 떠났다. 보화는 아버지와 떨어지지 않으려고 몸부림치다가, 아버지의 너 하나만이라도 살아야 한다는 절규에 마지못해 김정을 따라나섰다.

김정은 보화를 데리고 황해도 장수산으로 들어갔다. 두문동을 생각해보았으나, 아무래도 홀로 떨어져 산속으로 깊이 숨는 것이 안전할 것 같아 산짐승의 낙원인 장수산 깊은 골짜기로 들어온 것이다.

두 사람은 어쩔 수 없이 함께 살아야 할 처지여서, 움막을 마련한 후 찬물을 떠놓고 백년을 해로하기로 약속했다. 두 사람이 약식으로 혼례를 치른 것이다.

첫날밤 두 사람의 다짐은 굳건했다.

"우린 산짐승처럼 살아도 그 근본만은 버리지 말고 지키다가 좋은 세상 만나면 세상 밖으로 나가 산짐승이 아니었음을 증명해 보이십시다."

"서방님은 굳이 숨어살 까닭이 없사온데 공연히 저 때문에 산짐승이 된 것이나이다. 한평생 서방님을 하늘처럼 모시겠나이다."

"여보 부인, 나는 부인을 지극히 사랑하여 예까지 왔소이다. 우리가 사랑한다면 산짐승처럼 산다 해도 후회는 없을 거외다."

"고맙나이다, 서방님."

첫날밤 부부는 단꿈을 꾸었다. 두 사람은 산속 생활에 잘 적응해나갔다. 사랑의 힘은 어디에서고 강하고 힘있는 것이다. 김정은 사냥꾼이 되었고, 왕보화는 산골 화전민이 되어갔다. 산에 불을 놓아 밭을 일구는 보화의 모습은 그야말로 선머슴이었다.

부부가 새로이 집을 짓고 산골에 정착할 무렵이었다. 김정이 사냥을 나갔다. 토끼 한 마리나 잡아 고기를 먹고 싶어서였다. 집에서 5리쯤 떠나 산토끼를 활로 쏘아 맞혔다. 김정이 산토끼를 막 잡으려는데 한떼의 인마가 그의 앞에 나타났다. 김정은 놀라서 숲에 몸을 숨겼다.

"이 사람아, 친구를 보고도 숨는가? 나 이중업일세."

김정은 머리끝이 쭈뼛 곤두섰다. 활로 놈의 심장을 뚫어버릴까 하다가 아내의 얼굴이 떠올라 그만두었다.

"속세를 떠난 나를 찾아올 리는 없고 사냥을 왔나?"

김정이 슬며시 모습을 나타내며 말했다.

"이 사람아, 웬 생고생인가. 당장 이곳을 나가세나."

김정은 이중업이 자기를 해코지하러 온 것임을 알고 있었다. 그가 보화를 마음에 두고 있다는 것을 눈치챈 지 오래였다. 그리하여 이성 계의 하수인으로 권력을 휘두르는 이중업이 보화를 찾아 이곳까지 탐 문하여 왔으리라는 짐작이 갔다. 그는 왕씨들을 없애는 데 악명을 떨 치고 있었다.

"나더러 이 산중에서 나가자고? 나가면 어찌해줄 터인가?"

"조건이 하나 있네. 보화씨를 포기하고 세상에 나가면 내가 자네의 출세길을 보장해주겠네."

"허튼수작 마라! 네 놈이 내 친구랍시고 보화씨에게 음심을 품은 지 오래라는 것을 내 알고 있느니라."

"이미 알고 있었다니 다행이구나. 네 놈을 찾으려고 팔도를 구석구석 누볐느니라. 어떠냐, 내 요구조건이?"

"네 이놈! 그 말이 친구라는 작자의 입에서 나올 말이더냐!"

"큰소리는… 네 처지를 돌아봐라. 목숨을 보전하고 싶으면 내 말에 따르거라!"

"듣기 싫다! 네가 사람의 탈을 썼다면 그리는 말하지 못하리라!"

"네가 명 재촉을 하는구나. 선택의 여지는 없다. 보화씨를 포기하고 떠나거라!"

"어림없는 수작 마라!"

"할 수 없구나. 애들아 저놈의 목을 쳐라!"

이중업의 부하가 김정의 목을 단칼에 베어버렸다.

"그놈의 목을 상자에 넣어라!"

이중업은 김정을 묻어주지도 않고 목만을 챙겨 보화의 집으로 향했 다.

한편, 보화는 남편이 돌아올 시각이 지났는데도 오지 않아 안절부절 하고 있었다. 이미 땅거미가 지고 있었다. 산골의 밤은 세상 밖보다 빨리 왔다.

보화는 땅거미가 지자 사립문 밖에 서서 남편을 애타게 기다렸다. 방정맞은 생각마저 들었다.

'혹시 호환이라도…' '맹수에게 다쳐 어디에서 신음하고 있는 걸까?' '낭떠러지에서 떨어져 목숨을 잃은 걸까?'

오만 가지 불길한 생각에 가슴 죄고 있는 그녀 앞에 이중업이 졸개들을 거느리고 나타났다.

"보화 아가씨, 이제야 뵙는군요. 아가씨를 찾아 팔도를 헤맸답니다."

보화는 불길한 예감에 몸을 떨었다. 그러나 태연을 가장하고 물었다.

"저를 찾아 헤매다니요? 이해할 수 없나이다."

"보화 낭자, 이런 산속에서 어이 고생을 하고 계시나이까? 나와 함께 새세상으로 나가십시다."

"무얼 오해하고 계시나이다. 여기가 내 집이나이다."

이때 이중업의 부하가 김정의 목이 담긴 상자를 보화 앞에 던졌다. 상자가 열리자 김정의 잘린 얼굴이 나타났다. 보화는 비명을 지르며 한 걸음 물러섰다.

"이제 이곳 생활을 청산해야 하지를 않겠소이까? 낭자의 장래는 내가 보장하겠소이다."

보화는 넋을 놓고 울부짖다가 냉정하게 마음을 가다듬었다. 그러고는 전혀 다른 사람이 된 듯 이중업에게 말했다.

"사람은 대세에 따라 사는 것이 현명한 줄 아나이다. 낭군의 뜻에 따르겠나이다."

"오, 잘 생각하셨소이다. 당장 이곳을 떠나시지요."

"잠깐만 기다리소서. 간단히 짐을 챙겨 나오겠나이다."

보화는 방으로 들어가 옷장 속에 깊숙이 감춰둔 은장도를 꺼내 가슴에 품었다.

'짐승만도 못한 놈, 네놈을 죽여 남편의 원수를 갚으리라.'

속으로 맹세하고 이중업을 따라 나섰다. 밤이 되어 사위는 검은 물감을 칠해놓은 듯 깜깜했다. 이중업은 부하들에게 길을 트라 하고 그뒤를 따랐다. 한참을 가다가 부하들이 걸음을 멈추고 주춤거렸다.

"왜 그러느냐?"

"길을 잘못 들어 낭떠러지로 왔나이다."

"어찌해야 하느냐?"

"아무래도 밝은 날에 떠나야 할 것 같나이다."

"좋다, 이곳에서 야영을 하자!"

부하들이 이중업이 쉴 곳을 마련해주었다. 풀잎으로 얼기설기 엮은 움막이었다. 이중업은 보화를 품에 안을 생각을 하니 벼랑 끝이라도 아늑한 보금자리 같았다.

"낭자, 일찍 자리에 드시지요."

"준비해온 술은 없나요? 화촉을 밝히는데 술이 없어서야…."

"있소이다. 합환주로 한 잔 하십시다."

부하들은 어느새 여기저기에 흩어져 아무 데서나 누워 코를 골았다.

이중업은 낭떠러지 위에 조촐한 술자리를 마련했다. 처음에는 조심스럽게 마시더니 술이 몇 잔 들어가자 제 흥에 겨워 거푸 마셨다. 보화가 아양을 떨며 이중엽에게 꼬꾸라질 때까지 술을 권했다. 이중업은 움막으로 들어가지도 못하고 그 자리에서 곯아떨어졌다. 보화는 품 안에서 은장도를 꺼냈다. 단 한칼에 심장을 뚫어야 했다. 보화는 손으로 이중업의 심장 부위를 더듬어 은장도를 깊이 꽂았다. 중업이 눈을 부릅뜨고 호랑이처럼 으르렁거렸다. 보화는 그의 심장을 여러 차례 난도질했다.

"너 같은 놈은 짐승 밥으로도 쓸모가 없다!"

보화는 이중업을 낭떠러지 밑으로 굴려버리고 그 밤에 집으로 돌아왔다. 어느새 날이 희뿌옇게 새고 있었다.

보화는 남편의 잘린 목을 베에 정성스럽게 싸서 품 안에 안고 몸체를 찾아나섰다. 집에서 5리쯤 떨어진 골짜기에서 남편의 몸체를 찾았다.

몸체와 잘린 목을 깨끗이 목욕시켜 준비해온 베폭으로 감싼 후, 언덕바지를 파고 장사지냈다. 그리고 나서 보화는 송도 자기 집을 향해 삼배를 올렸다. 벌써 살해당했을 아버지에게 드리는 고별인사였다.

보화는 남편의 무덤에 대고 속삭였다.

"여보, 우리의 사랑을 모진 세상이 막았나이다. 이승에서 못다 이룬 사랑 저승에서 다시 만나 이루어보리다. 내 당신의 뒤를 따르오니 모질다 나무라지 마소서."

보화는 은장도로 자기의 가슴을 찌르고 남편의 무덤 옆에 누웠다. 편안하고 고요했다. 어디선가 새소리가 희미하게 들려왔다.

⊙ 선지교의 피

고려의 마지막 임금 공양왕은 이성계의 꼭두각시였고, 실권이 없는 임금은 문하시중 이성계가 시키는 대로 할 수밖에 없었다. 그러나 고려의 뜻있는 선비들은 이성계의 전횡을 보고만 있을 수 없었다. 이성계의 세력을 꺾어보려고 암약했다.

이성계 일당도 반대세력을 제거하려고 촉각을 곤두세웠다. 먹히느냐 먹느냐 하는 암투가 치열했다. 이즈음 윤이와 이초가 명나라에 들어가 황제에게 고했다.

"이성계가 정창군 요를 임금으로 세웠으나, 왕족이 아니옵고 이성계의 친척이나이다. 공양왕과 이성계는 장차 명나라를 치고자 군사를 조련하며 기회를 노리고 있나이다. 재상 이색 등이 반대하다가 조정에서 쫓겨났나이다. 뿐만이 아니오라 반대파인 원로대신 이임 · 조민수 · 변안렬 · 권중하 · 이숭인 · 권근 · 이종학 · 이귀생 · 우현보 등을 죽이거나 내쫓았나이다."

고려에서는 평지풍파가 일어났다. 이성계 일파는 관련자들을 모조리 잡아들여 죽이거나 귀양 보냈다. 이색 · 우인렬 등은 청주로 유배되었다. 장차 제거하려는 수작이었다.

이성계는 정도전을 명나라에 보내 사실과 다르다는 변명을 하게 하고, 국내 대신들의 동향을 살펴보았다. 이로써 국내는 살벌해지고 서로 말도 제대로 못할 지경이었다. 그런데 김진양이 걸려들었다.

"조정에서 말도 안 되는 소리를 가지고 이토록 야단법석이니 이래서야 나라꼴이 뭐가 되며 백성들이 불안하여 살 수가 있겠는가! 윤이와 이초의 말은 삼척동자도 무고인 줄 알 것이다!"

김진양은 이 말을 한 죄로 조정에서 쫓겨났다. 나라가 어수선해지자 도선국사의 참위설까지 나돌았다. 고려가 멸망의 날이 가까워왔으니, 나라를 연장시키는 방법은 한양으로 천도하는 길밖에 없다는 소문이 나돌았다. 공양왕은 귀가 솔깃했다.

"송도는 왕기가 쇠했다고 하니 한양으로 도읍을 옮기도록 하라!"

왕명이 떨어지자 송도 백성들이 술렁거렸다.

"내가 먼저 한양으로 가자!"

백성들의 마음이었다. 공양왕은 참위설을 믿고 먼저 한양으로 떠났다. 그러나 신하들의 결사반대로 뜻을 이루지 못하고 다시 송도로 돌아왔다.

공양왕은 이성계 일파가 차차 야심을 드러내자 불안에 떨며 목숨이라도 부지하려고 밤이면 이성계의 집을 찾았다. 이쯤 되면 임금과 신하의 처지가 완전히 바뀐 셈이었다.

"이 시중, 과인은 아무런 경력이 없소이다. 보위에 올라 헛된 세월만 보내고 있으니 이 시중이 알아서 나랏일을 잘해주오."

임금이 우는 소리로 말하고 이성계는 황송한 체하며 말머리를 돌렸다.

"신이 어찌 전하를 따를 수 있겠나이까? 전하께오서는 신하들을 적재적소에 쓰시면 되나이다."

"이 시중이 추천하는 인물은 과인이 죄다 중용하겠소이다. 딴 신료의 말은 듣지 않겠소이다."

"성은이 망극하여이다."

이성계는 공양왕을 융숭히 대접했다. 임금은 이성계의 집에 와야만 마음이 놓인다며 친근감을 유독 강조했다.

이성계는 주안상을 차려놓고 관기를 불러 공양왕의 마음을 다독거려 주었다.

이러한 일을 삼사에서 한마디도 이의를 달지 않았다. 간관들도 모두 이성계 사람이었다. 조정에서 쫓겨나기 전 간관 김진양만이 이성계 일파의 행동을 보고 시나치다 싶어 정도전 · 조준 · 남은 · 윤소종 · 님재 등을 공격했다.

"정도전은 천민 출신으로 이성계에게 붙어 정당문학에까지 올랐소이다. 그는 자기의 신분을 속이기 위해 우현보를 내쫓도록 암중모색까지 했소이다. 조준은 대신들 사이에 틈이 생기는 것을 기화로 정도전과 같이 변란을 일으키며 권세를 휘둘러 자기의 일파를 만들고 있소이다. 그중 남은 · 남재는 그자들의 우익이 되어 부채질하고, 윤소종과 조박은 유언비어를 만들어 남을 중상모략하고 있소이다. 이런 자들은 그 죄가 거의 같사옵니다. 이들을 그대로 두면 장차 후회할 날이 있을 것이오니 즉시 귀양 보내도록 하소서."

김진양의 상소에 힘입어 지신사 이첨이 임금에게 간했다.

"전하, 이성계가 사냥을 떠나 개경에 없나이다. 이성계의 일당을 즉각 귀양 보내시오소서."

정몽주도 지신사의 말을 거들었다.

"이성계는 큰 야심을 품고 있나이다. 이성계를 제거하려면 그의 수족부터 잘라야 하나이다. 용단을 내리시오소서."

공양왕은 확신이 없었으나 정몽주의 말에 솔깃하여 마음이 움직였다.

"경은 이 나라 충신이오. 이 시중의 우익을 제거할 수 있겠소?"

"그들의 세력이 조정에 뿌리를 깊이 박아 심히 어려우나, 젊은 것들부터 귀양 보내면 불가능하지도 않을 것이오이다."

"경이 책임지고 일을 해결해보시오."

공양왕과 정몽주는 이성계 일파가 5년 동안 공들여 조정에 뿌리박아 놓은 세력을 누르려고 했다. 소문이 금세 퍼져나갔다. 이성계의 다섯째 아들 방원(후에 태종)이 정몽주를 초대하여 연회를 열었다. 이미 그의 아버지와 상의한 의도적인 연회였다.

부자는 정몽주를 자기 편으로 만들려고 무던히 공을 들였다. 정몽주는 조정 안팎에서 명실공히 고려에서 제일 가는 충신이자 학자·문신이었다. 정몽주는 처음에는 이성계와 같이 친명파였으나, 이성계 일파가 야심을 품게 되자 그들과 길을 달리했다. 그는 기우는 고려 사직을 일으켜 세우려고 노심초사하고 있었다.

이런 그이기에 이성계로서는 놓치고 싶지 않은 인물이었다.

"아버님, 아무래도 정몽주의 마음을 확실히 알아 선을 그을 때가 되었나 보옵니다."

"그 무슨 말이더냐?"

"아무래도 그는 우리 편이 아닌 듯싶나이다."

"글쎄다. 만약 내가 모함에 빠진다면 정몽주는 목숨을 바쳐서라도 나를 도울 사람이니라. 허나 나라의 운명에 관계된 일이니 그것은 모를 일이니라."

"그러니 한번 그의 마음을 떠보겠나이다."

"그리 하라!"

이렇게 하여 이뤄진 정몽주의 초대였다.

"그동안 수차 뵙고 싶었으나 차일피일 미루다가 늦어졌나이다. 죄송하나이다."

"오히려 내가 미안하오."

정몽주는 신경을 곤두세우고 동정을 살폈다. 예전 같으면 정몽주는 이성계와 같이 고려에 성리학을 널리 보급하여 이상적인 나라를 만들어보자고 이마를 맞대었을 것이다. 그러나 이방원을 대하는 정몽주는 어딘지 서먹하여 물과 기름 같았다. 정몽주는 태연히 이방원과 대작을 했다. 연회는 무르익어갔다. 풍악을 울리고 관기들의 노랫소리가 낭자했다.

이방원은 술을 핑계 삼아 정몽주에게 잔을 권하고 한 수의 시를 읊었다.

> 이런들 어떠하리 저런들 어떠하리
> 성황당 뒷담이 무너진들 어떠하리
> 우리도 이같이 죽지 않은들 어떠하리

정몽주는 이방원이 읊은 시의 뜻을 충분히 헤아렸다. 이성계와 어울려 한세상 살아가면 어떻겠느냐고 자기의 마음을 떠보는 시였다. 정몽주는 이방원이 따라준 술잔을 들이켜고 목청을 가다듬었다. 이방원의 시에 답해야만 했다.

> 이 몸이 죽고 죽어 일백번 고쳐죽어
> 백골이 진토 되어 넋이라도 있건 말건
> 임 향한 일편단심 그칠 리야 있으리

이방원은 정몽주의 뜻이 변하지 않는다는 것을 알았다. 이방원이 뼈 있는 한 마디를 던졌다.

"썩 좋은 시외다. 망해가는 이 나라에서 보기 드문 시외다."

"별 것 아니외다. 전에 어떤 사람이 부르던 노래를 내가 개작한 것뿐이외다."

"정 수시중, 허물어져 가는 고려를 무슨 수로 바로잡으실 것이외까?"

"글을 아는 선비야 나라에 충성하면 족하지 않겠소이까?"

"그렇긴 하오."

이방원이 초청한 연회는 정몽주의 마음을 헤아리고 파했다. 서로가 가는 길이 분명해졌다.

그 무렵, 세자가 명나라에 갔다 돌아오고 있었다. 이성계는 황주까지 마중 나갔다가 세자 일행을 송도로 보내고, 오랜만에 해주로 사냥을 떠났다. 그동안 말을 달릴 기회가 없었다. 위화도회군 이후 5년 동안 사냥을 나간 적이 없었다. 말을 다루는 솜씨가 서툴고 몸도 예전같이 날렵하지 못했다.

이성계는 몰이꾼들이 몰고 오는 노루 한 마리를 향해 말을 달리다가 그만 낙마하고 말았다. 상처가 꽤 깊었다. 좌골이 상해 걷기가 불편했다. 그는 작은 가마를 타고 송도로 향했다. 이성계 일행이 벽란도에 닿아 하룻밤 묵어가려는데 뜻밖에도 방원이 그곳까지 달려왔다.

"아버님, 큰일이옵니다. 김진양이 상소를 올려 조준 · 남은 · 정도전 등을 조정에서 몰아냈나이다. 아마 아버님의 세력을 꺾으려는 음모 같사옵니다."

"임금은 뭐라 하더냐?"

"정몽주 등이 임금을 꼬드겼나 보옵니다."

"정몽주가 그럴 리가 없다!"

"서두르시오소서. 벽란도에 머물 시간이 없나이다."

"서둘러 가자!"

이성계는 그날 밤 안으로 송도로 돌아왔다.

김진양은 정도전 · 조준 등을 참하자고 간했다.

이방원은 조정이 심상치 않게 돌아가자 퉁두란을 찾았다.

"장군, 도와주시오. 우리 집안이 위기에 처해 있소이다. 지금 대간들 뒤에서 조정하는 자는 정몽주외다. 이자를 없애야만 하오."

"무엇이라?"

"장군이 없애주오."

"아버님의 생각이 그러한가?"

"아니외다. 내 생각이외다."

"이 사람, 큰일날 소릴 하는구먼. 정몽주 같은 학자가 무엇이 아쉬워 아버지의 일을 방해한단 말인가? 또 조준 따위 몇 명 죽는다 해도 무슨 상관이란 말인가!"

"조준 등이 죽은 다음 차례는 아버지라는 것을 모르오이까?"

"그런 소리 말게나. 공연히 아버님이 악명을 남기실까 걱정이구먼."

이방원은 볼이 부어 돌아갔다. 그는 조영규·조영무·이부·고여 등 하수인을 불리모았다.

"정몽주를 없애야겠네."

"그자가 무슨 일을 저질렀나이까?"

"대간을 조종하는 자가 그자일세."

"죽일 만하오."

"기회를 노리게."

공양왕 4년 4월 4일, 정몽주는 낙마한 이성계를 문병하고 나서 개성 부사 유원의 집에 닿아 문상하고자 말에서 내렸다. 말에서 내릴 때 도포자락이 말굽에 밟혀 찢어졌다.

"경망스런 말이로구나. 주인의 도포자락을 밟다니."

정몽주가 초상집에 들러 상제에게 문상하는데 사모뿔의 맨 끝이 끊어졌다. 문상을 마치고 서둘러 집으로 돌아오는데, 바람이 세게 불고 날씨가 갑자기 흐려졌다.

전부터 자주 다니던 주막 앞을 지날 때 백철쭉이 만발하여 청초해 보였다. 주모가 나서며 말을 걸었다.

"나으리, 어디를 다녀오시나이까?"

"문상하고 오는 길일세."

"약주나 한 잔 드시고 가시옵소서."

주모가 술을 가져왔다. 정몽주는 마상에서 술을 받아 달게 마셨다.

"잘 마셨네, 고마우이."

"또 들르시오소서."

"암, 들르고말고."

정몽주는 사모가 벗겨질 듯하여 집으로 가는 길에 손으로 자주 만졌다. 얼큰하게 술이 올랐다. 이제 선지교選地橋(선죽교)를 넘어서면 바로 집이 보였다. 녹사가 뒤따랐다.

선지교에 말이 성큼 올라섰다. 따그닥따그닥 몇 발자국 앞으로 나갔다. 복면한 괴한이 선지교 밑에 숨어 있다가 나타났다. 말이 놀라 히힝 하고 울었다. 철여의가 날아와 정몽주의 사모를 날려버렸다. 또다시 철여의가 날아와 머리를 강타했다. 말이 번쩍 뛰어올랐다. 정몽주가 중심을 잃고 선지교에 머리를 박으며 떨어졌다.

괴한들이 달려들어 쓰러진 정몽주를 칼로 무참하게 찔러댔다. 철퇴가 정몽주의 뒤통수를 갈겨버렸다. 정몽주는 바로 숨을 멈추었다. 녹사가 괴한에게 덤벼들어 싸우다가 무참히 쓰러졌다.

다음날 송도 백성들 사이에는 이런 말이 오고갔다.

"고려의 마지막 충신 정몽주가 방원에게 선지교에서 살해되었단다."

"수년 전에 고려의 대들보 최영을 죽이더니 이제는 정몽주까지…."

"이성계가 나라를 세울 모양이야."

다음날 남문 밖에 정몽주의 머리가 효시되었다. 그 옆에 이러한 푯말이 세워져 있었다.

"정몽주는 없는 일을 꾸며 대간을 사주, 대신을 모함하고 나라를 어지럽게 한 자이므로 여기에 효시하노라."

백성들은 정몽주의 얼굴을 외면했다.

"이성계가 살인마가 되었구나. 학자를 죽이다니, 천벌을 받을 게야."

선비들이 안타까워 자기들끼리 수근거렸다. 고려는 소리 없이 무너져 내리고 있었다.

⊙ 고려의 멸망

이성계 일파는 정몽주를 죽인 데 이어, 김진양·이곽·이숭인·이종학·이종선 등을 서인으로 만들어버리고, 이색은 멀리 내쫓아버렸다. 조정에는 이제 이성계에게 반대하는 신료는 존재하지 않았다. 임금의 좌우에 임금을 위하고 고려 사직을 지키려는 신하는 하나도 없었다.

이성계 일파는 일을 서둘렀다. 이방원·배극렴 등이 전면에 나서서 이성계 등극작업을 서둘렀다.

공양왕은 옥좌가 가시방석이었다. 나랏일이 어떻게 돌아가는지 도무지 안개 속이었다. 보위를 누군가에게 어서 물려주고 싶은 생각뿐이었다. 기왕이면 세자에게 물려주고 뒷전으로 물러앉아 편히 살고 싶은데 그렇게 되기는 어려울 것 같았다. 여러 가지 고민으로 밤잠을 이루지 못하던 공양왕은 이방원과 조용趙庸을 불렀다.

"어서들 오오."

밀직부사 이방원과 사예司藝(정4품) 조용이 공양왕 앞에 무릎을 꿇었다.

"과인이 이 시중과 동맹하고자 하오. 경들은 과인의 뜻을 이 시중에게 전하기 바라오. 그리고 이 시중의 말을 받아 동맹조약을 초하도록 하오."

이방원은 어처구니가 없어 입을 다물고 조용이 부당함을 말했다.

"자고로 열국간에는 동맹을 체결한 예가 있사오나, 임금과 신하 사이에 동맹을 체결한 일은 없사옵나이다."

공양왕은 막무가내였다. 불안과 공포감에 시달려 견딜 수 없었던 것이다.

"아무래도 그런 일이 있었을 것 같소. 좀더 깊고 넓게 상고해보도록 하오."

이방원은 공양왕의 추태를 보고 아버지를 하루빨리 새나라 새임금으로 추대하는 방법밖에 해결할 방도가 없다고 보았다. 그러나 임금의 체면만은 지켜주어야 했다.

"신들이 물러가 상고해보고 동맹조약을 초해오겠사오니 잠시 기다려주시오소서."

이방원의 말에 공양왕은 체면을 잃고 기뻐했다. 이방원이 임금 앞을 물러나와 조용에게 말했다.

"임금이 시킨 일이니 무슨 소리든 쓰기는 써야 할 것 아니겠소?"

"쓰긴 써보겠소만 수치스러운 일이 아니겠소?"

"임금의 불안을 덜어주는 일이니 가볍게 생각하면 될 것이오."

조용은 이성계에게 임금의 뜻을 전했다. 이성계의 대답은 간단했다.

"너희 뜻대로 하라!"

조용은 가당치도 않은 임금과 신하의 동맹조약을 초하여 공양왕 앞에 나아가 큰소리로 읽었다.

"경이 없었으면 내 어찌 이 자리에 올랐겠는가. 경의 공과 덕을 나는 잊을 수가 없도다. 황천후토皇天后土는 위에서 보고 있소. 이후 두 사람의 자손들은 서로 해치지 않도록 맹세하오."

엉성하기 짝이 없는 동맹 문안이었으나 공양왕은 만족하게 여겼다.

"잘되었소. 이제부터 과인은 밤에 잠을 이룰 수 있을 것이오."

조용에게 후한 상까지 내렸다.

이방원은 성석린·배극렴·조준의 집을 돌며 일을 서둘도록 권했다.

"더 이상 미룰 것 없소이다. 민심도 어지간히 돌아선 듯하니 이 시중을 추대하도록 하십시다."

모두가 의견일치를 보았다. 우시중 배극렴이 몇몇 신하를 대동하고 공민왕의 정비 안씨의 처소로 갔다.

"대비마마, 지금의 임금은 이미 왕도를 잃었나이다. 세상에 임금과 신하가 동맹을 맺는 일이 천하에 어디 있단 말이옵니까? 임금은 사직과 백성의 주인이 될 수 없사옵나이다. 임금을 폐하도록 하시오소서."

청천벽력 같은 소리였다. 정비는 배극렴을 노려보았다.

"그따위 임금을 누가 추대했소?"

"이 시중께서 추대했나이다."

"그대들은 아무 탈 없이 잘살고 있는 정창군을 보위에 올려놓고 3년도 못 되어 임금을 바꾸라고 하니 이것이 신하 된 도리란 말이오!"

"임금은 만백성의 어버이오이다. 지금 임금은 백성의 어버이가 될 자격을 이미 잃었나이다."

정비는 배극렴 등의 위압적인 말에 가슴이 섬뜩했다. 자칫 잘못하면 목숨을 잃을지도 모른다는 위기감이 머리를 스쳤다.

"누구를 임금으로 추대하겠다는 게요?"

"민심은 이미 이 시중편이나이다. 이 시중을 추대하겠나이다."

정비의 얼굴이 창백해졌다. 이성계의 권세를 모르는 바 아니었지만, 보위를 노리는 줄은 까맣게 몰랐다.

"이 시중이 언제 왕씨로 성을 바꾸었소? 세자가 엄연히 있는데, 왕씨 아닌 타성받이가 보위에 오르다니 말이나 되는 소리요!"

"세자가 이 어려운 정국을 헤쳐나갈 수 없나이다. 적격자는 이 시중뿐이오이다."

"아니 될 말! 왕씨의 470여 년의 종사를 이씨에게 내줄 수는 없소!"

정비는 비틀거리며 안으로 들어가려고 했다. 배극렴 등이 앞을 가로막았다.

"고려 왕조는 이미 해가 졌소이다. 백성들은 새로운 왕조를 기다리고 있소이다. 대비마마, 현실을 바로 보소서!"

배극렴이 말했다.

"역성易姓만은 아니 될 말, 세자를 세우시오!"

정비도 만만찮았다. 고려 사직이 아녀자의 치마폭에 달려 있다는 생각에 정비는 하늘이 무너지는 듯한 절망을 느끼면서도 목숨을 바쳐서라도 사직을 부둥켜안고 있어야 한다는 사명감이 앞섰다.

"대비마마, 고집 부려서 해결될 일이 아니나이다. 옥새를 내놓으시고 교서를 내리시오소서. 그래야만 살아남을 수 있나이다."

정비는 억울하고 분하여 눈물을 흘렸다. 정도전 등은 정비의 이름으로 공양왕을 폐위시킨다는 교서를 미리 써놓았다. 정도전은 남은과 정희계에게 눈짓으로 신호를 보냈다. 남은과 정희계는 공양왕의 처소로 달려갔다.

"전하는 이 시각부터 고려의 임금이 아니오. 대비마마의 전교가 내려졌소이다."

남은의 말에 정희계가 대비의 전교를 읽었다.

"왕요는 무도하고 암약하여 고려국을 다스릴 수 없도다! 옥새를 임시로 이 시중 성계에게 맡기노라!"

공양왕의 얼굴이 하얗게 질리고, 왕비 · 세자 · 후궁들은 일제히 울음을 터뜨렸다.

이성계는 기다리고 있었다는 듯이 궁궐로 들어갔다. 도열해 있던 그의 일당들이 일제히 엎드렸다.

"대왕 만세!"

이성계는 1392년 7월 수창궁에서 등극했다. 이로써 고려는 34왕 474년 만에 문을 닫았다. 고려 마지막 임금 공양왕은 공양군으로 강등되어 원주로 쫓겨났다가 삼척에서 살해되었다.

한 권으로 보는 한국 최초 101장면

김은신 지음 | 신국판 | 값 9,000원

'파마 값이 쌀 두 섬이었던 최초의 미장원'에서부터, 남자가 애 받는 '해괴망측한 산부인과 병원'까지 우리 근대문화의 뿌리를 들춰 보는 재미있는 문화기행.

한 권으로 보는 한국미술사 101장면

임두빈 지음 | 변형 4*6배판 | 올 컬러 | 값 20,000원

선사시대 원시인들의 암각화에서 현대미술에 이르기까지 101개의 주요 작품을 위주로 일목요연하게 해설, 부담없이 읽어나가는 동안 한국미술 5000년의 역사를 파악할 수 있도록 한 역작.

〈98 한국간행물윤리위원회 제32차 청소년 권장도서〉 선정.

한 권으로 보는 중국미술사 101장면

장훈 지음 | 노승현 옮김 | 변형 4*6배판 | 올 컬러 | 값 20,000원

동양미술의 첫 샘, 중국미술을 이해하지 않고서는 우리 미술을 이해할 수 없다. 반파 채도에서 제백석까지, 7000년 중국미술사로의 재미있는 여행.

〈99 이달의 청소년도서〉 선정.

한 권으로 보는 스페인 역사 100장면

이강혁 지음 | 신국판 | 값 12,000원

알타미라 동굴 벽화에서 유로화까지, 한때는 세계 제패를 꿈꾸던 강대국에서 내전의 소용돌이와 민주화를 위한 소용돌이를 거쳐 다시 부활을 꿈꾸기까지 스페인의 길고 웅대했던 역사가 펼쳐진다.

서양음악사 100장면

박을미 · 김용환 지음 | 변형 4*6배판 | 올 컬러

값 1권 18,000원, 2권 22,000원

모차르트, 베토벤 등 고전시대 이후를 다룬 책은 많아도 바흐 이전의 고음악을 쉽게 알려주는 책은 거의 없던 터라 반갑다. 고음악 애호가들에게는 좀더 지적인 감상을 위한 나침반이고, 고음악을 잘 모르던 사람에게는 호기심을 일으키는 자극제다. ―〈한국일보〉

이 책은 오랜 세월의 소리가 묻어 있는 문화예술의 결정체 음악의 자취를 더듬는다. 또한 르네상스 시대 레오나르도 다빈치가 건축과 회화 외에 음향악에도 조예가 깊었다는 새로운 사실을 발견하는 즐거움도 준다. ―〈세계일보〉

조선사회사 총서

조선의 왕

신명호 지음 | 신국판 | 값 9,000원

'조선의 왕'을 전공한 젊은 사학자 신명호씨가 왕과 왕실문화의 비밀을 꼼꼼히 파헤친 책. 출생부터 임종까지 왕의 일생을 비롯한 왕의 모든 것이 담겨 있다.

조선의 성풍속

정성희 지음 | 신국판 | 값 9,000원

"유교적 성 모럴이 지배하던 시대, 조선시대 사람들은 어떻게 살았을까?" ―조선시대의 성풍속도를 조감하면서 성 모럴이 권력과 사회구조와 얽히게 되는 복합적인 상관관계에 접근한 책.

조선시대 조선사람들

이영화 지음 | 신국판 | 값 9,000원

조선의 신분제도는 상류층에는 피나는 생존경쟁의 장이었고, 하층민에게는 가혹한 인간의 굴레였다. 신분별로 살펴본 조선시대의 사람살이.

〈99 이달의 청소년도서〉 선정.

사관 위에는 하늘이 있소이다

박홍갑 지음 | 신국판 | 값 9,000원

세계 역사상 유례가 없는 500년 〈조선왕조실록〉을 탄생시킨 조선의 사관들, 후세에 바른 역사를 전하기 위해 붓 한 자루에 목숨을 걸었던 조선의 사관, 그들은 누구인가?

〈2000 한국출판인회의 이달의 책〉 선정.

민란의 시대

고성훈 외 지음 | 신국판 | 값 9,000원

500년 조선왕조가 체제모순과 관료들의 극에 달한 부정부패로 말기 현상을 보이고 있을 때, 더 이상 물러설 곳 없이 벼랑 끝까지 몰린 조선민중들이 보여준 피맺힌 생존투쟁의 기록!

지워진 이름 정여립

신정일 지음 | 신국판 | 값 9,000원

조선조 4대 사옥의 희생자들의 합보다 더 많은 1,000여 호남인맥의 희생을 가져온 '조선조의 광주사태'—정여립 사건. 조선조 최대의 옥사, 기축옥사의 전모를 최초로 파헤치고 재조명한 역저.

조선역사 바로잡기

이상태 지음 | 신국판 | 값 9,000원

조선시대 역사·인물·땅에 대한 잘못된 상식 바로잡기. 나무도 상식적인 역사 이야기가 철저한 고증을 통해 새롭게 재조명된다.

〈2000 한국간행물윤리위원회 청소년 권장도서〉 선정.

시장을 열지 못하게 하라

김대길 지음 | 신국판 | 값 9,000원

민초들의 삶의 터전이었던 장시의 이해는 조선시대의 전반적인 시대상을 이해하는 또 다른 방법이 될 수 있다. 조선시대 시장의 형성과 상인, 상업의 발달, 장터 문화에 대해 깊이 있고 재미있게 풀어놓았다.

'언론'이 조선왕조 500년을 일구었다

김경수 지음 | 신국판 | 값 9,000원

사헌부·사간원·홍문관, 그리고 역사를 기록했던 사관들이 백성과 나라를 위해 보여주었던 빛나는 언론정신이 어떻게 시대의 흐름을 선도하고 바로잡아 나갔는가? 오늘의 관점에서 조명해보는 조선시대의 언론·출판 이야기.

〈한국간행물윤리위원회 이달의 읽을 만한 책〉 선정.

임진왜란은 우리가 이긴 전쟁이었다

양재숙 지음 | 신국판 | 값 9,000원

전쟁이 아닌 난동으로 인식되고 있는 임진왜란에 대해 저자는 이기고도 이긴 줄을 몰랐던, 단지 참담한 민족의 수난사로만 인식되어온 기존의 시각을 바로 새롭게 잡았다.

양반나라 조선나라

박홍갑 지음 | 신국판 | 값 9,000원

오늘날까지 그 맥이 이어지고 있는 조선시대의 양반문화·관료문화의 명암을 한자리에 묶은 책. 조선시대 양반사회에서의 여러 모습들 중에서 우리의 상식을 뛰어넘는 10개의 테마를 잡아 깊이 있게 재조명했다.

너희가 포도청을 어찌 아느냐

허남오 지음 | 신국판 | 값 9,000원

'세계에서 가장 오랜 역사를 지닌 경찰기관'으로서의 포도청과 포졸, 해괴한 범죄와 그 처벌 등을 통해 조선시대의 사회상과 경찰상을 생생하게 들여다본다.

강정일당

이영춘 지음 | 신국판 | 값 9,000원

가난 속에서도 참답고, 선하고, 품위 있게 살았던 한 조선 여성의 자아실현—각고의 수양과 심오한 학문 그리고 노력석 실천을 훌륭한 문장으로 남겼다.

〈2002 한국출판인회의 이달의 책〉 선정!

사치하는 자는 장 100대에 처하라

KBS 〈TV조선왕조실록〉 제작팀 지음 | 신국판 | 값 9,000원

500년 조선왕조의 역사를 오늘의 시각에서 살펴볼 수 있도록 한 KBS-1TV의 야심적인 역사 다큐멘터리 'TV조선왕조실록'을 책으로 재구성했다.

전하! 뜻을 거두어주소서

KBS 〈TV조선왕조실록〉 제작팀 지음 | 신국판 | 값 9,000원

KBS-1TV의 야심적인 역사 다큐멘터리 〈TV조선왕조실록〉을 책으로 재구성했다. 직접 인터뷰, 리포트, 증언, 500년 조선시대를 실감 넘치게 재구성한 흥미진진한 이야기 조선시대사.

청계천은 살아 있다

이경재 지음 | 신국판 | 값 9,000원

청계천을 둘러싼 재미있는 일화와 함께 조선시대 서민들의 땀과 애환이 얽힌 그 주변 이야기들이 옛날이야기처럼 구수하게 펼쳐진다.

조선의 공신들

신명호 지음 | 신국판 | 값 12,000원

조선왕조 500년, 태조 때의 개국공신부터 영조 때의 분무공신에 이르기까지 총 28회의 공신 책봉으로 태어난 1,000여 명의 공신을 통해 본 격동의 조선사 읽기.

조선의 암행어사

임병준 지음 | 신국판 | 값 9,000원

암행어사란 무엇이며, 그들은 누가 임명하고 어떤 행동을 했는가? 세계의 역사에서 그 유례를 찾아보기 어려운 탁월한 공직자 부패방지제도인 암행어사의 모든 것을 살펴본다.

한양 이야기

이경재 지음 | 신국판 | 값 12,000원

조선왕조 500년의 도읍 한양의 역사와 그 땅에 얽힌 재미있는 이야기들. 겨레와 영욕을 함께한 한양의 역사와 곳곳에 얽힌 일화들은 시대를 뛰어넘어 지금 우리에게 생생한 '서울의 숨결'을 전해준다.

조선의 청백리

이영춘 외 지음 | 신국판 | 값 10,000원

예의염치와 청렴을 몸소 실천한 조선의 대표적인 청백리 34인과 그들을 태동시킨 조선의 청백리 제도 및 정신, 그리고 그들의 청백한 삶에 대한 이야기.

조선의 왕릉

이호일 지음 | 신국판 변형 | 올 컬러 | 값 20,000원

태조 이성계의 건원릉에서 고종과 순종의 능인 홍·유릉에 이르기까지, 조선 500년 역사와 영욕을 함께한 42릉 2묘의 왕릉 기행. 1994년 출간한 《왕릉》을 전면 개정, 보완했다.

조선의 무기와 갑옷

민승기 지음 | 신국판 | 값 15,000원

환도 한 자루에서 대형 전함까지 조선시대에 사용된 무기와 갑옷의 역사와 용도, 특징 등을 폭넓게 정리한 책으로 고전문헌을 중심으로 서술하고 있으며, 300여 장의 도판을 수록하여 이해를 돕고 있다.

문학 스테디셀러

증보 세계의 명시

김희보 엮음 | 변형 4*6배판 | 값 22,000원

고대에서 현대까지 세계의 명시 800여 편과 원시 200여 편을 엄선해서 수록한 최고의 세계 명시선. 고대의 호메로스부터 현대의 스즈키 쇼까지 시대별, 언어권별로 명시를 정리했다. 또한 우리 나라 독자들에게 비교적 알려지지 않은 일본의 명시들도 소개하고 있다.

증보 한국의 옛시

김희보 엮음 | 변형 4*6배판 | 값 18,000원

고대에서 조선 후기까지 우리 옛시의 정수를 모았다. 고대가요와 향가는 물론, 제목만 전하는 노래들, 고려 속요, 향가계 여요, 경기체가 등을 수록했다. 또한 우리 나라 최초의 서사시라 할 수 있는 이규보의 〈동명왕편〉과 이승휴의 〈제왕운기〉 전문을 번역·수록했다.

증보 한국의 명시

김희보 엮음 | 변형 4*6배판 | 값 15,000원

신체시에서 최근시까지, 약 100년간에 걸쳐 발표된 시 가운데서 288명의 작품 1,005편을 엄선해 엮은 한국 근현대 대표 명시선. 이미 문학사적으로 검증을 받은 작품들과 마땅히 재평가되어야 할 작품들을 엮은이의 탁월한 안목으로 골라냈다.

한 권으로 보는 세계명작 111선

가람기획 편집부 엮음 | 신국판 | 값 11,000원

《적과 흑》《햄릿》《파우스트》 등 세계 각국을 대표하는 걸작 및 문제작 111편을 엄선, 줄거리와 작가의 생애, 명언·명구 등을 수록한 세계 명작 가이드북. 일반인은 물론 수능을 준비하는 학생들에게 꼭 필요한 세계 명작 다이제스트 결정판.

한 권으로 보는 한국명작 111선

김희보 엮음 | 신국판 | 값 12,000원

이인직의 《혈의 누》에서 이문열의 《사람의 아들》까지, 우리 소설 명작 111편의 내용과 작품 해설, 작가의 생애, 하이라이트 등을 소개하는 우리 명작 가이드북. 일반인은 물론 수능을 준비하는 학생들에게 꼭 필요한 한국 명작 다이제스트 결정판.

증보 중국의 명시

김희보 엮음 | 변형 4*6배판 | 값 15,000원

흔히 중국의 문학을 두고 한문(漢文), 당시(唐詩), 송사(宋詞), 원곡(元曲), 명청소설(明淸小說)이라고 한다. 《시경》 이후 청나라 말에 이르는 수많은 주옥 같은 시 작품들 중에서 '명시'로 평가받는 시들을 고루 수록하여 중국시의 흐름을 파악할 수 있도록 했다.

섬의 세계사

박영준 지음 | 신국판 | 값 9,000원

섬은 그 특수한 지리적 여건으로 인해 탐험과 전쟁 등 역사적 사건의 토대가 된 경우가 많았다. 열강의 힘이 치열하게 맞부딪치는 세계사의 현장, 살라미스에서 남사군도까지, 세계의 유명 섬 31개에 얽힌 흥미진진한 섬의 역사를 한자리에 모았다.

악녀의 세계사 (증보판)

김향 엮음 | 신국판 | 값 8,000원

동서고금의 유명 악녀 42명의 기이한 행적과 유별난 삶을 섬뜩할 만큼 사실적으로 기록한 악녀 열전. 이 책은 정열과 사랑, 잔혹과 음란, 야망과 탐욕의 화신들인 이들 맹렬 여성들이 엮어낸 또 하나의 세계사라고 할 수 있다.

백과사전이나 역사 교과서엔 실리지 않은
세계사 속의 토픽

리처드 잭스 지음 | 윤영호 옮김 | 신국판 | 값 10,000원

"인간의 추악함과 우둔함에 대한 명쾌한 연대기… 지독히 재미있고 환상적이며 무정부적인 인류 보고서." —〈에스콰이어〉 범죄와 형벌, 성과 일상생활, 의학과 약 등 인간 지식의 주요 영역에서 살살이 뽑아낸 황당하고 엽기적인 인류 역사의 부록관.

물건의 세계사

지바현 역사교육자협의회 세계사부 엮음 | 김은주 옮김 | 신국판 | 값 10,000원

"물건을 통해 본 지구촌 풍속도… 이 책은 물건을 통해 지구촌 사람들의 구체적인 생활 모습과 특히 하층민의 모습을 읽어내고 있을 뿐 아니라, 이들의 교류를 통해 벌어진 세계적인 연결관계를 한눈에 파악할 수 있는 보기 드문 역사서다." —〈영남일보〉

활이 바꾼 세계사

제43회 한국백상출판문화상 수상

김후 지음 | 신국판 | 값 10,000원

"활이 없었다면 우리 민족도 없었다!" 활이 인류 역사를 어떻게 바꾸어놓았는지, 그럼에도 왜 '비겁한 자의 무기'로 폄하될 수밖에 없었는지, 그리고 우리 민족의 '복합각궁'이 세계 곳곳으로 전파된 경로 등을 세심하게 들춰본다.

교양인이 꼭 알아야 할 세계사 이야기

박경민 지음 | 전2권 | 신국판 | 값 각권 12,000원

인류 문명의 탄생에서 제2차 대전까지 소설보다 재미있고 흥미진진한 세계사 이야기. 사건과 연대기 중심으로 세계사 흐름을 서술해왔던 기존 관점에서 탈피, 미래지향적 관점을 제시한다.

위대한 발굴

이병철 편저 | 4*6배판 | 올 컬러 | 값 12,000원

고고학사에 빛나는 위대한 세기의 대발굴 29장면. 트로이 유적 발굴에서부터 진시황릉의 병마용갱 발굴에 이르기까지, 그야말로 위대한 인류의 문화유산이 발굴되기까지의 드라마틱한 전 과정을 유려한 문체와 풍부한 그림을 통해 보여준다.

위대한 탐험

이병철 편저 | 4*6배판 | 올 컬러 | 값 12,000원

미지의 세계에 도전해 이를 극복하려 한 인간의 의지가 세계 역사의 흐름을 바꾸어놓은 동인으로 파악, 이제까지 있었던 지리 탐험과 학술 탐험의 성과 가운데 가장 중요하고 드라마틱한 30가지를 소개하고 있다.

위대한 도전

이병철 편저 | 4*6배판 | 올 컬러 | 값 16,000원

인간의 미지에 대한 도전은 자기 내부의 한계에 도전하는 행위로까지 이어져 세계 역사 발전의 동인이 되어왔다. 목숨을 걸고 자신의 정신과 육체에 도전했던 사례들 가운데 최초·최고의 기록 42가지를 뽑았다.

인류의 출현과 고대의 지혜

프랜시스 히칭 지음 | 김향 옮김 | 신국판 | 값 7,000원

고대인들이 남겨놓은 불가사의한 유적들, 자연과학에 대한 놀라운 지식, 출애굽기 등 《구약성서》에 나오는 사건들에 대한 고고학적인 탐구 등 아직까지 완전히 해명되지 않은 사실들에 대해 명쾌한 해석을 보여주고 있는 흥미로운 역사 읽을거리.

고대문명과 풀리지 않는 수수께끼들

프랜시스 히칭 지음 | 김향 옮김 | 신국판 | 값 7,000원

공룡의 죽음과 원인불명의 시베리아 대폭발, 아틀란티스의 수수께끼, 의문의 실종이 거듭되는 버뮤다 삼각해역에 이르기까지, 세계의 역사 속에는 존재했지만 아직 해명되지 않은 미스터리들에 대한 명쾌한 분석.